상담심리 전공자를 위한

학위논문 작성의 실제

THESIS

천성문 · 함경애 · 김미옥
최정아 공저

학지사

∥머리말∥

논문을 작성한다는 것은 이론적이든, 방법적이든, 경험적이든 새로운 세계를 접한다는 것을 의미한다. 이때 연구자들은 여러 어려움을 접할 수밖에 없고, 특히 초보 연구자들에게는 이 어려움이 정복할 수 없는 큰 산처럼 느껴지기 마련이다. 뭐라고 시작해야 될지 모르는 막막함, 정리가 안 되는 내용들, 예상 밖의 분석 결과, 이해되지 않는 지도 내용, 이로 인한 열등감과 우울감 등으로 논문을 쓰는 내내 고통스러운 시간을 경험하기도 한다.

이러한 초보 연구자들의 어려움을 극복하는 데 도움을 주기 위해 저자들은 다년간 논문 글쓰기와 연구법 특강을 여러 대학에서 실시해 왔다. 즉, 초보 연구자들이 특강 자료집을 보고, 직접 따라서 논문을 작성하는 데 도움을 받을 수 있도록 특강 자료집에 많은 공을 들였다. 수많은 참고 자료와 함께 실제 논문에 쓰인 데이터를 분석한 내용을 이미지화하여 자료집을 만들었다. 이렇게 특강이 시작된 지 6년이 지났고, 자료집 또한 수정 · 보완 작업을 거듭하면서 현재에 이르게 되었다.

이 책은 이러한 과정을 거치면서 수정된 자료를 바탕으로 구성되었으며, 다양한 연구방법 자료 중에 상담심리 전공에서 가장 많이 연구되는 분야인 집단상담 프로그램 개발 및 효과성 연구와 관계연구 중 매개효과의 내용만을 수록하였다.

대학이나 지도교수에 따라 서술형식이 다르고 요구되는 완성도가 다를 수 있기 때문에 이 책에서는 기본적인 내용을 중심으로 초보 연구자들에게 도움이 되는 논문 작성, 즉 석사학위 논문 작성을 중심으로 내용을 쉽게 기술하고자 하였다.

이 책의 구성 및 내용의 특징은 다음과 같다. 첫째, 책 전체 구성은 총 3부로 이루어져 있다. 제1부는 '상담심리 연구 시작하기'로 상담심리 관련 내용으로 논문의 설계와 글쓰기에 관련된 전반적인 내용에 대해서 공저자가 대학원생들에게 강의한 내용을 중심으로 기술하였다. 상담연구가 어떻게 이루어지는지에 대해 관심분야 선정(연구주제 선정)부터 연구의 의의 및 한계점 서술(함의/제언)까지 전반적인 내용을 개관하였다. 또한 학위논문 작성이 어려운 이유를 구체적으로 살펴봄으로써 그러한 어려움에 대한 이해를 통해 독자들이 논문을 쓸 때는 이러한 걸림돌들을 예방할 수 있도록 하는 데 목적이 있다. 다음으로 연구주제 선택, 문헌 탐색, 연구논문 작성하기 등의 연구에서 중요한 핵심 내용을 쉽게 풀어서 독자들에게 전달하고자 하였다. 이러한 과정에서 문제를 너무 단순화하거나 충분히 다루지 못한 아쉬움도 있지만 투박하게나마 독자에게 논문이나 연구에 대한 이해를 목적으로 하였음을 다시 한 번 밝힌다.

둘째, 제2부는 프로그램 개발 및 재구성 연구를 중심으로 집단차이 연구에 대해 기술하였다. 학위논문이 작성되고 있는 순서대로 집단차이 연구에 맞춰서 중요한 내용을 기술하도록 하였고, 이때 프로그램 개발에 관한 연구와 프로그램 재구성에 관한 연구로 나눠서 각각 예시를 제시하였다. 제3부는 관계연구 중에 매개효과 연구를 중심으로 기술하였다. 매개효과 연구의 결과 부분에서 Baron과 Kenny(1986)의 3단계 방법과 구조방정식으로 매개효과를 분석하는 방법을 제시하였다. 제2부와 제3부의 구체적인 내용은 서론, 이론적 배경, 연구방법, 결과, 논의, 요약, 결론 및 제언, 참고문헌, 영문초록, 부록 순으로 기술되어 있다.

셋째, 이 책은 학위논문을 준비하는 석사과정생들을 독자층으로 생각하고 구성하였다. 따라서 제2부와 제3부에서 논문의 연구방법에 따라 예시논문을 제시하고 형식을 단순화하여 이해도와 적용도를 높이고자 하였다. 예를 들면, 제2부와 제3부의 각 절에서는 논문 작성 형식과 이를 연습해 볼 수 있도록 작성 방법을 표로 제시하였고, 실제 논문 예시를 통해 확인할 수 있도록 하였다. 또한 각 예시 논문에서 중요한 포인트에 핵심 내용을 메모하여 제시하였고, 연습문제를 통해 독자들이 자신이 관심 있는 연구주제에 적용해 볼 수 있도록 하여 활용도를 높이고자 하였다. 더불어 논문 작성 시 점검사항을 통해서 제대로 작성되었는지 자가 점검할 수 있도록 각 절마다 제시하였다.

이렇게 구성된 학위논문 작성법 교재를 통해 논문에 대한 전반적인 이해도를 높이고 독자 자신의 연구를 설계하고 작성하는 데 도움을 얻을 수 있으리라 생각한다.

2011년부터 논문작성 및 연구방법론 강의를 시작하면서 만든 특강 자료집이 학위논문 작성법 책으로 출간되는 데 많은 시간이 걸렸고, 그 과정에서 많은 분의 도움이 있었다. 우선, 책의 초고를 검토해 준 천보경 선생님, 초교가 나오기까지 전체적으로 문맥이나 글의 흐름을 살펴봐 주신 박은아 선생님, 설정희 선생님과 김원 선생님, 자료를 찾아서 내용을 보충해 준 전혜정 선생님께 감사의 마음을 전한다. 아울러 책의 출간을 적극적으로 독려해 주신 김진환 대표님과 원고가 책으로 나오게 되는 과정에서 섬세하고 빠르게 작업을 진행해 주신 학지사 편집부 관계자 여러분께도 고마운 마음을 전한다. 끝으로 책이 나오는 과정에서 지치고 힘들 때 물심양면으로 응원해 주고 방향성을 알려 주신 연세대학교 이동귀 교수님과 전북대학교 이영순 교수님께 마음 깊이 감사함을 전한다.

저자 일동

∥차례∥

집단차이 연구:
프로그램 개발 및 재구성 연구 중심

제**3**부

관계연구:
매개연구 중심

상담심리 전공자를 위한 학위논문 작성의 실제　제1부

상담심리 연구 시작하기

1. 상담심리 연구는 어떻게 이루어지는가

논문 작성이란 무엇인가? 이는 자신이 원하는 연구주제를 정해서 자신이 할 수 있는 분량만큼을 작성하여 나가는 것이다. 자신이 탐구하고자 하는 연구주제로 논문을 쓴다면, 논문에 대한 동기가 형성되어 있는 것이므로 논문을 쓰는 과정이 고될지라도 잘할 수 있다. 그러나 자신이 원하지 않는 주제나 자신과 맞지 않는 연구방법, 또는 누군가에 의해서 떠밀리듯이 논문을 쓰게 되는 경우는 논문을 쓰고 난 후에도 좋지 않은 기억으로 남게 된다. 그래서 논문을 작성하는 데 있어 기술적인 것보다 중요한 것은 연구자 자신이 관심 있는 분야의 주제를 정하여 논문을 전체적으로 어떻게 완성할 것인가에 대해 스스로 생각하는 것이다. 즉, 자신이 진짜 관심을 두고 있는 대상이 무엇이며, 흥미를 가지고 있는 연구방법은 무엇이며, 그래서 무엇을 하고 싶은지를 스스로 찾는 것이 제일 중요하다.

한편, 논문은 지도하는 교수에 따라 집중하는 부분이 다를 수 있다. 논문을 읽을 때 가독성을 높이는 것에 중점을 두어 문맥을 잡아 주느라 방점을 찍기도 하고, 논문의 90% 이상을 연구주제를 정하고 그 주제에 맞는 가설을 설정하고 이를 검증하기 위한 가장 적절한 연구방법을 선택하는 것을 지도해 주는 데 집중하기도 한다. 그러나 논문의 첫 단추라 할 수 있는 연구의 대상과 주제에 대한 깊은 고민을 시작 단계에서 밀도 있게 하지 못한다면, 가독성이 높아 읽기 쉬운 논문이거나 또는 기술적인 측면에서 논리적인 논문이라 하더라도 별 의미가 없어진다. 그러므로 지도교수의 도움을 받아 논문을 작성할 때 가장 중요하게 생각해야 하는 것은 자신이 어떤 연구를 할 것인지에 대한 깊은 고민을 시작 단계에서 충분히 하는 것이라 할 수 있다. 그렇다면 초보 상담연구자가 시작 단계에서 어떻게 해야 하는지 하나하나 살펴보도록 하자.

논문 작성 단계

- 관심분야 선정(연구주제 선정)
- 선행연구 검토
- 연구문제 도출
- 문제의 중요성 검토
- 연구가설 및 연구문제 설정
- 연구방법 결정

1) 관심분야 선정(연구주제 선정)

상담이나 사회과학 분야에서 연구가 이루어질 때 먼저 중요한 것은 관심 분야에 대한 고찰, 즉 연구주제를 선정하는 것이라 할 수 있다. 연구주제를 선정하는 데 있어 자신이 현재 관심을 가지고 있거나, 자신이 보유한 환경적·사회적 토대를 기반으로 자문해 보는 것이 도움이 될 수 있다. 예를 들어, 중고등학교에 근무하는 교사라면 청소년이라는 환경적 기반이 있다. 달리 말하면, 논문의 연구주제를 청소년과 관련된 분야로 선정할 수 있는 것이다. 연구자는 먼저, 연구대상인 청소년과 관련된 주제를 살펴볼 필요가 있다. 청소년 중에서 학업지연이나 진로 미결정으로 고민하는 청소년을 대상으로 할 수도 있고, 또는 특수한 경우 자살행동을 하거나 도벽이 있는 청소년을 대상으로 할 수도 있다. 연구주제를 잡을 때 먼저 대상(청소년)과 그 대상과 관련된 관심분야(예: 학업, 진로, 자살, 도벽)가 무엇인지 살펴보는 것이 선행되어야 한다. 이처럼 다양한 대상과 분야 중에서 자신이 정말 관심이 있는 것이 무엇인지 심도 있게 고민하고 선택해야 한다.

흔히 논문의 주제를 보면 그 논문의 연구자가 보인다고 한다. 연구자가 무엇에 관심이 있는지 주제만으로도 알 수 있다는 것이다. 예를 들어, 학업지연 청소년을 대상으로 연구주제를 선정했을 경우 학업지연과 관련된 경험이나 어떤 문제점과 맞닿아 있거나 파고들 만한 동기를 느낀다면 연구주제와 자신의 경험과의 어느 정도의 교집합 부분이 형성되어 논문을 열심히 쓸 수 있게 된다. 이는 논문에 대한 자신의 흥미와 욕구가 동기를

연구주제를 선정하는 것은, 자신이 현재 관심을 가지고 있거나 환경적·사회적 토대를 기반으로 한 대상과 그 대상에 대한 관련 분야의 고찰로부터 시작됨

높이기 때문이다. 관심분야를 선정하는 것은 그만큼 중요하므로 자신이 어떤 것에 대해 관심이 있는지를 명확하게 파악을 해야 한다.

만약 대상에 대해 명확하게 떠오르지 않는다면 자신에 대한 삶의 태도에서 연구주제를 정해도 된다. '나는 내 아이들을 내 친구들과는 다르게 굉장히 꼼꼼하고 완벽하게 기르고 싶다. 그래서 그렇게 못했을 때 굉장히 수치스럽고 죄책감을 많이 느끼며 자책이 많다.'와 같은 특성을 지녔다면, 완벽주의와 관련된 연구주제에 흥미를 느낄 수 있을 것이다. 또는 '나는 옛날부터 밖에 나가면 불안하고 사람들 앞에서 발표하는 것이 너무 힘들었다.'와 같은 특성을 지녔다면, 사회불안과 관련된 연구주제를 통해 무엇이 이에 영향을 주는지 탐색하고 연구를 하면서 자신에게 풀리지 않던 숙제를 해 나갈 수 있을 것이다. 그렇기 때문에 연구자가 지금 어디에 관심이 있는지, 정말 연구자에게 도움이 되고 연구자가 합당하다고 생각하는 연구주제를 잡을 것을 여러 번 강조해도 지나치지 않는 것은, 바로 그 과정을 통해 연구자가 성장할 수 있기 때문이다.

2) 선행연구 검토

선행연구의 검토는 내가 하고자 하는 연구가 기존에 이미 나와 있지 않은지에 대한 확인 작업임

연구주제가 정해지면 연구자는 그다음 단계인 선행연구를 검토해야 한다. 선행연구 검토가 중요한 것은 '내가 하고 싶은 연구를 다른 연구자가 이미 했다면 어떻게 할까?'라는 질문에 대한 답을 찾는 일이기도 하다. 예를 들어, 다문화 청소년을 대상으로 멘토링 프로그램을 만들고 싶은 연구자가 있다. 연구주제를 잡으면서 다문화 청소년에 대한 자료를 모으고, 열심히 해서 척도까지 준비를 마쳤는데, 선행연구 검토를 한 번 더 꼼꼼하게 해보니 이미 이와 관련된 연구논문이 나와 있는 것으로 나타났다. 그렇다면 어떻게 할 것인가? 지금까지 몇 백 페이지의 자료를 수집하고 검토한 시간과 노력을 당연히 다 내려놔야 한다. 안타깝게도 그 연구주제를 쓸 수 없으며, 다른 연구주제를 새로 찾아야 한다는 것을 의미한다. 이처럼 선행연구 검토는 논문에 들인 시간과 정성을 되돌리게 하지 않는, 무엇보다 중요한 단계라 할 수 있다. 그래서 먼저 자신이 관심 있는 대상 및 주

제에 대해서 선정했다면 그다음에 반드시 선행연구를 꼼꼼하게 검토해서 자신의 연구주제와 중복되지 않는지 확인해야 한다. 이처럼 선행연구 검토는 면밀히 고찰해야 할 충분한 이유가 있다.

3) 연구문제 도출

충분한 선행연구 검토 후, 연구자는 자신이 관심 있어 하는 연구분야의 여러 가지 연구문제들 중 가장 하고 싶은 연구문제를 도출해야 한다. 예를 들어, 자살행동을 하는 청소년이 연구대상이라면 자살행동을 하는 이유, 자살을 시도하기 전과 시도한 후의 변화를 살펴보고, 그런 다음 자살행동을 극복하게 된 이유가 무엇인지에 대해 궁금하다면 그것을 연구문제로 도출하면 된다. 그렇게 연구문제를 선정해서 프로그램 개발을 진행하는 계획을 수립할 수 있다.

> 연구문제를 도출할 때 연구문제를 구체화해야 하며, 검증 및 측정이 가능하도록 해야 함

그러나 연구를 진행하는 과정에서 자살행동을 하는 청소년의 상황 및 특성과 관련된 자료를 찾지 못할 수도 있다. 즉, 바탕이 되는 연구가 없을 수도 있다. 그렇다면 어떻게 할 것인가? 필자의 경우를 예를 들면, 자살행동과 관련된 선행연구를 검토하는 과정에서 자살행동을 하는 청소년을 면담한 자료들이 없다는 것을 알게 되었다. 자신이 연구하고자 하는 분야의 선행연구 자료가 전혀 없다면 어떻게 해야 할까? 달리 방법이 없다. 연구자 본인이 자살행동을 하는 청소년을 직접 만나서 어떤 것이 힘든가, 무엇이 괴로운가, 자살 시도를 할 때 무엇이 자신을 멈추게 하는 데 도움이 되었는가에 대한 질적 연구를 직접 해야 한다. 이렇듯 선행연구가 없으면 굉장히 난감하고 어려운 상황에 부딪히게 되며, 또한 연구주제를 수정하지 않는 이상 논문의 양은 엄청나게 방대해질 수도 있다. 앞서 언급한 필자의 예에서, 필자는 연구 1에서 청소년들을 대상으로 면담을 통해 질적 연구를 한 다음, 그 내용을 분석하여 연구 2에서 프로그램을 개발하였다. 필자가 처음 계획했던 연구는 자살행동 청소년을 위한 프로그램 개발이었으나, 자살행동과 관련한 자료를 수집하기 위하여 질적분석 연구를 추가하게 된 것이다.

그러면 연구주제와 관련된 자료가 없다고 해서, 그 바탕을 찾기 위해 여러 연구를 동시에 진행해야만 하는가? 또는 그것이 힘들다고 연구 자체를 포기해야 하는가? 꼭 그렇지만은 않다. 청소년의 자살행동과 관련된 바탕이 되는 자료를 모으기 위한 질적 연구나 관계연구를 통해서도 자살행동을 하는 청소년과 관련된 의미 있는 논문이 충분히 나올 수 있다. 여러 연구를 한꺼번에 시도할 필요는 없다. 논문의 연구 문제나 주제는 언제든지 바뀔 수 있다. 그러나 여기에서 중요한 것은 자신이 어디에 관심이 있는가에 초점을 맞추고 있어야 한다는 것이다. 수없이 많은 실수와 흔들림 속에서 연구자 스스로 큰 중심을 잡고 있다면, 연구는 다시 시작되며 또한 계속 진행될 수 있다.

따라서 연구자가 관심 있는 연구주제를 가지고 연구문제를 도출할 때, 연구문제는 구체적으로 제시해야 한다. '구체적'이란 검증과 측정이 가능하도록 해야 함을 의미한다. 연구란 관심대상에 대해 설문이나 면담을 해서 결과를 얻어서 그 결과가 의미하는 바를 논리적으로 알아보는 과정이므로 처음에 명확하고 측정 가능하도록 연구문제를 잡는 것은 연구 전반에 영향을 미친다. 연구문제가 명확해야 연구방법과 연구 결과가 흔들리지 않고 안전하게 진행될 수 있다.

4) 연구문제의 중요성 검토

연구문제의 중요성 검토 시 독창성·윤리적 문제·현실적 제한을 고려해야 함

연구문제를 도출하고 나면 다시 한 번 연구의 중요성을 검토해야 한다. 연구의 중요성은 달리 말하면 연구의 필요성이라고도 할 수 있다. 이는 자신의 연구가 관련 분야의 이론적 영역에서 또는 실제적 영역에서 얼마만큼의 기여를 할 수 있는가의 문제이다.

뿐만 아니라 대상과 연구에 대한 윤리적인 문제도 잊지 말아야 한다. 즉, 아동·청소년이나 정신적으로 취약한 대상자에 대한 연구를 진행할 때 그들에 대한 윤리적 문제를 고려해야 한다. 예를 들면, 연구를 할 때 미성년자의 경우 보호자의 동의를 받아야 하고, 면담이나 설문 작성 시 문제가 발생하거나 부정적인 감정이 일어날 경우를 대비하여 외부 심리상담

자와 연결하는 것도 한 가지 방법이다.

　연구문제 도출 시 대상과 연구방법을 선정할 때 고려해야 할 것은 현실적 제한에 관한 것이다. 아무리 관련 선행연구가 없고 호기심이 가는 주제라 하더라도 연구자가 구할 수 없는 대상이거나, 구할 수는 있다 하더라도 불가능한 인원이라면 다시 생각해 봐야 한다. 예를 들어, 성중독자들에 관한 척도를 개발하고 싶다면 우선 예비 문항을 선정한 다음 그에 대한 1차 요인분석과 2차 타당도를 보기 위해 몇 백 명의 인원이 필요한데 그 대상을 구하기 힘들 수 있다. 따라서 연구문제를 도출하고 선정할 때 연구자가 현실적으로 이러한 연구 수행이 가능할지에 대한 고려를 해야 한다.

　연구자 스스로 한 편의 논문을 작성했다는 것은, 자신이 원하는 대상에게 타당한 연구방법을 적용하여 연구를 해 나갈 수 있는 능력이 있다는 것을 의미하기도 한다. 이러한 점은 초보 연구자로 하여금 세계적인 논문을 쓰려고 준비하는 각오를 다지게도 하지만, 반면에 부담감으로 작용해서 한 발짝도 나갈 수 없게 만들기도 한다. 석사 논문을 준비하거나 처음 논문을 접하는 초보 연구자가 염두에 둘 것은 최고의 논문을 써야 한다는 부담감에서 벗어나는 것이다. 석사 논문을 잘 작성하고 싶다면 그 과정 자체를 즐기는 것이 중요하다. 필자는 개인적으로, 석사 논문은 연구방법을 익히는 과정이라고 말하고 싶다. '연구라는 것이 처음부터 끝까지 이렇게 해서 이루어지는구나.' 하는 생각으로, 연구과정을 전체적으로 따라서 한 번 해 보는 것이 석사과정에서의 논문 작성이라고 생각한다. 단적인 예로, 연구자가 자살행동에 영향을 미치는 것이 무엇일까를 기존에 나온 수십 편의 선행연구를 통해 분석을 하고 싶을 때 사용 가능한 연구방법이 메타분석이다. '연구를 통한 연구'라고도 하는 메타분석을 할 때 질이 낮은 논문이 들어가면 결국 질 낮은 연구 결과가 나오기 마련이다. 메타분석 논문을 한 번이라도 읽어 보면 알겠지만, 메타분석은 어떤 연구물을 대상으로 추출했느냐가 굉장히 중요한 핵심인데, 여기에 석사 논문은 안 들어가고 박사 논문도 들어갈까 말까 한다. 그러면 어떤 논문이 메타분석의 대상이 되는가? 주로 서적으로 출판되거나 학술지에 게재된 것을 말한다.

석사 논문에서는 논문 작성에 대한 부담감을 줄여서 하고 싶은 대상과 방법으로 연구를 해 나가는 것이 중요함

학술지에 게재되는 논문은 그 분야의 권위자 두세 명이 해당 연구논문을 분석·평가하여 게재되는 과정을 거치기 때문에 신뢰도가 높다. 따라서 그러한 논문들로 메타분석을 해야 한다.

그러므로 이제 석사 논문을 준비하고 있는 과정이라면, 세계적인 논문을 쓰려고 하기보다는 자신이 관심 있는 대상을 찾고 현실적으로 연구가 가능한지에 대한 고려를 통해 그것을 어떠한 방법으로 작성해 나가는지를 익힌다는 가벼운 마음으로 시작하길 권한다. 거기다 의미를 부여하고 싶은 마음이 생긴다면 좀 더 자신이 흥미롭게 여기는 주제가 무엇인지, 관심 있는 대상이 누구인지, 무엇을 보고자 하는지를 명확하게 해서 동기를 높이고, 논문에 대한 긍정적 태도를 가지면 좀 더 흥미롭게 쓸 수 있을 것이다.

5) 연구가설 및 연구문제 설정

> 프로그램 개발 및 효과는 연구가설 형태로 제시하고, 조사연구 및 관계연구는 연구문제 형태로 제시하는 것이 일반적임. 그러나 이러한 것이 반드시 지켜져야 하는 규칙은 아님

연구가설 설정은 연구문제를 조금 더 검증할 수 있는 방법으로 기술하는 것이다. 연구문제와 연구가설의 차이점은 문장의 형식으로도 구분할 수가 있다. 일반적으로 연구문제의 문장 끝은 의문문으로 끝나는데, 예를 들어 '자살행동에 영향을 미치는 변인은 무엇인가?'이다. 한편, 연구가설의 문장은 '공격성은 자살행동에 영향을 미칠 것이다.'처럼 평서문으로 좀 더 구체화하여 설정하게 된다. 일반적으로 프로그램 개발 및 효과 관련 연구에서는 연구자가 원하는 결과를 확인하기 위한 연구이므로 프로그램 투입이라는 조작변인이 있기 때문에 연구가설의 형태를 사용하고, 조사연구 및 관계연구는 연구자가 설정한 연구목적이 타당한가를 알아보기 위한 것이므로 조작적인 느낌이 덜 드는 연구문제 형태로 기술하는 것이 바람직하다. 즉, '부모 애착 유형과 학교생활 적응과의 관계에서 자아분화의 매개효과는 어떠한가?'로 기술하는 것이다. 그러나 이러한 연구가설 및 연구문제 설정이 반드시 지켜져야 하는 규칙은 아니다.

6) 연구방법 결정

많은 연구자들이 연구방법을 결정하는 데 어려움을 호소한다. 그만큼 연구가설이나 연구문제에 맞는 연구방법을 결정하는 것은 어려운 전문 영역이기 때문이다. 연구방법을 결정하기 위해서 먼저 지도교수나 논문에 대한 멘토가 있다면 이에 대해 아주 면밀히 컨설팅을 받아야 한다. '연구문제나 연구가설을 효과적으로 보여 줄 수 있는 연구방법은 무엇일까?' 혹은 '결론을 유의미하게 이끌어 내려면 어떻게 해야 할까?'에 대한 고민은 전문가의 도움을 받으면 더욱 검증력이 높고 타당한 연구방법을 결정할 수 있게 된다. 연구방법을 결정하는 것은 논문의 작성에서 굉장히 중요하다. 실제로 연구목적에 맞지 않는 연구방법을 사용함으로써 학술지 논문에서 게재불가를 받는 경우가 비일비재하다. 잘못된 연구방법을 사용한 것 때문에 논문을 새로 써야 하는 경우가 발생하기도 한다. 따라서 연구방법에 대한 결정은 전문가와 의논하는 것이 필수적이다.

> 연구방법 결정은 아주 중요하고 어려운 사항이므로 지도교수나 멘토의 면밀한 자문이 필요함

2. 학위논문을 쓰는 것이 왜 어려울까

학위논문을 정해진 짧은 기간 안에 써야 할 경우 제일 어려운 것은 무엇일까? 아마 모든 것이 어렵다고 여겨질 것이다. 처음 논문의 주제를 잡을 때의 막막함, 논문을 쓰는 과정에서의 불안함, 마지막 연구 결과에 대한 걱정 등 다양한 어려움을 경험하게 되며, 또한 사람마다 어려움을 느끼는 부분이 다를 것이다. 이때 어떤 부분에서 내가 힘들어하는지 연구자 스스로 고민과 힘듦을 차근차근 펼쳐 보면, 논문에서의 어려움이 자신의 어려움과 연결된다는 것을 알게 된다. 따라서 연구를 대할 때 구체적으로 어떤 어려움이 있는지를 면밀히 살펴보고, 스스로 해답을 찾는 노력을 해야 한다.

논문 작성 관련 어려움

- 쓸 시간이 없거나 능력이 부족해서
- 숫자만 생각해도 머리가 아픈데, 통계까지 돌려야 해서
- 지도교수와 논문 진행상의 어려움
- 어떤 연구를 해야 할지 몰라서

1) 쓸 시간이 없거나 능력이 부족해서

논문을 처음 쓸 때 가지는 막연한 두려움을 피하지 말고, 선행연구의 연구과정을 그대로 따라해 봄. 어떠한 어려움에서도 나도 할 수 있다는 자신감이 반드시 필요함

낮에 일을 하고 저녁에 교육대학원이나 행정대학원, 특수대학원을 다니는 석사 과정생의 경우, 논문을 집중해서 쓸 시간이 정말 없어서 시간을 쪼개야 한다. 필자는 "가족이 도와주지 않는다." "아이가 매일 운다." "남편이 놀아 달라 한다." 또는 "나는 능력이 부족하다." "나는 상담을 하러 왔지 이런 논리적인 것은 잘 못한다." "나는 숫자하고는 안 맞다." 등등의 이야기를 종종 듣곤 한다. 이처럼 시간이나 능력의 부족은 연구에 대해 꺼리고 기피하려는 이유로 많이 거론된다. 물론 그렇게 생각하는 이유에 대해 어느 정도 이해되는 부분도 있다. 왜냐하면 상담은 사람과 사람이 만나는 것이기 때문에 논리적인 것과는 별 상관이 없다고 생각할 수 있기 때문이다.

그러나 실제 상담은 내담자가 호소하는 문제에 따라 상담목표가 정해지고, 그 목표에 따라서 내담자와 합의해 나가며 그것을 해결해 나가는 과정이라 할 수 있다. 다시 말해서 상담은 굉장히 목표 지향적이다. 상담분야의 논문도 이와 마찬가지이다. 연구문제를 정했으면 그 연구문제에 대한 답을 얻기 위해 끝까지 노력해 나가는 논리적인 과정을 겪어 내야 한다. "상담자가 부드럽고 온화함을 가지기는 쉽지만 명확하기는 어렵다."는 얘기가 있다. 이처럼 논문을 쓰는 과정에서나 상담을 진행할 때 명확하고 논리적인 부분이 필요함을 알 수 있다.

'내가 잘할 수 있을까.' '내가 이것을 끝까지 할 수 있을까.' '난 못하는데….' 이러한 생각으로 막연히 두려워하며 피하지 말고, 선행연구의 연구과정을 그대로 따라해 보면 할 수 있다. 어떻게 가야 할지 모를 때는 앞서

가고 있는 사람의 뒤를 보고 가다 보면 고지가 보이기 마련이다. 여기서 앞서 가고 있는 사람이란 선행연구, 선배나 지도교수가 될 수 있다. 자신감을 가져 보자.

2) 숫자만 생각해도 머리가 아픈데, 통계까지 돌려야 해서

고등학교에서 인문계 · 자연계를 선택할 때 수학이 싫어서 인문계를 선택하는 경우가 종종 있다. 그런데 논문을 쓰기 위해서는 통계의 산을 넘어야 한다는 것이 인문계를 졸업한 사람으로서 참 부담스럽게 느낄 수 있다. 필자의 예를 들면, 석사과정 때 '연구방법 및 통계' 수업이 정말 이해가 안 되어서 고민한 적이 있다. 그러나 이에 대한 생각의 전환이 있었다. 그것은 '우리가 우리말로 대화를 하듯이 이 숫자가 우리에게 얘기해 주는 게 있을 것이다. 이 숫자가 나오게 된 경위는 설문조사를 실시한 사람들이 자신의 심리적인 상태를 설문지에 표시를 했고, 그것을 숫자로 처리해서 통계의 결과가 나온 것이니 이 숫자가 보여 주고 싶은 것이 있을 것이다.'라는 생각의 전환이 일어났다. 즉, 연구대상자의 심리상태를 통계 결과로 얘기하려는 것인데, 숫자라는 형식이 싫다고 이를 이해하려고 하지 않는다면 대상자의 심리상태를 결코 이해하지 못할 것이다. 상담에서도 마찬가지이다. 내가 이해하고 싶은 부분만 이해할 수 있으니 다른 것은 '네가 고쳐라.'와 같은 태도는 곤란하다. 따라서 통계를 볼 때 '이 숫자는 무엇을 얘기할까?'라는 호기심을 가져야 한다. 또한 스스로 이해하기가 어렵다면 연구방법을 잘하는 사람에게 이 숫자가 뭘 뜻하는지 물어볼 수도 있다. 그러므로 멘토가 굉장히 중요하다고 할 수 있다.

필자는 석사과정 연구자들이 직접 통계를 돌린 것이 맞는지 봐 달라는 의뢰를 받아 살펴본 적이 여러 번 있다. 이들은 연구방법 강의를 듣고 실습하는 과정을 통해 어느 정도 연습이 되어 있던 상태라서 그런지 그 과정을 따라서 결과를 훌륭하게 완성하였다. 이렇듯 통계는 기능적인 것이기 때문에 책이나 통계 자료들을 참고하거나, 선행연구를 보고 따라 하면 스스로 통계를 돌리는 것이 가능하다. 그러니 너무 겁먹을 필요는 없다.

> 초보 연구자도 책이나 통계 자료를 참고로 선행연구를 따라 하면 스스로 통계를 돌리는 것이 가능하기 때문에 두려워하지 않아도 됨

3) 지도교수와 논문 진행상의 어려움

일반적으로 자신이 어떤 주제에 관심이 있으면 어떤 영역에 호기심이 있는지 고려해서 지도교수를 정하고 신청하면 그에 맞는 지도교수가 정해지게 된다. 그런 다음에는 지도교수의 뜻에 따르게 된다.

만약에 지도교수를 정하지 못했거나, 지도교수가 제대로 지도해 주지 않을 것 같다면 적극적으로 자신이 마음에 드는 전공 교수를 찾아보는 것이 중요하다. 지도교수가 정해진 다음에는 지도교수가 추천하는 주제가 무엇인지를 잘 보고, 그 지도교수의 조언을 깊이 생각해 보고, 자신의 의견을 잘 조율하며 진행하는 것이 중요하다. 즉, 자신의 고집만을 주장하면 안 된다는 것이다.

그러나 다른 사람의 의견에 무조건적으로 흔들려서도 안 될 것이다. 예를 들어, 어느 대학에서 석사과정생 두세 명을 박사과정생이 1차적으로 지도한 다음에 2차로 논문을 지도하는 교수가 있고, 최종적으로 점검하는 교수가 또 있는 체계로 되어 있다고 하자. 이런 경우는 논문 지도 시 세 사람의 방법이나 방향에 조금씩 차이가 있을 수 있다. 이러한 체계상에서 지도를 받는 석사과정생들은 다음과 같은 불만을 가질 수 있다. "박사과정의 선배 말을 듣고 고쳐서 교수님께 가니까 잘못 기술했다고 한다." "최종 점검하는 교수님께 갔더니 이 부분은 이론적 근거가 약하니 빼는 것이 더 낫겠다고 하셨다. 심혈을 기울여서 한 단락을 완성했는데 빼라고 하니 그동안의 노력이 허사가 된 것 같아 고통스러웠다." 이런 경우에 연구자가 연구에 대한 중심이 서 있지 않고 흔들리게 되면 오히려 결과가 나빠질 수 있다. 따라서 다른 사람의 조언을 얻어 자신의 논문을 다각도에서 볼 수 있는 기회로 삼되, 연구하고자 하는 것의 가장 핵심적인 부분은 놓치지 않아야 할 것이다.

4) 어떤 연구를 해야 할지 몰라서

'어떤 연구를 해야 할지 잘 모르겠다.' 이것은 제일 원천적이고 중요한

고민이다. 이럴 때는 자신이 상담대학원이나 특수대학원에 들어온 이유
가 무엇이었는지, 그 목적이나 초심이 어떠했는지를 다시 돌아봐서 살펴
보는 것이 도움이 된다. 예를 들어, '나는 상담에 정말 관심이 있다.'라면
상담 관련 논문을 쓰면 좋을 것이다. '나는 친구들 또는 대상자와 커뮤니
케이션하는 것을 굉장히 즐거워한다. 활동적인 사람이다.' 또는 '나는 집
단에 관심이 있고 리더의 변화나 역량뿐만 아니라 그것을 키우는 역할에
관심이 있다.'라면 프로그램을 개발하고 운영하여 그 효과성을 살펴보면
된다. 혹은 '나는 사람이 싫다. 나는 사람에게 지쳤다. 사람과 만나지 않고
연구를 하고 싶다.'라면 메타연구를 하면 된다. 메타연구는 연구자료를
바탕으로 그것을 분석해 내는 연구이다. 다른 예로, 통계를 매우 싫어하
는 반면에 면접방법을 익히고 싶다면 질적 연구를 하면 된다. 소수의 사
람과 만나서 깊은 대화를 통해 결론을 도출해 내는 것이 질적 연구이다.
이처럼 자신의 성격이나 성향에 맞는 연구를 선택하면 된다.

　요즘은 석사 또는 박사만 특정 연구방법을 할 수 있다고 구분하지 않는
다. 다양한 연구방법 워크숍이 개설되어 있고, 연구물에 쉽게 접근하여
출력하여 볼 수 있기 때문에 높은 수준의 연구방법을 과거에 비해 비교적
손쉽게 익힐 수 있다. 그러나 주의할 것은, 박사논문은 이론적으로 새로
운 관점을 제시하거나 새로운 연구방법을 적용했거나, 그동안 연구되지
않은 대상에 대한 이해를 높일 수 있는 등등의 연구와 관련하여 새로운 것
이 추가되어야 한다.

　한편, 석사논문을 쓸 때는 모(母)논문을 선정하는 것이 굉장히 중요하
다. 좋은 모논문을 자신의 논문에서 연구대상에 맞게 변화시켜 보는 것은
많은 도움이 되므로 모논문을 참고하여 연구가 가능할 것이라고 판단하
면 도전해 보는 것도 바람직하다. 석사학위 논문으로 프로그램 개발 논문
은 많지 않았다. 프로그램 개발보다는 프로그램 재구성이나 구안 논문으
로 프로그램 효과성을 보는 논문이 대부분이었다. 프로그램 개발 논문은
복잡한 개발과정을 거쳐야 한다는 생각에 너무 힘들 것 같아서 엄두를 못
내었는데, 막상 해 보니 왜 개발 논문을 석사과정에서 쓰지 않는지 이해가
되었다. 프로그램 개발 논문은 대상에 대한 요구조사 내용이 프로그램 개

발과정에서 철저히 들어가 있어야 하고, 프로그램 모형이 이론적으로 뒷받침되어야 하며, 체계적으로 프로그램 개발과정이 이루어져야 한다. 그래도 석사과정에서 개발 논문을 쓸 수 있었던 것은 그 주제와 관련된 모논문을 정해서 그 과정을 지도교수님과 의논한 후 작성해 나갔기 때문이다. 다시 말하지만, 관련 주제의 모논문을 잘 정해서 그 과정을 익히고 따라하는 것은 자신의 연구에 대한 불안을 낮추고 전체적인 과정을 이해하는 데 도움이 된다.

끝으로, 자신의 역량을 잘 파악한 후 무리하지 않게 논문의 주제나 방법, 대상을 설정한다. 즉, 현실 가능성을 파악하는 것으로 자신이 하고자 하는 연구설계가 자신이 설정한 연구문제를 검증해 내고 효과적으로 결론을 도출해 낼 수 있는가를 잘 판단하는 것이 중요하다.

3. 연구주제 선택하기

연구주제를 정할 때 자신에게 의미 있는 대상이나 관련 변인을 마음에 품고 정하는 경우가 많은데, "왜 이 주제에 관심이 있는가?"라고 물어보면 연구자들은 자신의 경험 속에서 이 문제를 이해하고 해결하고 싶거나 관심대상에게 도움을 주고 싶기 때문이라고 대답하는 경우가 많다. 이렇게 자신의 경험에서 연구대상이나 관련 변인의 연구주제를 정할 수도 있으나, 정작 자신이 하고 싶은 연구가 무엇인지 잘 모르는 경우도 있다. 여기서는 연구주제를 어떻게 잡고 어떻게 연구로 발전시킬 것인지를 살펴본다.

1) 연구주제 선정 시 고려 사항

연구주제 선정 시 고려 사항들을 참고하여 포괄적이고 깊은 수준에서의 고민이 필요함

연구주제 선정 시 고려 사항
• 지도교수의 전문 영역 따르기
• 연구자가 관심이 있는 주제, 관심 있는 대상에 초점 맞추기

- 개인적 열정 따르기
- 연구자 자신의 수준 파악하기
- 전문기술 개발하기
- 전공과 졸업 이후 경제 활동과 연결점 찾기
- 의미 있는 사회적 욕구에 반영하기

　연구주제를 선택하는 데 있어 제일 먼저 고려할 사항은 지도교수의 전문 영역을 따르는 것이다. 자신이 아무리 오랫동안 생각해 왔던 주제와 관련한 연구를 하고 싶어도 지도교수가 그 분야에 관심이 없으면 연구가 지체되어 졸업이 늦어지거나 못하게 될 수도 있다. 예를 들어, 심리검사 개발에 관심이 많은 지도교수가 있다고 가정해 보자. 하지만 연구자는 타로에 관심이 많아서 타로를 통해 뭔가 효과성을 보고 싶어서 프로그램을 하고 싶다면 아마 졸업하기가 힘들 수 있다. 왜냐하면 지도교수와 연구자의 관심사가 다를 경우 지도교수 입장에서는 적절한 지도를 해 주기 어려우므로 연구자는 논문을 지도받아 쓰기가 쉽지 않을 수 있기 때문이다. 따라서 지도교수의 전문 영역을 따르는 것은 굉장히 중요하므로 그 영역을 따르되, 연구자의 논문과 관련된 현실적인 고려를 통해 연구주제를 조율해 나가야 한다. 예를 들어, 지도교수는 심리검사 개발이 전문 영역이고 또한 연구자가 만날 수 있는 대상이 청소년이고 그중에서도 자살행동을 하는 청소년이라면, 자살행동을 보이는 청소년과 심리검사 개발을 어떻게 접목할 것인가 하는 연구주제에 대한 고민은 충분히 해 볼 수 있다. 자살행동을 하는 청소년의 성격 유형이 다른 청소년들과 어떤 차이가 있는지, 어떤 점에서 다른지를 연구할 수 있다. 또는 청소년들이 학교에서 적응하고 사고할 수 있도록 그들을 보호하고 완화하는 요인이 무엇인지를 연구한다면, 지도교수의 영역을 따르면서 자신이 관심 있는 대상 주제도 같이 접목할 수 있기 때문에 충분히 연구주제로 얘기해 볼 수 있다.

　이렇게 하려면 연구자는 평상시 지도교수와의 관계를 잘 형성해 놓는 것이 굉장히 중요하다. 평상시 어떤 분야에 관심이 있는지에 대한 소통이 전혀 이루어지지 않았는데 논문을 쓰면서 다급한 마음으로 소통을 요

30

구하게 되면 지도교수 역시 연구자에 대한 정보와 신뢰가 없기 때문에 연구가 제대로 이루어지기 어려울 수 있다. 그래서 이런 말이 있다. "논문을 쓸 때 연구자가 학교생활을 어떻게 했는지 총체적으로 알 수 있다." 맞는 말인 것 같다. 이뿐만 아니라 논문을 쓴다는 것은 어렵고 방대한 작업이기 때문에 주변 사람들의 도움이 절실히 필요하다. 예를 들어, 설문조사를 하는 경우에는 설문지를 부탁하고 의뢰해야 하며, 프로그램을 실시하는 경우에는 프로그램을 실시해 볼 수 있는 센터나 지역의 사람들에게 부탁해야 하며, 질적 연구를 할 경우에도 아는 사람 한 명 한 명이 너무나도 소중하다. 그러므로 평상시 이루어 놓은 관계가 중요하다는 것을 명심해야 한다.

그다음으로, 연구자가 진짜 하고 싶은 것, 관심이 있는 주제를 연구하고 관심 있는 대상에 대해서 초점을 맞추는 것이 중요하다. 그래야만 연구에 대한 의욕이 생기고, 연구를 마친 후에도 뿌듯함을 느낄 수 있다. 필자가 맡은 연구법 수업에서 수강생들에게 조별로 소논문을 만드는 과제를 주었는데, 연구주제를 3주 동안 고민하여 세 명의 조원들이 관심이 있는 주제를 선정해서 의욕적으로 부논문을 작성해 온 적이 있다. 이들은 '장애아 어머니의 자녀양육 스트레스'를 연구주제로 선정하여 진행하였는데, 이들 중 한 명이 장애를 가진 자녀를 둔 어머니였다. 그녀는 장애자녀를 양육할 때 받는 스트레스가 많다는 것을 경험하고 있었기 때문에 그러한 스트레스를 낮추는 것에 도움되는 것은 무엇인지 알아보고 싶다는 생각과, 스트레스를 줄여 주는 변인이 무엇인지 알아보고, 그 결과를 통해 다른 사람들에게도 도움을 주고 싶은 열망과 열정으로 연구를 하게 된 것이다. 이런 필요성과 열정으로 연구를 진행하다 보니 이 조원들은 연구 자체에 대해 호기심이 넘치고 적극적이었다. 선행연구를 찾아보고 새벽한 시에도 메일을 보내서 "서론을 이렇게 써 봤어요." "연구문제를 이렇게 잡아도 괜찮을까요?" "조절효과와 매개효과 중에 어떤 것이 좋을까요?"와 같은 문의를 하며 열정적인 모습을 보였다. 이와 같이 연구 주제와 대상에 대한 관심도와 이해도가 연구 전반에 깔려 있는 것은 연구를 진행하는 데 굉장히 중요한 힘으로 작용한다. 그러므로 연구자가 관심 있는 주제와 대상에 초점을 맞추는 것은 연구의 열정이자 바탕이 된다고 할 수 있다.

연구주제에 초점을 맞췄다면, 그다음으로 중요한 것은 연구자 자신의 수준을 파악하는 것이다. 연구자가 통계의 '통' 자만 들어도 머리가 지끈거린다면, 통계를 돌리기가 힘들 뿐만 아니라 진척 또한 더디기 때문에 분석표가 들어가는 연구방법인 관계연구를 하면 굉장히 고통스럽다. 그래서 관계연구를 피하려고 하는데, 연구자가 선정한 연구문제가 이미 질적 연구에서 다 나와 있어서 양적 연구를 해야 되는 상황이 될 수도 있다. 일단 양적 연구로 넘어가게 되면 결국 통계분석을 해야 한다. 그러면 이 연구자는 양적 연구를 포기해야 할까? 그러기보다는 전문가의 도움을 받는 것이 현명한 선택일 것 같다. 즉, 통계를 잘 돌리는 선배에게 도움을 구하거나 혹은 결과분석 전체를 맡겨서 컨설팅을 받는 방법이 있다. 이럴 경우 연구결과에 대한 설명을 들어서 나타난 결과가 무엇을 뜻하는지 의미를 담아서 논의를 작성하면 된다.

그다음은 현실적인 문제인데, 이는 박사과정생에게 특히 중요하게 작용하는 것으로, 전공과 졸업 이후의 경제적 활동이 연결될 수 있도록 하는 것이다. 만약 연구자가 박사논문을 가지고 그 분야의 전문가가 되어 사회적인 활동을 하겠다는 계획을 가지고 있다면, 연구주제를 수입원과 연결될 수 있는 것으로 잡아야 한다. 예를 들면, 어떤 연구자는 부부관계에 관심이 있고 명상 쪽으로 계속 훈련을 해 왔기 때문에 연구주제를 부부관계의 증진과 명상을 접목하는 것으로 잡고 싶어 했다. 그런데 부부관계는 관계적인 맥락인데 명상은 혼자 하는 활동이므로 두 가지 주제를 접목하는 것에 어려움이 있었다. 하지만 이 연구자에게는 두 가지 주제를 접목하는 것이 중요한 화두였기에 결국 부부의 서로 다른 점을 파악한 후 이해하고 수용하는 프로그램을 개발하는 연구계획서를 제출하였다. 이 경우 연구제목에 '명상'이 포함되는 여부는 연구자가 명상 전문가로서의 커리어를 쌓는 데 매우 중요한 역할을 하므로 지도교수와 부부관계 증진 프로그램 개발에 대해 의견 충돌이 있더라도 논리적으로 대안을 찾아서 명상과 접목시킨 연구주제를 선정해야 할 것이다.

또한 연구자가 사회적으로 도움이 되는 연구를 하겠다는 의욕도 중요하다. 이럴 경우 연구자가 연구를 진행해 나갈 때 심혈을 기울이다 보니 논문을 쓸 때 심사숙고하게 된다. 그러다가 도중에 논문 작성이 막히면 의기소침해질 수도 있고 무능감에 빠질 수도 있다. 사회에 도움이 되겠다는 마음이 너무 크다 보니 심리적 부작용으로 낭패를 보게 되기도 한다. 필자는 연구방법 워크숍에서 "연구라는 것은, 기존의 연구 위에 자신의 연구는 작은 돌 하나를 얹는다는 기분으로 하는 것이다."라는 말을 듣고 많이 공감하였다. 따라서 의욕은 가지되, 과욕은 금물이다.

필자의 경우, 자살행동을 하는 청소년에 대해 논문을 쓰고자 할 때 자살행동에 대한 연구는 불가능한 연구였다. 자살행동을 하는 청소년들이 드러나지 않았기 때문에 연구가 이뤄질 수가 없었다. 그런데 그 시점에 사회적인 관심이 청소년의 정신건강에 쏠리면서 정서행동특성검사를 전국적으로 전체 초 · 중 · 고등학생들을 대상으로 실시했다. 그러면서 그동안 파악하기 어려웠던 자살행동을 하는 청소년이 한 학교에 20~30명씩 드러나게 되어 이들에 대한 대책 마련이 사회적으로 이슈화되었다. 이러한 사회적 이슈가 필자의 연구주제와 딱 맞아 떨어져 각 학교의 상담교사 및 상담사들을 통해 자살행동을 하는 청소년들을 임의 표집할 수 있었다. 따라서 사회에서 관심을 가지고 이슈화되고 있는 주제를 선정하는 것이 중요하다.

실질적인 예를 들어 이에 대해 좀 더 자세히 살펴보자. 2015년 ○○○ 상담사 1급 면접시험에서 마지막 질문은 학교 밖 청소년에 관한 것이었다. 2014년 5월에 「학교 밖 청소년 지원에 관한 법률」이 제정되고 이듬해 시행되면서 어떻게 하면 학교 밖 청소년을 잘 관리해서 다시 사회로 복귀시킬 수 있을까에 대한 관심이 증대되고 있다. 현 시점의 사회적 요구를 반영하고 싶은 연구자는 학교 밖 청소년을 연구주제로 삼아도 좋다. 필자의 연구법 강의 수강생 중에는 청소년상담센터에 근무하는 상담자들로 이루어진 조가 있었다. 이 조의 구성원들은 학교 밖 청소년을 만나고 있으니 사회적 요구를 반영해서 학교 밖 청소년들의 진로 경험에 대한 질적 연구를 진행하였다. 연구 진행과정에서 살펴본 결과, 학교 밖 청소년들에 대한 연구들은 일반적으로 부적응 행동과 관련한 선행연구들이 많았고, 진로와 관련된 미래지향적이고 적응에 도움이 되는 연구들이 미흡하다는 것을 알게 되었다. 학교 밖 청소년들을 대상으로 진로에 대해 면담하고 자료를 분석해 보니 이들은 진로에 대한 고민을 하지 않는다는 결과가 도출되었다. 학교 밖 청소년들 중에는 하루를 살아갈 돈이 부족한 경우가 많아서 진로 계획을 세우고 무엇을 하겠다는 희망을 가지기 힘든 상황이었고, 따라서 진로에 대해 무기력한 모습을 보이고 있음을 보고하였다. 연구자들은 처음에는 결과를 보고 실망했지만, 그런 결과가 나왔다는 것은 오히려 더 학교 밖 청소년들의 실질적인 현실을 반영하면서 사회적인 이슈를 일으킬 수 있다. 즉, 학교 밖 청소년들의 사회 복귀를 위해서는 그들에게 필요한 실질적인 경제적 지원을 통해 기초적인 안정이 먼저 선행되어야 하며, 그런 후에야 스스로 미래에 대해 적극적으로 진로나 직업을 찾는 노력을 할 수 있다는 것을 보여 주었다. 이러한 결과는 기본적인 안전의 욕구가 채워져야 그 상위의 욕구가 동기화될 수 있다는 이치와 동일 선상에 있다.

이와 같이 요즘 사회적 이슈가 무엇인지에 관심을 가지고 신문이나 다양한 매체 등을 통해 지속적으로 찾아보는 것도 하나의 방법이다.

2) 가능한 연구로 주제 발전시키기

연구주제를 산출하고 나면 이를 가능한 연구로 발전시켜야 한다. 그러기 위해 연구주제에 대한 대상을 선택하였다면 그다음에 연구문제나 가설을 검증하기 위한 연구방법을 선택해야 한다. 상담 전공자가 일반적으로 쉽게 접근할 수 있는 연구방법에는 실험연구가 있다. 실험연구에서는 프로그램을 개발하거나 재구성하여 그 효과성을 검증한다. 한편, 자신의 주변을 살펴보니 학교와 맥이 닿아 있어서 청소년 200~300명에게 설문조사를 하는 것이 가능할 경우에는 청소년을 대상으로 한 관계연구를 할 수 있다. 다른 예로, 해바라기센터에 근무하는 연구자라면 센터에 있는 아동들을 대상으로 한 연구주제를 찾는 것이 현실적으로 유용할 것이다. 대상에게 도움이 되는 연구를 해낼 수 있을 뿐만 아니라 연구자의 궁금증과 호기심을 해결할 수 있는 좋은 기회이기 때문이다.

한편, 연구자가 실시한 프로그램을 통해 얼마나 효과가 있었는지 알아보기 위한 실험연구를 할 때 사전과 사후 그리고 추후의 변인 값을 측정해야 한다. 그런데 측정하고자 하는 변인에 대한 적당한 도구(척도)가 없는 경우가 있다. 예를 들면, 연구자가 소외감을 없애는 프로그램을 만들고 있는데, 대상자의 발달단계에 맞는 소외감을 측정할 척도가 없다면 난관에 직면하게 된다. 이처럼 측정하고자 하는 적절한 척도가 없는 경우에는 연구주제를 바꿔서 척도를 개발하는 경우도 있다. 이렇듯 일반적으로 연구들은 다 연결되어 있고 맞물려 있다고 할 수 있다.

관심 대상의 특징에 대한 것이나 관심변인에 대한 연구가 굉장히 많이 이루어져 있으면, 메타분석 연구를 도전해 볼 만하다. 메타분석은 많은 연구자들이 이것도 효과가 있고 저것도 효과가 있다는데, 실제로 효과가 있는 것은 무엇인지를 실증적 자료를 통해 밝히는 것이다. 즉, 관계연구에 대한 메타분석은 종속변인에 대한 여러 변인 중에 더 많은 영향을 주는 변인이 무엇인지를 알 수 있고, 프로그램 효과성에 대한 메타분석에서는 프로그램을 통해 더 효과적으로 향상된 변인이 무엇인지 그리고 어떤 대상으로 했을 때 프로그램의 효과가 좋은지 알 수 있다. 그래서 메타분석은 연구 위의 연구라고 불리며, 프로그램의 효과성에 대한 메타분석 논문들이 많이 나와 있다. 부모교육 프로그램에 대한 메타연구를 예를 들어보면, 여러 종류의 부모교육 프로그램들 중에서 어떤 부모교육 프로그램이 효과성이 높고, 부모-자녀 관계 증진에 더 효과가 좋은지, 어떻게 실시한 것이 더 효과가 좋은지에 대한 효과크기를 추출해 낼 수 있다. 이렇게 메타분석 결과를 통해 부모-자녀 관계를 증진하기 위해 효과적인 프로그램이 무엇인지 결론을 내릴 수 있고, 논의에서는 이 부모교육 프로그램이 왜 효과성이 높은지에 대해 연구자의 분석을 서술하면 된다. 또한, 메타분석 연구는 변인과 변인과의 관계에서 어떤 것이 더 매개를 하는지, 어떤 것이 더 조절을 많이 하는지를 알아볼 수 있다. 예를 들어, 연구동향 및 메타분석을 통해 완벽주의와 우울의 관계에서 최근의 연구동향이 무엇인지, 완벽주의 척도들이 굉장히 다양한데 어떤 척도가 우울과 더 관계가 있는지, 완벽주의라는 것이 부적응적인 요소인데 적응적인 요소도 있는지, 완벽주의와 우울의 사이에 어떤 매개연구가 시행되고 있고 그 매개변인들 중 어떤 변인이 더 매개를 하는지 또는 조절하는지 등 메타분석을 통해 다양한 것을 밝혀낼 수 있다. 이처럼 기존의 연구들이 많아서 결과들을 대상으로 분석할 필요가 있을 때 메타분석을 할 수 있다. 연구들은 이처럼 다양하게 있으므로 석사논문을 쓸 경우에 자신이 설정한 연구주제에 대해 어떤 것이 더 적합할지는 박사과정생이나 지도교수와 의논하여 선택하면 된다.

이제는 연구의 범위를 한정해야 하는데, 보통 박사논문의 경우에는 표본을 추출할 때 신뢰도나 타당도를 높이기 위해서 전국 단위로 표집을 한다. 하지만 석사논문은 연구의 범위를 광범위하게 정하여 무리하지 말고 선택한 연구방법에 맞는 적정한 인원만 있으면 연구를 진행하도록 한다. 특히 질적 연구에서 제일 중요한 것은 연구목적에 맞는 연구대상을 선정하는 것이다. 해당되는 대상자는 많지만 그 대상자가 자신의 이야기를 잘하지 않아서 연구자가 억지로 말을 유도하면 연구 결과가 제대로 나오지 않을 뿐만 아니라 대상자에게 상처를 줄 수 있으므로 연구대상의 범위를 적절하게 한정해야 한다.

다음으로, 연구자가 관심 가는 변인이 연구 가능한 변인인지 아닌지를 확인해야 된다. 프로그램을 개발하려고 하는데 관련 변인을 찾을 수 없거나 측정하려는 변인의 척도가 없다면 연구의 진행에 어려움을 겪게 되므로 이를 꼭 확인해야 한다. 한편, 요즘 관계연구에서 가장 일반적인 연구모형은 변인이 3개 또는 많으면 4개를 가지고 모형으로 만들어 관계를 알아보는 것이다. 그래서 연구자가 관심 있는 독립변인과 종속변인 사이에 조절이나 매개 변인을 두고 선행연구를 바탕으로 매개나 조절 변인을 선정하여 관계연구를 진행하는데, 이때 변인들이 연구 가능한 변인인지 확인하는 과정이 필요하다. 관련 이론이나 선행연구가 없다면 다른 변인을 선택해야 한다. 그리고 선행연구를 확인한 결과 연구자가 진행하고자 하는 연구가 이미 있다면, 변인의 수를 늘리거나 다른 변인으로 교체해야 한다. 단, 이때도 임의로 늘리거나 교체하면 안 되고 이론적 근거나 선행연구의 바탕 위에 작업이 이루어져야 한다.

끝으로, 변인을 확인하고 관계를 잡을 때 기존 이론을 활용하는 것은 매우 중요하다. 특히 매개연구나 조절연구의 경우 선행연구를 충분히 검색하고 활용하여 기존의 관련 이론이 바탕이 되어야 한다. 매개연구나 조절연구에서 변인 설정 시 가장 중요하게 생각하는 것이 바로 이론적인 근거 그리고 선행연구의 유무이다.

연구주제 발전시키기

- 연구방법 선택하기(실험연구/관계연구/질적 연구/척도 개발/메타분석)
- 연구범위 한정하기
- 연구 가능한 변인인지 확인하기
- 변인 수 확인하기
- 이론 활용하기

---

3) 문헌 탐색

문헌 탐색은 논문 작성 시 가장 기본이면서 가장 중요함. 이를 위해 논문 검색 사이트를 제대로 알고 활용해야 함

요즘은 연구하기가 예전보다 훨씬 편해졌다는 말을 많이들 한다. 그 이유를 생각해 보면, 문헌 탐색이 과거보다 훨씬 편리해졌으며, 통계 프로그램이 생겨서 수작업으로 명령어를 넣거나 계산기를 두드리지 않아도 연구를 진행할 수 있기 때문인 듯하다. 특히 인터넷만 가능하면 문헌 탐색이 어디서든 가능하고 많은 선행연구를 찾아볼 수 있다는 점은 연구를 수행하는 입장에서 매우 큰 힘이 된다. 따라서 여기서는 문헌 탐색이라는 강력한 도구를 어떻게 잘 사용할 것인가를 알아보고자 한다. 즉, 논문을 어디서 찾을 것이며, 자원들은 무엇이 있는지, 검색할 내용은 무엇인지, 그리고 연구 결과를 조직할 때 무엇을 탐색해야 하는지 알아본다.

(1) 논문은 어디서 찾을 것인가

논문에서 선행연구나 이론적인 배경이 굉장히 중요하다는 것은 앞서 살펴보았으니, 이제 '논문을 어디서 찾을 것인가?'에 집중해야 한다. 일

반적으로는 한국교육학술정보원의 학술연구정보서비스 사이트(http://www.riss.kr)를 주로 이용하는데, 학생의 경우 학내 도서관으로 들어가면 무료로 다운받아서 관련 자료를 볼 수 있으며, 그 혜택은 학교를 졸업해도 가능하다.

메타분석의 경우 연구의 재료라고 할 수 있는 자료의 검색이 굉장히 중요하기 때문에 자료 검색의 출처를 반드시 밝히게 되어 있다. 즉, 학술연구정보서비스 사이트에서 찾았는지, 국회도서관 사이트(http://www.nanet.go.kr)에서 찾았는지 출처를 밝혀야 한다. 그런데 검색어로 검색을 했는데 제대로 보이지 않는 경우가 있기 때문에 한 곳에서만 찾으면 안 되고, '다양한 곳 어디어디에서 어떤 검색어로 찾아보니 몇 십 편이 나왔다.'와 같이 서술을 해야 된다.

한편, 필자의 경우 연구를 계속해 오면서 느낀 것은 '모든 참조(reference)를 다 구할 수 있다.'는 것이다. 그렇기 때문에 연구자의 논리는 매우 중요하고, 그 논리를 뒷받침할 수 있는 참조는 무궁무진하게 찾을 수 있다. 그때 사용하는 검색 엔진이 구글 학술검색(http://scholar.google.co.kr)이다. 예를 들어, 출소자의 아내에 대한 연구를 한다고 가정해 보자. 재범률이 늘고 있는 현상에 대해 그 원인이 가정의 파괴와 관계가 있다고 논지를 펼 경우, 연구자 혼자의 생각만으로는 전개가 어렵고 논지를 뒷받침하는 근거를 찾아야 한다. 구글 학술검색에서 연관어를 치면 관련된 연구가 나타난다. 그중에서 자신의 연구와 가장 일치하는 것을 찾아서 참조를 넣는 것이다. 이처럼 논리적으로 핵심을 짚어서 문장을 써 나가는 것이 중요하며, 이를 뒷받침할 수 있는 근거는 학술검색 엔진들을 이용해서 찾을 수 있다.

연구자가 모논문으로 삼은 논문 또는 보고자 하는 변인이 포함되어 있는 논문의 참고문헌은 좋은 자료로 활용될 수 있다. 예를 들어 연구자가 모논문으로 삼은 A 논문이 있다면, A 논문의 참고문헌에는 그 연구자가 자신의 논문을 작성하기 위해서 근거로 삼은 관련 논문들이 제시되어 있다. 참고문헌에는 연구자가 찾고 있는 변인들과 관련 있는 내용들이 포함되어 있기 때문에 이를 토대로 검색하면 된다. 필자의 경우, 일반적으로 논문을 지도할 때 수강생들에게 자신이 연구할 대상과 특정 변인에 관련된 논문 제목을 가져오라고 한다. 관련된 선행연구들의 제목을 전체적으로 살펴보면, 본 연구에 무엇이 부족한지, 또는 무엇을 추가해서 연구하면 좋을지 가늠할 수 있다. 더불어 선행연구의 제목들만 면밀히 살펴보고 연구의 제목을 정할 수도 있다. 그만큼 참고문헌들이 중요하다는 것이다. 예를 들어 연구를 통해 자살행동을 하는 청소년에게 행복감을 주고 싶다면, '자살행동' '행복(심리적 안녕감, 삶의 만족 등등)'이라는 두 개의 키워드를 치면 그와 관련된 선행연구들이 어떤 식으로 어떤 방향으로 이루어져 있고, 그다음에 이에 덧붙여서 무엇을 하면 좋을지, 그 제목을 살펴보면 알 수 있다. 그러므로 관련 변인이 들어 있는 모논문의 참고문헌, 구글 학술검색, 학술연구정보서비스 사이트 및 국회도서관 사이트에서 연구에 필요한 자료를 검색할 수 있다.

논문검색 사이트

- 학술연구정보서비스(http://www.riss.kr)
- 국회도서관(http://www.nanet.go.kr)
- 구글 학술검색(http://scholar.google.co.kr)
- 모논문의 참고문헌

---

(2) 문헌 검색을 위한 자원들

선행연구를 찾을 때 관심 변인에 대한 개관논문(review article)이 있다면, 이는 연구를 진행하는 데 순풍을 맞이한 것과 같다. 개관논문에는 현재까지 변인에 대한 연구의 동향이나 관련 이론들이 어떤 식으로 제시되어 있는지, 어떤 연구들이 이루어지고 있는지, 그리고 앞으로의 과제 등이 제시되어 있기 때문에 연구자가 연구를 진행하는 데 수월하게 중심을 잡고 자신의 글을 써 내려갈 수 있다.

핸드북(handbook)은 연구자가 진행하려는 변인에 대한 관련 저서를 말한다. 예를 들어, 연구자가 완벽주의에 대한 연구를 진행하고자 한다면, 완벽주의와 관련한 유명한 논문을 엮어서 만든 저서가 있다면 낯선 길을 가는 중에 나침판이 있는 것처럼 많은 도움을 받을 수 있다. 또한 긍정심리에 대한 연구를 진행하고자 한다면, 긍정심리에 대한 중요한 이슈들이 담겨 있는 긍정심리 관련 저서들을 보는 것이 도움이 된다.

다음으로, 연구하려는 변인에 대한 박사학위 논문들이 있다면 이 또한 많은 도움이 된다. 보통 박사학위 논문들은 이론적 배경에 대한 내용들이 상세하게 서술되어 있어서 변인을 이해하는 데 많은 도움을 받을 수 있다.

끝으로, 논문을 쓰고자 할 때 관련 학술지를 찾아서 참고하면 도움이 된다. 만약, 상담 관련 논문들을 쓰고 싶으면 상담 관련 등재 학술지를 찾아보는 것이 좋다. 예를 들면, 『한국심리학회지: 상담 및 심리치료』『상담학연구』『청소년상담연구』등 학술지 검색을 통해 어떤 연구들이 수행되고 있는지 찾아보는 것이 도움이 된다.

문헌 검색을 위한 자원들

- 개관논문
- 핸드북
- 박사학위 논문
- 상담 관련 등재학회지: 『한국심리학회지: 상담 및 심리치료』『상담학연구』『청소년상담연구』『교육치료연구』등

---

(3) 검색할 내용

이제 논문을 검색할 때 연구자가 관심 있는 대상과 변인을 입력하게 된다. 예를 들어, 변인 중에서 자기애적 성향에 끌리면 '자기애'를 입력하면 된다. 그다음에 연구자가 평소에 교사를 대상으로 연구하고 싶었고 교사를 대상으로 설문지를 부탁하기 용이하다면, '교사 자기애'를 입력하여 관련 선행연구를 검색한다.

다음 단계는 관심 있는 대상과 이 변인에 대해서 어떤 연구방법으로 연구가 이루어져 있는지를 알기 위해 연구방법을 찾아볼 차례이다. 좀 더 쉽게 알아보기 위해서 논문에서 한글 초록을 읽어 보면 대상, 변인 및 연구방법이 제시되어 있어 빠르게 확인이 가능하다.

검색할 내용을 예로 들어 살펴보면, 연구자가 '완벽주의자와 우울한 사

람들이 내담자로 많이 오는데 완벽주의자는 어떤 심리적인 과정을 거쳐서 우울해지는가?'와 같은 궁금증에 대한 해답을 얻고 싶었다고 가정해 보자. 그러면 '완벽주의'와 '우울'을 키워드로 하여 검색하게 된다. 그런데 우울 관련 논문은 정말 많기 때문에 먼저 우울로 검색하고 그다음에 상세 검색에서 완벽주의를 검색하면 우울과 완벽주의가 같이 연구된 논문들이 검색된다. 완벽주의자가 왜 우울한가를 설명하는 하나의 방법으로 지금까지 완벽주의와 우울과 관련 있는 연구들을 개관하게 된다. 메타분석과 완벽주의에 관련된 책에서는 선행연구에서 완벽주의자가 어떻게 해서 우울해지는지, 그리고 선행연구는 어디까지 이루어져 있는지를 살펴볼 수 있다.

또 다른 예를 살펴보면, 자해행동 청소년에 관심이 있을 경우 선행연구를 고찰하기 위해 학술연구정보서비스 사이트나 학교 도서관 홈페이지에서 '자해행동 청소년'을 입력하게 된다. 필자가 연구했을 당시에는 자해행동 청소년에 대한 선행연구가 너무 없었지만 1개의 개관연구가 있었다. 일단 개관논문이나 메타분석 논문이 있으면 연구를 좀 더 용이하게 시작할 수 있다. 개관논문은 지금까지 연구되어 있는 연구들을 총합적으로 개관해 주는 것으로 이제껏 어떠한 연구들이 진행됐고 어떤 결과가 나와 있고, 그다음에 어떤 것을 더 해야 한다고 말해 주기 때문이다. 자해행동 청소년 관련 개관논문은 우리나라의 논문 중에는 없었고 전부 외국에서 나온 책이나 연구물들을 개관해 놓은 것으로 자해의 정의, 자해의 동기, 청소년들의 대처방식 등이 정리되어 있었다. 병원 임상 장면에 있는 환자들을 대상으로 한 자해 연구는 몇 편 있으나 학교 장면의 자해행동 청소년을 대상으로 한 논문은 없다면, 이들을 대상으로 하는 연구를 실시할 수 있다.

검색할 내용
• 연구대상 • 관심변인 • 연구방법

(4) 연구 결과의 조직화

연구 결과물에 대한 조직화는 통계를 모르는 석사 및 박사 과정생에게는 여간 어려운 일이 아니다. 연구 결과를 안전하게 조직화하는 방법은 선행연구를 참고하는 것이다. 선행연구를 찾아서 어떻게 조직화하여 기술하였는지를 참고한 후, 구체적으로는 아니더라도 왜 이렇게 기술되었는지 논리의 전개를 파악한다. 그래야 통계를 직접 돌리지 않고 컨설팅하는 곳에 맡기더라도 자신이 원하는 바를 정확하게 요청할 수 있다. 연구자가 제대로 알고 있어야 무엇이 빠졌는지 확인한 후 다시 요청할 수도 있다.

연구 결과를 조직화할 때는 연구문제를 잘 해결할 수 있는 방법으로 해야 한다. 논문은 하나의 논리적인 과정이며, 첫 단추는 연구문제이고 마지막까지 연구문제를 해결하기 위한 과정을 전개하는 것이라고 할 수 있다. 따라서 연구 결과를 조직화할 때 고려해야 할 사항은 변인들에 대한 기술통계치, 연구대상자 수 및 참여자의 성별 및 연구주제와 관련 있는 인구통계학적 특성에 대한 기술 등이다. 즉, 어떤 변인과 특성들을 결과에 투입하여 기술할지 조직화해야 한다. 이뿐만 아니라 측정도구의 하위요인과 신뢰도를 고려해야 하는데, 신뢰도가 낮으면 그 연구 결과를 믿을 수 없기 때문에 신중하게 고려해야 한다.

끝으로, 연구문제를 해결하기 위한 연구방법들은 다양하게 있으나 그중에서 자신의 논문에 가장 적합한 그리고 최선의 연구방법을 선택해야 한다. 만약에 매개효과 연구를 하고 싶으나 구조방정식 모형으로 적합도가 나오지 않아 모형 성립이 실패했다면, 차선책으로 Baron과 Canry(1985)의 3단계 위계적 회귀분석을 통한 매개효과 분석방법을 선택하여 기술할 수 있다. 이러한 차선책으로 결과를 조직했을 경우 연구의 한계점과 후속연구를 위한 제언에 구조방정식으로 연구모형 재검증의 필요성을 기술하는 것이 좋다.

연구 결과 조직화할 때 고려 사항
• 연구문제, 주요 가설 • 종속변인, 독립변인, 관심변인 • 연구대상자 수, 참여자의 성별 및 인구통계학적 특성 • 측정도구의 하위요인 및 높은 신뢰도 • 연구방법론적 이슈, 제한점

4. 연구논문 작성하기

여기서는 학위논문의 일반적인 과정을 차례로 제시한 후, 각 부분에 무엇이 서술되고 중요하게 다루어야 할 부분은 무엇인지를 개략적으로 살펴보고자 한다. 상세한 각 부분의 내용은 이어지는 제2부와 제3부의 연구방법별로 살펴보기로 하고, 여기서는 전반적인 내용을 다루고자 한다.

1) 서론

(1) 필수적인 글쓰기 도구

서론의 글을 쓰는 방법으로는 크게 논리적 전개를 통해 하고 싶은 말에 초점을 맞춰 가는 깔때기 방식과 주제를 확산적으로 펼치면서 초점을 개방적으로 펼치는 호리병 방식이 있다. 논문에서 일반적으로 선호하는 것은 깔때기 방식이다. 처음에는 통계적인 것이나 사회적인 현상을 얘기하기 때문에 연구주제가 펼쳐져 있다가 점점 범위를 좁혀서 연구자가 원하는 대상, 연구자가 원하는 변인, 그다음에 그 변인을 설명하기 위한 연구방법까지 논리적인 전개로 논문을 작성해 가며 연구의 목적이 마지막에 나오는 것이다. 이렇게 서술되었을 때, 독자는 연구자가 논문에서 무엇을 말하려는지 쉽게 알 수 있다.

서론은 '왜 이 연구를 하려고 하는가'에 대한 질문의 답이 논리적이고 타당하게 제시되어야 함. 즉, 독자에게 연구의 필요성을 논리적으로 제시해야 하며, 현재까지 관련 연구들이 어디까지 이루어져 있는지를 통해서 연구자가 연구를 하는 목적, 의의 등이 논리적으로 타당하게 제시되어야 함

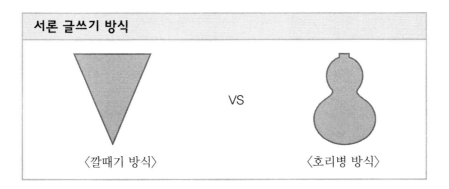

서론 글쓰기 방식

VS

〈깔때기 방식〉　　　　　　　　〈호리병 방식〉

(2) 서론에서 보여 주어야 할 요소들

서론은 연구자가 어떤 연구를 할 것인지 그 주제 그리고 연구의 필요성과 중요성을 보여 주어야 한다. 그래서 독자가 서론을 봤을 때 '연구자가 이런 연구를 하는구나. 이건 중요하고 필요한 연구구나.'라고 생각하고 고개를 끄덕일 수 있게 해야 한다.

따라서 논문 시작에서 마지막 제출하는 순간까지 수정하는 것이 서론이며, 심지어 논문을 제출하기 한 시간 전에 고치기도 한다. 이렇듯 연구자들은 결과나 연구방법은 수정할 수 없지만 서론을 끝까지 다듬고 고쳐서 연구의 의미를 전달하려고 노력한다. 결과가 나오면 서론을 다시 수정하고, 논의를 쓰다가 그리고 이론적 배경을 보강하다가 서론을 또 수정하게 된다. 왜냐하면 독자는 보통 서론만 읽거나 그다음에 있는 논의를 읽고 그 논문을 평가하는 경우가 많기 때문이다. 이처럼 논문에서 서론이 차지하는 비중이 그만큼 중요하기 때문에 연구자는 마지막까지 수정하고 심혈을 기울인다.

서론에서는 먼저 독자가 연구주제에 관심을 갖도록 해야 한다. 논문에서 서론의 핵심은 열 단락 안에서 마무리되는데, 관심과 호기심이 생길 수 있도록 첫 번째 단락에서 논쟁점이 되는 내용을 기술한다. 통계자료를 통해 '이것이 얼마나 심각한지 아는가?' 하며 관심을 집중시키는 것이다. 예를 들어 자살행동에 대한 연구라면, 사람들이 얼마나 많이 자살을 했는지에 대해 쓰고 그래서 어떻게 됐는지 환기시켜 주는 것이다. 이처럼 독자로 하여금 연구주제에 대해 관심을 갖게 하는 것이 제일 처음 기술되어야 할 부분이다. 다음으로 연구의 중요성에 대한 이론적 근거를 형성해야 한다. 이 연구가 왜 중요한지, 그저 그럴싸한 변인을 가져온 것이 아니라 논리적인 체계에서 선정되었음을 이론적 근거로 제시해야 한다. 그러기 위해서는 선행연구와 핸드북을 꼼꼼히 점검하면 된다. 특히 연구의 필요성에 있어서 이 연구가 꼭 필요한 이유 세 가지, 없어서 불편한 것 세 가지 정도를 제시할 수 있어야 한다. 사실 연구의 필요성이 서론에서 제일 중요하다. 예를 들어, 어느 기관에 취직을 했을 때 요즘은 개인 사업자나 개인 센터에서도 연구 제안서를 내고 연구 지원금을 받아서 수행할 수 있다. 이런 경우에 연구비를 제공자나 기관이 보는 것이 바로 연구의 필요성이다. 그래서 필요성이 타당하면 연구비를 지원하고, 필요성이 두루뭉술하면 이 연구를 왜 하는지 연구자도 모르고 사업 단체도 모르니 당연히 연구비를 줄 수 없게 된다. 그만큼 연구의 필요성이 중요하다. 또한 연구의 필요성은 결국 연구의 의의가 될 수도 있다. 그런 다음에 연구에 대한 함의(potential implications)를 포함시키고, 연구목적을 마지막에 간결하게 진술해야 한다. 그러고 나서 그 목적을 실현하기 위한 가설 그리고 연구문제를 작성한다.

그다음은 개념 정의, 범위 제한 및 가정을 제공해야 된다. 예를 들어 독자가 생각한 자해행동과 연구자가 생각하는 자해행동이 다를 수 있기 때문에 자해행동이 무엇인지에 대한 정의를 서술해야 한다. 다음으로 그 정의 속에는 어떤 하위요인들이 들어가 있는지, A 학자는 어떻게 설명하고 있고 B 학자는 어떻게 설명하고 있는지, 그런 것들을 서론에 간단하게 제시하여 연구를 바라보는 관점을 독자가 알게 하고, 독자로 하여금 합의된 관점을 가지고 논문을 읽어 나가게 해야 한다.

서론에서 다룰 내용

- 독자가 연구주제에 관심 갖게 하기
- 연구의 중요성에 대한 이론적 근거 형성하기
- 연구의 필요성
- 연구에 대한 함의 포함하기

- 연구목적을 간결하게 진술하기
- 가설과 연구문제 작성하기
- 필요한 정의, 범위 제한 및 가정 제공하기

2) 이론적 배경

이론적 배경은 연구에 기초가 되는 이론을 전개하는 부분으로 참고 서적이나 문헌의 내용을 체계적으로 정리하는 부분이다. 이론적 배경은 학위논문에서 양적으로 많은 비중을 차지하는데, 선행연구논문의 결과들을 나열하는 식으로 이론적 배경을 진술하는 경우가 많다. 경우에 따라서는 불필요한 내용을 이론적 배경에 삽입하여 이론적 배경이 마치 개론서나 백과사전과 같은 느낌을 주는 경우도 존재한다. 그만큼 이론적 배경에 대하여 깊은 생각 없이 진술하는 경우가 허다한데, 이론적 배경은 연구자의 오랜 시간 동안의 학문적 연구의 결과이며, 또한 연구의 실행과 분석을 위한 가장 중요한 부분이라는 점에서 연구자는 이론적 배경의 구성, 진술 방식, 문헌 자료의 수집 등에 심혈을 기울여야 할 것이다.

연구자는 이론적 배경을 기술하기 위해서 관련 문헌을 조사하여 신중하게 평가하는 과정을 거쳐야 하는데, 이것을 문헌 고찰이라고 한다. 이러한 문헌 고찰은 연구자의 연구주제와 관련하여 이미 발표된 논문, 학술지, 단행본 등의 문헌 자료를 모으고 체계적으로 정리하는 것으로, 자신의 연구 수행에 기반으로 삼는 것이므로 신중하게 검토해야 한다.

이론적 배경을 담은 장은 다룰 주제에 대해 독자가 집중하도록 하는 소개 단락으로 시작된다. 각각의 단락은 독자에게 그 특정한 단락이 의미하는 것을 알려 주는 명확하고 뚜렷한 주제 문장으로 시작해야 한다. 각 주요 영역은 고찰에서 다룰 다음 주제로 연결하는 전환으로 끝마쳐야 한다. 마지막으로 요약과 결론 영역은 고찰을 끝으로 함께 연결해 가야 한다. 그러므로 조각과 부분들을 붙여서 서로 연결이 되지 않는 고찰이 아닌, 구성 요소들이 적절히 어우러지게 고찰되고 왜 연구자가 그 문헌을 제시하는지를 명확하게 해야 한다. 고찰 자체는 이 주제가 왜 중요한지와 같은 가장

이론적 배경은 연구에 기초가 되는 참고 서적이나 문헌의 내용을 제시하는 부분으로 연구방법과 결과를 논의하는 데 꼭 필요한 사전연구 자료들을 체계적으로 정리하는 부분임. 즉, 주요 개념의 특성과 관계를 면밀히 검토하고 연구문제와 관련된 선행연구의 결과 및 관련 이론을 구체적으로 고찰하여 연구문제에 잠정적인 해답이 될 수 있는 연구가설을 논리적으로 도출해야 함

넓은 문제에서부터 특정 연구가설이라는 매우 좁은 문제에 이르기까지 움직이는 깔때기 방식 같은 것이어야 한다. 매우 넓게는 주제를 소개하는 것으로 시작해서 초점으로 이어가고, 그 초점을 몇 개의 선택된 변인들로 좁혀 간다. 이론적 배경에서 관련된 자료의 다양한 측면들을 고찰하기 위해 하위영역을 만드는데, 각각의 영역은 넓게 시작해서 연구에 적용할 구조의 목표가 되는 논의로 옮겨 가는 작은 깔때기 방식을 가지게 된다.

이론적 배경과 연구문제가 별개로 진행되는 것이 아니라, 연구문제에 대한 해답을 문헌 고찰을 통해서 찾는 과정의 결과가 바로 이론적 배경이라고 할 수 있다. 또한 이론적 배경의 구성은 목차만으로도 논리적 구성이 이루어졌다는 것을 알 수 있도록 이루어져야 한다. 즉, 이론적 배경의 진행 흐름은 문제를 해결하기 위해서 필요한 다양한 자료를 활용하여 제시하는 과정으로 보여야 한다.

3) 연구방법

연구방법은 선정된 연구주제를 어떤 방식으로 해결할 것인지 그 방법을 구체적으로 명시하는 것이다. 구체적으로는 누구에게 무엇을 어떻게 할 것인지에 대해 규명하는 것이며, 이러한 것은 자료수집 이전에 고려되어야 한다. 자료수집 과정 전이나 과정 중의 기록들에 대해 요약·정리하는 등 세부적인 내용들에 관심을 기울이면 기술하는 데 큰 어려움을 겪지 않을 것이다. 그러나 자신의 연구주제에 따른 연구목적을 해결할 수 있는 최적의 연구방법을 결정할 수 있어야 하고, 이를 위해서는 연구방법의 목표와 기능을 분명하게 이해하는 것이 중요하다.

연구방법에서 반드시 기술되어야 할 것은 연구의 이론적인 패러다임인 연구방법론에 대한 상세한 설명과 정당화, 연구설계, 자료수집과 분석의 과정 등이다. 연구방법이 이러한 핵심 요소들로 구성되어야 하는 것은 논문에서 선택한 연구방법을 정확히 묘사하고 정당화하는 분명한 목적을 지니고 있기 때문이다.

연구방법은 선정된 연구주제를 어떤 방식으로 해결할 것인지 그 방법을 구체적으로 기록하는 부분임. 연구방법은 연구결과의 신뢰성을 뒷받침하는 중요한 부분이므로 연구자는 이에 대한 명확한 이해를 바탕으로 사전에 체계적인 계획을 세워 의미 있는 분석이 이루어질 수 있도록 연구방법을 확립해야 함. 따라서 연구를 실시하는 세부 절차(누구에게, 무엇을, 어떻게 할 것인지)를 구체적이고 상세하게 기술해야 함

4) 연구 결과

연구 결과를 기술할 때, 결과는 굉장히 깔끔하게 써야 한다. 누가 봐도 결과가 무엇을 뜻하는지 알 수 있도록 조직적으로 써야 하는데, 처음에는 조직화하기가 쉽지 않기 때문에 비슷한 논문들이나 관련 선행연구를 참조하여 결과를 조직화하는 것이 필요하다.

논문은 제목부터 시작해서 연구주제, 연구목적, 연구방법, 자료 처리, 결과까지 조각을 맞추는 퍼즐이다. 하나라도 빠지면 안 되고, 다른 무엇인가가 끼워져 있어도 안 되는 퍼즐이다. 연구 결과를 조직할 때는 연구문제와 가설을 어떻게 잘 설명할 수 있을까에 집중해야 한다. 만약 관계연구를 했다면 종속변인과 독립변인이 반드시 명확해야 하고, 그다음에 통계분석에 적합한 대상자 수가 표집되어 기술되어 있어야 한다.

구체적으로 인구학적인 특징들을 기술할 때, 참여자의 성별을 남자로 할 것인지 여자로 할 것인지를 정해서 연구 제목에도 여자 중학생이나 남자 중학생 등으로 명확하게 기술한다. 또한 결과에서 인구통계학적인 내용을 기술할 때 조사한 모두를 기술하기보다는 결과를 이해하고 도움이 될 수 있는 내용만을 기술하는 것이 바람직하다. 즉, 무분별하게 인구통계학적인 내용을 기술한다면 필요 없는 정보를 제공하여 결과의 초점을 분산시키고 연구 참여자들에게 설문의 부담만을 증가시키는 형국이 된다.

그리고 결과를 작성할 때 포괄적인 것을 먼저 제시하고 구체적인 통계들은 뒤쪽에 배치하는 것이 좋다. 예를 들면, 관계연구에서는 기술통계, 상관분석 뒤에 구체적인 결과를 제시한다. 그리고 집단차이 연구에서는 기술통계, 집단의 동질성 검증을 제시한 후 집단차이에 관한 분석 결과를 제시한다. 이처럼 결과를 조직해서 제시할 때 필요 없는 부분은 제시하지 않되, 필요한 내용도 순차적으로 제시해서 논리적으로 이해될 수 있도록 제시한다.

5) 논의

이 부분은 연구 결과가 무엇을 의미하는지에 대한 논의를 쓰는 것이다.

> 연구 결과는 수집된 자료나 통계치를 요약하는 부분으로, 결과의 중요한 부분을 간략히 요약하여 기술해야 함. 연구 결과를 작성할 때는 통계 결과를 표를 통해 제시하면서 객관적으로 타당하게 서술해야 함

> 논의는 연구 결과를 바탕으로 연구자가 자신의 의견을 낼 수 있는 유일한 부분임. 논의는 연구의 주요한 결과를 제시하고, 이러한 연구 결과가 선행연구와 어떻게 연결되어 있는지를 제시한 후, 연구 결과가 나타내는 잠정적 가설을 선행연구와 관련시켜 해석하고 의미를 부여함

48

연구의 꽃이 '논의'라고 얘기하는 연구자들이 많다. 즉, 연구자가 연구에서 자신의 목소리를 낼 수 있는 유일한 부분이라고 생각하기 때문이다. 논의에서는 연구 결과를 간단하게 요약하고, 그 결과에 일치하는 또는 일치하지 않는 선행연구를 제시한다. 그러고 나서 자신의 결과가 이렇게 나온 이유 또는 이 결과가 뜻하는 바를 사회환경적 관점이나 개인 심리내적 관점, 관계적 관점 그리고 성격발달적 관점 등으로 충분히 생각을 해 보고 서술한다. 이때 연구자가 연구 결과를 얼마나 깊게 생각해 보고 의미를 담으려고 했는지가 드러나게 된다. 실제로 어떤 연구자는 자기 전에, 설거지나 세차를 하면서도 결과를 속으로 되뇌이면서 이유를 찾으려고 노력했다고 말한다. 이러한 과정이 논문에 포함되어 서술된다면 선행연구를 바탕으로 작지만 하나의 결과를 보태는 작용을 하여 연구대상자들을 이해하는 데 좀 더 도움이 될 것이다.

6) 의의 및 한계점(함의/제언)

연구의 의의는 연구 결과가 가지는 의미, 즉 이론, 방법론, 응용적 시사점 등에 대해 고찰하고 서술해야 함. 제한점은 연구 진행 중에서 부득이하게 발생한 문제나 연구대상, 측정도구, 연구방법 등에서 오는 한계를 밝히고, 이러한 문제점이나 연구 결과를 토대로 후속연구를 위한 제언을 제시해야 함

이 부분은 연구자의 논문의 의의 및 한계점을 서술하는 것이다. 논문을 잘 썼는지의 여부를 판단하는 기준 중의 하나가 바로 논의 뒤에 제시된 의의나 한계점의 적절성 여부이다. '이 논문은 이런 대상, 지역 등의 표본에 대한 것과 연구설계 및 연구방법 등의 범위 안에서는 결과를 믿을 만하다.'는 것을 의미하는 것으로 이러한 한계점을 명확하게 쓴 연구자의 논문은 신뢰할 수 있다. 제시한 한계점 내에서 자신의 연구 결과는 확실하다는 것과 이 결과가 믿을 만하다는 것을 의미하기 때문이다. 한계점은 연구대상, 연구방법, 주제, 척도에 대해 명확하게 기술하여 논문의 현주소를 이해할 수 있게 하며, 더 나아가 후속연구에서 어떠한 것이 필요하다는 내용을 포함해야 한다. 후속연구자들은 이 제안점을 실마리로 하여 해당 분야에서 새로운 연구를 할 수 있는 발판으로 삼는다. 그러므로 제안점은 연구가 믿을 수 있다는 범위를 제안해 주는 중요한 부분이므로 제안점을 잘 서술해야 한다.

제2부

집단차이 연구:
프로그램 개발 및 재구성 연구 중심

집단차이 연구논문은 연구자가 변화의 원인이 된다고 가정하는 변인(독립변인)을 처치하는 실험집단과 처치하지 않은 통제집단을 두고 처치가 이루어진 이후 두 집단의 효과변인(종속변인)을 측정하여 두 집단 간 차이가 통계적으로 유의한지를 검증하는 방식이다. 연구대상에게 일정한 처치(프로그램, 훈련, 개입)를 실시한 후 피험자 내(단일집단 사전-사후 설계) 차이 혹은 피험자 간(이질집단 사전-사후 설계) 차이를 설명하는 것이다. 즉, 연구에서 살펴보고자 하는 것이 동일한 피험자가 시간적 차이나 상황적 차이에 따라 어떻게 달라지는가를 알아보고자 한다면 피험자 내 접근법을 이용하는 것이 좋을 것이고, 만일 단일 시점에서 피험자들 간의 차이를 알고자 한다면 피험자 간 접근법을 사용하는 것이 좋을 것이다.

다시 말해서, 집단차이 연구논문이란 연구대상, 즉 실험집단과 통제집단 중 각 집단의 처치 전후의 변화를 살펴보거나 실험집단과 통제집단의 처치 전 두 집단의 차이나 실험집단에만 처치를 실시한 후 실험집단과 통제집단의 차이를 알아보고 그 효과를 검증하는 실증적 연구논문이다.

현재 상담심리전공의 석사 및 박사 과정생들이 가장 많이 쓰고 있는 집단차이 연구논문은 크게 연구대상에게 맞는 새로운 접근을 시도하기 위하여 프로그램을 개발하고 그 효과를 검증하는 논문과 선행연구에서 이미 개발된 프로그램을 대상에 맞게 재구성하여 그 효과를 검증한 프로그램 재구성 논문으로 나눌 수 있다.

집단차이 연구논문을 쓰기 위해서는 가장 먼저 연구논문의 제목을 정해야 한다. 논문의 제목은 논문이 무엇에 관한 것인지를 가장 간단명료하게 제시하는 것으로 연구문제(가설) 및 연구목적과 부합해야 한다. 즉, 논문의 제목은 '무엇'을 연구하였는지를 명확히 제시해야 한다. 집단차이 연구에서 프로그램 개발 논문의 경우에는 '연구대상'과 '개발된 프로그램'을 기술하고, 개발 프로그램의 효과검정과정이 있다면 타당화 과정을 기술한다. 그리고 프로그램 재구성 논문의 경우에는 독립변인인 '재구성 프로그램' '연구대상' '효과변인' 순으로 기술한다. 예시를 통해 살펴보면 다음과 같다.

연구논문 제목 작성 예시	
• 프로그램 개발 논문 문애경 (2016). 중학생을 위한 강점기반 진로집단프로그램 개발 및 효과. 경성대학교 박사학위논문.	1. 연구대상 2. 프로그램명 3. 타당화 과정
• 프로그램 재구성 논문 김하나 (2014). 정서지능증진 프로그램이 외톨이중학생의 대인불안, 공감 및 또래관계에 미치는 영향. 경성대학교 교육대학원 석사학위논문.	1. 재구성 프로그램 명(독립변인) 2. 연구대상 3. 효과변인(종속변인): 대인불안, 공감, 또래관계

 집단차이 연구 중 프로그램 개발 논문과 프로그램 재구성 논문의 서론, 이론적 배경, 연구방법, 결과(통계처리 포함), 논의, 요약, 결론 및 제언, 참고문헌, 영문초록 그리고 부록 쓰기를 각 장으로 나누어 자세히 살펴보고자 한다.

제1장

서론

　집단차이 논문의 서론에서는 연구자가 상황적·이론적으로 관심을 가지고 있는 연구대상이 누구인지, 왜 관심을 가지는지, 이들의 정서적·심리적·행동적 특징은 무엇이며, 이를 돕기 위한 선행연구에서의 시도는 무엇이며, 그 처치를 통해 얻은 효과는 무엇인지, 한계점은 무엇인지, 그래서 하고자 하는 처치는 무엇인지, 그 시도(처치)의 효과성은 어떠하며, 이 논문을 통해 얻고자 하는 결과는 무엇인지를 간단명료하게 제시하여야 한다. 그리고 논문에서 사용하는 용어를 독자가 이해할 수 있도록 명확하게 정의 내리고, 연구 진행과정에서 증명해야 할 가설을 정하여 연구의 범위를 한정해야 한다.

　이러한 내용들이 잘 정리된 서론은 연구를 시작하게 된 연구자의 동기, 연구의 필요성과 목적을 독자에게 잘 전달할 수 있게 되므로 서론은 그 논문의 가치를 결정하기도 한다. 그래서 논문의 서론은 다른 어떤 부분보다 더 중요하며, 많은 노력을 기울여서 써야 한다.

　따라서 이 장에서는 서론에서 기술되어야 할 연구의 필요성 및 목적, 용어 정의, 연구가설을 중심으로 집단차이 논문을 작성하는 법을 익히고자 한다.

1. 연구의 필요성 및 목적 작성

집단차이 연구의 서론 중 도입은 이 논문을 '왜' 쓰게 되었는지, 연구에서 사용할 처치는 '무엇'인지, 연구자의 주장과 선행연구와의 공통점과 차이점은 무엇인지, 기존의 연구 결과에 어떤 기여를 할 수 있는지를 밝히는 연구의 필요성과 목적을 담고 있어야 한다.

집단차이 연구논문을 잘 쓰고자 한다면 연구의 필요성 부분에서 논문을 쓰게 된 동기, 취지, 이유 등에 근거하여 선행연구의 동향, 연구의 목표 등이 논리적 · 분석적으로 기술되어야 할 것이다. 여기서 '논리적 · 분석적으로 기술되어야 한다.'는 것은 연구대상에 대한 일반적인 관점에서 연구대상의 특징, 독립변인(처치 프로그램), 종속변인(효과변인)으로 모아지는 깔때기 방식으로 제시되어야 함을 의미한다.

따라서 집단차이 연구에서 이러한 논리적 · 분석적으로 내용을 전개하기 위해서는 서론 작성의 틀이 마련되어야 한다. 먼저, 독자의 관심을 집중시킬 수 있는 자료(사건, 보고서)를 제시하고, 연구대상과 관련한 시대적 · 상황적 관심의 필요를 소개함으로써 연구의 가치를 도출한다. 이를 위해 연구대상과 관련된 통계자료 및 연구대상의 특징을 제시하는 것이 바람직하며, 연구대상에게 있어서 효과변인의 심각성, 중요성, 영향 등을 중심으로 서술한다. 다음 단락에서는 연구대상과 관련된 선행연구를 고찰하는데, 즉 연구대상의 종속변인과 관련한 다양한 연구동향을 개관하고 그 결과를 제시한다. 다음으로, 연구대상과 관련된 선행연구의 결과를 분석하여 이를 본 연구와 연결시켜야 한다. 즉, 선행연구의 결과가 주는 시사점과 한계점을 제시하고, 선행연구의 한계점 보완의 필요성을 제안한 후 본 연구에서 처치하고자 하는 프로그램을 통해 지금까지 진행된 연구에서의 한계를 보완할 수 있는 내용을 연결시켜 선행연구와 본 연구 사이의 논리적 연속성을 입증하여 연구자가 하고자 하는 연구의 필요성을 논리적 · 분석적으로 제시해야 한다. 끝으로, 본 연구가 실제적으로 현장에서 기여할 수 있는 점과 기대효과를 제시하면서 연구의 필요성과 목적을 끝맺는다. 대학에 따라서 연구문제(가설)와 용어 정의를 연구의 필요성과 목적 뒤에 제시하기도 한다.

지금까지 살펴본 서론의 흐름이 정답은 아니지만, 이러한 흐름을 유지한다면 연구자가 연구하고자 하는 동기와 이유를 독자에게 이해시키기에 크게 무리가 없으리라 생각한다. 그러나 연구자의 글쓰기 방법에 따라 내용의 전개에 순서가 다소 달라질 수도 있고, 필요에 따라 연구방법이나 연구대상에 대한 내용이 더 상세하게 제시될 수도 있다. 그러므로 다음에 제시한 서론 작성 흐름도에 따라 각 단락별로 주제문을 작성하고 그에 맞는 연구 자료들을 조사하여 서론을 작성해 볼 필요가 있다.

서론 작성의 흐름도를 도식으로 정리하면 [그림 1-1]과 같다.

독자의 관심을 집중시킬 수 있는 자료 제시
⇩
시대적 · 상황적 필요성을 통한 연구의 가치 도출
⇩
연구대상의 특징(종속변인)에 관한 선행연구 개관
⇩
선행연구(타 처치 프로그램, 연구방법) 결과 개관
⇩
선행연구(타 처치 프로그램, 연구방법)의 한계점 제시
⇩
연구대상을 위한 새로운 개입 방향 제시
⇩
독립변인(처치 프로그램)과의 논리적 연속성 입증
⇩
독립변인(처치 프로그램)의 기여점 제시
⇩
독립변인(처치 프로그램)이 현장에 미치는 기대효과 제시

[그림 1-1] 서론 작성의 흐름도

집단차이 연구에서 연구의 필요성 및 목적은 서론에서도 가장 앞부분을 차지한다. 연구자는 자신이 선정한 연구대상, 처치의 필요성, 연구의 목적을 분명하게 밝혀야 한다. 작성 방법은 연구대상에게 본 프로그램이 왜 필요한지를 먼저 제시하고, 마지막에 결론적으로 연구대상에게 본 프로그램을 실시하여 얻고자 하는 연구의 목적을 논리적으로 추론하여 제시하는 것이 좋다.

집단차이 연구논문의 서론은 기본적으로 연구의 전체적인 윤곽 및 그 방향을 이해할 수 있도록 쉽게 진술해야 한다. 연구의 필요성 및 목적의 구성은 도입부(논문을 쓰는 동기), 선행연구 고찰, 선행연구와의 연결성과 연구의 목적으로 구성된다.

연구의 필요성 및 목적 작성 시 고려 사항

- 도입부(논문을 쓰는 동기)
  - 관심을 집중시키는 자료 제시
  - 시대적 · 상황적 필요성을 통한 연구 가치 도출
- 선행연구 고찰
  - 연구주제와 관련된 선행연구 개관
  - 독립변인(처치 프로그램)과 관련된 선행연구의 결과 제시
- 선행연구와의 연결성
  - 선행연구(타 처치 프로그램, 연구방법)의 한계점 제시
  - 연구대상을 위한 새로운 개입 방향 제시
  - 새로운 개입 방향과 본 연구 사이의 논리적 연속성 입증
- 연구의 목적
  - 연구의 실제적 기여점 제시
  - 연구의 현장에서의 기대효과 제시

---

1) 도입부(논문을 쓰는 동기)

도입부는 논문을 쓰는 동기를 밝혀 독자로 하여금 주제에 관심을 갖게 하는 부분이다. 도입부를 통해 독자에게 연구에 대한 흥미를 제공함으로써 관심을 고조시켜 논문에 대해서 알게 하고 연구자의 노력이 가치 있음을 느끼게 해야 한다. 따라서 이 연구의 처치가 연구대상에게 중요하고

필요하다고 독자가 느낄 수 있도록 연구대상에게 발생한 문제와 관련된 주목할 만한 통계자료, 연구대상자에게 나타나는 문제에 대한 간략한 시나리오, 문제나 주제에 대한 철학적인 숙고와 이슈와 관련 있는 극적인 진술 등을 제시한다.

연구대상의 문제에 대한 간략한 배경사, 문제에 대한 연구자의 관심, 문제가 연구할 가치가 있다는 점 등을 기술하고, 논문의 주요 개념을 논의해야 한다. 연구자는 도입부를 작성하기 위해서 다음과 같은 질문을 스스로 해 보는 것이 필요하다.

도입부 작성 시 고려 사항

• 독자의 관심을 집중시킬 사건이나 보고서는 무엇인가?
• 연구문제에 대한 시대적 · 상황적 필요가 분명한가?

이러한 질문에 따라 집단차이 연구(프로그램 개발과 프로그램 재구성)의 도입부 작성의 방법과 예시를 살펴보면 다음과 같다.

도입부 작성 형식

(관심을 집중할 자료 제시) 이 시기의 성공적 발달은 (연구대상의 발달적 특징) 매우 중요하다. 따라서 (주제 접근의 배경 제시) 필요가 있다.

(통계자료 제시)에 따르면 (시대적 · 상황적 필요성을 통한 연구 가치 도출)에 이른다.

이를 통해 (연구대상의 특징에 근거한 연구의 필요성 제시) 중요하다.

도입부 작성 예시

👤 예시 1: 프로그램 개발 연구(문애경, 2016)

관심을 집중할 자료 제시: 연구대상의 발달적 특징에 따른 주제 접근의 배경

중학교 시기는 급격한 신체적·심리적·환경적 변화를 겪으며 자아정체감을 형성해 가는 출발점으로 이 시기의 성공적 발달은 청소년기 후반부와 나아가 성인기의 성공적 발달로 이어진다는 점에서 매우 중요하다. 특히 진로발달의 초기에 있는 이 시기는 생애진로발달이라는 관점에서 생애진로개발 능력을 함양하기 위한 결정적 시기다. 뿐만 아니라 진로발달 단계상 '진로탐색' 단계로 자신의 능력, 적성, 흥미를 이해하기 시작하고 직업의 의미와 필요성을 비롯한 다양한 직업세계와 교육기회를 탐색하는 시기(교육과학기술부, 2012)임을 고려해 볼 때 진로에 대한 체계적인 탐색이 필요하다. 따라서 자기이해, 직업세계의 이해, 진로탐색, 진로설계를 위해 필요한 능력을 함양함으로써 자신의 생애진로발달을 성공적으로 달성할 수 있도록 진로개발 능력을 키울 필요가 있다.

시대적·상황적 필요성을 통한 연구 가치 도출: 통계청 자료 제시를 통한 연구주제 접근의 필요성

하지만 생애발달 단계에서 중요한 시기에 있는 중학생들은 발달과정에서 주어지는 다양한 과제로 인해 어려움을 호소하고 있다. 청소년 상담지원 현황(통계청, 2014)에 따르면, 중학생 1,069,476명 중 약 24%인 251,721명이 진로와 관련된 문제로 도움을 요청하고 있고, 생활영역에서의 적응문제로 어려움을 호소하는 학생 가운데 대인관계 문제를 호소하는 중학생이 214,550명(20%), 일탈과 비행의 문제를 호소하고 있는 중학생이 130,832명(12%)에 이른다. 일탈과 비행의 문제의 경우 초등학생(11%)이나 고등학생(9%)에 비해 중학생(12%)의 비율이 가장 높게 나타났다.

연구대상의 특징을 고려한 연구의 필요성 제시

이를 통해 볼 때 중학생들은 진로뿐만 아니라 학교생활을 포함하여 적응문제에 대해 관심과 도움이 필요함을 알 수 있다. 특히 중학생이 하루 생활 중 가장 많은 시간을 보내는 학교에서의 적응은 그 시기 삶의 질을 결정하는 핵심요소(Crosnoe & Elder, 2004)이자 중요한 발달과업 중 하나로(Rutter, 1995) 발달단계별 과업을 해결하면서 성공적인 진로발달을 이루게 되므로(Pavlak, 1981) 중학생에게 학교적응은 진로발달과정이라고 해도 과언이 아니다.

특히, 중학교 시기의 성공적 발달을 위해서는 잠정적으로 진로를 선택하고, 진로탐색을 통하여 진로를 결정하기 위해 자신에 대한 확신을 가지며, 독립적이고 적극적으로 진로를 준비해 나가는 성숙한 태도가

중요하다. 이와 같은 심리적인 태도를 설명할 수 있는 개념이 진로성숙
도다. 최근에는 진로성숙도에 대하여 자기 주도적으로 진로를 탐색하
고 계획하기 위하여 필요한 정의적 태도 및 인지적 능력뿐만 아니라 자
신의 결정을 실행(임언, 서유정, 최수정, 김인형, 2012)하는 준비행동
까지 강조하고 있다.

👤 **예시 2: 프로그램 재구성 연구**(김하나, 2014)

　청소년기의 대인관계는 개인의 사회적응양식의 기본이 되며, 성인기
의 대인관계는 물론, 청소년들의 삶의 질에도 영향을 미칠 수 있기 때
문에 그 중요성이 강조된다(Dorothy, Anna, & Mara, 2001). 게다가
하루의 반 이상의 시간을 학교에서 보내는 청소년기에 친구관계가 원
만하지 못하거나 괴롭힘을 당하는 경우, 그에 따른 심리적 고통과 현실
적 어려움은 짐작할 수 있을 만큼 매우 크다(김미진, 2013). 실제로 이
시기에 또래에게 거부당하지 않을까 하는 두려운 감정과 소외나 거부
의 경험을 가진 청소년들은 학교 부적응과 심리적 문제뿐만 아니라 비
행, 공격성 등의 행동 문제를 보이는 것으로 나타났다.

　여성가족부가 청소년사이버상담센터의 상담사례를 분석한 결과에
따르면, 친구문제 등 대인관계 상담이 31%로 가장 많았고(문화일보,
2012. 02. 29), 서울시가 2013년 청소년상담복지센터 총 25곳을 찾
은 9세에서 24세 청소년들의 상담 내용을 분석한 결과 대인관계에 관
한 상담이 전체의 20.3%를 차지한 것으로 나타났다. 이는 지난 2011년
12.2%에 비해 2년 만에 8% 이상 늘어난 수치이며, 한국카운슬러협회
가 부산지역 중·고교생 1,206명을 대상으로 조사한 결과에 따르면,
11.5%(139명)가 학급에 자신의 비밀이나 고민을 이야기할 친구가 없다
고 나타났다(부산일보, 2013. 08. 22). 이는 적지 않은 청소년들이 친
구문제로 스트레스를 받고 있고, 학교에서 자신의 비밀이나 고민을 속
시원하게 이야기할 친구가 없는 외톨이 경향성이 높은 학생들이 증가
하고 있음을 나타낸다.

　외톨이청소년은 어울릴 친구가 없거나 또래집단이 없어서 주로 혼
자 지내는 청소년을 말하는데, 외톨이중학생과 관련된 선행연구(이시
형, 김은정, 김미영, 김진영, 이규미, 구자경, 2000)에서는 외톨이집
단은 대인관계에서 불안과 긴장, 불편감을 많이 느끼고, 타인에 대한
경계와 의심, 왜곡된 지각으로 인한 부적절한 행동, 타인의 갈등 상황

관심을 집중할 만한 자료 제시: 연구대상의 발달적 특징에 따른 주제 접근의 배경 제시

시대적·상황적 필요성을 통한 연구 가치 도출: 통계청 자료 제시를 통한 연구주제 접근의 필요성 제시

연구대상의 특징을 고려한 연구의 필요성 제시

을 공감하고 도와주거나 친구들의 장점을 칭찬하고 먼저 인사하는 등의 공감능력이 또래들에 비하여 낮다고 밝히고 있다(박선영, 2005; 손지향, 2008; 송남선, 2005; 이시형 외, 2000). 또 다른 선행연구(권영애, 2007; 김진경, 2002)에서는 자기주장성 문제가 외톨이에서 더 심각한데 이것은 친구들에게 주목받지 못하고 친구가 없어 혼자 지내는 아이들의 경우 수줍음이 많고 친구관계를 회피하고 위축될 수 있음을 밝히고 있다.

2) 선행연구 고찰

도입부를 통해 독자로 하여금 연구에 관심을 가지게 하고 연구주제의 중요함을 인식하게 하였다면, 연구자는 이 연구의 수행이 적절하고 필요함을 납득시킬 만한 증거를 제시하여야 한다. 연구자의 입장에서 이 연구가 매우 중요하다 하더라도 독자가 충분히 납득할 만한 근거를 제시하지 못한다면 이 주제로 연구자가 검증하려는 방법으로 연구가 진행된 적이 없다는 것만으로 독자를 설득시키기에 무리가 있다.

연구자는 이전에 검증된 적이 없는 특유한 가능성을 지닌 변인을 사용할 수도 있다. 즉, 연구주제와 관련된 선행연구의 검토를 통하여 자신의 연구와 대상이 동일하거나 유사한 처치에서 공통적인 결과는 무엇이고 그것이 갖는 제한점이나 한계를 논리적으로 지적하며 지나치게 세부 사항까지 언급하기보다는 해당 주제에 대한 문헌을 통해 연구주제와 관련하여 독자의 이해를 높일 수 있도록 제시해야 한다. 선행연구에서 이루어진 연구대상에게 실시된 처치프로그램, 처치결과, 선행연구의 한계점 등을 고찰하여 연구자의 새로운 연구방향을 설득력 있게 작성하여야 한다.

또한 선행연구가 거의 또는 전혀 없는 연구주제를 선택했을 때에는 연구대상에게 새로운 접근이 왜 필요하며, 자신의 연구대상과 간접적으로 관련된 연구들은 어떤 것이 있지만 직접 관련된 연구들은 없다고 작성한 후 새로운 처치의 필요성에 대해 이론적 근거를 제시하여야 한다.

선행연구에 대해 작성할 때 고려해야 할 것은 다음과 같다. 첫째, 선행연구의 구체적인 공헌을 인정하여 인용하는 것은 저자의 학자로서의 책임이며, 이는 학문의 발전을 위해서도 필요하다. 그러나 선행연구는 구체적인 논제에 적합할 때에만 인용하고, 거의 관계가 없거나 일반적인 유의성만 있는 연구는 피해야 한다. 따라서 선행연구를 요약할 때 불필요할 정도로 너무 상세하게 기술하지 말고, 합당한 연구 결과와 방법론적 논제, 주요 결론 등만을 작성하도록 한다.

둘째, 선행연구와 본 연구 간의 논리적 연속성을 입증해야 한다. 가능하면 명확하면서도 폭넓게 문제를 명시하여 독자가 이해할 수 있도록 기술해야 하고, 전문가들만이 이해할 수 있는 문장으로 작성하는 것은 피해야 한다.

셋째, 논문의 주제가 현재 논란이 되고 있는 문제와 관련이 있는 경우에는 공정하게 다루어야 한다. 자신의 개인적 견해와 다르다고 해서 감정적으로 논쟁을 불러일으키지 않도록 한다.

특히 선행연구의 고찰에서 유의할 점은 선행연구에 대한 개관을 나열하지 않는 것이다. 선행연구의 결과를 구조화해서 자신의 연구문제를 이끌어 낼 수 있어야 한다. 연구자는 선행연구에 대한 고찰을 작성하기 위해서 다음과 같은 질문을 스스로 해 보는 것이 필요하다.

선행연구 고찰 작성 시 고려 사항

- 지금까지 연구되어 온 주제에 대한 연구의 흐름은 어떻게 진행되어 왔는가?
- 연구를 위해 선행연구에서 해 온 방법과 결과는 무엇인가?

선행연구 고찰 작성 형식

　지금까지 (연구대상 관련 변인)을 향상시키기 위해 이루어진 연구는 (연구주제와 관련된 선행연구 개관) 등 다양한 개입을 활용하여 프로그램을 개발하고 그 효과를 검증하고자 하였다.

　하지만 대부분 프로그램은 (연구대상)의 (종속변인)을 높이는 (독립변인과 관련된 선행연구 결과 제시) 맞추는 과정으로 진행하고(연구자, 연도) 있다.

선행연구 고찰 작성 예시

👤 **예시 1: 프로그램 개발 연구**(문애경, 2016)

연구주제와 관련된
선행연구 개관

　지금까지 중학생 대상 진로성숙도를 향상시키기 위해 이루어진 연구는 부적응 학생들을 대상으로 한 연구(남궁정, 2005; 정은미, 2012; 조성심, 2011)와 교과 연계(김나연, 유형근, 조용선, 2012; 이재경, 2014), 직업체험 활용(신미진, 2008), 직업카드 활용(김순자, 장성화, 2015) 등 다양한 개입을 활용하여 프로그램을 개발하고 그 효과를 검

독립변인과 관련된
선행연구 결과 제시

증하고자 하였다. 하지만 대부분 프로그램은 중학생들의 진로성숙도를 높이는 근본적인 힘을 키워 주기보다는 본인의 현실적인 위치에서 선택할 수 있는 직업탐색이 주를 이루거나(정은영, 2013), 학생을 특정 직업에 끼워 맞추는 과정으로 진행하고(조용선, 2009) 있다.

👤 **예시 2: 프로그램 재구성 연구**(김하나, 2014)

연구주제와 관련된
선행연구 개관

　최근까지 진행된 관련 선행연구를 살펴보면, 은둔형 외톨이를 대상으로 한 인지-행동 집단미술치료(김예슬, 2007), 고립아동, 초등학생을 대상으로 한 대인관계 조화 프로그램(김해진, 2013), 교우관계증진 집단상담(김순복, 2009), 사회적 기술향상 프로그램(이현명, 2008; 지순연, 2001), 집단 미술치료(정희남, 2012; 허강선, 2005), 연극치료 프로그램(안태용, 2007), 놀이중심의 또래지지 프로그램(이주영,

독립변인과 관련된
선행연구 결과 제시

2008) 등이 있다. 이 연구들은 단 한 명의 친구도 없고, 가족들과도 별로 대화가 없으며, 방에서만 생활하는 은둔형 외톨이들의 부정적이고 자기 혐오적인 생각을 수정하고, 긍정적으로 변화시키며, 상호 이해, 수용, 격려와 지지를 통해 대인공포를 감소시키고, 사회 참여를 도울

수 있었다. 또한 학급에서 친구와의 낮은 사회적 상호작용과 원만한 대인관계를 맺지 못하는 고립아동의 자아존중감을 향상시키고 자신에 대한 깊은 신뢰감과 존중, 친구들과의 상호 존중 및 이해를 높여 주고 또래 상호작용을 향상시켰다. 그러나 위와 같은 연구들은 단 한 명의 친구도 없고 방에서만 생활하는 은둔형 외톨이와 친구들과의 상호작용이 낮은 초등학생을 중심으로 이루어지고 있어 연구대상의 폭이 좁다는 한계가 있다.

3) 선행연구와의 연결성

선행연구와 자신의 연구를 연결시키는 작업은 연구 결과를 누가 어떻게 활용하는지를 독자에게 알려 주는 것으로 연구의 필요성 또는 중요성을 밝히는 과정이다. 이 연구의 단기적 혹은 장기적인 목표와 이득, 결과가 어떻게 활용될 것인가에 대한 정보, 연구 결과를 누가 사용할 것인가에 대한 정보, 연구를 하는 이유 등을 작성한다. 때로는 프로그램 개발과 재구성의 이유를 기존 연구가 없기 때문에 연구를 한다고 작성하는 경우가 있는데, 이는 바람직하지 않다. 기존에 유사한 연구나 관계있는 연구가 발표되었을 수 있는데, 기존 연구가 없다고 표현한다면 기존 연구를 찾지 못한 실수를 연구자 스스로 인정하는 것이 된다. 설령 기존 연구가 없다고 하더라도 그런 연구가 없었다는 사실은 전문가들 역시 이미 알고 있을 것이므로 굳이 사전연구가 없어서 연구를 하게 되었다는 식의 표현을 하는 것은 바람직하지 않다. 따라서 본 프로그램이 연구대상에게 어떤 상황을 예측하게 하는지, 본 연구로 인해 대상에게 새롭게 가능하게 될 대안은 무엇이고 그 근거는 무엇인지를 자세히 기술해야 하며, 특히 기존에 없는 프로그램을 개발하고자 할 때는 개발의 배경을 보다 상세하게 제시하여 독자를 설득해야 한다. 연구자는 연구의 필요성을 작성하기 위해 다음과 같은 질문을 스스로 해 보는 것이 필요하다.

선행연구와의 연결성 작성 시 고려 사항

- 선행연구의 한계점은 무엇이며, 진행되어야 할 연구의 방향성은 어떠한가?
- 선행연구와 현재의 연구 사이의 논리적 연속성을 입증하였는가?

선행연구와의 연결성 작성 형식

(선행연구의 한계점)으로 인해 (연구대상)을 위한 도움이 다소 미흡한 것으로 보인다. 이와 같은 기존 (프로그램명)의 제한점은 (연구대상)에게 좀 더 적합한 프로그램의 개발이 필요함을 시사한다.

게다가 (현시대적 · 상황적 이유)를 주의 깊게 살펴보아야 한다. 이와 같은 (현시대를 반영한 결과)는 (연구대상)의 (연구주제)를 지원할 수 있는 차별화된 새로운 프로그램의 개발이 필요함을 시사한다.

이러한 변화하는 시대에 발맞춤 차별화된 (프로그램명) 개발을 위해 새로운 관점에서 (프로그램 개발의 구체적인 근거 제시)할 필요가 있다.

선행연구와의 연결성 작성 예시

👤 **예시 1: 프로그램 개발 연구**(문애경, 2016)

선행연구의 한계점과 후속연구에 대한 방향성 제시

진로결정을 위한 자기이해 영역도 대부분 흥미와 적성, 가치, 성격유형 등의 틀 안에서 벗어나지 못하고 있어서(정영덕, 2014) 긍정적인 자기개념 형성을 위한 개입이 다소 미흡한 것으로 보인다. 이와 같은 기존 진로프로그램의 제한점은 중학생에게 좀 더 적합한 프로그램의 개발이 필요함을 시사한다.

게다가 중학교 진로교육의 내용과 환경이 급변하고 있다는 점도 주의 깊게 살펴보아야 할 부분이다. 2012년부터 중학교에 진로진학상담교사가 배치되고 '진로와 직업' 교과 수업이 확대되어 정규 수업시간에 진로탐색을 위한 교과수업이 진행되고 있다. 개인 및 집단 진로상담, 그리고 교내 · 외에서 이루어지고 있는 다양한 진로체험 프로그램으로 중학생들은 이전과는 다른 진로교육을 받고 있다. 뿐만 아니라 2016년부터 자유학기제의 전면 시행 등으로 중학생들은 다양한 진로탐색의 기회를 가지게 된다. 이와 같은 진로교육환경의 급격한 변화는 중학생들의 진로탐색을 지원할 수 있는 차별화된 새로운 프로그램의 개발이

선행연구와 본 연구 간의 연결성 입증

필요함을 시사하고 있다.

　이러한 변화하는 시대에 발맞춘 차별화된 진로탐색프로그램 개발을
위해 새로운 관점에서 진로성숙도에 영향을 미치는 심리적 변인을 살펴
볼 필요가 있다. 기존 선행연구에서 자기효능감, 자기개념, 내외통제 신
념, 직업가치 등 진로성숙도에 영향을 미치는 다양한 변인(안혜진, 정미
경, 2015; 이기학, 1997; 하영숙, 염동문, 2013; Betz & Luzzo, 1996;
Locan, Boss, & Patsula, 1982; Lent, Brown, & Hackett, 2002;
Parr & Neimeyer, 1994)을 제시하고 있다. 그중에서 진로를 선택
하는 것은 자기개념의 표현이자 자기개념이 실행되는 과정(Super,
1957)으로 자기개념이 진로발달 과정에서 중요한 역할을 한다고 보고
하였다(김가희, 2015; 김나래, 김대원, 이기학, 2013; 김미소, 2015;
이현우, 2015). 그런데 최근에 긍정심리학에서는 자기개념의 긍정적인
형성 및 유지를 촉진하는 변인으로서 강점인식과 강점활용이 연구되면
서, 강점인식과 강점활용이 성숙한 진로 발달에 중요한 역할을 하는 변
인으로 주목받고 있다(김민정, 이희경, 2014; 김수림, 2015; 박진아,
2014; 서지영, 2014; 유인영, 2015; 조연교, 2014; Lopez, 2008).
-중 략-

　이와 같은 선행연구 결과는 강점이 진로뿐만 아니라 생활영역의 적
응과의 상관을 예측할 수 있으며 진로 및 적응영역에서 강점을 활용한
다양한 개입이 가능함을 시사하고 있다.

👤 예시 2: 프로그램 재구성 연구(김하나, 2014)

　따라서 본 연구에서는 친구가 있음에도 또래관계에서 잘 어울리지
못하고 불안과 긴장, 불편감을 느끼며, 원만한 상호작용을 못하고 수
줍음이 많고 친구관계를 회피하거나 위축되어 있는 외톨이중학생에 대
해 연구하고자 한다. 이러한 외톨이중학생에 대한 선행연구에서는 환
경적 요인인 부모-자녀 의사소통 방식(권영애, 2007; 이지영, 2010),
가족응집력(이지영, 2010), 따돌림 가해-피해 경험(송남선, 2005)
과, 심리사회적 요인으로는 사회적 기술 및 낙관성(권영애, 2007), 스
트레스(김진영, 2006), 인생목적 및 학교생활 만족도(송남선, 2005)
와 관련된 관계연구들이 있으나, 외톨이중학생을 직접적으로 도울
수 있는 집단상담 프로그램이나 개입 프로그램은 부족한 실정이다.
수줍음이 많고 사회적으로 위축되어 있고, 자기주장력과 공감능력

부족, 사회적 불안감과 불편감이 높으며, 사회불안과 우울 수준이 높은(박선영, 2005; 이시형 외, 2000) 외톨이중학생들에게 도움을 주기 위해서는 위축되고 억압된 정서표현으로 자기주장과 내적 위안을 받아 자신에 대한 긍정적 자아인식으로 대인불안을 낮추고 공감을 향상시키고, 또래관계를 원만하게 하도록 도울 수 있는 프로그램이 요구된다.

4) 연구의 목적

연구의 정확한 목적을 명확하고 간결하게 작성하여 독자가 이 연구의 주목적이 무엇인지에 대해 정확하게 이해할 수 있도록 해야 한다. 서론에서는 연구의 개괄적인 목적을 독자가 쉽게 이해할 수 있도록 작성해야 한다. 본 연구의 본질을 효과적이면서 간결하게 설명하고 개입방법(처치된 프로그램)에 대한 더욱 상세한 사항과 검증 방식에 대해서 설명해야 한다.

연구의 목적은 프로그램의 개발 및 프로그램 재구성의 연구 결과가 갖는 학문적 · 실제적 의의와 기여점 등을 제시하여 연구의 필요성을 설명해야 한다. 이때 실제적인 문제를 해결하거나 기존의 이론적 설명에 기여할 수 있는 사항들을 구체적으로 나열하고 각 사항에 대한 직간접적 근거를 고찰하여 작성한다.

연구자는 연구의 목적을 작성할 때 다음과 같은 질문을 스스로 해 보는 것이 필요하다.

연구의 목적 작성 시 고려 사항
• 이 연구가 어떤 도움이 되는가? • 이 연구에서 기대할 수 있는 효과는 어떠한가?

연구의 목적 작성 형식

따라서 본 연구에서는 (실제적인 문제해결의 도움)을 줄 수 있는 (프로그램명)을 개발하고자 한다. 그리고 (연구대상)에게 (프로그램명)을 실시하고, (효과변인)의 효과를 검증하고자 한다. 이 연구의 결과는 (연구의 기여점과 기대효과)를 필요로 하는 (연구대상)에게 적용 가능한 프로그램으로 활용될 수 있을 것이다.

연구의 목적 작성 예시

👤 **예시 1: 프로그램 개발 연구**(문애경, 2016)

따라서 본 연구의 연구 1에서는 강점인식, 특히 대표강점인식을 통해 자기이해를 돕고 강점활용 경험을 탐색하고, 그 결과를 자신의 진로와 연관지어 진로를 설계할 수 있는 강점에 기반한 진로탐색프로그램을 개발하고자 한다. 그리고 연구 2에서는 중학생을 대상으로 강점기반 진로탐색프로그램을 실시하고 진로성숙도, 학교적응의 효과를 검증하고자 한다. 이 연구의 결과는 자신에 대한 이해를 토대로 진로에 대한 탐색을 하고 그것을 통해 자신감을 가지고 행복하게 학교생활을 하며 자기를 변화 · 성장시키고자 하는 중학생들에게 적용 가능한 프로그램으로 활용될 수 있을 것이다.

연구의 목적

연구의 기여점과 기대효과

👤 **예시 2: 프로그램 재구성 연구**(김하나, 2014)

따라서 본 연구에서는 외톨이중학생들에게 정서를 정확하게 인식 · 표현하고, 타인의 감정을 자신의 것처럼 느끼며 문제해결을 위해 자신과 타인의 정서를 효과적으로 조절하는 능력을 길러 관계 형성에 긍정적 영향을 주는 정서지능증진 프로그램을 실시하여 외톨이중학생의 대인불안 감소와 공감능력, 또래관계의 향상에 도움을 주고자 한다. 이 연구의 결과는 대인관계 상황에서 많은 불안을 느끼고, 또래들에 비하여 공감능력이 낮고, 친구들에게 쉽게 다가가지 못하는 외톨이중학생을 대상으로 정서지능증진 프로그램을 실시하여 대인불안을 감소시키고, 공감능력을 향상시켜 보다 원만한 또래관계를 맺을 수 있도록 하여 건강한 사회인으로 성장하는 데 도움이 될 것으로 기대한다.

연구의 목적

연구의 기여점과 기대효과

5) 서론 작성 시 유의 사항

① 도입말의 진술 시 개인적 의견에 의한 표현, 근거 없는 표현을 삼 간다.

② 독자의 흥미를 적절히 자극하도록 수필식 문체나 만연체식의 문장 을 지양하고, 간결체를 사용하며 명확한 용어로 진술한다.

③ 연구주제와 관련된 변인(연구대상, 효과변인, 처치 프로그램)을 차례대 로 선행연구의 동향을 고찰하여 간단히 제시한다.

④ 선행연구들의 특징과 효과를 비교·분석하면서 본 연구가 선행연구 들과 어떻게 다르고 선행연구의 아쉬움이 무엇이며, 어떤 점을 보완 하는지를 제시한다.

⑤ 자신의 연구가 갖는 관련 심리학 분야에서의 의의, 실제에서의 기여 및 시사점을 반드시 제시한다.

연습문제

• 연구주제에 접근하게 된 배경

_____

_____

• 연구자의 연구문제에 대한 시대적 · 상황적 필요

_____

_____

• 연구주제가 연구할 가치

_____

_____

• 연구대상의 특징

_____

_____

• 선행연구의 동향과 결과

_____

_____

• 선행연구의 시사점과 한계점

_____

_____

• 선행연구와의 차별성과 연결성

_____

_____

• 이 연구의 기대효과

_____

_____

2. 연구문제 및 연구가설 작성

서론의 도입부에 연구의 필요성과 목적을 제시하고 나면 서론의 후반부에는 이를 연구문제나 연구가설로 진술함으로써 연구주제를 분명하고도 구체적으로 파악할 수 있도록 해야 한다. 연구문제는 연구유형과 그에 따른 방법에 따라 다르게 서술된다. 집단차이 연구에서 프로그램 개발 논문과 프로그램 재구성 논문은 각각 연구를 통해 해결하려고 하는 구체적인 연구 사항에 따른 연구문제를 기술하는 데 차이가 있다. 프로그램 개발 논문의 경우, 연구대상에 대한 선행연구가 풍부하지 못하고 정보가 부족하며, 연구가설을 설정할 근거를 문헌고찰에서 확보하지 못하므로 의문문 형식(예: '~차이는 어떠한가?')으로 연구문제를 제시해야 한다. 즉, 개발 논문은 기존에 연구되지 않은 연구영역에 대한 연구이므로 개발하고자 하는 프로그램에 대한 선행연구가 없기 때문에 의문문 형태의 연구문제를 제시한다. 한편, 프로그램 재구성 논문은 기존의 프로그램을 바탕으로 연구대상 및 연구주제에 맞도록 프로그램을 재구성하고 효과성을 살펴보는 연구이므로, 서술문 형식(예: '~차이가 있을 것이다.' '~낮아질 것이다.' '~ 높아질 것이다.')으로 연구가설을 제시하면 된다.

연구문제와 연구가설의 서술 형식에 대해 구체적으로 살펴보면 다음과 같다.

1) 연구문제 작성 형식

연구문제는 연구목적에 종속되어야 하며 군더더기 없이 응집력 있는 질문으로 구성되어야 한다. 또한 연구문제는 둘 또는 그 이상의 변인 간의 관계에 대해 묻는 의문문 형식으로 변인과 변인 간의 관계 또는 경험적으로 검증이 가능한 형태로 진술되어야 한다. 특히 집단차이 연구에서 실험처치에 대한 명확하고 구체적인 방안을 제시할 수 있도록 진술해야 한다. 진술된 연구문제는 모호하지 않아야 하고, 연구문제를 의문문의 형식으로 표현함으로써 연구자는 자신이 연구하고자 하는 연구문제를 보다 분명하게 제시한다. 연구문제가 명확해지면 이를 검증하기 위한 연구가설을 설정할 수 있으며, 의문문 형태의 연구문제를 서술문으로 바꾸었을 때 연구가설이 되는 것이 좋다.

2) 연구가설 작성 형식

연구가설은 변인들 간의 관계에 대해서 잠정적으로 내리는 결론이며, 연구문제에 대한 예상되는 답이라고도 할 수 있다. 연구 주제와 목적을 선행연구에 기초해서 설정한 것처럼 연구 결과에 대한 의미를 해석하기 위해서는 연구가설 역시 선행연구의 이론을 근거로 설정해야 한다. 연구가설은 측정 가능한 개념을 분명하게 구체화시켜 연구의 목적을 경험적 검증이 가능한 형태로 진술해야 한다. 연구자들은 대체로 자신이 기대하는 결과를 예측하는 서술문 형식으로 기술한다. 보통 3~5개의 상관된 것들로 이루어지며, 너무 많으면 연구의 초점이 너무 넓은 것이고 너무 적으면 충분한 정보를 산출해 내지 못하게 되므로 주의해야 한다. 시제는 미래형이나 현재형으로 진술하고, 한 연구에서 여러 개의 가설을 다룰 때 각각 개별적으로 하나씩 진술하는 것이 좋다.

연구문제와 연구가설 작성 예시

• 연구문제
강점기반 진로탐색프로그램에 의한 참여자들의 진로성숙도의 차이는 어떠한가?
• 연구가설
강점기반 진로탐색프로그램에 의한 참여자들의 진로성숙도는 차이가 있을 것이다.

연구문제와 연구가설 작성 시 고려 사항

- 연구유형(프로그램 개발, 프로그램 재구성)에 따라 연구문제가 다르게 서술되었는가?
- 프로그램 개발 논문의 경우, 의문문 형식으로 연구문제를 제시하고 있는가?
- 프로그램 재구성 논문의 경우, 서술문 형식으로 연구가설을 제시하고 있는가?
- 연구의 주제를 분명하고 명확하게 파악할 수 있는가?
- 실험처치를 구체적으로 제시하고 있는가?

연구문제 작성 형식(개발 논문)

본 연구의 목적은 (프로그램명)을 개발한 후 프로그램이 (종속변인)에 미치는 효과를 검증하는 것이다.

이와 같은 연구목적을 달성하기 위해 다음과 같은 연구문제를 설정하였다.

연구목적 1. (연구대상)을 위한 (프로그램명)을 개발한다.
연구문제 1-1. (연구대상)을 위한 (프로그램명)의 내용 및 구성은 어떠한가?
연구목적 2. (연구대상)을 위한 (프로그램명)의 효과를 검증한다.
연구문제 2-1. (독립변인) 프로그램에 의한 참여자들의 (종속변인)은 어떠한가?

연구가설 작성 형식(재구성 논문)

이와 같은 연구의 필요성과 목적을 토대로, 본 연구에서는 다음과 같은 연구가설을 설정하였다.

연구가설 1: (독립변인) 프로그램에 참여한 실험집단은 참여하지 않은 통제집단보다 (종속변인) 점수가 유의하게 차이가 있을 것이다.

서술문 형식으로 연구가설 제시: 연구가설 진술방법에는 선언적 형태와 가정법 형태가 있음
- 선언적 형태: '~차이가 있다.'
- 가정법 형태: '~낮아질 것이다.' '~높아질 것이다.'

연구의 가설 작성 예시

👤 예시 1: 프로그램 개발 연구(문애경, 2016)

　본 연구의 목적은 중학생을 대상으로 강점인식과 강점활용이 진로성숙도와 학교적응에 어떠한 영향을 미치는지 알아보고, 이러한 연구 결과를 근거로 중학생을 위한 강점기반 진로탐색프로그램을 개발한 후 프로그램이 진로성숙도와 학교적응에 미치는 효과를 검증하는 것이다.

　이와 같은 연구목적을 달성하기 위해 다음과 같은 연구문제를 설정하였다.

> 전체 프로그램 개발 연구목적 제시

연구목적 1. 중학생의 강점인식, 강점활용, 진로성숙도 및 학교적응 간의 구조적 관계를 탐색한다.

> 측정 가능한 변인을 설정

연구문제 1-1. 강점인식이 강점활용을 거쳐 학교적응으로 가는 매개효과는 어떠한가?

연구문제 1-2. 강점인식이 진로성숙도를 거쳐 학교적응으로 가는 매개효과는 어떠한가?

연구문제 1-3. 강점인식이 강점활용과 진로성숙도를 순차적으로 거쳐 학교적응으로 가는 매개효과는 어떠한가?

> 연구목적은 선행연구에 기초해서 설정. 개발논문이므로 선행연구가 있다면 본 연구의 학문적 의미가 없어짐

연구목적 2. 중학생을 위한 강점기반 진로탐색프로그램을 개발한다.

연구문제 2-1. 중학생을 위한 강점기반 진로탐색프로그램의 내용 및 구성은 어떠한가?

> 연구문제는 연구목적의 응집성을 고려해서 진술

연구목적 3. 중학생을 위한 강점기반 진로탐색프로그램의 효과를 검증한다.

> 구체적인 실험처치를 진술

연구문제 3-1. 강점기반 진로탐색프로그램에 의한 참여자들의 진로성숙도는 어떠한가?

연구문제 3-2. 강점기반 진로탐색프로그램에 의한 참여자들의 학교적응은 어떠한가?

연구문제 3-3. 강점기반 진로탐색프로그램에 의한 참여자들의 프로그램을 통한 변화 경험 양상은 어떠한가?

👤 예시 2: 프로그램 재구성 연구(김하나, 2014)

　이와 같은 연구의 필요성과 목적을 토대로, 본 연구에서는 다음과 같은 연구가설을 설정하였다.

> 재구성 논문의 경우 연구가설 제시

서술문 형식으로 연구가 설 제시	연구가설 1: 정서지능증진 프로그램에 참여한 실험집단은 참여하지 않 은 통제집단보다 대인불안 점수가 유의하게 낮아질 것이다. 연구가설 2: 정서지능증진 프로그램에 참여한 실험집단은 참여하지 않 은 통제집단보다 공감 점수가 유의하게 높아질 것이다. 연구가설 3: 정서지능증진 프로그램에 참여한 실험집단은 참여하지 않 은 통제집단보다 또래관계 점수가 유의하게 높아질 것이다.

3. 용어의 정의

연구 문제나 가설을 진술하고 나면 연구자는 연구문제 속에 포함된 주요변인이 자신의 연구에서 어떠한 의미로 사용되고 있으며 어떻게 측정할 수 있는지를 명확하게 밝혀야 한다. 즉, 용어의 정의에서는 연구문제에서 다루어지고 있는 주요 변인에 대한 정의를 통해 변인의 제한적 의미를 미리 밝혀 둠으로써 연구자 자신에게는 연구 결과를 해석하기 위한 방향을 명료하게 제시하고, 독자에게는 연구 결과가 의미하는 바가 정확히 전달되게 함으로써 연구 결과를 보호하는 기능을 한다.

1) 개념적 정의와 조작적 정의

주요 변인에 대한 정의는 그 변인의 의미를 밝히는 개념적 정의와 그런 의미를 지닌 변인을 어떻게 측정했는지를 밝히는 조작적 정의가 있다. 특히 연구문제에서 다루는 주요 변인이 구성 개념(construct)일 경우에는 개념적 정의와 조작적 정의를 모두 제시해야 한다.

(1) 개념적 정의

개념적 정의는 추상적 개념을 사전에 동의된 보편적 언어로 정의하는 것이다. 용어의 개념이 다양하게 사용되고 있거나 일반적인 용어와 연구에서 논하고자 하는 용어에 차이가 있을 때, 연구자는 자신의 연구에서 어떤 의미로 사용되고 있는지를 정확하게 밝혀야 한다. 즉, 개념적 정의를 내리는 목적은 얼마나 많은 사람이 연구자가 내린 용어의 정의에 대해 인정하느냐 혹은 인정하지 못하느냐가 아니라, 일방적으로 자신의 입장을 다른 사람에게 밝히는 것이다. 어떤 정의를 내리느냐 하는 것은 전적으로 연구자의 선택에 달려 있으며, 그에 따른 결과도 전적으로 연구자가 책임져야 한다. 또한 개념적 정의는 연구에서 조작적 정의를 내리기 전에 대략적 윤곽이나 틀을 제시하는 전 단계로 연구에서 개념적 정의를 어떻게 하는가에 따라 연구자가 정의하는 조작적 정의의 기준이 되기도 한다. 따라서 연구자가 임의로 개념적 정의를 내리기보다 이론적 근거나 주요학자의 정의를 바탕으로 하여 개념적 정의를 내리는 것이 필요하다.

(2) 조작적 정의

조작적 정의는 변인의 측정과 관련 있다. 개념적 정의는 경험적으로 측정·관찰할 수 없는 한계점이 있다. 예를 들어, '자아존중감'은 '자신이 사랑받을 만한 가치가 있는 소중한 존재이고 어떤 성과를 이루어 낼 만한 유능한 사람이라고 믿는 마음'이라고 정의할 수 있지만, 자아존중감을 객관적으로 측정·관찰할 수는 없다. 따라서 개념적으로 정의된 내용을 조작적 정의에서 객관적인 도구를 사용하여 측정 가능함을 밝혀야 한다. 즉, 조작적 정의를 통해 연구자 자신이 규정한 개념적 정의에 부합되는 변인을 타당하게 측정할 수 있음을 증명할 수 있으며, 객관적인 정보를 독자에게 제공할 수 있다.

용어의 정의 작성 시 고려사항

• 개념적 정의를 통해 자신의 연구에서 어떤 의미로 사용되고 있는지를 정확하게 밝혔는가?
• 개념적으로 정의된 내용을 조작적 정의를 통해 객관적인 도구를 사용하여 측정 가능함을 밝혔는가?
• 개념적 정의와 조작적 정의가 일치하는가?

용어의 정의 작성 형식

가. 프로그램명

(프로그램명)은 (개념적 정의) 프로그램을 말한다.

본 연구에서 (프로그램명)은 (조작적 정의) 연구자가 직접 개발한 총 10회기로 구성된 프로그램을 말한다.

나. 변인명

(변인)이란 (변인에 대한 설명을 기반으로 한 개념적 정의)를 의미한다(주요학자, 연도).

본 연구에서 (변인)은 (변인의 측정과 관련된 서술을 통한 조작적 정의)를 말한다.

용어의 정의 작성 예시

👤 **예시 1: 프로그램 개발 연구**(문애경, 2016)

라. 강점기반 진로탐색프로그램

개념적 정의

강점기반 진로탐색프로그램은 강점인식을 통한 긍정적인 자기이해를 토대로 직업세계 이해, 진로탐색, 진로설계 과정에서 강점을 적극적으로 활용할 수 있도록 하여 진로성숙도를 높이고 학교적응력을 향상시킬 수 있도록 돕는 프로그램을 말한다.

조작적 정의: 연구자가 개발한 프로그램이 조작적 정의가 됨

본 연구에서 강점기반 진로탐색프로그램은 문헌연구, 학생요구조사, 진로진학상담교사와 진로상담 전문가 포커스 그룹 인터뷰를 통해 구성요소를 추출하는 등의 프로그램 개발 절차에 따라 연구자가 직접 개발한 총 10회기로 구성된 프로그램을 말한다.

마. 학교적응

변인에 대한 개념적 정의: 주요 학자의 정의를 바탕으로 서술

학교적응은 학교만족을 포괄하는 개념으로 학생이 학교에서 자신에게 중요한 의미를 갖는 학습기회를 제공받으며 이에 만족감을 느낄 수 있을 뿐 아니라 학교 안에 포함된 여러 가지 요소들, 즉 학교환경, 규칙, 분위기, 학습 내용 및 학습과정, 교사와 교내 구성원, 또래들과 조화를 이루며 학습기회를 수용하고 자신을 위해 활용하는 것이다(이규미, 김명식, 2008).

본 연구에서 학교만족은 Huebner(1994)가 개발한 다차원적 학생 생활 만족도 척도(Multidimensional Student Life Satisfaction Scale: MSLSS)를 곽금주(1995)가 번안한 삶의 만족 척도로 측정된 점수 중 학교만족 점수를 의미하며, 학교적응은 이규미(2005)가 개발한 학교적응 척도를 이규미 등(2008)이 중학생을 대상으로 타당화한 학교적응 척도로 측정된 점수를 의미한다.

> 조작적 정의: 변인의 측정과 관련된 서술. 개념적 정의를 통해 규정된 의미의 내용을 측정할 수 있는 측정도구를 사용해 연구의 타당성을 높임

👤 **예시 2: 프로그램 재구성 연구**(김하나, 2014)

마. 정서지능증진 프로그램

정서지능증진 프로그램은 개인의 정서지능 발달과정에 적극적으로 개입하여 그 과정에 영향을 미치거나 그렇게 되도록 시도하는 교육활동이며, 이 교육에는 공식적 · 비공식적 교육과정 모두가 포함된다(유광선, 1999).

> 개념적 정의

본 연구에서 사용한 정서지능증진 프로그램은 놀이중심 정서지능프로그램(강지예, 2013)을 중심으로 정서지능에 관련된 프로그램 선행연구(곽윤정, 2010; 김미강, 2013; 김순영, 2013; 김옥희, 2009; 신현정, 2006; 여기숙, 2010)를 분석하여 외톨이중학생의 특징에 적합하게 재구성한 프로그램을 의미한다.

> 조작적 정의: 연구자가 선행연구를 통해 재구성한 프로그램이 조작적 정의가 됨

2) 용어의 정의 작성 시 유의 사항

① 연구자는 용어의 정의를 제시하는 목적과 그 이유를 분명히 이해해야 한다.

② 개념적 정의와 조작적 정의가 어떻게 다른지 분명히 구별해야 한다.

③ 정의가 명확하게 서술되어 다른 연구자도 조작적 정의를 사용할 수 있어야 한다.

④ 조작적 정의를 통해 측정된 결과가 원래 의도했던 개념을 적절히 나타내야 한다.

⑤ 필요 이상으로 용어의 정의를 많이 하는 것은 피한다.

4. 서론 작성 후 점검 사항

연구자는 서론을 작성한 후 다음의 점검 사항들을 점검해 본다.

번호	점검 내용	확인	
		예	아니요
1	제목은 간결하면서도 연구의 내용을 파악할 수 있을 만큼 적절한가?		
2	독자가 주제에 관심을 갖도록 하는가?		
3	이 연구가 왜 중요한지에 대해 이론적 근거를 제시하였는가?		
4	이 연구는 관련 분야의 선행연구와 어떤 관련이 있는가?		
5	연구목적이 간단히 진술되었는가?		
6	방법론이 간단히 논의되었는가?		
7	연구유형(프로그램 개발, 프로그램 재구성)에 따라 연구문제가 다르게 서술되었는가?		
8	개발 논문의 경우, 연구문제를 분명하게 진술하였는가?		
9	재구성 논문의 경우, 연구가설을 분명하게 진술하였는가?		
10	가설은 검증이 가능한 것인가?		
11	가설은 이전에 알려져 있지 않은 사실과 관계를 예언하는 데 도움을 주는 것인가?		
12	연구문제는 참신하고 중요한 것이라고 판단할 수 있는가?		
13	연구가설은 구체적으로 하나의 진술만을 포함하는가?		
14	연구에서 사용된 용어에 대한 개념적 정의와 조작적 정의가 함께 서술되었는가?		
15	같은 변인을 나타내는 두 가지의 다른 용어를 사용하지 않았는가?		
16	중요한 개념과 용어의 의미가 명확히 정의되었는가?		
17	개념적 용어의 정의와 조작적 용어의 정의를 명확히 구분하여 서술하였는가?		
18	용어나 개념이 일관되게 사용되었는가?		
19	연구의 범위와 한계를 진술하였는가?		
20	예상되는 연구의 시사점과 중요성을 진술하였는가?		

제2장

이론적 배경

논문을 작성할 때는 연구자 자신을 위해 글을 쓰는 것이 아니라, 자신의 논문을 읽는 독자들을 위해 글을 써야 한다. 이론적 배경은 연구에 기초가 되는 이론을 전개하는 부분으로, 독자로 하여금 연구자가 얼마나 선행연구를 체계적으로 잘 정리하여 연구의 필요성을 제시하였는지를 보여주는 부분이다.

그러나 초보 연구자들은 이론적 배경에 대해 잘못 인식하여, 자신이 읽은 문헌을 모두 제시하거나 선행연구 결과들을 그대로 복사해서 붙여 넣기 식으로 작성하기도 한다. 또는 연구문제와 직접적으로 관련 없는 내용을 장황하게 늘어놓아 마치 개론서나 백과사전과 같은 느낌을 주는 경우도 있다. 이론적 배경은 단순히 연구와 관련된 선행연구만을 나열하는 것이 아니라, 기존 연구의 반복을 피하고 연구의 필요성을 위한 근거를 제시하며, 연구 설계와 방법, 그리고 연구 결과 해석에 도움이 되는 정보를 제공하는 것이다. 즉, 이론적 배경은 연구의 목적이나 필요성과 같이 자신의 연구와 직접적으로 관련된 내용만을 분석하여 조리 있게 기술해야 한다.

집단차이 연구에서 이론적 배경에 제시되어야 하는 요소로는 연구대상의 개념 및 연구대상의 심리사회적 특징과 관련된 내용, 그리고 연구자가 개발하거나 재구성할 처치프로그램 관련 선행연구 등이 포함되어야 한다. 간혹, 선행연구에 대한 검토가 미흡하여 기존에 개발되거나 재구성된 프로그램을 다시 연구하게 되는 오류를 범하여 연구 자체가 무의미해지는 경우가 생길 수 있으므로 주의해야 한다.

연구자는 선행연구에 대한 충분한 검토 후에 기존에 진행된 연구들의 한계점과 시사점을 바탕으로, 연구자 자신의 연구주제를 명확하게 제시해야 한다. 이론적 배경과 연구문제가 별개로 진행되는 것이 아니라, 연구문제에 대한 결과가 문헌고찰을 통해서 정리된 내용이 바로 이론적 배경이라고 할 수 있다. 이론적 배경은 단순히 선행연구의 무의미한 나열이 아닌 연구자가 오랜 시간 동안 고민한 결과이며, 연구의 실행과 분석을 위한 가장 중요한 부분이라는 점을 명심해야 한다.

이 장에서는 이론적 배경의 목차와 이론적 배경의 서술 전개 방식을 자세히 살펴봄으로써 논리적으로 서술하기 위한 방법에 대해 알아보고자 한다. 또한 차이연구의 실제 예시 논문을 참고하여 작성의 실제 방법을 익혀 보고, 이론적 배경 작성 시 주의점과 작성 후 점검 사항에 대해서도 살펴보고자 한다.

1. 이론적 배경 목차 작성

연구자가 자신의 연구문제를 해결하기 위해 필요한 다양한 자료를 체계적으로 정리하였다는 것을 보여 주기 위해서는, 이론적 배경 목차에서부터 논리적인 구성이 필요하다. 먼저, 연구대상의 개념 및 특징, 연구대상 관련 주요변인, 그리고 연구대상과 관련된 효과변인(종속변인)이 제시되어야 한다. 다음으로, 처치프로그램 관련 주요변인과 선행연구들이 연구주제에 맞게 순차적으로 배치되어, 독자가 목차 제시 순서만으로도 연구자의 연구 의도를 어느 정도 파악할 수 있게 해야 한다.

특히 집단차이 연구는 개발 또는 재구성된 처치프로그램이 실험집단과 비교집단 간에 어떤 유의미한 차이가 있는지를 검증하는 연구이므로, 연구대상과 관련된 효과변인 및 처치프로그램 관련 선행연구 등이 긴밀하게 연결되어 서술되어야 한다.

집단차이 연구에서 이론적 배경 목차는 다음과 같다. ① 연구제목에서 제시한 연구대상, ② 연구대상 관련 효과변인(종속변인), ③ 연구대상과 처치프로그램(독립변인) 관련 주요변인, ④ 처치프로그램 관련 선행연구의 순으로 제시한다. ③의 경우는 재구성 논문인 경우 생략할 수도 있다.

이론적 배경 목차 작성 형식

Ⅱ. 이론적 배경

1. 연구대상

2. 연구대상과 효과변인

　가. 효과변인(종속변인) 1

　나. 효과변인(종속변인) 2

　다. 효과변인(종속변인) 3

3. 연구대상과 처치프로그램(독립변인) 관련 주요변인

4. 처치프로그램(독립변인) 관련 선행연구

이론적 배경 목차 작성 예시

👤 예시 1: 프로그램 개발 연구(문애경, 2016)

Ⅱ. 이론적 배경

1. 중학생과 진로

2. 중학생의 진로 관련 변인

　가. 중학생의 진로성숙도

　나. 중학생의 학교적응

- 연구대상의 개념 및 특징
- 연구대상과 주요 변인(진로)과의 관련성

연구대상 관련 효과변인(종속변인)

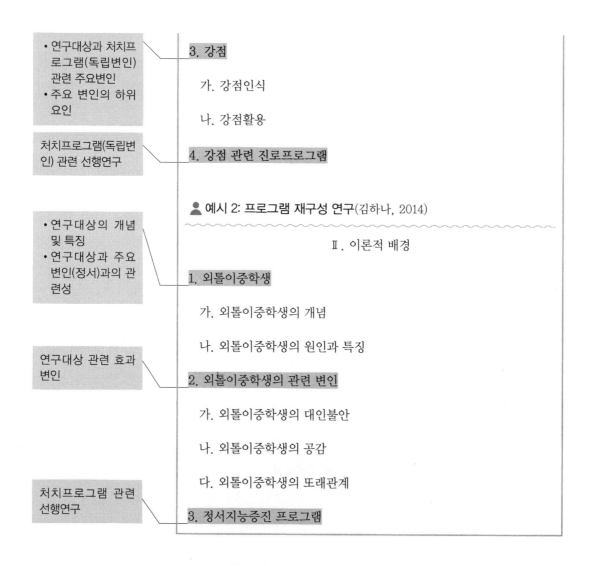

• 연구대상과 처치프로그램(독립변인) 관련 주요변인
• 주요 변인의 하위요인

처치프로그램(독립변인) 관련 선행연구

3. 강점

　가. 강점인식

　나. 강점활용

4. 강점 관련 진로프로그램

👤 예시 2: 프로그램 재구성 연구(김하나, 2014)

Ⅱ. 이론적 배경

• 연구대상의 개념 및 특징
• 연구대상과 주요 변인(정서)과의 관련성

1. 외톨이중학생

　가. 외톨이중학생의 개념

　나. 외톨이중학생의 원인과 특징

연구대상 관련 효과 변인

2. 외톨이중학생의 관련 변인

　가. 외톨이중학생의 대인불안

　나. 외톨이중학생의 공감

　다. 외톨이중학생의 또래관계

처치프로그램 관련 선행연구

3. 정서지능증진 프로그램

2. 이론적 배경 서술 전개 방식

　연구자는 프로그램을 개발하거나 재구성을 위한 이론적 토대를 마련하기 위하여 선행연구를 충분히 고찰한 다음, 광범위한 선행연구의 포괄적인 내용을 간략하고 명확하게 서술하는 작업을 해야 한다. 그러나 초보연구자들은 이론적 배경을 작성할 때, 자신이 참고한 선행연구 중에서 어떤 내용을 포함하고 또 어떤 내용을 배제할지 몰라 난감해한다. 간결하고 정리된 글을 쓰는 것이 익숙하지 않아 전체 논문의 길이가 필요 이상으로 길어지는 경우도 종종 발생한다. 특히 내용적인 면에서 논문의 주제와 크게 연관성이 없는 내용들을 다 포함시키거나, 기존의 선행연구 내용을 그대로 옮겨 쓰는 경우도 빈번하다.

이렇듯 기존의 선행연구의 내용을 모두 베껴 써서 이론적 배경의 길이만 늘리는 방법으로는 자신의 연구주제를 논리적으로 객관화시키기 어려울 것이다. 방대한 양의 선행연구 내용을 간략하고 명확하게 작성하기 위해서는 깔대기 방식으로 내용을 정리해야 한다. 주제와 관련된 영역을 넓게 시작해서(도입), 점점 하위영역으로 만들어 분산된 내용을 하나의 주제에 맞게 초점화하고(전개), 그에 따른 결론을 도출하는 과정(마무리)이 필요하다.

자신만의 깔대기 방식으로 정리한 내용을 논리적으로 서술하기 위하여, 이론적 배경의 서술 전개 방식을 도입-전개-마무리로 나눠서 살펴보고자 한다. 참고로 이론적 배경의 '전체 틀' 안에서도 도입-전개-마무리의 전개 서술 방식이 필요하며, 이론적 배경의 '각각의 주요 목차' 안에서도 도입-전개-마무리의 전개 서술 방식이 적용된다는 점을 염두에 두고 작성해야 한다.

1) 도입

이론적 배경의 '전체 틀' 안에서의 도입은, 주제와 관련된 연구대상을 독자에게 소개하는 단락으로 이해하면 된다. 연구대상에 대해 서술하는 방법은, 연구대상에 대한 전체적이고 일반적인 내용에서 시작해 연구주제에 초점을 맞춘 연구대상의 정의 및 특징으로 한정지어 서술해 나가야 한다.

'주요 목차'에서의 도입은, 자신의 연구주제와 관련된 주요변인에 대해 전체적으로 살펴보는 것이 필요하다. 예를 들어, 먼저 '청소년기는 ~~~한 시기이다.' '청소년에 대한 국내연구자들의 정의를 살펴보면 ~~~ 한 것을 알 수 있다.'처럼 주요변인에 대한 전반적인 내용을 도입 부분에서 한 번 훑는다는 느낌으로 간략하게 서술한다. 이론적 배경 목차별 도입 작성 방법을 예시를 통해 구체적으로 살펴보면 다음과 같다.

이론적 배경 목차별 도입 작성 예시

👤 **예시: 프로그램 개발 연구**(문애경, 2016)

- **연구대상 도입**
  - 청소년기는 학교장면에서 일의 세계로 옮겨가기 위한 준비를 하는 단계로, 자신과 직업에 대한 정보를 획득하고 적절한 진로선택을 하기 위한 탐색이 필요한 시기이다.

- **연구대상 관련 효과변인 도입**
  - 중학생에게 학교는 가정과 더불어 중요한 환경체다. 이 시기의 학교는 학업적·사회적·심리적 성정을 통해 중학생이 올바른 가치관을 형성하고 바람직한 사회구성원이 될 수 있도록 주된 활동공간을 제공한다.

- **처치프로그램 관련 선행연구 도입**
  - 강점에 기반한 발달적 개입은 자신감, 방향성, 희망, 이타성을 증가시키므로 강점을 통해 개인의 진로발달을 돕기 위해 개입하는 것은 매우 적절하다고 볼 수 있다.

---

2) 전개

이론적 배경의 '전체 틀' 안에서의 전개는, 연구대상과 주요변인은 어떠한 연결성이 있는지 선행연구를 통해 살펴보고 각각의 변인들에 대한 프로그램 개입의 필요성에 대해 간략하게 정리하는 단계이다. 이론적 배경 전체 중에서 가장 많은 분량을 차지하므로, 방대한 양의 참고자료를 체계적으로 정리하고 주제에서 벗어나지 않게 핵심적인 내용을 일관성 있게 기술해야 한다.

'주요 목차'에서의 전개는, 도입과 마무리의 중간 연결고리 단계로 목차의 주제들과 관련된 주요변인에 대한 이론이나 선행연구를 자세하게 서술해야 한다. 여기에서 주의할 점은 기존 선행연구에서 자신의 연구와 무관하거나 관련성이 적은 내용은 과감하게 삭제하고, 연구와 관련된 내용을 정리하여 서술하는 것이 필요하다. 가능한 한 각 단락의 첫 행은 독자에게 그 단락의 내용을 소개하는 주제문으로 기술해야 한다. 예를 들어, '청소년기와 공감에 대한 연구들을 살펴보면 ~~~'과 같이 주제문장만으로도 독자가 이 단락에서의 주요변인은 무엇이며, 주요변인과 관련된 어떠한 내용들이 서술될지 짐작할 수 있게 해야 한다. 이론적 배경 목차별 전개 작성 방법을 예시를 통해 구체적으로 살펴보면 다음과 같다.

이론적 배경 목차별 전개 작성 예시

👤 **예시: 프로그램 개발 연구**(문애경, 2016)

- **연구대상 전개**
  - 진로발달의 과정을 강조하는 이론들 중에서 중학생의 진로발달단계에 근거하여 중학생의 진로교육에 대한 시사점을 살펴보면 다음과 같다. 첫째, 둘째…. ―중 략―

- **연구대상 관련 효과변인 전개**
  - 중학생을 대상으로 한 학교적응에 영향을 미치는 요인에 관한 연구들은 개인 관련 요인, 가족요인, 친구 및 학교 관련 요인 등 다양한 요인에 대한 연구가 이루어졌다.

- **처치프로그램 관련 선행연구 전개**
  - 일반계 고등학생을 대상으로 강점기반 진로훈련프로그램을 실시하고 진로결정자기효능감과 학교적응을 살펴본 연구에서는 VIA 성격강점검사 청소년 검사지를 사용하여 자신의 대표강점을 인식하고, 대표강점에 기반한 개입을 했다는 것에 주목할 필요가 있다.

---

3) 마무리

이론적 배경의 '전체 틀'과 '주요 목차'에서의 마무리는, 앞에서 언급한 내용을 요약하여 종합적인 결론을 서술하는 단계이다. 선행연구를 종합한 연구자의 견해를 기술하는 것은, 논문을 읽는 독자들이 연구의 필요성을 이해하는 데 매우 유용하다. 이론적 배경의 마지막을 정리하는 글은 다음과 같은 형식으로 서술할 수 있다. '따라서 ~ 의미 있다고 할 수 있

다.' '이상의 연구를 종합해 보면 ~ 것을 알 수 있다', '이와 같이 ~ 필요성
이 있을 것이다.' '이에 본 연구에서는 ~ 효과를 검증해 보고자 한다.' '이
상에서 살펴보았듯이 ~ 연구의 필요성을 시사하고 있다.' '이상의 선행연
구를 살펴본 결과 ~ 처치프로그램을 통해 연구대상을 도울 수 있을 것이
다.' 등으로 기술할 수 있다. 이론적 배경 목차별 마무리 작성 방법을 예시
를 통해 구체적으로 살펴보면 다음과 같다.

이론적 배경 목차별 마무리 작성 예시

👤 **예시: 프로그램 개발 연구**(문애경, 2016)

- **연구대상 마무리**
  - 이와 같은 진로교육 환경의 변화로 중학생들은 자신의 진로에 대한
    관심이 급증하며 진로에 대해 고민하기 시작하기 때문에 중학교에
    서의 진로교육이 시기적으로 매우 적절하다는 것을 알 수 있다.

- **연구대상 관련 효과변인 마무리**
  - 이상에서 살펴본 학교적응에 영향을 미치는 다양한 변인들의 연구
    결과를 통해, 중학생들의 학교적응을 도와주는 개입이 매우 중요
    함을 알 수 있다.

- **처치프로그램 관련 선행연구 마무리**
  - 이상의 선행연구를 살펴본 결과, 개인의 강점을 기반으로 한 진로
    탐색프로그램은 중학생이 자신의 강점을 발견하고 자신에 대한 이
    해와 가능성을 탐색하여 잠재된 강점을 활용하도록 함으로써 자신
    감을 높여 진로결정과 진로계획을 도울 수 있을 것이다.

---

3. 이론적 배경 작성의 실제

이론적 배경 작성 시 앞서 제시된 이론적 배경의 목차 순(① 연구대상,
② 연구대상 관련 효과변인, ③ 처치프로그램 관련 선행연구)으로 내용을 서술
하되, 본 연구의 필요성에 부합되는 내용으로 일관성 있게 서술하는 것이

중요하다.

먼저, 연구대상의 정의 및 특징에 대한 선행연구의 고찰이 우선으로 제시되어 대상에 대한 개입의 필요성을 설득적으로 제시해야 한다. 다음으로, 연구대상의 특징 중 프로그램을 통해 영향을 주고자 하는 효과변인에 대해 자세히 서술함으로써 연구대상과 변인들의 관련성과 연구의 필요성을 부각시켜야 한다. 끝으로, 처치프로그램 관련 선행연구의 고찰을 통하여 연구대상에게 효과적으로 개입할 수 있는 처치프로그램의 필요성에 대한 논리적 근거를 마련하게 된다.

이론적 배경 작성 시 고려 사항

• **연구대상에 대한 설명**
 −연구대상에 대한 정의, 특징 및 선행연구 제시
 −연구대상과 주요변인과의 관련성
 −연구대상에 대한 고찰 필요성 제시

• **연구대상 관련 효과변인에 대한 설명**
 −연구대상 관련 효과변인(종속변인)의 정의 및 특징 제시
 −각 변인들 간의 선행연구에 근거한 관련성 제시

• **처치프로그램 관련 선행연구를 종합한 연구 필요성**
 −처치프로그램 관련 선행연구의 제목, 목적, 대상, 내용, 시사점과 한계점 제시
 −선행연구 요약을 통해 처치프로그램 개발의 필요성 제시

이론적 배경의 서술에서 가장 주의할 점은, 논리적으로 제시된 목차의 내용과 연구주제와의 연관성이다. 자칫 잘못하여 연구주제에서 벗어난 내용들로 채우게 되면 각자의 이론들과 선행연구들로 양은 많아졌으나 실제 알맹이는 없는 이론적 배경이 될 수 있다. 따라서 여기서는 목차에 따른 구성요소와 연구주제를 어떻게 하면 관련성 있게 논리적으로 서술할지를 자세히 살펴보고자 한다.

1) 연구대상에 대한 설명

이론적 배경 작성 시 연구문제와 직접 관련이 있는 연구대상에 대한 정의, 특징 및 선행연구를 가장 먼저 서술해야 하며, 종합적으로 연구대상에 대한 고찰의 필요성을 연구주제와 연관시켜 제시해야 한다. 집단 차이 연구의 경우, 연구대상의 정의와 심리사회적 특징 등에 따라 프로그램 구성 내용이 달라지므로 연구의 주제와 목적에 맞는 연구대상의 특징을 이론적으로 밝혀야 한다. 연구대상과 관련한 최근 기사나 통계자료, 연구대상의 문제에 대한 이론적 근거나 선행연구를 통해 본 연구가 연구대상에게 얼마나 중요한지를 독자가 알 수 있도록 해야 한다.

연구대상 작성 방법에 대해 구체적으로 살펴보면 다음과 같다. 먼저, 연구대상에 따른 정의를 서술하는 방법은 연구의 주제에 따라 차이가 날 수 있는데, 초보 연구자들은 연구대상과 관련된 이론이나 정의를 무조건 가져와서 나열하는 식으로 제시하는 경우가 있으므로 주의해야 한다. 연구자는 자신만의 특정 연구대상을 연구주제와 관련시켜 논리적으로 제시하기 위하여 넓은 의미에서 세부적인 의미로 초점화하는 작업을 거쳐야 한다. 국내외 연구대상과 관련한 여러 정의를 포괄적으로 살펴본 후, 마지막 단락에서는 수많은 정의 중에서 연구자가 선택한 정의에 대해 종합하여 기술하면 된다. 그러나 기존 선행연구에 본 연구의 연구대상에 대한 학술적이거나 보편적인 정의가 없다면, 기존의 연구대상과 연관된 여러 선행연구를 종합하여 연구자 자신이 연구대상에 대한 조작적 정의를 내리면 된다. 예를 들어, '외톨이중학생'에 대한 정의를 내리기 위하여 '일반적 외톨이에 대한 정의 → 여러 학자들의 외톨이중학생에 대한 정의 → 본 연구에서 사용된 외톨이중학생에 대한 연구자의 조작적 정의'의 순으로 서술하면 된다.

다음으로, 연구대상의 특징을 서술할 때는 이론적 근거를 바탕으로 다양한 관점에서의 그들의 여러 특징을 제시하되, 본 연구의 주제와 상관있는 대상의 특징만을 선별하여 기술해야 한다. 연구주제와 벗어난 대상의 특징을 광범위하게 작성하지 않도록 하기 위하여 연구자는 항상 주제와 대상의 연관성에 초점을 두고 이론적 배경을 서술해야 한다.

마지막으로, 대상에 대한 선행연구를 제시할 경우, 국내외 연구를 비판적으로 살펴보고 기존 연구의 결과와 시사점을 종합하여 연구대상에 대한 프로그램 개입의 필요성을 정리하여 서술해야 한다. 이때 대상에 대한 잡다한 선행연구 내용을 필요 이상으로 너무 많이 제시하게 되면, 오히려 연구의 주제가 산만해질 수 있으므로 주의해야 한다. 또한 기존 선행연구 결과를 그대로 가져와 서술하기보다 가능한 한 연구자의 연구주제와 관련된 내용을 연구자 자신만의 글로 가져와 기술함으로써, 독자에게 본 연구에서만 볼 수 있는 차별화된 연구대상에 대한 관심과 프로그램 개입의 필요성을 알리는 것이 필요하다.

다음 연구대상 작성 예시에서 연구 1(프로그램 개발 연구)의 경우는 연구대상에 대한 일반적인 설명을 간략하게 기술하고 연구대상과 직접적으로 관련이 있는 처치프로그램에 대한 주요변인을 제시한 것이고, 연구 2(프로그램 재구성 연구)의 경우는 연구대상의 개념과 특징 등 다양한 선행연구를 근거로 하여 연구의 필요성을 제시한 것이다.

연구대상 작성 형식

1. 연구 대상

　가. 연구대상의 개념

　사람들은 (대상과 관련된 포괄적인 내용)을 (포괄적 의미의 연구대상)이라고 한다.

　(연구대상)에 대한 국내외 연구자들의 정의를 살펴보면, (연구대상에 대한 국내외 연구자들의 정의 내용)으로 정의하였다. 이상 국내외 연구자들의 정의를 종합해 보면, (연구대상에 대한 선행연구자들의 정의)라고 할 수 있다. 따라서 본 연구에서 다음과 같이 (연구대상에 대한 연구자의 정의)하고, 본 연구를 진행하고자 한다.

　나. 연구대상의 원인과 특징

　(본 연구의 연구대상)은 (연구 주제)가 반드시 필요한 시기로, (연구

대상)의 원인은 다음과 같다. 먼저 (연구대상의 특징)의 이론을 발전시
킨 (국내외 연구자)에 따르면, 첫째, … 둘째, …와 같은 시기라고 밝히
고 있다.

　(연구대상)에 대한 (국내외 선행연구)를 살펴보면, 먼저 (연구주제와
관련된 내용)이 증가하는 것으로 밝혀졌으며, 또 다른 (선행연구)에서
는 (연구주제와 관련된 내용)이 감소하는 것으로 밝혀졌다. 따라서 (연
구대상)에게 도움을 줄 수 있는 다양한 연구가 필요하다.

연구대상 작성 예시

👤 예시 1: 프로그램 개발 연구(문애경, 2016)

1. 중학생과 진로

연구대상과 주요변인 (진로)의 관련성

　개인은 아동기, 청소년기, 청년기 등 각 발달단계마다 특정한 발달과
업에 직면하게 되고, 각 발달단계별 과업을 해결하면서 성공적인 진로
발달을 이루게 된다(Pavlak, 1981). 특히 청소년기는 학교장면에서 일
의 세계로 옮겨가기 위한 준비를 하는 단계로, 자신과 직업에 대한 정
보를 획득하고 적절한 진로선택을 하기 위한 탐색이 필요한 시기다. 진
로선택은 전 생애에 걸쳐 이루어지는 과정이지만 청소년기에 자아정
체감을 형성하고 올바른 진로선택을 하는 것은 매우 중요하다(조용선,
2009). −중 략−

연구대상과 주요변인 (중학생의 진로)에 대한 정의를 내리기 위하여, '개인의 진로발달 → 청소년기 진로선택 → 중학교 시기 진로'로 초점화 작업을 거침

　특히 중학교 시기는 심리사회적 발달이론에 따르면 정체감 대 역할
혼미시기(Erikson, 1980)로 질풍노도의 시기, 인간의 발달에서 제2의
탄생을 운운할 정도로 가장 민감한 시기다. 또한 급격한 신체적 변화와
심리적 정체감을 재규정하는 자아정체감 형성과정에서 불안하고 반항
적인 심리적 상태로 다양한 변화를 겪으며(장소영, 2014), 자기에 대한
새로운 탐색을 시도하고 실존적 자아의식을 형성하는 시기이기도 하다
(오현정, 2009; 이규미, 2005). 이와 같은 시기에 진로발달단계에 따
른 특성도 발달적 문제와 맞닿아 있다.

연구대상과 주요변인 관련 특징

　진로발달의 과정을 강조하는 이론들 중에서 중학생의 진로발달단계에
근거하여 중학생의 진로교육에 대한 시사점을 살펴보면 다음과 같다.
첫째, 인간은 자아개념, 즉 자아 이미지와 일치하는 직업을 선택한다.

• 연구대상과 주요변인 관련 선행연구 제시
• 선행연구를 종합하여 연구자의 글로 '첫째, 둘째, 셋째' 순으로 제시

–중 략– 둘째, 진로선택은 하나의 발달과정이며, 이 과정은 단 한 번의 결정이 아니라 일련의 결정들에 의해 계속적으로 이루어지며 직업에 대한 진로선택과정에서 초기 선택이 중요하다(Ginzberg, 1972). –중 략– 셋째, 중학교 시기는 진로발달 단계에서 진로탐색 단계로 자신의 능력, 적성, 흥미를 이해하기 시작하고 직업의 의미와 필요성을 비롯한 다양한 직업세계와 교육기회를 탐색하는 시기임을 고려해 볼 때(교육과학기술부, 2012) 이 시기의 진로교육은 특정 직업을 선택하도록 강요하기보다는 다양한 진로에 대한 체계적인 탐색이 이루어져야 한다(한국진로교육학회, 2011). –중 략–

그러나 최근 학교교육 현장의 진로교육 환경이 급변하고 있다. –중 략– 이와 같은 진로교육 환경의 변화로 중학생들은 자신의 진로에 대한 관심이 급증하며 진로에 대해 고민하기 시작하기 때문에 중학교에서의 진로교육이 시기적으로 매우 적절하다는 것을 알 수 있다.

특히 동일한 연령층의 학생들과 비교하여 상대적인 교육적 · 직업적 결정 준비정도를 나타내는 진로성숙 수준이 낮은 학생들에 대하여 진로와 관련한 보다 집중적인 개입을 통해 현명한 진로선택을 할 수 있도록 도와야 할 것이다. 더불어 자신들이 경험하게 될 직업세계와 사회변화에 능동적으로 대처하며 바람직한 사회 구성원으로 성장하고 인생을 주체적으로 살아갈 수 있는 능력을 배양할 수 있도록 도와야 할 것이다.

👤 예시 2: 프로그램 재구성 연구(김하나, 2014)

1. 외톨이중학생

가. 외톨이중학생의 개념

친구관계에서 외로움을 느끼고 자기 자신의 감정을 적절하게 표현하지 못하는 아이를 외톨이 혹은 고립아라는 용어로 지칭하고 있다. 이 외톨이, 고립아에 대한 정의를 살펴보면, 국외에서는 Moreno(1934)가 '한 집단 안에서 친구들로부터 선택받지 못한 아동'을 처음으로 고립아라 정의하였고, –중 략– 외톨이에 대한 국내 연구자들의 정의를 살펴보면, 황소영(2011)은 '또래집단에서 낮은 상호작용 빈도를 보이고, 또래들이 적극적으로 싫어하지는 않지만 선택받지 못하며, 수줍음이 많거나 소극적이고 위축된 행동을 보이고, 혼자놀이와 같은 비사회

연구대상에 대한 프로그램 개입의 필요성 제시

연구대상에 대한 프로그램 개입의 필요성 제시

연구대상에 대한 프로그램 개입의 필요성 제시

연구대상(외톨이중학생)에 대한 학술적 정의로 명확한 이론이 없으므로, 다양한 국내외 학자의 정의를 통해 본 연구에서 사용하는 정의를 내림

연구대상에 대한 일반적인 정의

연구대상에 대한 국외 정의

연구대상에 대한 국내 정의

국내외 연구를 종합
한 연구대상에 대한
정의

연구대상인 '외톨이'
와 관련된 국내외의
정의를 종합하여, 연
구자가 '외톨이중학
생'에 대한 조작적 정
의 내림

연구대상의 원인

연구대상의 특징

연구대상에 대한 프
로그램 개입의 필요
성 제시

적 놀이특성을 가지고 사회적 능력이 부족한 아이'로 정의하였다. ―중
략― 이상의 국내외 연구자들의 정의를 종합하면 '또래들이 적극적으
로 싫어하지 않지만 선택받지 못하고, 사회적 능력이 부족하며, 또래
들과 원만한 상호작용을 못하는 비사회적인 아이'를 외톨이라고 정의
할 수 있다. 본 연구에서 외톨이중학생은 또래관계에서 잘 어울리지 못
하고 불안과 긴장, 불편감을 느끼며, 원만한 상호작용을 못하고 수줍
음이 많고 친구관계를 회피하거나 위축되어 있는 아이로 정의한다.

나. 외톨이중학생의 원인과 특징

외톨이가 되는 청소년들은 또래관계가 원만한 청소년보다 부적응
을 나타낼 위험이 높은데, 이에 대한 원인을 살펴보면 다음과 같다.
첫째, 친구가 없는 아이들의 경우 친구관계에서 사회적 기술이 부족
하다. ―중 략― 둘째, 수줍음이 많고 그로 인한 스트레스가 심하고 주
변 사람들로부터 인정받고자 하는 욕구가 높지만, 그 욕구가 만족되
지 못하면 자신을 사회적으로 무능하다고 여기고(Kurdek & Krile,
1982), 사회적 성공에 대한 기대가 낮다(Asher, Parkhurst, Hymel, &
Williams, 1990). 셋째, 정서인식과 표현능력이 부족하여 자신과 타
인의 정서를 효율적으로 조절하지 못하고, 문제해결능력이 부족하면
(전혜진, 2014) 또래관계에서 불안함을 느끼고 부적응적인 모습을 보
이게 되어 또래관계에서 문제를 야기한다. ―중 략―

외톨이청소년의 특징은 타인의 어려움을 공감하고 도와주는 공감능
력이나 적극적이고 주도적으로 관계에 참여하고 상황을 이끌어가는 주
장성, 그리고 감정을 이성적으로 조절하는 자기조절능력이 부족하며,
대인관계 불편감이나 불안감이 높고, 우울이나 불안, 적대감, 편집 역
시 높다(이시형 외, 2000). 특히 여자아이들의 경우, 사회불안이 높
고, 사회적 회피성향을 많이 보인다(Asher et al., 1990). ―중 략―

이처럼 또래집단에서 거부되는 아이는 수용되는 아이보다 더 많은
외로움을 경험하고, 사회적 기술이 부족해 자기주장성이 낮고 소극적
이고 위축적인 태도를 보인다. 또 부정적인 또래관계를 경험한 아이들
은 또래들과의 관계에서 상호작용이 부족하여 공감능력이 낮고 자신의
성공에 대한 기대가 낮으며, 스트레스 사건에 대처하는 데 어려움을 겪
고, 성장하면서 부정적인 성격을 형성하게 되며, 인간관계에서도 많은
실패를 경험하게 된다.

2) 연구대상 관련 변인(효과변인)에 대한 설명

이론적 배경 맨 처음 연구대상에 대한 개입의 필요성을 서술했다면, 이번 단락에서는 연구대상 관련 효과변인(종속변인)에 대한 내용을 제시해야 한다. 연구대상 특징 중에 처치프로그램을 통해 개입하고 싶은 변인에 대해 자세히 기술하여, 연구대상과 효과변인의 연결성이 좀 더 설득적으로 드러나도록 한다.

연구대상 관련 변인을 기술하는 순서로는 연구제목에 제시된 효과변인 순서대로 제시하는 것이 바람직하다. ① 연구대상과 효과변인 1, ② 연구대상과 효과변인 2, ③ 연구대상과 효과변인 3 등으로 차례대로 제시하면 된다.

대상과 효과변인을 서술하는 방법은 앞서 연구대상에 대한 충분한 설명이 이루어진 상태이므로 대상에 대한 설명보다는 효과변인의 정의 및 특징을 제시한 후, 대상과 효과변인 간의 관련성을 선행연구를 통해 서술해야 한다. 선행연구를 제시할 때, 한 사람의 선행연구에 너무 많이 의존하지 않도록 하고, 저자나 연대순으로 단순하게 배열하기보다는 찬반의 내용을 서로 묶어서 제시하는 것이 필요하다. 연구자의 연구주제와 반대되는 결과를 제시할 수는 있지만, 이론적 배경에서는 그 연구들을 비판하고 연구자의 입장과 상응하는 이론들에 초점을 두는 것이 바람직하다. 선행연구를 요약하는 경우 본 연구와 관련성이 없는 세부사항은 피하고, 해당 연구와 관련된 결론을 중심으로 서술해야 한다.

특히 선행연구의 한계점과 시사점, 그리고 선행연구 고찰을 통해 추론할 수 있는 내용을 바탕으로 본 연구의 필요성을 설득력 있게 주장해야 한다. 대상과 효과변인 간의 선행연구를 종합한 결과를 바탕으로, 효과변인에 영향을 줄 수 있는 처치프로그램 개발의 필요성에 대해 독자가 충분히 납득할 수 있도록 해야 한다.

연구대상 관련 효과변인에 대한 작성 형식

2. 연구대상 관련 주요변인

　선행연구를 통해 (연구대상)에게 영향을 주는 요인을 살펴보면, (연구대상 관련변인 1, 관련변인 2, 관련변인 3, 관련변인 4 등)이 있다.
　(연구대상)에게 가장 대표적으로 영향을 주는 변인들 중 (효과변인 1, 효과변인 2)에 대해 알아보고자 한다.

　가. (연구대상 관련 효과변인 1)

　(효과변인)은 (효과변인에 대한 정의)를 의미하며, 그에 따른 특성은 다음과 같다. 첫째, … 둘째, … 한 것으로 나타났다. (효과변인)에 대한 선행연구를 살펴보면, (효과변인과 관련된 연구 결과) 등으로 (연구대상)과 밀접한 관련이 있는 변인임을 짐작할 수 있다.
　(연구대상)과 (효과변인)에 대한 선행연구를 살펴보면, (효과변인)이 (연구대상)의 심리적 기능에 긍정적 영향을 미치는 것으로 밝혀졌다. 또 다른 연구에서도 (효과변인)과 (연구대상) 간의 관계에서 유의미한 관계가 있는 것으로 나타났다.
　선행연구를 종합한 결과, (효과변인)이 (연구대상)에게 중요한 요인임을 확인할 수 있으며, 따라서 (연구대상)과 (효과변인)을 고려한 (처치프로그램의 개발)이 필요함을 알 수 있다.

　나. (연구대상 관련 효과변인 2)

연구대상 관련 효과변인의 선행연구 개관 작성 예시

👤 예시 1: 프로그램 개발 연구(문애경, 2016)

2. 중학생의 진로관련 변인

연구대상 관련 효과변인 1 → 　가. 중학생의 진로성숙도

-중 략-

연구대상 관련 효과변인 2 → 　나. 중학생의 학교적응

중학생에게 학교는 가정과 더불어 중요한 환경체계다. 이 시기의 학교는 학업적·사회적·심리적 성장을 통해 중학생이 올바른 가치관을 형성하고 바람직한 사회구성원이 될 수 있도록 주된 활동공간을 제공한다(김명일, 임경미, 2013). ‒ 중 략 ‒

　학교 적응은 중학생의 생활이 대부분 학교생활이라고 볼 때 중학생 시기에 습득해야 하는 중요한 발달과제인 성격형성과 자아정체감을 형성하는 데 많은 영향을 줄 뿐 아니라 앞으로의 삶의 태도에도 영향을 미치게 된다. 특히 초기 청소년기에 해당하는 중학교 시기는 부모의 영향을 많이 받고 있는 동시에 부모로부터 떨어져서 자신만의 주체성 확립을 시도하는 이중적 시기(김영린, 이기학, 2011)로 그 어느 때보다 적응의 중요성이 강조되는 시기다. 또한 2차 성장이 이루어지는 등 급격한 신체 변화에 비해 상대적으로 인지적 성숙과 정서적 안정은 그에 미치지 못하여(Hankin, Roberts, & Gotlib, 1997) 이러한 정서적 불안정은 중학교 학생들의 학교적응에 직접적인 영향을 미치게 된다.
　　　　　　　　　　　　　　　　‒중 략‒

　중학생을 대상으로 한 학교적응에 영향을 미치는 요인에 관한 연구들은 개인 관련 요인, 가족요인, 친구 및 학교 관련 요인 등 다양한 요인에 대한 연구(금지헌, 손찬희, 채수은, 강성국, 2013; 김연홍, 성경주, 2014; 김은미, 2012; 김태용, 2014; 심미영, 정승현, 황순금, 2013; 양경화, 2015)가 이루어졌다. ‒ 중 략 ‒

　이상에서 살펴본 학교적응에 영향을 미치는 다양한 변인들은 중학생의 개인의 특성에 따라 달라질 수 있으며, 가정과 개인 영역에서 나타나는 행복의 격차는 학교를 통해 보완할 수 있다는 가능성을 확인한 연구 결과(오영수, 이재영, 2014)는 중학생들의 학교적응을 도와주는 개입이 매우 중요함을 알 수 있다.

👤 예시 2: 프로그램 재구성 연구(김하나, 2014)

2. 외톨이중학생의 관련 변인

　외톨이청소년은 자신의 고민이나 비밀을 털어놓으며 어울릴 친구가 없거나 주로 혼자 지내는 청소년으로서 선행연구를 통해 이들에게 영향을 주는 요인들을 살펴보면, ‒중 략‒ 그런데 가장 대표적으로 영향을 주는 것은 대인불안, 공감, 또래관계로서 외톨이중학생들은 대

여백 주석

- 효과변인에 대한 정의
- 앞서 대상에 대한 충분한 설명이 이루어졌기 때문에 효과변인에 초점을 두고 서술

효과변인에 대한 특징

- 연구대상과 효과변인에 관한 선행연구
- 선행연구에 대한 상세한 내용 제시보다는 요약적으로 제시

- 연구대상과 효과변인의 선행연구를 종합한 결과
- 효과변인 프로그램 개입 필요성

연구대상의 심리사회적 관련 변인을 통해 재구성한 프로그램의 필요성을 제시

연구대상 관련 주요 변인에 대한 선행연구를 개관

선행연구를 종합하여 연구대상 관련 효과변인을 도출

인관계 불편감이나 불안감이 높고, 타인의 어려움을 공감하고 도와주는 공감능력과 적극적이고 주도적으로 관계에 참여하고 상황을 이끌어가는 주장성, 그리고 감정을 이성적으로 조절하는 자기조절능력이 부족하고 또래관계에 어려움을 느낀다. 이에 외톨이중학생에게 영향을 주는 변인들 중 대인불안, 공감, 또래관계에 대해 알아보겠다.

가. 외톨이중학생의 대인불안

−중 략−

나. 외톨이중학생의 공감

공감은 다차원적인 현상으로 개인의 공감 성향, 구체적인 상황에서 공감적 경험을 하는 상태(Hoffman, 2000), 격려나 도움 행동과 같은 대인 간 행동, 공감적 상태나 행동을 유발하는 정서적 과정이 포함된다(김민선, 2007). −중 략−

청소년기와 공감에 관한 연구들을 살펴보면, 공감능력이 대인관계를 향상시키는 성향을 높여 주며 대인관계를 불편하게 하는 성향을 낮춰주고(김미현, 2003), 공감을 잘하는 학생이 사회적 적응과 학습 성취에 긍정적 의미를 주고 대인관계능력, 사회성, 이타행동 등의 친사회적인 행동과 정적 상관을 보였고(곽은정, 1998; 박혜원, 2002), 친구들의 지지를 받을수록 사회적 유능성이 높은 것으로 나타났다(전은정, 2009). 또 중학생의 학교생활에 대한 태도는 공감능력에 대한 우호적 태도와 정적 상관을 보였고, 공감의 하위요인인 관점 취하기는 학업성적과 유의한 관계가 있었다(김성은, 1997). −중 략−

따라서 타인의 어려움을 공감하고 도와주는 공감능력이 낮은 외톨이중학생들에게 개인에게 중요한 영향을 미치는 주변 사람들에게 중요한 존재로 인정받고, 긍정적인 인간관계 경험을 통해(박혜원, 2002), 사회적 관계망 확장에 중요한 요소인 공감능력을 향상시켜 줄 다양한 프로그램과 적극적인 개입이 필요하다.

다. 외톨이중학생의 또래관계

−후 략−

3) 처치프로그램 관련 선행연구를 종합한 연구의 필요성

　연구자는 자신의 연구문제에 대한 이론적 해결책을 찾는 것이 이론적 배경이라는 점을 항상 유의해야 한다. 특히 이론적 배경의 마지막 단락은 처치프로그램 관련 선행연구의 내용을 종합·분석한 결과를 바탕으로 처치프로그램 개발의 필요성을 명확하게 주장할 수 있는 부분이다. 이론적 배경의 마지막 단락에서 연구문제에 대한 이론적 해결책, 즉 처치프로그램 개발의 필요성을 확고히 다지게 되는 것이다.

　처치프로그램 관련 선행연구를 작성하는 절차는 첫 번째로, 선행 프로그램에 대한 내용과 결과들을 하나의 분석표에 일목요연하게 정리하여 독자들이 선행 프로그램을 한눈에 파악할 수 있게 해야 한다. 선행연구 분석표에는 ① 저자 및 제목, ② 프로그램 목적, ③ 연구대상, ④ 프로그램 내용, ⑤ 시사점·한계점 등의 내용이 포함되어야 하며, 표 안에 제시하지 못한 내용들은 추가로 본문에 기술해야 한다. 선행 프로그램을 분석하기 위해서 반드시 필요한 내용들, 예를 들어 프로그램의 진행 시간이나 회기 수, 프로그램의 구성요소, 프로그램의 자세한 결과와 그에 따른 시사점과 한계점의 자세한 내용 등 연구자의 연구필요성에 맞게 선행연구 내용들을 가감해서 기술하면 된다.

　두 번째로 표와 본문에 작성된 내용들을 토대로 선행연구 전체를 종합한 결과를 제시해야 한다. '기존의 선행연구를 종합한 결과는 다음과 같다. 첫째 ~, 둘째 ~, 셋째 ~ 한 것으로 밝혀졌다.'와 같이 기술할 수 있다. 여기에서 중요한 점은, 선행연구 분석표나 본문에 제시한 선행연구를 분석한 내용들을 종합한 결과를 통해서 선행연구의 한계점이나 시사점을 도출해야 한다는 것이다. 특히 선행연구의 한계점이나 시사점의 내용들을 제대로 분석하는 것이 중요한데, 이러한 한계점과 시사점을 바탕으로 기존의 프로그램을 보완하기 위한 재구성 프로그램이나 새로운 프로그램 개발의 이론적 발판을 마련할 수 있기 때문이다.

　세 번째로 선행연구의 한계점이나 시사점을 바탕으로 연구대상을 위한 처치프로그램의 필요성, 즉 본 프로그램 개발의 필요성에 대해 이론

적 근거가 되는 내용들을 제시해야 한다. '앞선 선행연구에서 밝혀졌듯이
~~~ 한계점이 있으므로, ~~~ 프로그램을 개발하고 효과를 검증해 보
고자 한다.'로 기술할 수 있다.

　연구방법에 따라 처치프로그램 관련 선행연구의 서술방식에 약간의 차
이가 있다. 다음의 작성 예시를 살펴보면 연구 1(프로그램 개발 연구)은 처
치프로그램 관련 선행연구가 연구 결과에 따라 종합적으로 제시되어 있
는데, 이는 연구자가 자신의 논문에서 프로그램 개발과 관련된 주제를 이
론적 배경이 아닌 다른 장에서 독립적으로 다루고 있기 때문이다. 연구
2(프로그램 재구성 연구)는 처치프로그램 관련 선행연구를 표로 제시하여
선행연구 내용을 상세하게 서술하고 있다.

처치프로그램 관련 선행연구를 종합한 연구 필요성 작성 형식

3. 처치프로그램

　국내에는 (연구대상 관련 처치프로그램) 연구들이 많이 이루어지지
않고 있다. 현재까지 이루어진 (연구대상 관련 처치프로그램)의 연구
로는 총 3편이 있다. 선행연구를 살펴보고, 본 연구의 목적인 (연구대
상)을 위한 (처치프로그램) 개발에 반영하고자 한다.
　(처치프로그램) 관련 선행연구는 〈표 2-1〉과 같다.

〈표 2-1〉 (처치프로그램 관련) 선행연구

저자(연도) 및 제목	목적	대상	내용	결과	시사점 · 한계점

　〈표 2-1〉에서 살펴본 바와 같이, (연구대상)의 (대상 관련 변인) 향
상을 위한 프로그램을 개발한 연구자의 (처치프로그램명)은, 다음과 같
은 (효과변인)의 변화에 초점을 두고 있다. 또한 (처치프로그램명)을 적
용하여 (연구대상)의 심리적 성장의 필요성을 강조하였다. 이 연구에서
는 (선행연구 결과의 주요 내용)을 토대로 분석한 결과, 그 효과를 검증
하는 데에는 접근하지 못한 (선행연구의 한계점 또는 시사점)이 있다.

기존 선행연구를 종합해 보면, (필요성 제시)를 알 수 있다. 이상의 선행연구를 종합한 결과, (본 연구에서의 처치프로그램) 개발을 위한 필요성은 다음과 같다.

첫째, (선행연구를 종합한 내용 제시)를 통해 (처치프로그램)에 쉽게 참여 가능할 것이다.

둘째, (선행연구를 종합한 내용 제시)를 통해 (연구대상)에게 도움을 줄 수 있을 것이다.

셋째, (선행연구를 종합한 내용 제시)를 통해 (연구대상)에게 매우 적합하다고 할 수 있다.

처치프로그램 관련 선행연구를 종합한 연구 필요성 작성 예시

👤 **예시 1: 프로그램 개발 연구**(문애경, 2016)

6. 강점 관련 진로프로그램

강점기반 진로프로그램에 대한 선행 연구를 살펴보면, 초등학생을 대상으로 한 프로그램(원연자, 2014; 윤소민, 강진령, 2013)은 주로 미국의 국가진로발달지침(The National Career Development Guidelines: NCDG)(ASCA, 2005)에 근거하여 제안하고 있다. −중 략− *[처치프로그램 관련 선행연구 개관]*

이상의 연구는 초등학생을 대상으로 강점을 진로교육에 투입했다는 데서 매우 의미 있는 일이지만 몇 가지 제한점이 있다. 첫째, 미국의 진로발달지침에 근거한 획일적인 강점 개입으로 우리나라 초등학생의 사회문화적 특성을 고려하지 않았다. 둘째, 셋째 −중 략− *[선행연구 제한점 정리]*

일반계 고등학생을 대상으로 강점기반 진로훈련프로그램을 실시하고 진로결정자기효능감과 학교적응을 살펴본 연구(허보영, 2015)에서는 VIA성격강점검사 청소년 검사지를 사용하여 자신의 대표강점을 인식할 수 있도록 기회를 제공하고 대표강점에 기반한 개입을 했다는 것에 주목할 필요가 있다. −중 략− **또한 총 14회기 중에서** 부분적으로 강점을 다뤘을 뿐이고 전체 회기에 강점을 반영하지 못하여 강점에 기반한 진로탐색이 제대로 이루어지지 못했다는 한계점도 있다. **따라서 강점검사 결과를 통해** 나타난 자신의 대표강점에 초점을 맞추어 적성, 흥미, 성격까지도 강점을 통해서 스스로 찾아낼 수 있도록 프로그램을 구성하고 전 회기에 걸쳐서 강점을 통해 자기를 이해하고 그것을 토대 *[처치프로그램 관련 선행 프로그램 / 선행 프로그램의 한계점 / 선행 프로그램 결과를 종합한 시사점]*

로 자신의 강점과 진로를 연결하여 충분히 탐색할 수 있도록 구성할 필요가 있다. ―중 략―

처치프로그램 관련 선행 프로그램을 전체 종합한 결과 제시

이상의 선행연구를 살펴본 결과, 연구대상은 각각 달랐지만 강점을 기반으로 한 프로그램 시행 후 피험자들의 자기효능감, 진로의사결정, 진로결정수준, 진로태도, 학업성취도 및 주관적 안녕감 증진에 효과가 있는 것으로 보고하고 있다. 이를 통해 강점을 인식하고 활용하도록 개입하는 것은 진로와 관련된 행동 변화에 효과적임을 알 수 있다. 이와 같이 개인의 강점을 기반으로 한 진로탐색프로그램은 자아정체감을 형성해 가는 시기에 생애 첫 진로선택을 하게 될 중학생이 부정적인 측면보다 긍정적인 측면에 집중하여 자신의 강점을 발견하고 자신에 대한 이해와 가능성을 탐색하여 잠재된 강점을 활용하도록 함으로써 자신감을 높여 진로결정과 진로계획을 도울 수 있을 것이다.

선행 프로그램의 종합적 결과 도출에 따른, 연구의 필요성 정리

👤 예시 2: 프로그램 재구성 연구(김하나, 2014)

3. 정서지능증진 프로그램

• 재구성에 참고한 프로그램에 대한 선행연구고찰
• 처치프로그램 관련 선행연구

청소년들은 정서지능의 향상을 통해 자신들의 감정과 정서를 적절하게 조절할 수 있을 뿐만 아니라 더 나아가 보다 안정적이고 긍정적인 심리상태를 유지하여 사회적으로 잘 지능하고 행복한 삶을 영위하는 데 기여할 수 있을 것이다(곽윤정, 2010).

프로그램의 재구성 준거가 되는 이론적 근거를 제시

Mayer와 Salovey(1997)의 정서지능 모형은 정서지능증진 프로그램의 구성요소로 적용되며 내용은 〈표 2-2〉와 같다.

〈표 2-2〉 Mayer와 Salovey(1997)의 정서지능 모형

4영역		수준
영역 I 정서의 인식과 표현	수준 1	자신의 정서를 파악하기
	수준 2	자신의 외부 정서를 파악하기
	수준 3	정서를 정확하게 표현하기
	수준 4	표현된 정서를 구별하기

― 중 략 ―

국내에서 연구된 정서지능 프로그램으로는 초등학생의 인성 교육을 위한 정서지능 개발 프로그램(문용린, 2001), 청소년을 위한 정서지능 프로그램(곽윤정, 2010), 놀이중심의 정서지능 프로그램(강지예, 2013)

등 총 3편이 있다. 선행연구를 살펴보고, 본 연구의 목적인 외톨이중학
생을 위한 정서지능증진 프로그램 재구성에 반영하고자 한다. 정서지
능증진 관련 선행연구는 〈표 2-3〉과 같다.

〈표 2-3〉 정서지능증진 프로그램 관련 선행연구

선행 프로그램에 대한 내용과 결과들을 하나의 분석표에 정리

저자(연도) 및 제목	목적	대상	내용	결과	시사점·한계점
곽윤정 (2010) 청소년을 위한 정서지능 프로그램의 효과 분석: 정서지능과 심리적 안녕감을 중심으로	청소년을 위한 정서지능 프로그램이 정서지능과 심리적 안녕감에 어떠한 영향을 미치는지 알아보는 데 목적이 있음	-서울 소재 중학교 2학년 50명 -실험집단 25명 -통제집단 25명	-나 바로 알기, EQ 통장, 감정의 바다, 만약 나라면?, 신발 바꿔 신기, 유체이탈, 매직카드, 인간 온도계, 영화감독이 되어보자, 우정박스, EQ 피자, 낙관성 왕 되기, 미래의 마시멜로	-정서지능 검사의 경우 프로그램에 참여한 실험집단이 통제집단보다 통계적으로 유의미하게 높아짐 -심리적 안정감의 경우 실험집단이 통제집단보다 통계적으로 유의미하게 높아짐	-정서지능 교육프로그램이 청소년의 실생활에 어떻게 활용되고 영향을 주는지에 대해 알아보지 못함

• 표에 모두 제시하지 못한 내용은 본문에 추가로 서술함
• 프로그램 진행시간이나 회기 수, 구성요소, 결과, 한계점, 시사점 등

〈표 2-3〉에서 살펴본 바와 같이 청소년을 위한 정서지능 프로그램
을 개발한 곽윤정(2010)은 청소년을 위한 정서지능 프로그램이 정서지
능과 심리적 안녕감에 어떠한 영향을 미치는지 알아보고자 하였다. 청
소년의 발달특성을 반영하여 정서인식, 정서표현, 감정이입, 정서조
절과 정서활용 능력에 초점을 두고 개발하였다. 프로그램은 매 회기별
로 40분씩 12주 동안 진행하였으며, 각 교사별로 약 5~6인 정도의 소
그룹으로 운영하였다. 본 프로그램 결과, 청소년의 정서인식, 정서표
현, 감정이입, 정서조절, 정서활용 능력 등에 유의한 영향을 주고 낙관
적 사고, 삶의 목적, 긍정적 자아인식, 자기주장성, 개인적 성장, 내적
위인 등에 영향을 준 것으로 나타났다. 본 연구에서는 정서지능 교육프
로그램이 청소년의 실생활에 어떻게 활용되고 영향을 주는지에 대하여
알아보지 못한 한계점이 있는 것으로 보고하고 있다. 또한 교육적인 전
이가 일어날 수 있도록 장기적이며 실생활 중심적인 프로그램 개발이
필요함을 시사하고 있다.

선행 프로그램 구성 요소
선행 프로그램 진행 시간, 회기 수
선행 프로그램 결과에 대한 자세한 서술
선행 프로그램의 한계점
선행 프로그램의 시사점

−중 략−

표와 본문에 작성한 내용들을 토대로 선행 연구 전체를 종합한 결과 제시

위에서 살펴본 프로그램들은 정서지능의 이론에 따라 프로그램을 구성하고 그에 적합한 교육 내용과 방법을 개발하여, 정서인식, 표현, 관리능력과 사회적 문제 인식 능력, 공감능력을 향상시키고, 보다 효과적인 사고기술, 문제 해결책을 사용하게 되어 공격적이고 폭력적인 행동의 감소(Greenberg et al., 1995), 서로 돌보아 주는 분위기 형성, 감정이입 능력의 향상, 의사소통 능력의 개선(Casey et al., 1990)에 도움을 주었다. −중 략− 그러나 이처럼 정서지능은 물론 다양한 영역에서 효과성을 보이고 있음에도 불구하고 관계에 어려움을 겪고 있는 외톨이중학생을 대상으로 한 연구가 없었다.

선행 프로그램을 종합한 내용을 토대로 도출시킨 한계점

이에 본 연구에서는 외톨이중학생들의 특성을 고려한 정서지능증진 프로그램을 재구성하고 그들의 대인불안, 공감 및 또래관계에 미치는 효과를 검증해 보고자 한다.

선행 프로그램의 종합적 결과 도출에 따른, 연구의 필요성 정리

4. 이론적 배경 작성 시 유의 사항

① 연구자 스스로 다루고자 하는 범위를 규정하고, 어떤 논문을 포함하고 어떤 논문은 배제할 것인지에 대한 기준을 명확히 해야 한다.

② 논문의 주제 범위 안에서 제한된 내용으로, 간결하고 체계적으로 기술해야 한다.

③ 선행연구를 인용할 때, 인용 형식에 주의하고 가능한 최근의 자료를 참고해야 한다.

④ 번호를 매기는 방법은 I, 1, 가, 1)의 형식으로 하고, 필요 이상으로 하위 번호를 많이 만들지 않도록 해야 한다.

⑤ 문단의 첫 단락은 독자에게 그 문단의 핵심적인 내용을 알려 줄 수 있는, 명확하고 뚜렷한 주제 문장으로 시작해야 한다.

5. 이론적 배경 작성 후 점검 사항

연구자는 이론적 배경 작성 후, 연구대상과 주요변인에 대한 설명 및 처치프로그램의 선행연구 고찰 등을 종합한 연구 필요성 등이 제대로 제시되었는지를 다음의 점검 사항을 확인해 본다.

번호	점검 내용	확인	
		예	아니요
1	이론적 배경의 목차 구성이 연구주제에 맞게 순차적으로 배치되었는가?		
2	연구대상에 대한 연구자만의 개념과 정의가 기술되었는가?		
3	연구대상에 대한 연구의 필요성이 설득적으로 제시되었는가?		
4	연구대상과 주요변인들에 대한 설명이 긴밀하게 연결되어 서술되었는가?		
5	광범위한 선행연구를 깔대기 방식으로 초점화하는 작업을 하였는가?		
6	요약된 선행연구의 내용이 자신의 연구와 밀접한 관련이 있는가?		
7	기존 연구의 결과와 시사점을 바탕으로 연구대상에 대한 처치프로그램 개입의 필요성이 제시되었는가?		
8	처치프로그램의 필요성에 대한 논리적 근거가 마련되었는가?		
9	본 연구와 관련된 최신 선행연구를 사용하였는가?		
10	이론적 배경 전체와 주요 목차별로 각각 도입-전개-마무리 형식으로 체계적이고 논리적으로 기술하였는가?		

제3장

연구방법

연구방법은 연구 결과의 신뢰성을 뒷받침하는 중요한 부분이다. 따라서 연구자는 이 부분에 대한 명확한 이해를 바탕으로 사전에 체계적인 계획을 세워 의미 있는 분석이 이루어질 수 있도록 연구방법을 확립해야 한다.

집단차이 연구에서는 프로그램이나 개입의 효과를 결정하기 위해서 적절한 연구대상 선정, 결과 측정 그리고 결과의 타당도를 확보하는 것이 필요하다. 특히 처치된 프로그램이 실제로 결과의 변화에 영향을 미치는지, 실험 환경 이외의 환경에 적용되어 결과를 일반화할 수 있는지 등에 유의해야 한다. 또한 무선할당을 통해 실험연구 설계의 타당도를 확보해야 하지만, 불가능할 경우 연구자는 결과의 타당도를 확보하기 위한 방법들도 강구해야 한다.

따라서 이 장에서는 집단차이 연구의 기초인 연구설계, 연구방법 작성법, 프로그램 개발과정을 중심을 살펴보고, 연구방법 작성 후의 점검 사항을 살펴보고자 한다.

1. 실험연구설계

집단차이 연구에서 무엇보다 중요한 것은 연구에 참여하는 집단의 성격이다. 연구에 필요한 집단을 어떻게 배치하느냐에 따라 연구 결과가 달라질 수 있으며, 연구 결과의 타당도를 확보할 수 있기 때문이다.

1) 연구설계

처치집단(treatment group, experimental group)은 실험집단, 실험군으로 참여자들이 프로그램의 개입을 받으며, 통제집단(control group)은 비교집단, 대조군으로 참여자들이 개입을 받지 않는다. 몇몇 연구설계는 통제집단을 두지 않고, 처치집단만을 조사하고 그것을 기초선 점수와 비교하기도 하지만, 통제집단이 없으면 처치된 프로그램의 결과를 해석하는 데 오류를 범할 수 있다. 즉, 독립변인인 프로그램이 종속변인의 어떤 변화를 초래한다고 말할 수 없다는 비판을 받게 된다. 또한, 통제집단은 일반적으로 아무런 처치도 받지 않지만, 어떤 연구는 두 가지 별개의 처치를 비교하도록 실시할 수도 있다. 예를 들면, 학습부진 중학생을 대상으로 학습력 향상 프로그램이 자존감 향상 프로그램보다 더 좋은 성과가 있는지를 확인하는 것이다.

타당도를 가장 높일 수 있는 참여자 할당 방법은 무선할당인데, 참여자들이 처치집단과 통제집단에 할당되는 확률이 동일하다는 것으로 무선표집과 유사하다. 무선할당은 선발 편향이 생기지 않도록 하며, 처치나 개입에 미리 배치되지 않고, 연구에 영향을 미칠 수 있는 변인이나 속성의 영향을 받지 않는다. 즉, 무선할당은 처치집단과 통제집단의 동질성을 확보하여 연구의 타당도를 높일 수 있다.

실험설계는 연구 문제와 주제에 따라 달라질 수 있으며, 연구자는 자신의 연구에 따라 결과를 도출할 수 있는 실험설계를 고려해야 한다. 실험설계의 종류는 다음과 같다.

> **연구실험설계의 종류**
>
> - 단일집단 설계(one-group design)
> - 준실험 설계(quasi-experimental design)
> - 진실험 설계(true experimental design)

논문에는 실험설계를 기호화해서 기술하므로 설계에서 사용되는 기호에 대해 알아 두어야 한다.

> **연구실험설계에 사용되는 기호**
>
> - X: 실험처치를 표시함(experiment)
> - O: 관찰이나 측정의 과정을 표시함(observation)
> - 왼쪽과 오른쪽의 기호: 시간이 경과하였음을 나타냄
> - R: 집단의 동질화를 위한 무선표집(random sampling)을 나타냄

(1) 단일집단 설계

연구설계가 통제집단을 포함하지 않을 경우를 단일집단 설계라 하며, 단일집단 사후검사 설계와 단일집단 사전−사후검사 설계가 있다.

> **단일집단 연구실험설계**
>
> - 단일집단 사후검사 설계   X   O
> - 단일집단 사전−사후검사 설계 O_1 X O_2

단일집단 사후검사 설계는 어떤 처치를 한 개의 집단에 실시하고, 사후검사만을 실시한 것이다. 단일집단 사전−사후검사 설계는 어떤 처치 전에 사전검사를 실시하고 처치 후 사후검사를 실시한 것이다. 그러나 이 설계는 비교할 집단이 없기 때문에 독립변인이 종속변인의 어떤 기여를 했는지를 결정하기가 어렵고, 실험의 외재변인(성숙, 검사 사이의 사건 등)

을 통제하기 어려워 내적 타당도가 저해될 수 있다.

(2) 준실험 설계

통제집단이 있지만 무선할당할 수 없을 경우에 준실험 설계가 사용된다. 예를 들어, 민족성, 사회경제적 수준에 근거한 차이 등은 통제집단을 무선할당하기 어렵고, 이럴 경우 두 집단은 동질하다고 보기 어려워 이질집단으로 간주된다. 따라서 이 경우에 연구자는 연구 시작 전에 동질집단임을 확인할 수 있는 통계적 검증을 실시해야 한다. 만약 두 집단이 동질적이지 않다면, 집단 간 차이를 연구 결과로 말하기 어려워진다.

준실험 설계- 이질집단		
• 이질집단 사후 설계	X	O_1
		O_2
• 이질집단 사전-사후 설계	O_1 X	O_2
	O_3	O_4

이질집단 사후 설계는 한 집단에게 실험처치를 하고 다른 집단과 비교하는 방법이다. 이질집단 사전-사후 설계는 처치집단과 통제집단에 모두 사전-사후검사를 하여 두 집단을 비교하였으나 O_1과 O_2의 차이가 실험처치 때문인지 또는 집단의 질이 처음부터 달랐기 때문에 나타난 차이인지를 가려낼 수 없다. 그러나 이질집단 사전-사후 설계의 경우 공분산분석(analysis of covariance)을 하여 교정평균치를 산출하고, 그 평균의 차이를 검증하는 통계적 방법을 통해 실험처치의 효과를 알 수 있다.

준실험 설계 작성 예시(김하나, 2014)

2. 실험설계

 본 연구의 실험설계는 실험집단과 통제집단을 선정하여 사전-사후 검사 통제집단 설계(nonequivalent control group pretest-posttest design)의 방법을 채택하였다. 실험집단에만 본 프로그램을 투입하였고, 측정도구별로 실험집단과 통제집단 간의 사전검사와 사후검사를 비교하였다. 이 설계 방안을 도식화하면 다음과 같다.

실험집단	O_1	X	O_2
통제집단	O_3		O_4

O_1, O_3: 사전검사(대인불안, 공감, 또래관계)
O_2, O_4: 사후검사(대인불안, 공감, 또래관계)
X: 실험처치(정서지능증진 프로그램)

---

(3) 진실험 설계

 무선할당과 통제집단을 모두 사용하는 실험연구설계를 진실험 설계라고 한다. 진실험 설계는 처치집단과 통제집단이 모두 무선할당되어 두 집단이 동질하다고 간주한다.

진실험 설계- 동질집단

• 동질집단 사후 설계	R	X	O_1
	R		O_2
• 동질집단 사전-사후 설계	R O_1	X	O_2
	R O_3		O_4

 동질집단 사후 설계는 사전검사를 사용할 수 없는 경우에 사용되며, 두 집단이 동질하다고 가정한다. 동질집단 사전-사후 설계는 통제집단 전후설계라고도 하며, 두 집단이 동질하고, 동일한 성숙, 역사 등이 나타난다고 가정한다. 동질집단 사전-사후 설계의 경우, $O_1=O_3$, $O_2>O_1$, $O_2>O_4$의 결과가 나타날 것을 기대한다.

진실험설계: 동질집단을 무선배치함

시계열 설계: 실험처치 전에 주기적으로 측정하고 실험처치 후 주기적으로 측정하는 설계
• 실험처치의 효과는 처치집단의 실험 전과 후의 비교 및 처치집단과 통제집단의 차이에서 구할 수 있음

동질집단임을 알 수 있음

진실험 설계 작성 예시(문애경, 2016)

나. 실험설계

본 연구의 실험설계는 통제집단 전후설계(pretest-posttest control group design)의 방법을 사용하였으며 설계모형을 구체적으로 나타내면 다음과 같다.

실험집단	R	O_1	X	O_2	O_3
대기자 통제집단	R	O_4		O_5	O_6

O_1, O_4: 사전검사(진로성숙도, 학교적응)
O_2, O_5: 사후검사(진로성숙도, 학교적응)
O_3, O_6: 추후검사(진로성숙도, 학교적응)
X: 실험처치(중학생을 위한 강점기반 진로탐색프로그램)
R: 무선배치

---

2) 타당도 검증

실험설계는 실험연구의 타당성을 입증하기 위한 것이다. 이러한 실험연구의 타당도를 확보하기 위해서는 내적 타당도와 외적 타당도가 고려되어야 한다. 내적 타당도는 독립변인이 종속변인의 변화에 실제로 영향을 미치는 정도를, 외적 타당도는 어떤 연구가 다른 환경이나 대상에게 일반화될 수 있는 정도를 말한다.

(1) 내적 타당도

내적 타당도는 통제되지 않는 변인들이 결과에 영향을 미치는 것으로 성장, 역사, 검사, 측정도구, 통계적 회귀, 선발편향 등이 있다.

- **성장**: 시간에 따라 참여자들이 변화하는 것으로, 정서적·지적·신체적 기능이나 피로 등의 변화가 포함된다.
- **역사**: 연구 기간 동안 일어나는 예기치 않은 사건으로, 실험 상황 밖에서의 사건의 경험이 결과에 영향을 미치는 것이다.
- **검사**: 실제 사전검사가 사후 시점에서의 수행에 영향을 미칠 수 있다. 참여자들이 응답 요령에 대한 지식을 더 갖게 되면서 결과가 향상될 수 있다.
- **측정도구**: 신뢰도와 타당도가 확보되지 않은 도구를 사용할 경우, 잘못된 결과를 도출할 수 있다.
- **통계적 회귀**: 측정도구를 반복적으로 사용할수록 평균에 가까워지는 경향이 생겨 영향을 미칠 수 있다.
- **선발편향**: 무선할당으로 참여자를 배치해야 함에도 불구하고, 두 집단이 똑같지 않을 수 있다. 이럴 경우, 통계적 검증을 통해 동질성을 확보해야 한다.

(2) 외적 타당도

외적 타당도는 실험 조건의 인위성과 관련된 것으로 실험 환경에서 벗어나 일반화할 수 있는지, 실험대상이 아닌 다른 대상에게도 같은 결과가 나오는가에 관한 것이다. 외적 타당도에는 선처치 간섭, 인위적 실험 환경, 선발과 처치의 상호작용, 처치 실시의 상호작용 등이 있다.

- **선처치 간섭**: 이전 처치와 관련된 경험의 유무가 두 집단에 골고루 분포되지 않을 경우 결과에 영향을 미칠 수 있다.
- **인위적 실험 환경**: 참여자의 변화가 실험 환경의 결과로 일어날 수 있으며, 실험 밖에서는 일어나지 않을 수도 있다.
- **선발과 처치의 상호작용 효과**: 무선할당을 해야 하나 외부 집단의 협조에 의지해야 할 경우, 모집단을 대표할 수 있을지를 증명해야 한다.
- **처치 실시의 상호작용**: 하나 이상의 집단에서 개입을 실시할 경우, 한 연구자가 똑같은 방식으로 똑같은 개입을 실시하는 것이 어려울 수 있다.

2. 연구방법 작성

이론적 배경에 대한 진술 이후 학위논문에 등장하는 것은 연구를 진행하는 세부적인 절차를 기록하는 연구방법 부분이다. 특히 연구방법은 연구 결과의 신뢰성을 뒷받침하는 중요한 부분이기 때문에 연구자는 이 부분에 대한 명확한 이해를 바탕으로 사전에 체계적인 계획을 세워 의미 있는 분석이 이루어질 수 있도록 연구방법을 확립해야 한다.

집단차이 연구에서 연구방법은 처지프로그램의 재구성 절차와 근거, 독립변인(처치프로그램)의 종속변인에 대한 효과검정을 위한 측정도구에 대한 정보 제공 등의 내용이 포함된다. 이는 연구가설을 검증하기 위해 연구자가 선택한 방법을 논리적 · 체계적으로 기술하는 것으로, 타당성있는 연구 결과를 제시하기 위한 절차이다.

여기서는 연구대상, 실험설계, 측정도구, 처치프로그램, 절차, 자료 처리의 순서대로 실제로 발표된 논문을 예시하여 살펴보고자 한다.

연구방법 작성 시 고려 사항

- **연구대상**
  - 표본(연구대상)의 추출 시기(when), 정보(who), 장소(where), 방법(how), 크기(sample size)

- **실험설계**
  - 실험설계의 종류
  - 실험설계 영문명
  - 실험설계 그림

- **측정도구**
  - 측정도구의 이름
  - 낱말의 머리글자(두문자어)
  - 척도 개발자
  - 측정도구를 평가하기 위한 구인의 간략한 설명
  - 항목의 수

　　－하위요인에 대한 구분 및 정의

　　－채점 점수의 의미

　　－원척도 신뢰도와 연구자의 신뢰도

• 처치프로그램

　　－프로그램 재구성 절차

　　－프로그램의 목적 및 목표

　　－프로그램 재구성 준거

　　－프로그램의 구성요소

　　－프로그램의 내용타당도 검증

　　－프로그램 내용

• 절차

　　－집단 구성

　　－사전 모임 및 검사 실시

　　－프로그램 실시

　　－사후검사 실시

• 자료 처리

　　－결과 처리에 사용된 통계 프로그램

　　－결과 처리에 사용된 통계적 검증방법

　　－연구가설/문제와 밀접한 관련된 결과제시 방법

연구방법 작성 형식

1. 연구대상

　본 연구는 (○○시 ○○학교)에 재학 중인 (연구대상의 나이, 성별)을 대상으로 (대상 선발) 척도(개발자, 연도)를 실시하였다. 이 척도에서 상위 (숫자 %)에 속하는 (연구대상)으로 처치프로그램 참가의사를 확인한 (참여자 수) 명이 연구 대상자이다. 이 가운데 학부모 동의 절차를 거쳐 실험집단 (참여자 수), 통제집단 (참여자 수)를 배정하였다.

2. 실험설계

　본 연구의 실험설계는 실험집단과 통제집단을 선정하여 (실험설계종류) 설계(영문명)의 방법을 채택하였다. 실험집단에만 본 프로그램을 투입하였고, 측정도구별로 실험집단과 통제집단 간의 사전검사와 사후검사를 비교하였다. 이 설계 방안을 도식화하면 다음과 같다.

실험집단	O_1	X	O_2
통제집단	O_3		O_4

O_1, O_3: 사전검사(척도명 1, 척도명 2, 척도명 3)
O_2, O_4: 사후검사(척도명 1, 척도명 2, 척도명 3)
X : 실험처치(프로그램명)

3. 측정도구

(변인명) 수준을 측정하기 위하여 (원척도 개발자)(연도)가 개발한 (척도명) (척도 문항 수)를 사용하였다. (척도명)은 (하위요인에 대한 구분 및 정의) 문항들이 포함되어있다. 문항은 (숫자)점 Likert 방식으로 평가되는데, '전혀 아니다' 1점, '대체로 아니다'에서 '매우 그렇다' 6점을 부과하며 최저 (숫자)점에서 (숫자)점까지 나올 수 있다.
(원척도 개발자)(연도)의 연구에서 전체 신뢰도(Cronbach's α)는 .00이었고, 본 연구에서 사용한 (척도명)의 전체 신뢰도는 .00이며, 각 요인별 하위 신뢰도는 〈표 3-1〉과 같다.

〈표 3-1〉 척도의 하위요인별 문항 구성 및 신뢰도

하위변인	문항 수	문항 번호	Cronbach's α
하위요인명			
전체			

1) 연구대상

집단차이 연구에서 연구대상의 특징은 처치프로그램의 필요성을 부각시켜 주는 중요한 요소이다. 따라서 연구대상의 중요한 심리사회적 특징이 간략하게 드러날 수 있도록 기술해야 한다. 특히, 실험설계를 고려하여 두 집단의 참여자를 배치에 대한 내용이 포함되어야 하며, 임상적으로 의미가 있는 집단이라면 선별과정에 대한 내용도 반드시 기술해야 한다.

연구대상 작성 예시(김하나, 2014)

1. 연구대상

　본 연구는 부산광역시 사하구 소재 J여자중학교에 재학 중인 예비 2학년 학생 218명을 대상으로 2014년 2월 7일 외톨이 척도(이시형 외, 2000)를 실시하였다. 이 척도에서 상위 20%에 속하는 43명 학생들을 대상으로 정서지능증진 프로그램 참가의사를 확인한 26명이 연구대상자다. 이 가운데 학부모 동의 절차를 거쳐 실험집단 13명, 통제집단 13명을 배정하였다.

> 연구대상의 소재: 연구 결과를 일반화할 때 한계점이 되기도 하므로 논의에서 연구대상의 지역을 기술해야 함

2) 실험설계

　실험설계는 연구 결과를 도출하고 타당성을 제공한다. 실험설계의 다양한 방법은 앞서 제시하였다. 연구자는 실험설계를 통해 연구의 청사진을 제공하므로 연구를 계획할 때부터 실험설계에 대해 미리 고려해야 한다.

실험설계 작성 예시(김하나, 2014)

2. 실험설계

　본 연구의 실험설계는 실험집단과 통제집단을 선정하여 사전-사후검사 통제집단 설계(nonequivalent control group pretest-posttest design)의 방법을 채택하였다. 실험집단에만 본 프로그램을 투입하였고, 측정도구별로 실험집단과 통제집단 간의 사전검사와 사후검사를 비교하였다. 이 설계 방안을 도식화하면 다음과 같다.

실험집단	O_1	X	O_2
통제집단	O_3		O_4

O_1, O_3: 사전검사(대인불안, 공감, 또래관계)
O_2, O_4: 사후검사(대인불안, 공감, 또래관계)
X: 실험처치(정서지능증진 프로그램)

> 실험설계의 종류 제시: 진실험 설계, 준실험 설계, 단일집단 설계 중 제시

> 실험설계의 영문명 제시

> 실험설계를 그림으로 제시

> 프로그램 효과검정을 위한 사용한 척도명 제시

> 실험처치에 사용된 프로그램명 제시

3) 측정도구

측정도구는 연구가설을 검증하기 위해 사용된 질문지 혹은 실험에 이용된 처치를 말한다. 특히, 집단차이 연구에서는 처치프로그램도 측정도구이므로 재구성 논문에서는 프로그램의 구성 절차와 준거에 대해서 밝혀야 한다. 도구에는 기존 도구의 제작 연도, 도구의 대상 및 신뢰도를 기술해야 하며, 본 연구에서의 개정 여부와 도구의 대상 및 신뢰도에 대한 내용도 포함되어야 한다.

또한, 재구성된 처치프로그램의 구성 절차와 재구성 준거 등에 대한 상세한 내용을 기술함으로써 연구가설을 입증하고 연구 결과의 타당성을 보장할 수 있어야 한다. 처치프로그램의 효과를 검증하기 위해 연구에 사용된 모든 척도지에 대한 내용을 기술해야 한다.

| 구인의 간략한 설명 |
| 기존 척도의 제작 연도 |
| 문항 수, 하위요인 구분 |
| 역문항 정보 제공: 역문항에 대한 오류가 있을 수 있으므로 기존 척도를 연구자가 면밀히 검토해야 함 |
| 채점 점수의 의미 |
| 원척도 신뢰도 제시 |
| 연구자의 신뢰도 제시: 일반적으로 .70 이상인 척도가 타당도가 높음 |

측정도구 작성 예시(김하나, 2014)

가. 외톨이 척도

연구대상을 모집할 때 외톨이청소년을 선별하기 위하여 이시형 등(2000)이 제작한 외톨이 척도를 사용하였다. 이 척도는 친구관계에서 친구가 없는 아이들을 선별할 수 있도록 제작된 것이며, 친구들로부터의 소외와 외로움을 측정하는 문항 7개, 사회적 유능감을 측정하는 문항 6개, 친구들과의 상호교류를 측정하는 문항 3개로 구성되어 있다(이시형 외, 2000). 사회적 유능감을 측정하는 6개의 문항은 역채점하였다. 본 척도의 응답은 '전혀 그렇지 않다'(1)에서 '매우 그렇다'(5)까지 Likert 5점 척도로 구성되어 있다.

김진영(2006)의 연구에서 산출된 외톨이의 척도의 신뢰도 계수(Cronbach's α)는 .86이고, 본 연구에서는 신뢰도 계수는 .88로 나타났다.

외톨이 척도의 하위요인별 문항 구성과 신뢰도는 〈표 3-2〉와 같다.

〈표 3-2〉 외톨이 척도의 하위요인별 문항 구성과 신뢰도

하위변인	문항 수	문항 번호	Cronbach's α
소외와 외로움	7	5, 6, 7, 8, 10, 11, 14	.86
사회적 유능감	6	4*, 9*, 12*, 13*, 15*, 16*	.78
친구와의 교류 부재	3	1, 2, 3	.77
전체			.88

*표는 역문항

4) 처치프로그램

집단차이 연구에서 처치프로그램은 이론적 배경을 통해 도출된 가장 중요한 실험도구이다. 특히 재구성 프로그램은 기존의 프로그램을 연구대상에 맞게 연구자가 수정·보완한 것으로 개발 프로그램의 개발 모형과 절차 등과 마찬가지로 실험연구의 논리적 근거가 된다. 따라서 재구성 프로그램의 재구성 절차, 준거, 구성 내용에 대한 자세하고도 명확한 내용이 제시되어야 한다(천성문, 함경애, 박명숙, 김미옥, 2017). 처치프로그램의 경우 선행연구의 프로그램의 내용을 연구대상의 특징에 맞게 재구성한 논문인지, 새로이 개발될 프로그램인지에 따라 작성의 절차와 방법에 차이가 있다. 따라서 재구성 논문과 개발 논문에 따라 구체적인 방법을 살펴보고자 한다.

처치프로그램 작성 시 고려 사항

- 프로그램 재구성 절차
  - 계획단계, 설계단계, 실행단계, 평가단계

- 프로그램의 목적 및 목표
  - 프로그램 전체의 방향성 제시
  - 연구대상의 심리적 특징과 연구주제에서 제시된 종속변인을 고려하여 구체적인 목표 수립

- 프로그램 재구성 준거
  - 연구대상, 세부적인 활동 내용, 활동 매체나 도구 등의 내용 제시
  - 연구 주제와 목적에 부합하며 프로그램 목표를 달성할 수 있는 준거 제시

- **프로그램의 구성요소**
  - 프로그램의 단계와 구성요소를 구체적으로 제시
  - 선행연구를 수정·보완한 내용이 프로그램에 반영된 구체적인 내용 제시
  - 구성요소에서 이론적 근거에 기반하여 프로그램의 구성요소 제시

- **프로그램의 내용타당도 검증**
  - 재구성 준거를 통해 수정·보완된 프로그램의 타당도 검증
  - 타당도 검증방법은 내용타당도 지수(CVI)와 내용타당도 비율(CVR)로 검증
  - 내용타당도 지수 .50 이하의 내용 삭제, .70 이상의 내용 선택
  - 전문가의 타당도 검증 결과표 제시

- **프로그램 내용**
  - 프로그램 내용타당도가 검증된 내용을 반영한 전체 프로그램의 회기별 내용 제시
  - 회기별 주제, 목표, 활동 내용, 시간 등을 표로 제시

처치프로그램 작성 형식

1) 프로그램 재구성 절차

(프로그램명) 재구성 준거에 따라 (타당도 검증방법과 대상 제시) 수정·보완하여 재구성하였다. 재구성 절차를 자세히 살펴보면 다음과 같다.

－중 략－

계획단계에서 (주제 탐색 및 선정, 연구대상 선정 및 집단을 구성하고, 선행연구 자료를 검토하여 측정도구를 선정)하였다.

설계단계에서 (목표 설정, 활동안 및 활동지 재구성, 회기별 주제 및 세부 활동 내용을 재구성하여 전문가 검증을 통해 수정·보완하여 실시)하였다. 실행단계에서는 (두 집단 모두 사전검사를 실시한 후 실험집단에서 처치프로그램을 실시)하였다. 끝으로, 평가단계에서 (전체 프로그램 소감문과 사후검사를 통한 프로그램 효과를 검증)하였다.

본 연구의 (처치프로그램명)의 재구성 절차를 그림으로 나타내면 [그림 3-1]과 같다.

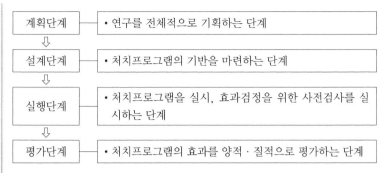

[그림 3-1] (처치프로그램명) 재구성 절차

2) 프로그램의 목적 및 목표

본 연구의 (프로그램명)의 목적은 (연구대상)들에게 (목적 달성을 위한 수단 1)하고, (목적 달성을 위한 수단 2)하며 (목적 달성을 위한 수단 3)시키고, (목적 달성을 위한 수단 4)하며, (원인변인의 변화를 통해) (연구대상의 정서변인, 인지변인의 변화)시키고, (정서행동, 적응상의 변인 변화)시키는 것이다. 프로그램의 목적을 달성하기 위한 세부적인 목표는 다음과 같다.

첫째, (프로그램 처치를 통한 인지적·정서적·행동적 새로운 대처방안)을 통하여 (연구대상자의 효과변인 1의 변화)시킬 수 있도록 돕는다.

둘째, (프로그램 처치를 통한 인지적·정서적·행동적 새로운 대처방안)을 통하여 (연구대상자의 효과변인 2의 변화)시킬 수 있도록 돕는다.

셋째, (프로그램 처치를 통한 인지적·정서적·행동적 새로운 대처방안)을 통하여 (연구대상자의 효과변인 3의 변화)시킬 수 있도록 돕는다.

3) 프로그램 재구성 준거

프로그램의 재구성 준거를 살펴보면 다음과 같다.

첫째, 본 연구의 (연구대상자의 심리사회적 특성)인 (구체적인 특징의 내용 제시) 등을 고려하여 프로그램 내용을 구성한다.

둘째, 본 연구의 (구체적인 행동적 특징의 내용 제시)인 (연구대상자의 행동적 특성)을 고려해 (대상의 행동적 특징 변화를 위한 구체적인 전략 제시)를 돕도록 하였다.

셋째, (연구자생의 정서적 특징)들을 고려하여 (대상의 행동적 특징 변화를 위한 구체적인 전략 제시)를 돕도록 하였다.

재구성 준거: 연구대상이 가지고 있는 특징이 프로그램 내용에 반영될 때의 기준이 되는 것
• 연구대상의 특징을 반영한 구체적인 활동방법 제시, 연구대상의 발달 수준과 특징을 반영한 활동 도구나 방법 제시

넷째, (활용 가능 매체, 도구)를 통하여 (긍정적 변화 경험 탐색)을 살펴보고 (구체적인 변화 양상 제시)를 잘할 수 있도록 하였다.

다섯째, (연구대상의 변화를 위한 대처 수단 제시)를 통하여 (연구대상자의 구체적인 변화 내용 제시)를 할 수 있도록 하였다.

4) 프로그램의 재구성 요소

본 프로그램은 (프로그램의 진행단계)는 (프로그램의 이론적 근거가 되는 모형)의 단계에 따라 (프로그램 구성요소) 영역으로 나누어 제시하였다. 이를 도표로 정리하여 나타내면 [그림 3-2]와 같다.

[그림 3-2] (처치프로그램명)의 단계 및 구성요소

5) 프로그램의 내용타당도 검증

본 프로그램 내용의 타당도 검증을 위해 전체 프로그램 내용을 각 회기 활동 내용으로 세분화하여 구성한 후, 이 내용이 (프로그램명)의 회기별 목표에 적합하게 구성되었는지에 대해 알아보기 위해 프로그램 타당도 검증 설문지를 작성하여 전문가의 내용타당도 평가를 받았다. 평가에 참여한 전문가는 (대상의 특징- 교수, 현장전문가, 석사 · 박사 등)으로 (타당도 평정방법)에 따라 평정을 의뢰하였다…. 평정결과는 Lawshe(1985)가 개발한 내적타당도 산출 공식을 적용하여…. CVR 또한 0.33~1.00으로 나타났다. 이러한 결과는 피험자에게 실시한 정서지능증진 프로그램이 (연구대상)들의 (효과변인)에 적합하다는 것을 알 수 있다. 타당도 검증 결과는 부록에 제시하였다.

또한 프로그램 내용에 대한 전문가의 자문을 받았고, 그에 따라 내용을 수정 · 보완하였다. 그 구체적인 결과는 〈표 3-3〉과 같다.

〈표 3-3〉 **전문가 자문 결과 및 수정 · 보완 사항**

구분	전문가 자문 결과	수정 · 보완 사항
프로그램 내용 구성		
프로그램 구성 체계		

전문가의 자문 내용과 이를 통해 프로그램 재구성에 반영된 내용 제시: 프로그램의 내용구성, 구성 체계를 중심으로 제시

6) 프로그램 내용

○ 프로그램 초기

프로그램을 초기 · 중기 · 마무리 단계로 나누어 각 단계의 회기 소개

도입(1회기)단계에서는 집단원들이 (프로그램명)을 이해하고, 집단원들 간 라포를 형성하는 단계다.

(○회기: 회기 제목)

(연구대상)의 (효과변인) 향상에 도움을 주고자 (목표 달성을 위한 고려 사항)을 고려하여 진행하였다.

(처치프로그램명)의 목적과 앞으로의 활동에 대한 전체적인 내용을 소개하고, 첫만남이라 긴장했을 집단원들과 함께 앉아서 할 수 있는 (활동명)을 활용하여 긴장을 풀고 어색함을 줄인다. (회기별 구체적인 활동명과 내용, 고려 사항 제시)에 대해 안내한다.

－중 략－

다음 〈표 3-4〉는 프로그램의 차시별 제목, 목표 및 활동 내용을 나타낸 것이다.

〈표 3-4〉 **처치프로그램의 차시별 제목, 목표 및 활동 내용**

단계	회기	주제	목표	활동 내용	시간

회기별 주제, 목표, 활동 내용, 시간 제시

(1) 프로그램 재구성 절차

재구성 절차는 재구성 준거에 따라 프로그램을 재구성한 절차를 기술한다. 재구성 절차는 크게 계획단계, 설계단계, 실행단계 및 평가단계로 나눠진다. 계획단계에서는 주제 탐색 및 선정, 연구대상 선정 및 집단 구성, 선행연구 자료에 대한 검토, 측정도구 등의 내용이 포함된다. 설계단계에서는 구체적인 프로그램의 목적과 목표, 각 회기별 주제 및 세부 활동, 활동안과 활동지 등을 제시한다. 특히 설계단계에서는 프로그램의 타당도를 높이기 위해 전문가의 검증을 통해 수정·보완한 내용이 제시되어야 한다. 실행단계는 프로그램을 실시하는 단계이며, 평가단계에서는 프로그램에 대한 평가를 한다.

프로그램 재구성 절차 예시(김하나, 2014)

1) 정서지능증진 프로그램 재구성 절차

재구성을 타당하게 검증한 절차를 제시 ⟶

정서지능증진 프로그램 재구성 준거에 따라 상담심리 전공 지도교수와 상담심리전공 박사학위를 가진 현장 전문가 3인의 지도를 받아 수정·보완하여 재구성하였다.

재구성 절차 제시: 계획단계, 설계단계, 실행단계, 평가단계 순서로 제시 ⟶

재구성 절차를 자세히 살펴보면, 계획단계에서 주제 탐색 및 선정, 연구대상 선정 및 집단을 구성하고, 선행연구 자료를 검토하여 측정도구를 선정하였다. 설계단계에서 목표 설정, 활동안 및 활동지 재구성, 회기별 주제 및 세부 활동 내용을 재구성하여 전문가 검증을 통해 수정·보완하여 실시하였다. 실행단계에서는 두 집단 모두 사전검사를 실시한 후 실험집단에서 정서지능증진 프로그램을 실시하였다. 끝으로, 평가단계에서 전체 프로그램 소감문과 사후검사를 통한 프로그램 효과를 검증하였다.

재구성 절차를 그림으로 간략히 제시 ⟶

본 연구의 정서지능증진 프로그램의 재구성 절차를 그림으로 나타내면 [그림 3-3]과 같다.

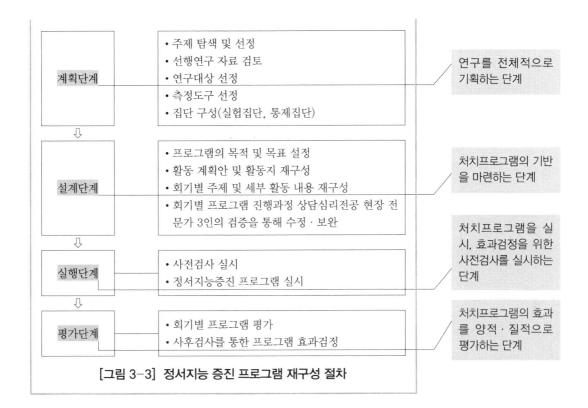

[그림 3-3] 정서지능 증진 프로그램 재구성 절차

(2) 프로그램 목적 및 목표

목적은 보다 포괄적 · 궁극적 · 일반적으로 프로그램 전체의 방향성을 제시한다. 이런 목적을 관찰 가능하고 구체적인 내용으로 표현한 것이 목표이다. 목적과 목표는 논리적으로 일관성이 있어야 한다. 특히 집단차이 연구에서는 연구대상의 심리적 특징과 연구주제에서 제시된 종속변인을 고려하여 구체적인 목표를 수립해야 한다.

<table>
<tr><td>본 프로그램을 통해 성취하고자 하는 목적 제시</td></tr>
</table>

프로그램 목적 및 목표 예시(김하나, 2014)

2) 정서지능증진 프로그램의 목적 및 목표

본 연구의 정서지능증진 프로그램의 목적은 외톨이중학생들에게 정서를 정확하게 인식·표현하고, 타인의 감정을 자신의 것처럼 느끼며 문제해결을 위해 정서를 활용하여 사고를 촉진시키고, 나아가 자신의 삶을 계획하고 성취하기 위해 정서를 활용하며, 자신과 타인의 정서를 효과적으로 조절하는 능력을 길러 외톨이중학생의 대인불안을 감소시키고, 공감과 또래관계를 향상시키는 것이다. 프로그램의 목적을 달성하기 위한 세부적인 목표는 다음과 같다.

첫째, 정서를 명확히 인식·표현·조절하는 활동과 집단원들과의 긍정적 상호작용을 통하여 외톨이중학생들의 대인불안을 감소시킬 수 있도록 돕는다.

둘째, 자신과 타인의 감정을 파악하고 그에 적절히 반응할 수 있도록 하는 다양한 활동을 통하여 외톨이중학생들의 공감을 향상시키도록 돕는다.

셋째, 낯선 집단원들과 함께 소통하는 활동을 통하여 또래관계를 향상시키도록 돕는다.

프로그램 처치 시 활용할 구체적인 방안과 효과변인의 변화 제시 *(좌측 여백 주석)*

(3) 프로그램 재구성 준거

프로그램 재구성 준거는 프로그램의 신뢰도와 타당도를 입증할 수 있는 가장 중요한 내용이다. 또한 전체 프로그램의 일관성을 높일 수 있도록 하며, 프로그램의 실시 효과를 가늠하게 해 주고 학술적 가치를 높여 준다. 프로그램 재구성 준거에는 연구대상, 세부적인 활동 내용, 활동 매체나 도구 등의 내용이 제시되어야 한다. 무엇보다도 프로그램 재구성 준거는 연구 주제와 목적에 부합해야 하며, 프로그램 목표를 달성할 수 있도록 설정해야 한다.

프로그램 재구성 준거 예시(김하나, 2014)

3) 정서지능증진 프로그램 재구성 준거

프로그램의 재구성 준거를 살펴보면 다음과 같다.

첫째, 본 연구의 대상자인 외톨이중학생의 심리사회적 특성인 자기주장 능력, 대인불안, 공감능력, 자기조절 능력 등을 고려하여 프로그램 내용을 구성한다.

둘째, 첫 만남 때 별칭 빙고게임을 통하여 서로 간의 별칭을 익히고 긴장 완화를 돕고, 소극적인 외톨이학생들의 특성을 고려해 역동적인 신체활동보다는 손을 사용하여 간단한 신체활동을 통해 흥미 유발과 집단원 간의 라포 형성을 돕도록 하였다.

셋째, 감정표현에 부족한 외톨이중학생들을 고려하여 자신이 자주 사용하는 감정과 자주 사용하지 않는 감정을 파악해 보고 앞으로는 어떤 감정을 많이 사용하고 싶은지를 알아봄으로써 자기이해를 돕도록 하였다.

넷째, 영상을 통하여 정서조절의 힘을 이해하고 자기 스스로 긍정적인 감정을 가지는 것에 대한 다양한 사례를 살펴보고, 자신이 잘하는 것들과 조금 부족하지만 앞으로 잘 할 수 있을 것이라고 생각되는 것들을 알아봄으로써 자신감을 가지고 정서를 조절할 수 있도록 하였다.

다섯째, 다양한 관계 상황에서 불편했던 일들을 떠올려 보고 자신의 모습, 대화법을 살펴보도록 하고, 나-전달법 대화를 통하여 그런 상황에서의 적절한 대화법을 익히고, 자신의 생각과 감정을 타인에게 충분히 전달하고, 타인과의 갈등 상황에서도 유연하게 대처할 수 있도록 하였다.

재구성 준거:연구대상이 가지고 있는 특징이 프로그램 내용에 반영될 때의 기준이 되는 것
- 연구대상의 특징을 반영한 구체적인 활동방법 제시, 연구대상의 발달 수준과 특징을 반영한 활동 도구나 방법 제시

연구대상의 심리사회적 특징 고려

연구대상의 행동적 특징 고려

연구대상의 정서적 특징 고려

연구대상의 긍정적 강화요인 탐색을 프로그램에 반영

연구대상의 특징에 맞는 활용 가능한 긍정적 대처방법을 반영

(4) 프로그램 구성요소

프로그램의 단계와 구성요소를 구체적으로 제시한다. 특히, 본 연구의 프로그램에 반영된 참고한 선행연구를 수정·보완한 구체적인 내용을 제시해야 한다. 앞서 이론적 배경에서 프로그램의 이론적 근거를 제시하였다면, 프로그램 구성요소에서는 이론적 근거에 기반하여 제시해야 한다.

프로그램 구성요소 예시(김하나, 2014)

재구성 프로그램의
단계

4) 정서지능증진 프로그램의 재구성 요소

본 프로그램은 도입 1회기와 중기 2~9회기, 종결 10회기로 구성되
어 있으며, 특히 중기단계는 Mayer와 Salovey(1997)의 정서지능 모
형의 단계에 따라 정서 인식 및 표현, 정서의 사고촉진, 정서활용, 정

이론적 배경에서 제시
된 근거를 바탕으로
한 구체적인 세부 내
용 제시

서조절 영역으로 나누어 제시하였다. 이를 도표로 정리하여 나타내면
[그림 3-4]와 같다.

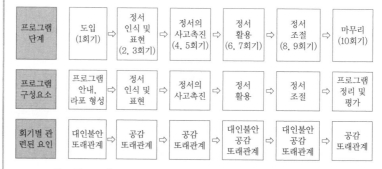

[그림 3-4] 정서지능증진 프로그램의 단계 및 구성요소

(5) 프로그램 내용타당도 검증

재구성 준거를 통해 수정 · 보완된 프로그램의 내용을 타당도를 전문
가에게 의뢰하여 타당도를 검증한다. 타당도 검증방법은 다양하지만, 내
용타당도 지수(Content Validity Index: CVI)와 내용타당도 비율(Content
Validity Ratio: CVR)이 있다. 내용타당도 지수를 산출하는 방법이 학자마다
다르지만, 일반적으로 .50 이하의 내용은 삭제하고, .70 이상의 내용은 선
택한다. 내용타당도 비율은 전문가의 수에 따라 선택하는 기준점이 달라
지므로 〈표 3-5〉를 참고한다.

〈표 3-5〉 패널 수에 따른 CVR 최소값의 관계

패널 수(명)	5	6	7	8	9	10	11	12	13	14	15	20	25	30	35	40
CVR 최소값	.99	.99	.99	.75	.78	.62	.59	.56	.54	.51	.49	.42	.37	.33	.31	.29

프로그램 내용타당도 검증 예시(김하나, 2014)

5) 프로그램의 내용타당도 검증

본 프로그램 내용의 타당도 검증을 위해 전체 프로그램 내용을 각 회기 활동 내용으로 세분화하여 구성한 후, 이 내용이 정서지능증진 프로그램의 회기별 목표에 적합하게 구성되었는지에 대해 알아보기 위해 프로그램 타당도 검증 설문지를 작성하여 전문가의 내용타당도 평가를 받았다. **평가에 참여한 전문가는** 상담학 교수 3명, 상담심리 전공 박사 2명으로 Likert식 5점 척도에 따라 평정을 의뢰하였다. … 평정결과는 Lawshe(1985)가 개발한 내적타당도 산출 공식을 적용하여 … CVR 또한 0.33~1.00으로 나타났다. **이러한 결과는 피험자에게** 실시한 정서지능증진 프로그램이 외톨이중학생들의 대인불안 감소, 공감 증진, 또래관계 증진에 적합하다는 것을 알 수 있다. 타당도 검증 결과는 부록에 제시하였다.

또한 프로그램 내용에 대한 전문가의 자문을 받았고, 그에 따라 내용을 수정ㆍ보완하였다. 그 구체적인 결과는 〈표 3-6〉과 같다.

- 타당도 검증의 목적 제시
- 검증받은 타당도의 종류 제시

타당도 검증에 필요한 대상 및 타당도 평정방법 제시

타당도 검증의 패널 수에 따른 값을 참조하여 프로그램 수정ㆍ보완에 반영함

타당도 검증결과 제시

전문가의 자문 내용과 이를 통해 프로그램 재구성에 반영된 내용 제시: 내용 구성, 구성 체계를 중심으로 제시

〈표 3-6〉 전문가 자문 결과 및 수정ㆍ보완 사항

구분	전문가 자문 결과	수정ㆍ보완 사항
프로그램 내용 구성	프로그램 각 회기 목표를 학생들의 입장에서 서술하면 좋겠음	각 회기의 목표 서술을 수정함
	4회기에서 〈아기돼지 삼형제〉이야기는 많은 학생이 알고 있을 것이므로 간단하게 언급하고, 〈늑대가 들려주는 아기돼지 삼형제〉도 줄거리만 나누면 좋겠음	〈아기돼지 삼형제〉 이야기는 집단원들과 나누고, 〈늑대가 들려주는 아기돼지 삼형제〉는 줄거리를 짧은 동영상으로 준비함
	5회기 '감정빙고 게임'은 1회기 때 '별칭빙고 게임'이 있기 때문에 중복되므로 다른 게임으로 변경하는 것이 좋겠음	'감정빙고 게임' 대신 '둥둥풍선 게임'으로 변경함
	7회기 '긍정적인 단어 찾기 가로세로 퍼즐'은 지루할 수 있으므로 중학생들을 고려하여 활동적이고 재미있는 게임이면 좋겠음	'긍정적인 단어 찾기 가로세로 퍼즐' 대신 '딱지 뒤집기'로 변경함
	10회기 롤링페이퍼와 소감 나누기 이외에 집단원들 간 지지할 수 있는 활동이 추가되면 좋겠음	'칭찬해요' 활동을 추가함

프로그램 구성 체계	중학생을 대상으로 하는 정서지능 증진 프로그램이므로 도입활동을 활동적이고 흥미를 유발할 수 있도록 수정하면 좋겠음	매 회기의 도입 부분에 다양한 게임활동으로 수정·보완함

(6) 프로그램 내용

내용타당도가 검증된 내용을 반영한 전체 프로그램의 회기별 내용을 제시한다. 각 회기에 진행되는 활동명과 활동방법, 활동 시 고려 사항 등을 자세히 제시한다.

프로그램의 초기·중기·마무리 단계로 나누어 각 단계의 회기 소개

각 단계의 목표 제시

회기: 회기 제목

본 회기의 고려 사항 제시

본 회기 목표를 달성하기 위한 주요 활동 소개

프로그램 내용 예시(김하나, 2014)

6) 정서지능증진 프로그램 내용

○ 프로그램 초기

도입(1회기)단계에서는 집단원들이 정서지능증진 프로그램을 이해하고, 집단원들 간 라포를 형성하는 단계다.

1회기: 두근두근 첫만남

외톨이중학생의 또래관계 향상에 도움을 주고자 친밀감과 새친구 사귀기를 고려하여 진행하였다.

정서지능증진 집단프로그램의 목적과 앞으로의 활동에 대한 전체적인 내용을 소개하고, 첫만남이라 긴장했을 집단원들과 함께 앉아서 할 수 있는 간단한 손가락 게임을 활용하여 긴장을 풀고 어색함을 줄인다. 그다음 10회기 동안 집단에서 불리고 싶은 나의 별칭을 짓고, 집단원들의 별칭을 활용하여 별칭빙고를 하며 서로의 별칭을 익히고 라포를 형성하고, 앞으로 집단에서 지켜야 할 우리들만의 약속을 집단원들과 함께 정하고 매 회기마다 하게 될 감정일기에 대해 안내한다.

-중 략-

〈표 3-7〉은 프로그램의 차시별 제목, 목표 및 활동 내용을 나타낸 것이다.

〈표 3-7〉 **정서지능증진 프로그램의 차시별 제목, 목표 및 활동 내용**

> 회기별 주제, 목표,
> 활동 내용, 시간 제시

단계	회기	주제	목표	활동 내용	시간
도입	1	두근두근 첫만남	– 프로그램의 목표, 내용, 규칙 등을 이해할 수 있다. – 집단원들 간 라포를 형성할 수 있다.	– 프로그램 안내 – 손가락을 잡아라 – 별칭짓기 – 별칭빙고 – 규칙, 서약서 작성 – 오늘의 감정일기	90분
정서 인식 표현	2	나의 감정은요	– 다양한 감정에 대해 이해할 수 있다. – 자신의 감정과 기분에 대하여 표현할 수 있다.	– 감정단어 찾기 – 감정단어 '있다, 없다' – 내 감정 알아보기(감정의 빈도를 색으로 표현하기) – 오늘의 감정일기	90분

5) 절차

절차는 처치프로그램이 진행된 과정을 기술하는 것이다. 집단 구성부터 통계적 검증을 위한 설문조사가 이루어진 과정을 시기별로 정리하여 제시함으로써 연구의 진행 과정을 알 수 있으며, 연구 결과의 신뢰도와 타당도를 뒷받침하게 된다.

절차 작성 시 고려 사항

- **집단 구성**
  - 집단 구성 날짜 제시
  - 연구대상의 소재지, 프로그램 홍보방법, 연구대상 연령, 성별 제시
  - 대상 모집을 위한 선발척도, 선발 기준 제시(미성년자는 학부모 동의)
  - 실험(처치) · 통제 집단 배정 인원 제시

- **사전 모임 및 검사 실시**
  - 사전모임 및 검사 날짜 제시
  - 사전 모임: 강사 소개와 사전 면담, 사전검사 안내
  - 검사 실시: 실험집단과 통제집단을 대상으로 효과변인 사전검사 실시

• **프로그램의 실시**
　−프로그램 시작에서 종결까지의 날짜 제시
　−실시 시기, 장소, 진행자 제시
　−프로그램 회기, 참여 시간, 집단 배치, 프로그램 평가방법 제시

• **사후검사 실시**
　−사후모임 및 검사 날짜 제시
　−처치프로그램 효과검정을 위한 사후검사 실시

절차 작성 형식

가. 집단 구성(○○○○년 ○월 ○일 ~ ○월 ○일)

본 실험은 (연구대상의 소재지)에 (연구대상 나이, 성별) (연구대상 선발척도−선발척도의 요인)을 실시하였고, (연구대상 선발 기준)을 대상으로 프로그램 참가 의사를 확인하고 학부모 동의를 받은 후 실험집단과 통제집단을 각각 (인원)명씩 배정하였다.

나. 사전 모임 및 검사 실시(○○○○년 ○월 ○일)

본 연구에서는 프로그램을 실시하기 전 (사전 모임의 목적과 안내 내용 제시)를 가지고 실험집단과 통제집단을 대상으로 (효과변인명)검사를 실시하였다.

다. 프로그램의 실시(○○○○년 ○월 ○일 ~ ○월 ○일)

본 프로그램은 (프로그램 실시 날짜)까지 매주 ○회기씩 (프로그램 실시 장소)에서 진행되었다. (프로그램 실시자)가 진행하였다. 프로그램은 (고려 사항)을 고려하여 한 회기당 (시간, 총 회기)로 구성하였다. 실험집단에게는 (프로그램명)을 실시하였고, 통제집단은 이 기간 동안 아무런 처치를 하지 않았다. 또한 매 회기마다 프로그램의 내용에 대한 (연구대상)의 만족도를 조사하기 위해 프로그램 평가지를 활용하였다. 프로그램 종료 후에는 양적 분석의 한계를 보완하기 위하여 전체 (내용분석 방법)을 작성하였다.

라. 사후검사 실시(○○○○년 ○월 ○일)

프로그램의 마지막 회기에 프로그램의 효과를 알아보기 위해 실험집

단과 통제집단을 대상으로 사전검사에서 사용한 (효과변인) 검사를 실시하였다.

절차 작성 예시(김하나, 2014)

가. 집단 구성(2014년 2월 7일 ~ 2월 15일)

본 실험은 부산광역시 사하구 소재 J여자중학교에 재학 중인 예비 2학년 학생 218명을 대상으로 2014년 2월 7일 외톨이 척도(소외와 외로움, 사회적 유능감, 친구와의 교류 부재)를 실시하였고, 상위 20% 학생들을 대상으로 프로그램 참가 의사를 확인하고 학부모 동의를 받은 후 실험집단과 통제집단을 각각 13명씩 배정하였다.

> 연구대상의 소재지, 연구대상의 연령, 성별, 선발척도, 기준 제시

> 연구대상이 미성년자인 경우 학부모 동의 필수, 실험(처치)·통제 집단 인원 제시

나. 사전 모임 및 검사 실시(2014년 3월 10일)

본 연구에서는 프로그램을 실시하기 전 강사 소개와 사전 면담, 사전검사 실시 등의 목적으로 개별 예비 모임을 가지고 실험집단과 통제집단을 대상으로 대인불안, 공감, 또래관계 검사를 실시하였다.

> 사전 모임 시 안내할 내용 제시, 실험(처치)·통제 집단을 대상으로 효과변인 사전검사 실시

다. 프로그램의 실시(2014년 3월 10일 ~ 4월 10일)

본 프로그램은 2014년 3월 10일부터 4월 10일까지 매주 2회기씩 부산광역시 J여자중학교 집단 상담실에서 진행되었다. 프로그램 실시는 본 연구자가 직접 진행하였다. 프로그램은 자율학습 시간을 고려하여 한 회기당 90분씩 총 10회기로 구성하였다. 실험집단에게는 정서지능 증진 프로그램을 실시하였고, 통제집단은 이 기간 동안 아무런 처치를 하지 않았다. 또한 매 회기마다 프로그램의 내용에 대한 학생들의 만족도를 조사하기 위해 프로그램 평가지를 활용하였다. 프로그램 종료 후에는 양적 분석의 한계를 보완하기 위하여 전체 프로그램 소감문을 작성하였다.

> 프로그램 실시 날짜, 횟수, 장소, 진행자 제시

> • 프로그램 고려 사항, 실시 시간, 총 회기, 실험(처치)·통제 집단별 처치 여부 제시
> • 연구대상에게 만족도 조사 실시 제시
> • 처치 후 양적 연구를 보완할 방법 제시

라. 사후검사 실시(2014년 4월 10일)

프로그램의 마지막 회기인 10회기에 프로그램의 효과를 알아보기 위해 실험집단과 통제집단을 대상으로 사전검사에서 사용한 대인불안, 공감, 또래관계 검사를 실시하였다.

> 사후검사 실시의 목적, 효과변인 제시

6) 자료 처리

연구대상부터 연구절차까지 모두 기술하고 나면, 연구 결과를 산출하기 위해 사용된 통계적 방법에 대해 간략하게 제시함으로써 앞으로 나올 연구 결과를 확인할 수 있도록 한다.

자료 처리 작성 시 고려 사항

- 양적분석
  - 처치프로그램명 제시
  - 연구대상 제시
  - 효과변인 A, B, C 제시
  - 통계처리프로그램 버전 제시
  - 통계검증 방법 제시

- 질적분석
  - 집단차이연구에서 질적분석을 하는 이유 제시
  - 분석 방법 제시

자료 처리 작성 형식

가. 양적분석

본 연구에서는 (처치프로그램명)이 (연구대상)의 (효과변인)에 미치는 효과를 알아보기 위해 수집된 자료를 통계 처리하여 양적으로 분석하였다. 본 연구에서의 실험결과를 처리하기 위해 (통계처리 프로그램 버전)을 이용하여 통계 처리하였으며, 연구의 가설을 검증하기 위한 (통계적 검증방법)을 사용하였다.

나. 내용분석

연구 결과에서 통계적 검증에 따른 양적 결과가 갖는 신뢰성에 대한 제한점을 보완하기 위하여 참여자들이 회기별로 작성한 내용을 함께 포함하여 질적 분석을 하였다.

자료 처리 작성 예시(김하나, 2014)

5. 자료처리

　가. 양적분석

　본 연구에서는 정서지능증진 프로그램이 외톨이중학생의 대인불안, 공감, 또래관계에 미치는 효과를 알아보기 위해 수집된 자료를 통계 처리하여 양적으로 분석하였다. 본 연구에서의 실험결과를 처리하기 위해 SPSS/WIN+20.0을 이용하여 통계 처리하였으며, 연구의 가설을 검증하기 위한 통계적 방법으로 공분산분석(ANCOVA)을 사용하였다.

　나. 내용분석

　연구 결과에서 통계적 검증에 따른 양적 결과가 갖는 신뢰성에 대한 제한점을 보완하기 위하여 참여자들이 회기별로 작성한 경험 보고서와 평가지 내용을 함께 포함하여 질적 분석을 하였다.

- 양적분석 목적 제시: 결과 처리에 사용된 통계처리 프로그램 제시(SPSS/WIN패키지
- 결과 처리에 사용된 통계적 검증 방법[공분산분석(ANCOVA)] 제시
- 연구가설/문제에 따른 통계 검증방법 제시

내용분석의 목적 및 방법 제시

3. 프로그램 개발과정

　프로그램 개발 논문은 연구주제에 적합한 프로그램 개발 모형을 구성하고, 그 절차에 따라 기존에 없는 프로그램을 개발하여 실시한 후 그 결과를 제시하는 논문을 말한다. 프로그램 개발 모형은 기존에 개발된 프로그램 모형을 활용할 수도 있으나, 연구자가 연구주제, 이론적 근거 등에 적합한 프로그램 모형을 개발하기도 한다. 프로그램 개발 모형은 프로그램을 개발하는 과정을 단계적으로 제시해 주는 개념적 틀이므로 연구주제에 부합하는 프로그램 개발 모형을 선택하는 것은 개발된 프로그램의 타당성을 확보하는 첫걸음이라 할 수 있다(천성문 등, 2017).

　프로그램 개발 모형을 선택했다면, 그 모형이 제시하는 절차에 따라 프로그램 개발이 진행된다. 프로그램 개발과정은 프로그램 개발 모형에 따라 프로그램이 개발되는 체계적 단계이다([그림 3-5] 참조). 프로그램 개발 모형에 따라 단계가 달라지나, 여기에서는 기획단계, 설계단계, 구안단

계, 실행단계, 평가단계로 나누어서 살펴본다.

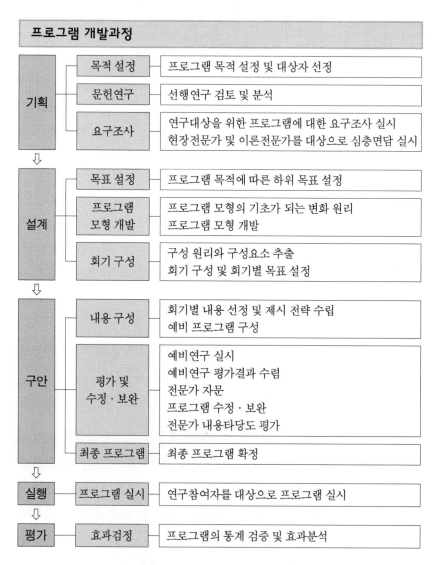

[그림 3-5] 프로그램 개발과정

1) 기획단계

기획단계는 프로그램의 목적과 연구대상자의 범위, 문헌연구 분석, 요구조사 등의 내용이 포함된다.

기획단계 작성 시 고려 사항

· 목적
 −프로그램 개발의 목적 제시 및 연구대상자 선정

· 문헌연구
 −연구 주제와 직접 관련되는 선행연구의 한계점과 시사점 도출
 −프로그램의 목적과 내용이 될 이론적 근거 제시
 −선행연구 고찰결과를 표로 제시
 −결과분석을 통한 프로그램 개발 시 반영될 시사점 제시

· 요구조사
 −연구대상, 전문가 등을 대상으로 연구대상, 연구주제, 프로그램 내
  용에 대한 요구조사 설문 및 심층면접 실시
  ·목적: 프로그램에 반영될 내용을 알아보는 과정
  ·조사 대상 및 방법: 타당성 확보
  ·요구조사 결과 분석: 간략한 표로 분석 내용 제시
  ·요구조사 시사점: 요구조사 분석 결과를 통해 프로그램 개발 시
   반영될 시사점 제시

기획단계 작성 형식

1) 목적

본 연구의 목적은 (시대적 상황)에서 (연구대상자에게 일어나는 현
실적 상황)을 대상으로 (개발 프로그램명)을 통해 (효과변인의 변화)를
시키고자 하는 것이다.

나) 문헌연구

프로그램 개발 목적과 관련된 선행연구를 검토 · 분석하여 한계점과
시사점을 도출하여 본 연구에 반영될 수 있도록 하였다. … 이 연구를
통해서 얻을 수 있는 시사점은 다음과 같다. 첫째, (시사점에 대한 자
세한 이유 설명)을 할 필요가 있다. 둘째, −중 략−

(개발 프로그램의 국내외 연구동향)은 본 연구의 목적에 맞는 (선행
연구 고찰의 한계 설정)하여 연구성과를 살펴보고자 한다. (선행연구
고찰 결과 정리)하면 〈표 3−8〉과 같다.

〈표 3-8〉 (개발 프로그램 관련) 선행연구

제목	목적	내용	결과	시사점 · 한계점

〈표 3-8〉에서 제시한, 선행연구를 통해서 본 연구에 반영할 내용을 정리하면 다음과 같다.

첫째, (선행연구 고찰을 통해 본 연구에 반영할 내용 제시)가 필요하다.

다) 요구조사

(연구대상)을 대상으로 (프로그램 개발을 위한 초점) 요구조사를 실시하였으며, (현장전문가, 이론전문가)를 대상으로 포커스 그룹을 운영하고 그 결과를 분석하여 프로그램 개발의 시사점을 도출하였다.

(1) (대상자) 요구조사

(가) 목적

(연구대상)을 위한 (개발 프로그램명)을 개발하기 위하여 (연구대상)을 대상으로 (프로그램 개발의 기반)에 대한 기초 자료를 얻고자 실시하였다.

(나) 조사 대상 및 방법

(조사 시기), (조사 대상, 인원)을 대상으로 요구조사를 실시하였다. 요구조사의 결과는 프로그램의 구체적인 활동 내용과 대상자를 선정하는 데 적극 반영하였다. 요구조사의 내용은 (요구조사의 내용) 설문을 진행하였다. (요구조사를 통해 파악하고자 하는 내용 제시)의 요구를 파악하였다.

(다) (대상자) 요구조사 결과 분석

〈표 3-9〉 (개발 프로그램 관련 대상) 요구조사 분석 결과 (N=○○○)

번호	질문 내용	응답 내용	응답 수	백분율(%)
1				
2				

(라) (대상자) 요구조사 결과 시사점

이상의 (연구대상)들의 요구조사를 통해 프로그램 구성에 대한 시사점을 찾으면 다음과 같다.

　　첫째, (요구조사를 통해 도출된 프로그램 개발에 활용될 시사점 제시)가 필요하다고 볼 수 있다.

　　둘째, (프로그램 구성과 내용에 고려해야 할 것의 근거 제시)를 할 수 있도록 프로그램 내용을 구성할 필요가 있다.

-중 략-

기획단계 작성 예시(문애경, 2016)

　　1) 목적

　　본 연구의 목적은 급변하는 진로교육 환경 속에서 다양한 진로탐색의 기회를 제공받고 있는 중학생을 대상으로 강점기반 진로탐색프로그램을 통해 진로성숙도와 학교적응력을 증진시키고자 하는 것이다.

-중 략-

> 프로그램 개발 목적 제시: 연구대상자 선정

　　나) 문헌연구

　　프로그램 개발 목적과 관련된 선행연구를 검토·분석하여 한계점과 시사점을 도출하여 본 연구에 반영될 수 있도록 하였다. … 이 연구를 통해서 얻을 수 있는 시사점은 다음과 같다. 첫째, 개인의 강점을 정확하게 인식할 수 있도록 돕는 개입이 필요하다. 자신이 스스로 자기의 강점을 찾아보는 것도 의미가 있겠지만 강점검사를 통해 자신의 강점을 명료하게 인식할 수 있도록 개입하는 것이 효과적일 수 있다.

-중 략-

> 연구주제와 직접 관련 있는 선행연구의 한계점과 시사점 도출: 프로그램의 목적과 내용이 될 이론적 근거 제시

　　강점 관련 프로그램에 대한 국내 연구는 본 연구의 목적에 맞는 강점과 관련한 진로프로그램에 한정하여 연구성과를 살펴보고자 한다. 국내의 연구성과를 정리하면 〈표 3-10〉과 같다.

〈표 3–10〉 **강점 관련 진로프로그램 선행연구**

제목	목적	내용	결과	시사점·한계점
윤소민, 강진령(2013). 강점기반 진로상담 프로그램이 초등학생의 진로성숙도와 성취동기에 미치는 효과	강점 발견을 통해 자신을 이해하고 강점이 발휘될 수 있는 학업, 진로, 직업탐색의 과정을 통해 강점을 계발하는 의지를 키울 수 있도록 함	• 강점탐색 • 핵심강점 계발 • 교과 관련 직업 정보 및 강점 탐색 • 강점을 발휘할 수 있는 직업 선택 및 정보 수집	• 진로성숙도 전체와 하위요인 중 계획성에 긍정적 효과 • 성취동기 전체와 하위요인 중 과업지향성에 긍정적 효과	• 전 회기에 강점 개입 • 강점과 직업의 연결 • 11개 성격강점을 획일적으로 적용

앞의 표에서 제시한 선행연구를 통해서 본 연구에 반영할 내용을 정리하면 다음과 같다.

첫째, 강점검사를 통해 자신의 대표강점을 정확하게 인식할 수 있도록 돕는 개입이 필요하다.

다) 요구조사

중학생을 대상으로 진로와 강점에 관한 요구조사를 실시하였으며, 진로진학상담교사와 진로상담 전문가 등 전문가를 대상으로 포커스 그룹을 운영하고 그 결과를 분석하여 프로그램 개발의 시사점을 도출하였다.

-중 략-

(1) 학생요구조사
(가) 목적

중학생을 위한 강점기반 진로탐색프로그램을 개발하기 위하여 중학생을 대상으로 진로에 대한 요구 및 강점인식, 강점활용에 대한 기초자료를 얻고자 실시하였다.
(나) 조사 대상 및 방법

2015년 7월 6일부터 7월 10일까지 B시에 소재하는 3개 중학교 332명을 대상으로 요구조사를 실시하였다. 요구조사의 결과는 프로그램의 구체적인 활동 내용과 대상자를 선정하는 데 적극 반영하였다. 요구조사의 내용은 크게 진로와 강점 두 영역으로 나누어 설문을 진행하였다.

'진로' 영역에서는 진로문제로 인해 고민하는 정도, 중요 진로 문제, 진로문제 해결을 위한 대안, 진로정보 습득 방법 등에 대하여 학생들의 실태와 요구를 파악하였다. '강점' 영역에서는 강점 개념의 이해 여부, 자신의 강점인식, 진로와 관련하여 강점활용 여부, 프로그램을 통해 가장 도움을 받고 싶은 부분, 프로그램 참여의사 여부, 프로그램 운영 방법 등에 대하여 학생들의 요구를 파악하였다.

   (다) 학생요구조사 결과 분석

> 간략한 표로 분석 내용 제시

〈표 3-11〉 강점기반 진로탐색프로그램 관련 학생 요구조사 분석 결과 (진로영역)

(*N*=332)

번호	질문 내용	응답 내용	응답 수	백분율 (%)
1	자신은 진로에 대해 어느 정도 고민하고 있습니까?	① 전혀 하지 않는다	7	2
		② 조금 한다	91	27
		③ 많이 한다	159	48
		④ 아주 많이 한다	75	23
2	자신의 진로와 관련된 고민 중 가장 중요한 고민은 무엇입니까?	① 직업	117	35
		② 고등학교 진학	81	24
		③ 성적	79	24
		④ 적성	14	4
		⑤ 대학	10	3
		⑥ 기타	31	10

   진로 영역에서는 〈표 3-11〉에서 제시한 것처럼 자신의 진로에 대해 고민하는 정도에 대한 답이 '아주 많이 한다'(23%) ….

–중 략–

   (라) 학생요구조사 결과 시사점

> 요구조사 분석 결과를 바탕으로 프로그램 개발 시 반영될 시사점 제시

   이상의 학생들의 요구조사를 통해 프로그램 구성에 대한 시사점을 찾으면 다음과 같다.

   첫째, 진로와 관련된 고민 중 직업, 고등학교 진학, 성적에 대한 고민이 많은 것으로 드러나 이 부분에 대한 지원이 필요한 것으로 보인다. 중학생들은 대부분 진로 또는 꿈을 직업과 동일하게 이해하고 직업 결정이 진로선택의 최종이라고 생각하고 있어 직업을 결정하지 못한 학생들은 미래에 대한 불확실성으로 불안을 느끼고 있다. 따라서 진로는 전 생애설계로 지속적으로 이루어지는 선택의 과정임을 알게 하고 현재 진로발달단계에서 꼭 하나의 직업을 선택하지 않아도 된다는 사

고의 수정이 필요할 것으로 보인다. 그리고 고등학교 진학에 대한 선택을 해야 하는 시기임을 고려하여 고등학교 진학 관련 정보를 제공하고 탐색할 수 있도록 프로그램 내용구성이 필요하다고 볼 수 있다.

(2) 진로진학상담교사 포커스 그룹 인터뷰(Focus Group Interview: FGI)

전문가 요구 조사도 앞과 같은 방법으로 제시

2) 설계단계

설계단계에서는 선행연구의 결과와 요구분석에 따라 프로그램 목적에 따른 목표를 설정하고 변화 원리에 따른 프로그램 모형을 개발하고 그에 따라 프로그램 구성 원리와 구성요소를 도출한 후 회기를 구성하고 회기별 목표를 제시한다.

설계단계 작성 시 고려 사항

• **프로그램 목적에 따른 목표 설정**
 −프로그램 목적에 부합하는 목표
 −프로그램을 통해 연구대상자의 변화를 확인 가능한 구체적 목표 설정

• **프로그램 모형 개발**
 −변화 원리: 프로그램을 통해 일어날 변화를 촉진하는 이론적 근거 (기획단계에서 제시한 요구조사, 선행연구를 기반으로 도출)
 −프로그램 모형: 연구의 이해를 돕기 위해 변화 원리를 간략한 그림으로 제시(프로그램 진행의 단계, 연구대상의 변화, 프로그램 효과, 프로그램의 목적 제시)

• **구성 원리 및 구성요소 도출**
 −구성 원리: 프로그램의 구체적인 내용 제시 틀
 −구성요소 도출: 기획단계에서 연구된 내용과 프로그램의 변화 원리, 구성 원리를 바탕으로 구체적인 프로그램의 단계별 구성요소 도출(대상자 요구조사, 전문가 심층분석별로 구성요소 분석, 구성요소 추출, 단계별 구성요소 제시)

－변화 원리와 구성 원리를 토대로 추출된 각 단계별 프로그램 구성
요소 제시(그림)

- **회기 구성**
  －단계별 구성요소를 바탕으로 각 회기 구성의 목표, 내용, 진행 시
  간, 방법 등 제시
  －회기 구성의 근거 제시
  －회기당 시간 배정의 근거 제시
  －집단 운영 주기 결정의 근거 제시

- **회기별 목표와 내용 구성하는 단계**
  －프로그램 목적, 하위 목표에 따른 회기별 목표 제시
  －목표는 구체적이고 연구대상이 프로그램 경험을 통해 변화 가능한
  내용으로 구성
  －예비프로그램: 최종 프로그램이 개발되기 전 단계의 프로그램으로
  타당도를 검증

설계단계 작성 형식

1) 목표 설정

본 연구에서 (프로그램을 개발하고자 하는 목적 제시)를 높여 주는
것을 목적으로 한다. (연구대상)은 (연구와 관련된 특징)에 해당하므로
(프로그램에서 다루는 분야의 분류 기준)에 대한 구체적인 목표를 설정
하였다.
첫째, (프로그램을 통해 달성가능한 목표)를 설명할 수 있다.
둘째, ….
－중　략－

2) 프로그램 모형 개발

가) 프로그램 모형 개발
보다 체계적인 프로그램의 개발과정에서 고려되어야 할 요인들과 프
로그램을 개발하는 과정 중에 단계적으로 제시해 주는 개념적 틀로서
프로그램 모형을 제시하고자 한다. 본 프로그램 모형의 기초가 되는 변
화원리는 다음과 같다.

첫째, (연구대상)의 (주요 요인 변화 원리의 근거 제시)를 할 수 있도록 도울 수 있다.

-중 략-

나) 구성 원리와 구성요소 추출

(연구대상)을 위한 (개발 프로그램명)의 내용을 구성하기 위하여 (기획단계에서 마련된 활동-요구조사, 심층면접) 결과를 바탕으로 다음과 같은 구성 원리와 그에 따른 구성요소를 도출하였다.

첫째, (구성 원리-프로그램의 내용), (구성 원리의 근거와 구체적인 내용)을 할 수 있도록 구성하였다.

둘째, ….

-중 략-

조사 방법	1단계 구성요소 분석	2단계 구성요소 추출	3단계 단계별 구성요소
선행연구 분석			
대상자 요구조사			
현장 전문가 심층면접			
이론 전문가 심층면접			

[그림 3-6] (연구대상을 위한 처치프로그램) 구성요소 추출

이상의 구성 원리와 구성요소를 토대로 본 프로그램은 (개발프로그램 진행) 단계의 총 (회기)로 구성하였다. 각 단계별 프로그램 구성요소는 (프로그램 구성요소에 들어가는 내용)으로 이루어져 있다. 이를 도표로 정리하여 나타내면 [그림 3-7]과 같다.

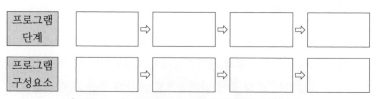

[그림 3-7] (처치프로그램명) 단계별 구성요소

3) 회기 구성

가) 회기 구성

앞에서 논의한 요구조사 결과와 프로그램 모형에 근거하여 (연구대상)의 (효과변인 변화)를 위한 (개발 프로그램명)의 회기를 구성하였다. 전체 프로그램은 (회기 구성 근거)에서 (진행 회기 수)로 구성하였다.

－중 략－

(연구참여자의 변화)하고 프로그램 과정에서 (프로그램의 중심 초점) 있도록 (회기당 시간 배정의 근거)로 하였다. (집단 운영 주기 결정의 근거와 결정된 집단 운영 주기) 운영하는 것으로 하였다.

나) 회기별 목표 설정

본 연구에서 개발하고자 하는 (개발 프로그램명)은 (연구대상)의 (효과변인 변화)시키는 데 그 목적이 있다. 프로그램의 목적에 따른 하위 목표와 각 회기별 목표는 〈표 3-12〉와 같다.

〈표 3-12〉 예비 프로그램의 회기별 활동 주제와 목표

프로그램의 목적	효과변인 변화		
	↓		
프로그램의 하위 목표	첫째, ~할 수 있다. 둘째, ~할 수 있다. 셋째, ~할 수 있다.		
	↓		
단계	회기	주제	회기별 목표
	1		• ~한다. • ~을 확인한다. • ~을 형성한다.
	2		
	3		

프로그램 개발을 통한 연구대상의 일반적 변화

프로그램 목적에 부합하는 목표: 프로그램을 통해 연구대상자의 변화를 확인 가능한 구체적 목표 설정

구체적인 목표 제시 (첫째, 둘째, 셋째, 넷째)

프로그램 모형은 변화 원리에 기초해서 만들어지고, 프로그램 회기 구성의 기초가 됨

프로그램을 통해 일어날 변화를 촉진하는 이론적 근거: 기획단계에서 제시한 요구조사, 선행연구를 기반으로 도출

변화 원리와 그 근거 제시

설계단계 작성 예시(문애경, 2016)

1) 목표 설정

본 연구에서 개발하고자 하는 중학생을 위한 강점기반 진로탐색프로그램은 중학생의 진로성숙도를 증진시켜 학교적응력을 높여 주는 것을 목적으로 한다. 중학생은 진로발달단계상 진로탐색 시기에 해당하므로 진로탐색 영역의 자기이해, 직업세계의 이해, 진로탐색, 진로의사결정과 진로계획에 대한 구체적인 목표를 설정하였다.

첫째, 강점을 통해 자신의 특성을 설명할 수 있다.

둘째, 강점과 직업을 관련지어 설명할 수 있다.

셋째, 강점을 진로탐색에 활용할 수 있다.

넷째, 강점을 활용하여 자신의 생애설계를 할 수 있다.

2) 프로그램 모형 개발

가) 프로그램 모형 개발

보다 체계적인 프로그램의 개발과정에서 고려되어야 할 요인들과 프로그램을 개발하는 과정 중에 단계적으로 제시해 주는 개념적 틀로서 프로그램 모형을 제시하고자 한다. 본 프로그램 모형의 기초가 되는 변화 원리는 다음과 같다.

첫째, 중학생 자신의 자기이해다. 자기이해를 위한 가장 중요한 접근은 강점인식이다. 강점인식을 돕기 위해 청소년 강점검사를 사용할 것이다.

둘째, 강점과 관련하여 직업세계를 이해하는 것이다.

−중 략−

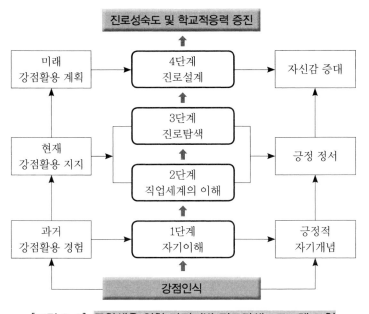

[그림 3-8] **중학생을 위한 강점기반 진로탐색프로그램 모형**

변화 원리를 간략한
그림으로 제시하여
연구의 이해 도움

구성 원리는 프로그
램의 이론적 틀; 구
성 원리는 프로그램
의 구체적인 내용 제
시 틀

나) **구성 원리와 구성요소 추출**

중학생을 위한 강점기반 진로탐색프로그램의 내용을 구성하기 위하여 요구분석과 FGI 결과를 바탕으로 다음과 같은 구성원리와 그에 따른 구성요소를 도출하였다.

첫째, 진로탐색기에 있는 중학생 발달단계를 고려하였다. … 이상의 선행연구를 토대로 프로그램의 전체적인 진행과정은 자기이해, 직업세계의 이해, 진로탐색, 진로설계 단계로 이루어지도록 구성하였다.

둘째, 자기이해를 위한 집중적인 탐색을 강조하여 프로그램을 구성하였다.

−중 략−

조사 방법	1단계 구성요소 분석	2단계 구성요소 추출	3단계 단계별 구성요소

선행
연구
분석
	• 자기이해
	• 직업세계 탐색
	• 진로탐색
	• 진로계획
	• 강점인식
	• 강점활용
		• 자기이해
		• 직업세계이해
		• 진로탐색
		• 진로계획
		• 강점인식
		• 강점활용
			• 1단계: 자기이해
			  − 강점인식
			  − 강점활용 경험
			  − 강점피드백
			
			• 2단계: 직업세계의 이해
			  − 직업선택
			  − 직업정보 탐색
			  − 인터넷 활용
			  − 진로체험
			  − 강점활용
			
			• 3단계: 진로탐색
			  − 고등학교 진학
			  − 진로장벽
			  − 강점활용
			
			• 4단계: 진로설계
			  − 의사결정
			  − 원하는 직업인의 조건
			  − 진로설계
			  − 강점활용

학생 요구 조사	• 적성, 흥미 이해 필요 • 고등학교 진학 문제 • 고등학교 진학 정보 • 직업선택 • 직업정보 • 인터넷 활용 정보탐색 • 원하는 직업인의 조건 • 진로계획 수립 • 의사결정 시 고려 사항 • 강점인식 필요 • 강점활용 필요 • 진로체험활동	• 자기이해 • 고등학교 진학 • 직업선택 • 직업정보 • 인터넷 활용 • 원하는 직업인의 조건 • 의사결정 • 진로계획 • 강점인식 • 강점활용 • 진로체험	
진로 진학 상담 교사 FGI	• 직업정보 • 진로설계 • 능동적인 진로선택 • 진로발달단계에 맞는 진로탐색 • 자신에 대한 탐색 • 창의적 프로그램 • 흥미 유발 • 강점활용으로 몰입과 만족감, 자존감 향상 • 강점언어 활성화 • 강점을 통한 입체적 사고	• 자기이해 • 직업정보 • 강점활용 • 강점언어 활성화 • 진로탐색 • 진로설계	
진로 상담 전문가 FGI	• 자기이해 • 진로결정의 주체 • 발달단계에 맞는 진로탐색 • 전 생애 진로발달 • 적절한 피드백 • 다양한 진로체험 • 진로장벽 대처 • 다양한 직업군 소개 • 강점과 진로와 연계 • 타인이 바라보는 강점 • 강점인식 • 강점활용 경험 • 강점활용 방법	• 자기이해 • 진로결정의 주체 • 발달단계에 맞는 진로탐색 • 강점과 진로 • 다양한 진로체험 • 강점 피드백 • 강점인식 • 강점활용 경험	

기획단계에서 연구된 내용, 프로그램의 변화 원리 및 구성 원리를 바탕으로 구체적인 프로그램의 단계별 구성요소 도출

[그림 3-9] 중학생을 위한 강점기반 진로탐색프로그램 구성요소 추출

이상의 구성원리와 구성요소를 토대로 본 프로그램은 자기이해단계, 직업세계의 이해단계, 진로탐색단계, 진로설계단계의 총 10회기로 구성하였다.

−중 략−

각 단계별 프로그램 구성요소는 강점인식과 강점활용을 토대로 자기이해, 직업탐색, 직업인과의 만남, 고교탐색, 진로장벽, 의사결정, 진로설계로 이루어져 있다. 이를 도표로 정리하여 나타내면 [그림 3-10]과 같다.

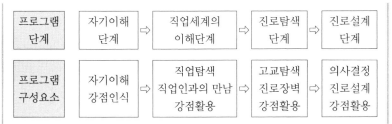

[그림 3-10] 강점기반 진로탐색프로그램 단계별 구성요소

3) 회기 구성

가) 회기 구성

앞에서 논의한 요구조사 결과와 프로그램 모형에 근거하여 중학생의 진로성숙도와 학교적응력 증진을 위한 강점기반 진로탐색프로그램의 회기를 구성하였다. 전체 프로그램은 진로상담 프로그램의 효과에 대한 메타분석연구(배소정, 2004; 임찬오, 2003)에서 진로상담 프로그램의 회기 수가 10~14회기일 때 가장 효과적이라는 연구 결과와 FGI 결과를 토대로 총 10회기로 구성하였다.

회기구성은 요구조사 결과 자기이해에 대한 필요성이 제기되었을 뿐만 아니라 진로상담프로그램을 운영할 때 자기이해 회기 수를 확보하는 것이 필요하다. … 자신의 강점을 충분히 인식하고 프로그램 과정에서 강점활용 경험을 축적시켜 갈 수 있도록 다양한 활동을 할 수 있는 시간을 확보하기 위하여 1회기당 90분으로 하였다. 집단운영 주기는 주 2회가 가장 효과가 큰 것으로 나타나(조중현, 김진숙, 2014) 일주일에 2회 운영하는 것으로 하였다.

나) 회기별 목표 설정

본 연구에서 개발하고자 하는 강점기반 진로탐색프로그램은 중학생의 진로성숙도 향상을 통해 학교적응력을 향상시키는 데 그 목적이 있다. 프로그램의 목적에 따른 하위 목표와 각 회기별 목표는 〈표 3-13〉과 같다.

〈표 3-13〉 예비프로그램의 회기별 활동 주제와 목표

프로그램의 목적	진로성숙도, 학교적응력 증진
	↓
프로그램의 하위 목표	첫째, 강점을 통해 자신의 특성을 설명할 수 있다. 둘째, 강점과 직업을 관련지어 설명할 수 있다. 셋째, 강점을 진로탐색에 활용할 수 있다. 넷째, 강점을 활용하여 자신의 생애설계를 할 수 있다.

단계별 구성요소를 바탕으로 각 회기구성의 목표, 내용, 진행시간, 방법 등 제시

회기 구성의 근거 제시

회기당 시간 배정의 근거 제시

집단 운영 주기 결정의 근거 제시

프로그램 목적, 하위목표에 따른 회기별 목표 제시: 목표는 구체적이고 연구대상이 프로그램 경험을 통해 변화 가능한 내용으로 구성

최종 프로그램이 개발되기 전 단계의 예비 프로그램을 작성하여 타당도 검증

단계	회기	주제	회기별 목표
자기 이해	1	강점아 반갑다	• 프로그램의 목적을 이해한다. • 강점의 개념을 이해하고 자신의 대표강점을 확인한다. • 자기소개를 통해 집단의 신뢰감을 형성한다.
	2	강점 하이파이브	• 20개 강점의 개념을 이해한다. • 대표강점활용 경험을 나눔으로써 자신과 타인을 이해한다.
	3	나는야 강점의 달인	• 대표강점 관련 경험 탐색을 통해 자기이해를 한다. • 자신의 관심 분야를 찾아 정리할 수 있다. • 강점선언을 통해 대표강점에 대한 확신을 가진다.

3) 구안단계

구안단계는 회기별 세부 내용과 제시 전략을 수립하고 활동지를 구성하여 예비 프로그램을 확정하고, 예비 프로그램에 대한 예비실험을 실시한 평가결과와 전문가의 타당도 검증결과를 근거로 수정 · 보완을 통해 최종 프로그램을 확정하는 단계이다.

구안단계 작성 시 고려 사항

• **내용 구성**
 - 예비 프로그램의 진행단계와 회기별 활동 주제, 목표와 활동 내용 제시
 - 내용 선정의 근거 제시
 - 활동 내용 선정 제기 전략 제시

• **예비 프로그램 구성**
 - 기획, 설계, 내용 선정 단계를 통해 구안된 예비 프로그램의 회기별 주제, 목표, 내용 제시

• **평가 및 수정 · 보완**
 - 예비연구
  • 타당성 확보를 위해 예비연구의 기간, 연구대상자에 대한 구체적

　　　정보 제시

　　・연구대상과 조건이 동일한 대상을 선정하여 예비 프로그램 실시

−예비프로그램 실시 후 수정 · 보완할 내용을 참여자 반응평가와 전문가 타당도를 통해 제시

−예비실험 결과에 대한 참여자와 전문가의 자문에 따라 회기별 목표와 활동 내용 수정

−전문가 자문을 통한 수정 · 보완 내용은 크게 프로그램 실시방법과 내용으로 나누어서 제시

• 전문가 타당도 검증

　−내용타당도 검증은 패널 수에 따라 타당도 지수가 달라지나 최소 5인 이상의 전문가가 참여한 내용타당도 확보

• 최종 프로그램 구성 단계

　−예비연구 실시 후 참여자와 전문가 내용타당도 평가 등을 통해 수정 · 보완된 최종 프로그램 제시

• 프로그램 구성

　−최종 프로그램의 주제, 목표 활동내용을 구체적으로 제시

구안단계 작성 방법

　다. 구안단계

　(처치프로그램명)을 구안하는 단계로 회기별 프로그램의 세부 내용과 제시 전략을 수립하고 활동지를 구성하여 예비 프로그램을 구성하였다. (연구대상)으로 예비실험을 실시한 평가결과와 전문가 자문결과를 근거로 수정 · 보완하였다. 연구자에 의해 잠정적으로 구안된 프로그램의 이론적 타당성 및 현장 적용 및 일반화 가능성은 (전문가 특징, 인원)에게 내용타당도 검증을 받아 최종적인 프로그램을 완성하였다.

　1) 내용 구성

　가) 내용 선정 및 제시전략 수립
　(프로그램 각 회기에 사용되고 있는 활동들을 선정한 근거)를 제시하고자 한다.

　　또한 프로그램의 개발 및 운영은 과학적 요소 외에 창의적인 요소가 필요하다.

-중 략-

　　기존의 프로그램과는 차별화될 수 있는 새로운 활동 내용으로 선정하기 위한 노력을 기울였다. (활동 내용 선정 제시, 전략의 근거)를 제시 전략을 수립하고자 하였다.

-중 략-

　　본 프로그램은 회기별 목표를 달성하기 위하여 다음과 같이 활동을 조직하고 체계화시켰다. (프로그램 진행단계)로 구성된 (프로그램 진행 회기 수) 프로그램의 회기별 내용을 살펴보면 다음과 같다.

　　(○○단계)인 1~3회기는 중학생 대상 요구조사와 FGI 결과를 반영하여 강점을 토대로 심층적인 자기이해를 할 수 있도록 구성하였다.

-중 략-

나) 예비 프로그램 구성

　　앞에 제시된 절차에서 수집된 자료들을 바탕으로 예비 프로그램을 개발하였다. 각 회기별 프로그램 내용은 〈표 3-14〉와 같이 구성하였다.

〈표 3-14〉 예비 프로그램

단계	회기	주제	회기별 목표	활동 내용
	1			
	2			
	3			

2) 평가 및 수정 · 보완

가) 예비연구

　　프로그램 개발 절차에 따라 구성된 (프로그램명)의 효과성 여부와 진행상의 문제점 등을 알아보기 위하여 예비 프로그램을 실시하였다. 예비 프로그램 실시를 위해 (실시 장소, 연령, 성별)대상으로 프로그램 내용을 홍보하고 자발적으로 참여를 희망한 (참여자 수)를 대상으로 본 연구자가 직접 예비 프로그램을 실시하였다. 실시기간은 (시기, 기간)이었다. 프로그램의 예비실험으로 얻은 참여자들의 반응과 관찰 결과를 토대로 〈표 3-15〉와 같이 수정 · 보완하였다.

〈표 3-15〉 예비실험 결과 프로그램 수정·보완 사항

단계 회기	주제	회기별 목표	활동 내용	수정·보완
1				
2				
3				

나) 전문가 자문

예비 프로그램을 구성한 후 (전문가 특징) 전문가를 대상으로 자문을 구하였다. 자문 결과 및 수정·보완 내용을 정리하여 〈표 3-16〉에 제시하였다.

〈표 3-16〉 전문가 자문 결과 및 수정·보완 사항

구분	전문가 자문결과	수정·보완 사항

다) 프로그램 내용 타당도 평가

본 프로그램 내용의 타당도 검증을 위해 전체 프로그램 내용을 각 회기 활동 내용으로 세분화하여 구성하였다. … 평가에 참여한 전문가는 (전문가 특징, 인원)명으로 (평정방법)에 따라 평정을 의뢰하였다. 평정을 의뢰한 내용은 각 회기별 목표에 따라 구성한 (회기 수)의 각 단위 활동이 (연구대상)의 (변화)를 위한 (프로그램을 통해 경험)하는 활동으로 적합한 내용인가를 평가하는 것이었다.

평정결과는 Lawshe(1985)가 개발한 내적타당도 산출 공식을 적용하여 강점기반 진로탐색프로그램의 각 단위 활동별로 대표성, 명확성, 포괄성에 대한 CVR을 산출하였다.

-중 략-

3) 최종 프로그램

예비 프로그램 집단원들의 피드백과 전문가 자문결과를 반영하여 수정·보완한 후 최종 프로그램이 확정되었다. 이 프로그램의 단계는 (프로그램 진행 단계)로 구분하였다. (시간, 회기)로 확정하였다. 매 회기의 주제, 회기별 목표, 활동 내용은 〈표 3-17〉과 같다.

〈표 3-17〉예비 프로그램

단계	회기	주제	회기별 목표	활동 내용

구안단계 작성 예시(문애경, 2016)

다. 구안

구안과정 제시 ▸ 중학생을 위한 강점기반 진로탐색프로그램을 구안하는 단계로 회기별 프로그램의 세부 내용과 제시 전략을 수립하고 활동지를 구성하여 예비 프로그램을 구성하였다. 중학생을 대상으로 예비실험을 실시한 평가결과와 전문가 자문결과를 근거로 수정·보완하였다. 연구자에 의해 잠정적으로 구안된 프로그램의 이론적 타당성 및 현장 적용 및 일반화 가능성은 상담심리 박사 3인에게 내용타당도 검증을 받아 최종적인 프로그램을 완성하였다.

예비 프로그램의 진행단계와 회기별 활동 주제, 목표와 활동 내용 제시 ▸ 1) 내용 구성

가) 내용 선정 및 제시 전략 수립

내용 선정의 근거 제시 ▸ 대부분 집단상담 프로그램 개발과정에서 프로그램 전체의 이론적 배경은 제시되고 있는 반면, 각 회기에 사용되고 있는 활동들을 선정한 근거를 제시하는 경우는 드물다(권경인, 2001). 따라서 프로그램 활동의 선정이 임의로 혹은 개발자의 직관에 의해 진행될 수 있는 가능성을 최소화하고, 이론적 근거를 가지고 개입에 효과를 가져올 수 있는 활동을 개발(김창대 외, 2011)하기 위해 각 프로그램을 구성하고 있는 내용이 왜 포함되었는가에 대한 이론적·경험적 근거 또는 설명(권경인, 2001; 김상수, 2001)을 제시하고자 한다.

-중 략-

활동 내용 선정 제시: 전략 제시 ▸ 기존의 프로그램과는 차별화될 수 있는 새로운 활동 내용으로 선정하기 위한 노력을 기울였다. 뿐만 아니라 프로그램의 내용들을 효과적으로 제시하기 위해 포함되는 내용 간에 체계적으로 연관되도록 하며, 동기 유발이 쉬운 데서 어려운 데로, 이해하기 쉬운 데서 어려운 데로. 정서적으로 부담이 덜 하거나 저항이 적은 데서부터 발전해 나가는 기

본원리에 충실하도록 제시 전략을 수립하고자 하였다.

-중 략-

<u>**본 프로그램은 회기별 목표를**</u> 달성하기 위하여 다음과 같이 활동을 조직하고 체계화시켰다. 자기이해단계, 직업세계의 이해단계, 진로탐색단계, 진로설계단계로 구성된 총 10회기 프로그램의 회기별 내용을 살펴보면 다음과 같다.

    자기이해단계인 1~3회기는 중학생 대상 요구조사와 FGI 결과를 반영하여 강점을 토대로 심층적인 자기이해를 할 수 있도록 구성하였다.

-중 략-

나) 예비 프로그램 구성

<u>앞에 제시된 절차에서 수집된 자료들을</u> 바탕으로 예비 프로그램을 개발하였다. 각 회기별 프로그램 내용은 〈표 3-18〉과 같이 구성하였다.

> 내용 선정

> 기획, 설계, 내용 선정 단계를 통해 구안된 예비 프로그램의 회기별 주제, 목표, 내용 제시

〈표 3-18〉 예비 프로그램

단계	회기	주제	회기별 목표	활동 내용
자기이해	1	강점아 반갑다	• 프로그램의 목적을 이해한다. • 강점의 개념과 자신의 대표강점을 확인한다. • 자기소개를 통해 집단의 신뢰감을 형성한다.	• 프로그램 목적 및 운영 방법 안내 • 강점 개념 이해하기 • 자신의 대표강점 확인하기 • 강점 별칭으로 자기소개하기 • 강점나무 만들기
자기이해	2	강점 하이파이브	• 20개 강점의 개념을 이해한다. • 대표강점활용 경험을 나눔으로써 자신과 타인을 이해한다.	• 강점빙고게임, 강점스피드게임하기 • 대표강점 활용카드 만들기 • 짝지 대표강점 인터뷰하고 자랑하기
자기이해	3	나는야 강점의 달인	• 대표강점 관련 경험 탐색을 통해 자기이해를 한다. • 자신의 관심 분야를 찾아 정리할 수 있다. • 강점선언을 통해 대표강점에 대한 확신을 가진다.	• 영화 〈세 얼간이〉의 강점 찾기 • 대표강점 마인드 맵 그리고 나누기 • 나는 강점의 달인 • 강점 선언하기

2) 평가 및 수정 · 보완

가) 예비연구

　　프로그램 개발 절차에 따라 구성된 강점기반 진로탐색프로그램의 효과성 여부와 진행상의 문제점 등을 알아보기 위하여 예비 프로그램을 실시하였다. 예비 프로그램 실시를 위해 2015년 7월 B시 소재 J여자중학교 학생들을 대상으로 프로그램 내용을 홍보하고 자발적으로 참여를 희망한 10명을 대상으로 본 연구자가 직접 예비 프로그램을 실시하였다. 실시기간은 2015년 8월 4일부터 5일까지 1박 2일이었다. 프로그램의 예비실험으로 얻은 참여자들의 반응과 관찰 결과를 토대로 〈표 3-19〉와 같이 수정 · 보완하였다.

〈표 3-19〉 예비실험 결과 프로그램 수정 · 보완 사항

단계	회기	주제	회기별 목표	활동 내용	수정 · 보완
자기 이해	1	강점아 반갑다	• 프로그램의 목적을 이해한다. • 강점의 개념과 자신의 대표강점을 확인한다. • 자기소개를 통해 집단의 신뢰감을 형성한다.	• 오리엔테이션 • 강점 이해하기 • 강점 검사결과를 통해 대표강점 확인 • 강점 별칭으로 자기소개하기 • 강점 프라이팬 놀이 • 강점나무 만들기	• 프로그램에 대한 안내 및 기대에 대하여 구체적으로 나눌 수 있는 시간 확보가 필요함
자기 이해	2	강점 하이파이브	• 20개 강점의 개념을 이해한다. • 대표강점을 통해 자기를 이해한다.	• 강점 빙고게임 • 대표강점활용 카드 만들기 • 짝지 대표강점 인터뷰하고 자랑하기	• 대표강점활용 카드를 만들 때 학교, 가정, 대인관계로 영역을 분명하게 제시하여 활동 초점을 맞출 수 있도록 보완함 • 강점의 개념을 잘 이해할 수 있도록 각 강점을 나타내는 그림을 설명서에 넣을 수 있도록 보완함

(좌측 여백 주석)

타당성 확보를 위해 예비연구의 기간, 연구대상자에 대한 구체적 정보 제시: 예비 프로그램 실시 후 수정 · 보완할 내용을 참여자 반응평가와 전문가 타당도를 통해 제시

연구대상과 조건이 동일한 대상을 선정하여 예비프로그램 실시

예비실험 결과에 대한 참여자와 전문가의 반응에 따라 회기별 목표와 활동 내용 수정

| 자기
이해 | 3 | 나는야
강점의 달인 | • 대표강점 관련
경험 탐색을
통해 자기이해
를 한다.
• 자신의 관심 분
야를 찾아 정리
할 수 있다.
• 강점선언을 통
해 대표강점에
대한 확신을
가진다. | • 영화 〈세 얼간
이〉의 강점 찾
기
• 대표강점 마인
드맵 그리기
• 나 는 강점의
달인
• 강점 선언하기 | • 다양한 영역에
서 자신의 강
점과 관련된
경험들을 최대
한 끌어낼 수
있도록 독려해
야 함 |

> 전문가 자문을 통한 수정 · 보완 내용은 크게 프로그램 실시 방법과 내용으로 나누어서 정리

나) 전문가 자문

예비 프로그램을 구성한 후 FGI에 참여했던 전문가를 대상으로 자문을 구하였다. 자문 결과 및 수정 · 보완 내용을 정리하여 〈표 3-20〉에 제시하였다.

〈표 3-20〉 전문가 자문 결과 및 수정 · 보완 사항

구분	전문가 자문 결과	수정 · 보완 사항
프로 그램 구성 내용	• 본 프로그램의 목적은 중학생들의 진 로성숙 향상을 위해 개인의 강점을 활 용하여 진로를 탐색하고 진로성숙도를 높이는 데 있으므로 첫 회기에 진로성 숙의 첫걸음인 진로 및 직업의 중요성 이나 직업이 갖는 의미 등을 살펴보고 자신의 강점을 알아가는 것이 왜 중요 한지를 살펴볼 필요가 있음	• 프로그램에 대한 안내와 함께 진로, 직업의 중요성에 대한 설 명을 보완함
	• 4회기에 참여 학생들이 다양한 직업을 알고 직업을 추천하기 어려울 것이라 예상되므로 강점의 특성에 맞는 직업을 살펴보는 활동이 강조될 필요가 있음. 또한 직업정보 탐색방법에 대한 안내도 구체적으로 이루어질 필요가 있음	• 4회기에 강점에 어울리는 직업 찾기 활동에 대하여 구체적으로 안내하고 강점에 어울리는 다양 한 직업을 모둠별 브레인 스토 밍을 통해 탐색할 수 있도록 보 완하고, 직업정보에 대한 탐색 을 과제로 제시하기보다는 활동 안에 넣어 정보탐색 방법을 안 내하며 같이 탐색하여 회기에 마무리하고 그 결과를 나눌 수 있도록 수정함
	• 4명의 모둠원이 모두 상담을 받기 위 해서는 시간을 명확하게 정해 두고 활 동하는 것이 필요함	• 알람을 통해 시간 제한을 하여 시간을 효율적으로 사용할 수 있도록 보완함

다) 프로그램 내용타당도 평가

내용타당도 검증은 패널 수에 따라 타당도 지수가 달라지나 최소 5인 이상의 전문가가 참여한 내용타당도를 확보

본 프로그램 내용의 타당도 검증을 위해 전체 프로그램 내용을 각 회기 활동내용으로 세분화하여 구성하였다. … 평가에 참여한 전문가는 상담학 교수 5명으로 5점 Likert 척도에 따라 평정을 의뢰하였다. 평정을 의뢰한 내용은 각 회기별 목표에 따라 구성한 10회기의 각 단위 활동이 중학생의 진로성숙도 향상을 위한 진로탐색 활동으로 적합한 내용인가를 평가하는 것이었다.

평정 결과는 Lawshe(1985)가 개발한 내적타당도 산출 공식을 적용하여 강점기반 진로탐색프로그램의 각 단위 활동별로 대표성, 명확성, 포괄성에 대한 CVR을 산출하였다.

−중 략−

3) 최종 프로그램

예비 프로그램을 실시한 결과, 전문가 내용타당도 평가 등을 통해 수정·보완된 최종 프로그램 제시

예비 프로그램 집단원들의 피드백과 전문가 자문결과를 반영하여 수정·보완한 후 최종 프로그램이 확정되었다. 이 프로그램의 단계는 자기이해, 직업세계의 이해, 진로탐색, 진로계획 단계로 구분하였다. 시간은 매 회기 90분, 10회기로 확정하였다. 매 회기의 주제, 회기별 목표, 활동내용은 〈표 3-21〉과 같다.

〈표 3-21〉 최종 프로그램

단계	회기	주제	회기별 목표	활동내용
자기 이해	1	강점아 반갑다	• 프로그램의 목적을 이해한다. • 강점의 개념과 자신의 대표강점을 확인한다. • 자기소개를 통해 집단의 신뢰감을 형성한다.	• 프로그램 목적 및 운영방법 안내 • 강점 개념 이해하기 • 자신의 대표강점 확인하기 • 강점 별칭으로 자기소개하기 • 강점나무 만들기
	2	강점 하이파이브	• 20개 강점의 개념을 이해한다. • 대표강점활용 경험을 나눔으로써 자신과 타인을 이해한다.	• 강점 빙고게임 • 강점개념 익히기 • 대표강점 활용카드 만들기 • 짝지 대표강점 자랑하기
	3	나는야 강점의 달인	• 대표강점 관련 경험 탐색을 통해 자기이해를 한다. • 자신의 관심 분야를 찾아 정리할 수 있다. • 강점선언을 통해 대표강점에 대한 확신을 가진다.	• 위인들의 강점 찾기 • 대표강점 마인드 맵 그리기 • 나는 강점의 달인 • 나의 강점 선언하기

4) 실행단계

실행단계는 프로그램 구안단계를 거쳐 수정·보완된 최종 프로그램을 연구대상자에게 실시하는 단계이다. 실행단계에서는 최종 프로그램 실시 기간, 연구대상자 등에 대한 내용을 제시한다.

실행단계 작성 시 고려 사항

- 실행단계
  - 실험설계에서 제시한 내용과 일치하게 제시
  - 연구대상 선발 기준, 학부모 동의 여부, 실험(처치)·통제 집단 인원 배정 제시
  - 프로그램 실시 기간, 회기 수, 회기별 시간, 장소 등 제시

실행단계 작성 형식

　라. 실행단계

　(연구대상자 선발 기준)으로 프로그램을 안내한 후 (연구참여자 인원)을 대상으로 학부모 동의를 받은 후 실험집단과 통제집단으로 나누었다. 본 프로그램은 (회기별 시간, 총 회기 수)로 실험집단을 대상으로 (프로그램 실시 시기)까지 실시되었다. 구체적인 회기별 진행과정과 활동 내용은 부록에 제시하였다.

실행단계 작성 예시(문애경, 2016)

　라. 실행단계

　진로성숙도가 하위 30% 이하인 학생들을 대상으로 프로그램을 안내한 후 학생 22명을 대상으로 학부모 동의를 받은 후 실험집단과 통제집단으로 나누었다. 본 프로그램은 한 회기당 90분씩 총 10회기로 실험집단을 대상으로 2015년 8월 17일부터 9월 16일까지 실시되었다. 구체적인 회기별 진행과정과 활동 내용은 부록에 제시하였다.

실험설계에서 제시된 내용과 일치하게 제시: 연구대상 선발 기준, 학부모 동의 여부, 실험(처치)·통제 집단 인원 배정 등 제시

프로그램 실시 기간, 회기 수, 회기별 시간, 장소 등 제시

5) 평가단계

평가단계는 최종 프로그램의 효과성에 대해서 과학적 방법으로 검증하는 단계이다. 평가방법에는 통계적 또는 비통계적 방법을 활용할 수 있다. 통계적 검증을 연구대상자의 변화 내용을 확인하고 싶다면, 연구자가 연구 주제와 목적에 맞는 적절한 통계방법을 사용해야 한다.

평가단계 작성 시 고려 사항

- **평가단계**
  - 평가의 목적, 방법 제시
  - 양적 분석: 평가를 위해 실시한 통계 프로그램 제시, 평가를 위한 구체적인 통계방법 제시
    - 기초통계: 기술통계(평균, 표준편차, 등분산), 동질성 검증(독립표본 t-검정)
    - 고급통계: 집단차이검증(분산분석, 공분산분석, 다변량공분산분석, 단순주효과검정, 반복측정 분산분석, 혼합설계 분산분석 등 실험설계에 따라 실시)
  - 내용분석: 연구참여자 경험보고서, 연구자 관찰보고서, 변인별 변화를 자세하게 기술하는 과정을 통해 양적 분석에서 미처 다루지 못한 구체적이고 생생한 프로그램의 효과를 평가함

평가단계 작성 형식

마. 평가단계

이 연구에서는 (평가의 목적)을 알아보기 위해 수집된 자료를 통계 처리하여 양적으로 분석하였다. 또한 통계적 검증에 따른 연구 결과를 보완하기 위해 (내용분석 방법)의 내용을 분석하였다. 구체적인 결과는 연구 3에서 제시하고자 한다.

1) 양적 분석

본 연구에서 수집한 자료들은 모두 척도들의 채점 기준에 근거하여 점수화한 후, 통계적 분석은 (통계처치 프로그램 버전)을 사용하여 다

통계적 방법을 통한 프로그램 효과: 효과 검정을 위한 구체적인 통계방법 제시
1. 통계처치 프로그램명과 버전 제시
2. 기초통계(통계, 표준편차, 동질성 검증), 고급통계(집단차이검증)
3. 통계적 유의 수준 제시

음과 같이 분석을 실시하였다. 우선, 실험-통제 집단 간의 사전 동질
성을 확인하기 위하여 (기초통계-통계처리 방법 제시)를 실시하였다.
다음으로, 연구의 가설을 검증하기 위한 통계적 방법으로 (집단차이검
증을 위한 고급통계 방법 제시)를 이용하였다. 혼합설계는 구체적으로
집단(실험, 통제)과 측정 시기(사전검사, 사후검사, 추후검사)에 따라
(효과변인 평가의 목적) 분석하기 위해 (통계처리 방법 1)을 실시하고,
만일 집단과 측정 시기의 상호작용 효과가 나타나는 경우에는 더 구체
적으로 살펴보기 위하여, (통계처리 방법 2)를 검증하고 (통계처리 방
법 3)을 실시하였다. 가설검정을 위한 (통계적 유의수준)은 .05 수준으
로 하였다.

2) 내용분석

연구 결과에서 통계적 검증에 따른 양적 결과가 갖는 신뢰성에 대한 제한
점을 보완하기 위하여 (내용분석 방법)을 분석하여 그 결과를 보완하였다.

평가단계 작성 예시(문애경, 2016)

마. 평가단계

이 연구에서는 실험 처치한 프로그램이 중학생들의 진로성숙도와 학
교적응에 미치는 영향을 알아보기 위해 수집된 자료를 통계 처리하여
양적으로 분석하였다. 또한 통계적 검증에 따른 연구 결과를 보완하기
위해 집단원의 경험보고서와 프로그램 평가 설문지의 내용을 분석하였
다. 구체적인 결과는 연구 3에서 제시하고자 한다.

1) 양적 분석

본 연구에서 수집한 자료들은 모두 척도들의 채점 기준에 근거하여
점수화한 후, 통계적 분석은 SPSS WIN 21.0을 사용하여 다음과 같
이 분석을 실시하였다. 우선, 실험-통제 집단 간의 사전 동질성을 확
인하기 위하여 집단을 독립변인으로 하고 진로성숙도와 학교적응 각
각을 종속변인으로 한 독립표본 t-검정을 실시하였다. 다음으로, 연구
의 가설을 검증하기 위한 통계적 방법으로 혼합설계 분산분석(mixed
ANOVA)을 이용하였다. 혼합설계는 구체적으로 집단(실험, 통제)과

평가의 목적 제시

통계적 방법을 통한 프로그램 효과검정

효과검정을 위해 실시한 통계 프로그램 제시

효과검정을 위한 구체적인 통계방법 제시
1. 독립표본 t-검정: 독립적인 두 집단의 평균 차이에 대한 검증
2. 혼합설계 분산분석: 집단 간 설계와 집단내 설계가 공존하는 것으로 상호작용이 유의한 경우 단순효과분석 실시
3. 단순효과: 혼합설계 분산분석에서 상호작용이 유의한 경우 단순효과분석을 실시하나 상호작용이 유의하지 않을 경우 주효과분석 실시

측정 시기(사전검사, 사후검사, 추후검사)에 따라 진로성숙도와 학교적응의 변화를 분석하기 위해 측정 시기를 반복측정 변인으로 한 이원분산분석을 실시하고, 만일 집단과 측정 시기의 상호작용 효과가 나타나는 경우에는 더 구체적으로 살펴보기 위하여, 집단과 측정 시기 각각에 대한 단순효과를 검증하고 아울러 집단별 효과를 비교는 단순비교를, 측정 시기별 효과를 비교하기 위해 다중비교(LSD)를 실시하였다. 가설검정을 위한 통계적 유의수준은 .05 수준으로 하였다.

양적 분석에서 미처 다루지 못한 구체적이고 생생한 프로그램의 효과를 평가

2) 내용분석

연구 결과에서 통계적 검증에 따른 양적 결과가 갖는 신뢰성에 대한 제한점을 보완하기 위하여 집단원이 회기별로 작성한 경험보고서와 프로그램에 대한 평가 설문지를 분석하여 그 결과를 보완하였다.

4. 연구방법 작성 후 점검 사항

연구자는 연구방법을 작성한 후 다음의 점검 사항을 확인해 본다.

번호	점검 내용	확인	
		예	아니요
1	전집과 표집이 분명히 규정되었는가?		
2	표집의 방법은 적절하며, 대표적 표집이라고 할 수 있는가?		
3	자료수집의 방법과 절차가 명확히 기술되었는가?		
4	자료수집은 타당하고 신뢰성 있게 이루어졌는가?		
5	자료수집하는 절차에 대해 상세히 기술되었는가?		
6	도구의 신뢰도와 타당도가 제시되었는가?		
7	집단차이 연구를 위하여 어떤 측정도구가 사용되었으며, 누가 그 도구를 개발하였는지 제시되었는가?		
8	연구도구에 대해 충분히 기술되었는가?		
9	연구문제에 적합한 통계적 분석방법을 적용하였는가?		
10	연구방법은 신뢰성과 타당성을 가지고 있는지 제시되었는가?		
11	연구방법은 반복해서 할 수 있는 것인가?		

제4장

결과

연구논문의 결과 부분을 이야기할 때 흔히 "구슬이 서 말이라도 꿰어야 보배"라는 말을 많이 인용한다. 논문 작성에 있어서 연구 결과는 의미 없던 구슬들을 잘 배열하고 꿰어 보석을 만드는 과정이다. 따라서 연구논문의 결과 장에서는 서론에서 작성한 연구문제와 연구가설에 대한 답을 제공한다.

아무리 좋은 연구가설과 연구방법을 가지고 연구를 시작했다 해도, 그리고 처치프로그램을 실시하는 과정에서 심정적으로 연구대상에게 효과가 있는 것으로 느껴졌다 하더라도 효과변인을 측정하여 두 집단 간의 차이를 확인하는 과정인 결과 부분에서 오류를 범하게 된다면 그 논문은 결코 좋은 논문이 될 수 없다.

집단차이 연구에서 결과는 연구자가 실시한 프로그램의 효과성을 검증하는 과정이다. 즉, 서론에서 연구문제나 연구가설에 따라 수집된 자료를 SPSS 프로그램으로 통계 처리한 결과 중 연구자가 연구를 통해 알고자 한 내용만을 선별하여 처치된 프로그램이 연구대상에게 통계적으로 유의한 결과를 가져왔는지를 밝히는 것이다.

따라서 이 장에서는 연구 결과 작성법에 대해 알아보고, 집단차이 연구

논문 중 실제로 발표된 프로그램 개발과 재구성 논문을 예시하여 논문의 결과 작성과 통계 처리하는 법, 그리고 작성 후의 점검 사항에 대해 살펴보고자 한다.

1. 결과 작성

집단차이 연구의 결과는 연구문제 혹은 연구가설의 순서에 따라 결과를 기술하며, 수집한 자료가 기본적인 가정에 맞는지를 확인하기 위한 기초통계 자료를 먼저 제시한 후 자료 처리에서 기술한 바에 따라 고급통계를 실시하여 가설의 진위 여부를 밝혀야 한다.

대부분의 결과 제시에서는 장황하고 긴 문장으로 설명하기보다는 무엇을 밝히기 위해 어떤 통계 처리를 했는지를 기술하고 통계의 결과를 잘 정리된 표로 제시한 후, 표 아래에 표의 내용이 통계적으로 어떤 의미를 지니는지를 간단명료하게 기술한다. 대부분의 학위논문은 결과와 논의 부분이 분리되어 있으므로 결과에 대한 의미 해석과 연구자의 견해는 논의에서 충분히 설명하면 된다. 따라서 결과 부분에서는 연구자가 정하거나 연구 분야에서 통상적으로 정해진 유의수준에 따라 통계적으로 유의한 결과만을 중심으로 제시한다.

연구의 결과 작성단계를 간략하게 정리하면 다음과 같다.

결과 작성 흐름도

1단계: 연구 문제나 가설을 구성 목차 순서로 기술

⇩

2단계: 통계분석의 결과를 제시할 때에는 기초통계분석(동질성 검증, 평균, 표준편차)을 먼저 기술한 다음, 고급통계분석(공분산분석, 다변량공분산분석, 반복측정분석, 단순주효과검정, 다중비교분석)의 결과를 기술

⇩

3단계: 연구 결과에서 기술하는 내용은 결과의 해석, 추론, 평가 및 의미 부여를 통해 서론을 정당화시키는 데 충분한 타당성을 제시

⇩

4단계: 결과에 대한 논의가 충분하게 이루어질 필요가 있는 경우에는 연구 결과 작성과 논의 작성 부분으로 구분할 수도 있음

결과 작성 시 고려 사항

• 도입 부분
 −연구문제 진술문 반복해서 기술
 −연구대상, 표본, 자료수집 도구 기술
 −연구의 목적과 자료를 분석하는 데 사용한 통계방법 기술

• 조사결과 작성
 −결과표 제시(변인, 임계치, 자유도, 유의수준)
 −통계결과 제시(유의한 변인, 실제로 계산된 값, 자유도 유의수준)
 −가설의 기각과 수용 여부
 −가설의 기각 및 수용 이유
 −그래프 제시(x축: 측정 시기, y축: 변인명, 내용: 집단별 차이)

2. 결과 작성 시 고려 사항

1) 가설검정 결과 제시 및 설명

결과의 장에서 사용한 통계분석을 위해 연구자가 수집한 자료는 주어진 통계분석 방법을 사용할 수 있는 조건을 갖추고 있는지를 검토해 보기 위한 자료로만 사용해야 한다.

기초통계를 위한 통계처리

- 빈도분석(frequency distribution): 입력한 자료의 결측치와 이상치, 극단치 확인, 인구통계학적 결과 제시. 결측치, 이상치, 극단치는 연구에 영향을 미칠 수 있으므로 효과검정을 위해 통계 처리를 하기 전에 반드시 확인해야 함
- 신뢰도(reliability): 효과변인으로 사용된 척도가 연구자료로 사용할 만큼 신뢰할 수 있는지를 확인. 사회과학 분야 연구의 경우, 문항 내적타당도 0.7 이상일 때 신뢰적이라고 봄
- 기술통계(descriptive statistics): 중심값 중 평균과 표준편차를 주로 확인하여 집단의 특징을 이해. 각 평균을 확인하여 표본이 모집단을 대표할 수 있는 집단인지를 확인할 수 있음
- 독립표본 t-검정(independent sample t-test): 실험집단과 통제집단의 사전점수의 등분산과 동질성이 확보되었는지를 검증. 두 집단의 사전점수의 Levene의 등분산 검증의 F값과 평균의 동질성 검증의 t값의 유의확률 p가 .05보다 크면 두 집단의 사전점수가 등분산을 이루고 동질하다는 것을 의미함

---

2) 연구가설(문제)과 관계있는 내용만 연구 결과로 보고

통계 프로그램을 이용하여 자료를 분석하면, 결과 관련된 여러 가지 자료가 출력된다. 연구자는 출력 결과에서 자신의 연구가설과 관련된 부분

만을 요약해서 연구 결과로 제시하여야 한다. 또한 연구자는 집단차이를 검증할 수 있는 다양한 방법(t-검정, 분산분석, 공분산분석 등) 중 연구의 결과를 설명하기에 가장 적절한 분석방법을 선택해야 한다. 즉, 여러 가지 분석방법을 통해 도출된 유사한 결과를 반복적으로 제시하는 오류를 범해서는 안 된다.

> **효과검정을 위한 통계처리**
>
> • 대응표본 t-검정(paired sample t-test): 두 집단의 평균 비교. 처치 후 실험집단의 사전-사후 점수의 유의한 차이를 통해 처치효과를 검증할 때 사용함
> • 분산분석(analysis of variance: ANOVA): 셋 이상의 집단에서 집단 간, 집단 내의 차이를 한 번에 검증하고자 할 때 사용함. 단, 프로그램 외 가외변인으로 인한 효과를 제외시키지 않고 순수하게 프로그램의 효과로 가정함. 종속변인이 하나 이상인 경우 다변량분산분석
> • 공분산분석(analysis of covariance: ANCOVA): 셋 이상의 집단에서 집단 간, 집단 내의 차이를 한 번에 검증하고자 할 때 사용함. 프로그램 외 가외변인으로 인한 효과를 제외시키기 위해 사전점수를 공변인으로 수정된 사후점수를 이용해 프로그램의 효과를 검증. 종속변인이 하나 이상인 경우 다변량공분산분석(multivariate ANCOVA)
> • 반복측정분산분석(repeated measure ANOVA: RM-ANOVA): 동일한 연구대상에게 다른 처치를 반복적으로 가하여 그 처치 간에 차이가 있는지를 검증하는 설계방법. 통제해야 할 가외변인이 많을 때 사용하는 것이 적합

3. 결과 작성의 실제

집단차이 연구논문의 통계분석 시 SPSS을 이용하려면 먼저 수집된 자료를 입력해야 한다. 자료 입력은 한글 프로그램, 엑셀 프로그램, SPSS 프로그램을 이용할 수 있다. 기초통계 부분은 이 책의 부록에 제시한 '기초

통계처리'를 참고하기 바란다.

여기서는 집단차이 연구에서 주로 사용되는 통계 작성과 자료 처리 방법을 중심으로 살펴보고자 한다. 자료 입력과 입력이 완성된 자료의 예시는 다음과 같다.

• 자료 입력 화면 예시

집단차이 연구의 통계 처리과정을 크게 다음의 두가지 방법으로 살펴보고자 한다.

첫째, 혼합설계 분산분석(mixed ANOVA)이다. M-ANOVA는 구체적으로 집단(실험, 통제)과 측정 시기(사전검사, 사후검사, 추후검사)에 따라 종속변인의 변화를 분석하기 위해 측정 시기를 반복측정 변인으로 한 이원분산분석을 실시한다. 만일 집단과 측정 시기의 상호작용 효과가 나타나는 경우에 더 구체적으로 살펴보기를 원한다면, 집단차이와 측정 시기 각각에 대한 단순주효과를 검증을 통해 집단차이별 효과를 비교하기 위해 단순비교, 측정 시기별 효과를 비교를 통해 사후검증을 실시하는 방법의 결과를 도출한다.

둘째, 공분산분석(ANCOVA)과 다변량공분산분석(MANCOVA)이다. 구체적으로 변인별 프로그램 효과성 검증을 위해 사전점수들을 공변인으로 한 후 사후점수들의 대해 공분산분석(ANCOVA)을 실시한다. 각 변인의 하위요인들에서의 효과성 검증을 위해서 사전점수들을 공변인으로 한 후 사후점수들의 대해 다변량공분산분석(MANCOVA)을 실시하여 통계결과를 도출한다.

여기서는 예시 연구논문을 중심으로 결과를 작성하는 법과 결과 작성을 위한 통계 처리과정을 살펴본다.

1) 프로그램 개발 연구 결과분석

여기서는 문애경(2016)의 「중학생을 위한 강점기반 진로탐색프로그램 개발과 효과」를 예로 들어, 프로그램 개발 연구논문의 결과 작성 및 통계를 살펴본다.

결과 작성 예시(문애경, 2016)

가. 양적 분석 결과

1) 집단 간 사전 동질성 검증

개발한 강점기반 진로프로그램에 참여한 실험집단과 프로그램에 참여하지 않은 통제집단에 참여한 중학생들을 대상으로 진로성숙도와 학교적응의 수준이 프로그램에 참여하기 이전에 동질했는지를 검증하기 위하여 실험·통제 집단의 사전검사 점수 각각을 독립표본 t-검정을 통하여 검증하였으며, 그 결과는 〈표 4-1〉에 제시하였다.

〈표 4-1〉 실험집단과 통제집단의 사전 동질성 검증결과 (N=22)

관련변인		실험집단(n=11)		통제집단(n=11)		t	p
		M=평균	SD=표준편차	M=평균	SD=표준편차		
진로성숙도	태도 영역	81.55	4.25	80.18	2.52	.91	.37
	능력 영역	83.09	4.39	83.27	5.33	-.08	.93
	행동 영역	4.45	2.42	4.82	1.54	-.42	.67
학교적응	전체 학교적응	108.27	17.80	104.55	10.63	.59	.55
	학교공부	20.36	3.01	19.64	3.47	.52	.60
	학교친구	31.82	5.74	30.55	3.53	.62	.53
	학교교사	27.64	5.70	25.36	5.24	.97	.34
	학교생활	28.45	5.68	29.00	3.03	-.28	.78

기본 가정을 위한 기초통계
〈통계 프로그램〉
분석 → 평균비교 → 독립표본 t-검정

프로그램의 효과를 검증하기 전 실험집단과 통제집단이 기본 가정인 사전점수가 등분산을 이루는지, 사전값이 동일한지를 확인하는 작업

결과 제시의 목적과 통계 처리방법 제시

전체 연구대상 제시: 전체 인원은 대문자로 기록

t: 두 집단의 차이를 계산한 값

p: 두 집단의 차이에 대한 유의확률
p값이 .05보다 크므로 두 집단은 차이가 없음. 따라서 동질집단임

분석 결과, 진로성숙도 모든 하위영역들(태도, 능력, 행동)과 학교적응의 전체 점수 및 모든 하위요인들(학교공부, 학교친구, 학교교사, 학교생활)에 있어서 집단 간 차이도 통계적으로 유의하지 않아서 실험집단과 통제집단은 프로그램 이전에 있어서 동질한 집단인 것으로 나타났다.

통계분석의 목적에 맞게 도출된 결과를 간략하게 제시

(1) 동질성 검증: 독립표본 *t*-검정

두 집단의 동질성을 검증하는 통계방법은 두 독립표본 *t*-검정이다. 두 독립표본 *t*-검정이란 각기 다른 두 모집단의 속성인 평균을 비교하기 위해 두 모집단을 대표하는 표본들을 독립적으로 추출하여 표본 평균을 비교함으로써 모집단 간의 유사성을 검정하는 방법이다. 두 독립표본 *t*-검정은 두 표본 집단의 등분산성을 기본 가정으로 한다. 두 집단의 평균 차이의 크기를 판단하는 기준은 표준오차에 의해서 계산되며, 이때 등분산 가정에 의하여 두 표본에서 얻는 분산을 가지고 통합분산을 계산하여 표준오차를 계산한다.

SPSS 통계처리

실험집단과 통제집단의 사전점수의 동질성을 검정하기 위하여 독립표본 *t*-검정을 실시한다.

● 분석에서 평균비교 → 독립표본 *t*-검정(T)을 선택한다.

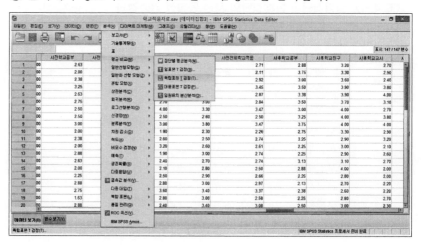

● 사전점수를 검정변수로 이동시키고 집단변수에 집단구분을 이동시킨

   후 집단정의를 클릭한 후 집단1 → 1, 집단2 → 2를 기록해 넣는다.

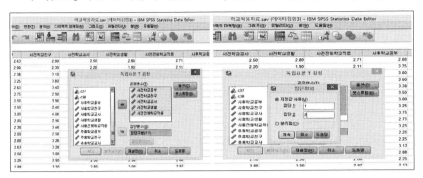

● 설정이 끝나면 확인을 클릭한다. 독립표본 *t*-검정 결과를 출력한다.

● 등분산이 가정됨의 내용을 표에 옮긴다.

독립표본검정

		Levene의 등분산 검정		평균의 동일성에 대한 t-검정					차이의 95% 신뢰구간	
		F	유의확률	t	자유도	유의확률 (양쪽)	평균차	차이의 표준오차	하한	상한
사전학교공부	등분산이 가정됨	.940	.344	.525	20	.605	.09091	.17316	−.27030	.45212
	등분산이 가정되지 않음			.525	19.604	.605	.09091	.17316	−.27077	.45258
사전학교친구	등분산이 가정됨	3.280	.085	.626	20	.538	.12727	.20324	−.29667	.55122
	등분산이 가정되지 않음			.626	16.620	.540	.12727	.20324	−.30227	.55682
사전학교교사	등분산이 가정됨	.001	.973	.974	20	.342	.22727	.23337	−.25953	.71408
	등분산이 가정되지 않음			.974	19.862	.342	.22727	.23337	−.25975	.71430
사전학교생활	등분산이 가정됨	3.820	.065	−.281	20	.782	−.05455	.19417	−.45958	.35049
	등분산이 가정되지 않음			−.281	15.273	.783	−.05455	.19417	−.46777	.35868
사전전체학교적응	등분산이 가정됨	1.934	.180	.596	20	.558	.09809	.16451	−.24508	.44125
	등분산이 가정되지 않음			.596	16.332	.559	.09809	.16451	−.25009	.44626

결과 작성 예시(문애경, 2016)

   2) 중학생 대상 강점기반 진로탐색 프로그램이 학교적응에 미치는 효과

   강점기반 진로프로그램의 효과를 검증하기 위하여 중학생들의 학교
적응 전체 점수 및 하위요인들(학교공부, 학교친구, 학교교사, 학교생
활)의 평균과 표준편차를 집단(실험, 통제)과 측정 시기(사전, 사후, 추
후)로 나누어 살펴보았고, 그 결과를 〈표 4-2〉에 제시하였다.

<table>
<tr><td colspan="6">〈표 4-2〉 학교적응에 대한 집단 간 사전 · 사후 · 추후 검사 점수 평균과 표준편차</td></tr>
</table>

관련변인	시기	실험집단(n=11)		통제집단(n=11)	
		M	SD	M	SD
학교적응 전체	사전	108.27	17.80	104.55	10.63
	사후	129.45	12.34	101.45	8.80
	추후	130.36	15.71	102.91	8.85
학교공부	사전	20.36	3.01	19.64	3.47
	사후	26.18	2.71	19.73	2.69
	추후	24.91	3.56	19.91	2.30
학교친구	사전	31.82	5.74	30.55	3.53
	사후	36.18	3.87	30.09	3.70
	추후	35.82	4.42	30.36	4.01
학교교사	사전	27.64	5.70	25.36	5.24
	사후	32.27	5.76	23.36	3.59
	추후	34.00	5.10	24.45	4.84
학교생활	사전	28.45	5.68	29.00	3.03
	사후	34.82	3.40	28.27	3.32
	추후	35.64	4.78	28.18	2.60

〈통계 프로그램〉
분석 → 평균 비교 →
일원배치분산분석

M:평균

SD:표준편차
평균에서 떨어진 정도

(2) 기술통계분석: 평균, 표준편차

　기술통계는 주어진 자료를 요약해 주는 통계값을 계산하고 표준화하기 위해 사용한다. 기술통계분석의 결과는 빈도분석의 통계량과 거의 유사하지만, 빈도분석은 주로 질적 변수 분석에서 사용되는 데 비해 기술통계분석은 양적 변수를 분석하는 데 사용된다.

　수집된 자료를 설명하기 위해서 사용되는 통계방법이며, 기술통계에는 중심경향값으로 평균, 중앙값, 최빈값이 있으며, 흩어진 정도를 설명하는 표준편차, 분산 등을 알아본다. 일반적으로 집단차이 연구에서는 평균과 표준편차를 제시한다.

SPSS 통계 처리

❍ 데이터 → 케이스 선택 → 모든 케이스로 되어 있는지 확인한다.

❍ 분석(A) → 평균비교(M) → 일원배치분산분석(O)을 연다.

❍ 사전, 사후, 추후 점수를 '종속변수' 칸으로, 집단구분을 '요인분석'으로
이동시킨 후 옵션을 선택한다.

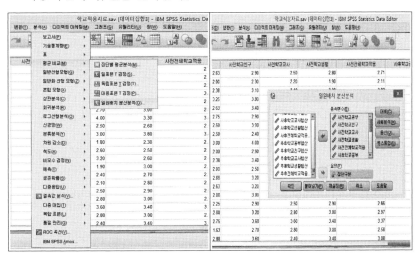

❍ 통계량(기술통계)을 지정한 후 계속을 선택한다.

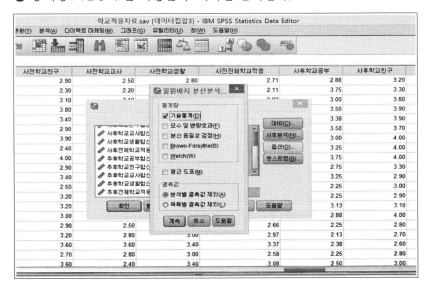

❍ 모두 설정되면 확인을 선택하고 결과를 출력한다.

❷ 출력 결과를 이용해 실험·통제 집단의 사전·사후 추후 점수의 평균
과 표준편차를 기록한다.

결과 작성 예시(문애경, 2016)

통계 처리의 목적과
통계 처리방법 제시

통계 처리과정의 예
외 부분에 대해 언급

차이접수 분산의 동
질성: 차이접수의 분
산이 같아야 한다는
가정

〈통계 프로그램〉
분석 → 일반선형모
형 → 반복측정

SS: 제곱합
df: 자유도
MS: 평균제곱
F: 효과크기
*: 유의 확률

　　다음으로 강점기반 진로프로그램에 따른 학교적응 점수의 변화를 살
펴보기 위하여 중학생의 집단(실험집단, 통제집단)별 학교적응 점수에
대한 반복측정 분산분석을 실시한 결과는 〈표 4-3〉과 같다. 진로성숙
도와 마찬가지로 구형성(Sphericity) 검증을 실시한 결과, 구형성 가
정이 위배된 학교친구의 경우 Greenhouse-Geisser 수정 방식으로
교정된 유의도 검증결과를 제시하였다(Girden, 1992).

〈표 4-3〉 학교적응 점수에 대한 반복측정 분산분석 결과

관련변인	요인	SS	df	MS	F
전체 학교적응	집단 간				
	집단 간(처치)	6421.23	1	6421.23	29.25***
	오차	4391.27	20	219.56	
	집단 내				
	집단 내(시기)	1377.30	2	688.65	5.05*
	처치×시기	2112.82	2	1056.41	7.75**
	오차	5454.55	40	136.36	

	집단 간				
학교공부	집단 간(처치)	272.06	1	272.06	22.33***
	오차	243.64	20	12.18	
	집단 내				
	집단 내(시기)	108.77	2	54.38	7.42**
	처치×시기	97.49	2	48.74	6.65**
	오차	293.09	40	7.33	
학교친구	집단 간				
	집단 간(처치)	301.23	1	301.23	13.43**
	오차	448.55	20	22.43	
	집단 내				
	집단 내(시기)	54.76	1.46	37.42	1.69
	처치×시기	75.36	1.46	51.50	2.32
	오차	648.55	29.27	22.16	
학교교사	집단 간				
	집단 간(처치)	787.64	1	787.64	21.75***
	오차	724.18	20	36.21	
	집단 내				
	집단 내(시기)	81.85	2	40.92	1.97
	처치×시기	178.46	2	89.23	4.30*
	오차	830.36	40	20.76	
학교생활	집단 간				
	집단 간(처치)	331.88	1	331.88	17.17***
	오차	386.55	20	19.33	
	집단 내				
	집단 내(시기)	133.46	2	66.73	4.85*
	처치×시기	211.03	2	105.52	7.67**
	오차	550.18	40	13.76	

*$p<.05$, **$p<.01$, ***$p<.001$ ┄┄ 결과 처리에서 나타난 유의수준 표기

분석 결과, 집단과 측정 시기의 상호작용 효과가 전체 학교적응[F (2, 40) = 7.75, $p<.01$], 학교공부[F(2, 40) = 6.65, $p<.01$], 학교교사[F(2, 40) = 4.30, $p<.05$], 학교생활[F(2, 40) = 7.67, $p<.01$]에 있어서 통계적으로 유의하였다. 이를 통해 강점기반 진로프로그램에 따른 전체 학교적응 점수와 학교공부 점수, 학교교사 점수, 학교생활 점수의 측정 시점에 따른 변화 양상이 실험집단과 통제집단 간에 차이가 있음을 확인할 수 있었다.

통계적으로 유의한 결과를 수치로 제시: 변인명[F(자유도)= 값, 유의수준]

통계결과를 통해 추론된 결과 제시

(3) 반복측정: 집단 내, 집단 간 차이검증

반복측정은 처치효과를 알고자 하는 연구에서 연구대상의 특성과 관련된 가외변인이 많은 경우 이러한 가외변인은 실험설계에서 통제하기가 불가능하다. 이런 경우 동일 연구대상에게 각기 다른 처치를 반복적으로 가한 후 처치효과를 알아보기 위해 반복측정을 사용한다.

SPSS 통계처리

🔾 분석(A) → 일반선형모형(G) → 반복측정(R)을 연다.

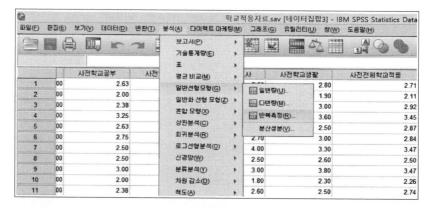

🔾 개체 내 요인 이름 아래의 수준의 수에 3(사전, 사후, 추후: 3회 반복측정이므로)을 입력 후 추가를 클릭한다.

🔾 정의를 클릭한 후 개체 내 변수(요인1) 칸에 해당 변인의 사전, 사후, 추후 점수를 이동시킨다.

🔾 개체 간 요인에 집단구분 이동 후 확인을 클릭한 후 출력 결과를 확인한다.

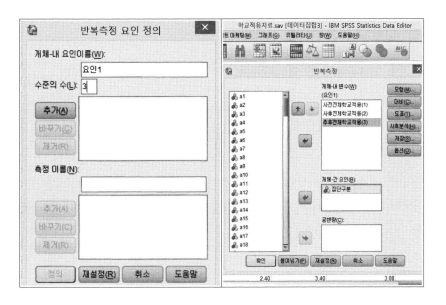

Mauchly의 구형성 검정[a]

측도: MEASURE_1

개체-내 효과	Mauchly의 W	근사 카이제곱	자유도	유의확률	엡실런[b]		
					Greenhouse-Geisser	Huynh-Feldt	하한값
요인1	.991	.172	2	.918	.991	1.000	.500

정규화된 변형 종속변수의 오차 공분산행렬이 단위행렬에 비례하는 영가설을 검정합니다.

a. Design: 절편+집단구분

　개체-내 계획: 요인1

b. 유의성 평균검정의 자유도를 조절할 때 사용할 수 있습니다. 수정된 검정은 개체 내 효과검정 표에 나타납니다.

　　구형성은 공분산의 동질성을 의미하며, 구형성 가정은 실험 조건별 종속측정값 차이의 분산이 동일하여야 함을 의미한다. 이 예시에서 **구형성 검정 결과가** .918이므로 **구형성이 충족되었음을 의미**한다. 따라서 구형성 가정됨 값을 채택하면 된다.

반복측정의 기본가정

개체 내 효과검정

측도: MEASURE_1

소스		제 III 유형 제곱합	자유도	평균제곱	F	유의확률
요인1	구형성 가정	1377.303	2	688.652	5.050	.011
	Greenhouse-Geisser	1377.303	1.982	694.861	5.050	.011
	Huynh-Feldt	1377.303	2.000	688.652	5.050	.011
	하한값	1377.303	1.000	1377.303	5.050	.036
요인1*집단구분	구형성 가정	2112.818	2	1056.409	7.747	.001
	Greenhouse-Geisser	2112.818	1.982	1065.409	7.747	.001
	Huynh-Feldt	2112.818	2.000	1056.409	7.747	.001
	하한값	2112.818	1.000	2112.818	7.747	.011
오차(요인1)	구형성 가정	5454.545	40	136.364		
	Greenhouse-Geisser	5454.545	39.643	137.593		
	Huynh-Feldt	5454.545	40.000	136.364		
	하한값	5454.545	20.000	272.727		

SS: 제곱합
df: 자유도
MS: 평균제곱
F: 효과크기
*: 유의 확률

❯ 출력된 결과 중 개체 내 효과검정 표에서 구형성 가정값 요인1을 집단 내 (시기), 요인1×집단구분값을 처치×시기, 오차(요인1)을 오차값에 기록한다.

요인	SS	df	MS	F
집단 내				
집단 내(시기)	1377.30	2	688.65	5.05*
처치×시기	2112.82	2	1056.41	7.75**
오차	5454.55	40	136.36	

개체 간 효과검정

측도: MEASURE_1

소스	제 III 유형 제곱합	자유도	평균제곱	F	유의확률
절편	840269.833	1	840269.833	3826.999	.000
집단구분	6421.227	1	6421.227	29.245	.000
오차	4391.273	20	219.564		

❯ 출력 결과 중 개체 간 효과검정 표에서 집단구분에는 집단 간(처치)와 오차를 기록한다.

요인	SS	df	MS	F
집단 간				
집단 간(처치)	6421.23	1	6421.23	29.25 ***
오차	4391.27	20	219.56	

다른 변인들도 같은 방법으로 통계처리하여 기록하면 된다.

(4) 단순 주효과검정

결과 작성 예시(문애경, 2016)

　이처럼 반복측정 분산분석을 통해서 집단과 측정 시점의 상호작용 효과가 유의하게 나타난 전체 학교적응 및 학교공부, 학교교사, 학교생활 점수의 경우 측정 시점에 따른 점수의 변화 양상에 있어서 집단 간 차이가 있음만 확인할 수 있을 뿐, 집단별로 어떻게 변화했는지에 대한 결과는 알 수 없으므로 집단별 측정 시점에 따른 변화를 더 구체적으로 살펴보기 위하여 집단별, 측정 시기별로 단순 주효과 및 다중비교(LSD) 분석을 실시하였고, 그 결과를 〈표 4-4〉에 제시하였다.

다음 단계에 실시할 효과검정법과 이유 설명: 통계처리를 통해 얻고자 하는 결과 기술

　반면, 학교친구에 있어서는 집단과 측정 시기의 상호작용 효과가 통계적으로 유의하지 않았다. 따라서 집단과 측정 시기의 주효과를 살펴본 결과, 집단의 주효과만 통계적으로 유의하였고[$F(1, 20)=13.43$, $p<.01$], 측정 시기의 주효과는 통계적으로 유의하지 않았다. 즉, 학교친구 점수의 경우 측정 시기와 상관없이 실험집단이 통계집단보다 높은 것으로 나타났다. 학교친구의 경우 집단과 측정 시기의 상호작용 효과가 통계적으로 유의하지 않았기 때문에 이후 추가 분석은 실시하지 않았다.

다음 단계 검증의 예외 상황 제시

통계 처리의 예외 상황 설명

〈표 4-4〉 **학교적응 점수의 단순 주효과 및 다중비교 분석 결과**

관련 변인	Source	SS	df	MS	F	다중비교
전체 학교 적응	측정시기×실험	3437.52	2	1718.76	10.34***	c<d, e
	측정시기×통제	52.61	2	26.30	.247	
	집단구분×사전	76.41	1	76.41	.36	
	집단구분×사후	4312.00	1	4312.00	37.54***	b<a
	집단구분×추후	4145.64	1	4145.64	25.52***	b<a

〈통계 프로그램〉
측정 시기별:
분석 → 일반선형모형 → 반복측정
집단구분:
분석 → 평균 비교 → 일원배치분산분석

분석(A) → 평균비교(M) → 일원배치분산분석(O) 중 대응별 비교

학교 공부	측정시기×실험	205.82	2	102.91	12.80***	c<d, e
	측정시기×통제	.42	2	.21	.03	
	집단구분×사전	2.91	1	2.91	.28	
	집단구분×사후	229.14	1	229.14	31.43***	b<a
	집단구분×추후	137.50	1	137.50	15.30***	b<a
학교 교사	측정시기×실험	238.24	2	119.12	5.10*	c<e
	측정시기×통제	22.06	2	11.03	.61	
	집단구분×사전	28.41	1	28.41	.95	
	집단구분×사후	436.55	1	436.55	18.95***	b<a
	집단구분×추후	501.14	1	501.14	20.26***	b<a
학교 생활	측정시기×실험	340.06	2	170.03	10.39***	c<d, e
	측정시기×통제	4.42	2	2.21	.20	
	집단구분×사전	1.64	1	1.64	.08	
	집단구분×사후	235.64	1	235.64	20.87***	b<a
	집단구분×추후	305.64	1	305.64	20.64***	b<a

*p<.05, **p<.01, ***p<.001. a=실험, b=통제, c=사전, d=사후, e=추후

통계적으로 유의한
결과 제시

우선, 〈표 4-4〉에서 볼 수 있듯이 전체 학교적응 점수에 있어서 집단별 측정 시기의 단순 주효과를 검증한 결과, 실험집단의 경우에는 측정 시기 간 점수 차이가 통계적으로 유의하였고[F=10.34, p<.001], 이때 측정 시점들 간을 비교한 결과 사전점수에 비해 사후점수와 추후점수가 높은 것으로 나타났으며, 사후점수와 추후점수 간에는 차이가 나타나지 않았다. 통제집단의 경우에는 측정 시기 간 점수 차이가 통계적으로 유의하지 않았다. 또한 측정 시기별 집단의 단순 주효과를 검증한 결과, 사후검사 점수[F=37.54, p<.001]와 추후검사 점수[F=25.52, p<.001]에 있어서 집단 간 점수 차이가 통계적으로 유의하였다. 이 차이를 더 구체적으로 살펴봤을 때 사후점수와 추후점수 모두 실험집단이 통제집단에 비해 높은 것으로 나타났다. 반면, 전체 학교적응의 사전검사에 있어서는 집단 간 차이가 통계적으로 유의하지 않았다.

다음으로, 학교공부 점수에 있어서 집단별 측정 시기의 단순 주효과를 검증한 결과, 실험집단의 경우에는 측정 시기 간 점수 차이가 통계적으로 유의하였고[F=12.80, p<.001], 이때 측정 시점들 간 비교한 결과 사전점수에 비해 사후점수와 추후점수가 높은 것으로 나타났으며, 사후점수와 추후점수 간에는 차이가 나타나지 않았다. 통제집단의 경우에는 측정 시기 간 학교공부 점수의 차이가 통계적으로 유의하지 않았다. 또한 측정 시기별 집단의 단순 주효과를 검증한 결과, 사후검

사 점수[$F = 31.43$, $p < .001$]와 추후검사 점수[$F = 15.30$, $p < .001$]에
있어서 집단 간 학교공부 점수의 차이가 통계적으로 유의하였다. 이 차
이를 더 구체적으로 살펴봤을 때 사후점수와 추후점수 모두 실험집단
이 통제집단에 비해 높은 것으로 나타났다. 반면, 학교공부의 사전검
사에 있어서는 집단 간 차이가 통계적으로 유의하지 않았다.

SPSS 통계 처리

측정 시기별 차이

◐ 데이터(D) → 케이스 선택 → 조건에 맞는 케이스를 클릭한다.

◐ 조건 중 집단구분을 선택하고 '집단구분=1'로 입력한 후 계속을 클릭
한다.

◐ 확인을 클릭한 후 데이터가 다음과 같이 변환되었는지 확인한다.

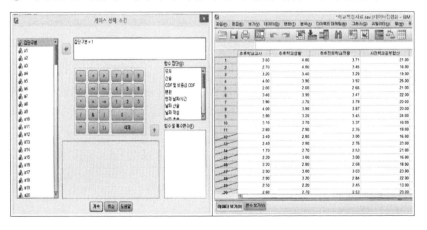

◐ 분석(A) → 일반선형(G) → 반복측정(R)을 연다.

◐ 개체 내 요인 이름 아래의 수준의 수에 3(사전, 사후, 추후 등 3회 반복측
정이므로)을 입력 후 추가를 클릭한다.

◐ 정의를 클릭한 후 개체 내 변수(요인1) 칸에 해당 변인의 사전, 사후, 추
후 점수를 이동시킨다.

◐ 개체 간 요인에 집단구분을 이동 후 옵션을 클릭하여 주효과를 클릭한다.

◐ 확인을 클릭한 후 출력 결과를 확인한다.

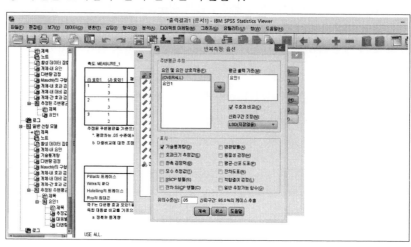

개체 내 효과검정

측도: MEASURE_1

소스		제 III 유형 제곱합	자유도	평균제곱	F	유의확률
요인1	구형성 가정	3437.515	2	1718.758	10.344	.001
	Greenhouse–Geisser	3437.515	1.754	1959.785	10.344	.001
	Huynh–Feldt	3437.515	2.000	1718.758	10.344	.001
	하한값	3437.515	1.000	3437.515	10.344	.009

대응별 비교

측도: MEASURE_1

(I) 요인1	(J) 요인1	평균차(I–J)	표준오차	유의확률b	차이에 대한 95% 신뢰구간b	
					하한값	상한값
1	2	−21.182*	4.576	.001	−31.378	−10.985
	3	−22.091*	6.361	.006	−36.264	−7.918
2	1	21.182*	4.576	.001	10.985	31.378
	3	−.909*	5.406	.870	−12.955	11.137
3	1	22.091*	6.361	.006	7.918	36.264
	2	.909*	5.406	.870	−11.137	12.955

추정된 주변평균을 기준으로
* 평균차는 .05 수준에서 유의합니다.
b. 다중비교에 대한 조정: 최소유의차(조정하지 않은 상태와 동일합니다.)

◐ 출력 결과 중 개체 내 효과검정 중 요인1(구형성 가정) 부분을 측정시기×

3. 결과 작성의 실제   181

실험에 기록한다.

◑ 대응별 비교결과를 다중비교에 기록한다.

◑ 케이스 선택의 집단구분=2를 기록한 후 앞과 같은 방법으로 통계처리
한 후 측정시기×통제에 기록한다.

요인	SS	df	MS	F	다중비교
측정시기×실험	3437.52	2	1718.76	10.34***	c<d, e
측정시기×통제	52.61	2	26.30	.247	

> 개체 내 효과검정 중 요인1의 구형성 가정값 기술

집단 구분에 의한 차이

◑ 데이터 → 케이스 선택 → 모든 케이스로 되어 있는지 확인한다.

◑ 분석(A) → 평균비교(M) → 일원배치분산분석(O)을 연다.

◑ 사전, 사후, 추후 점수를 '종속변수' 칸으로, 집단구분을 '요인분석'으로
이동시킨 후 옵션을 선택한다.

◑ 출력 결과 중 일원배치분산분석 중 집단 간의 내용을 가져와서 표를
완성한다. 다중비교는 사전점수를 제외하고 실험집단과 통제집단 간
점수 차이가 통계적으로 유의하였으므로 'b<a'로 기록한다.

일원배치분산분석		제곱합	df	평균제곱	F	유의확률
사전전체학교적응합산	집단 간	76.409	1	76.409	.355	.558
	집단 내	4298.909	20	214.945		
	합계	4375.318	21			
사후전체학교적응합산	집단 간	4312.000	1	4312.000	37.537	.000
	집단 내	2297.455	20	114.873		
	합계	6609.455	21			
추후전체학교적응합산	집단 간	4145.636	1	4145.636	25.516	.000
	집단 내	3249.455	20	162.473		
	합계	7395.091	21			

요인	SS	df	MS	F	다중비교
집단구분×사전	76.41	1	76.41	.36	
집단구분×사후	4312.00	1	4312.00	37.54***	b<a
집단구분×추후	4145.64	1	4145.64	25.52***	b<a

그래프 작성하기

❍ 통계 처리결과를 간단명료하게 볼 수 있도록 엑셀 프로그램을 이용해
서 표를 완성한다.

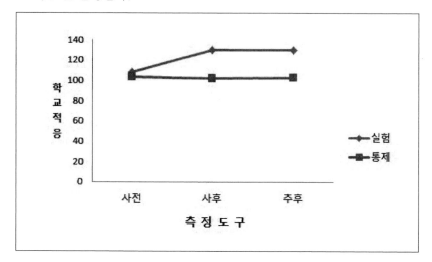

❍ 실험집단과 통제집단의 사전, 사후, 추후 점수값을 엑셀 프로그램에
입력한 후 표를 모두 드래그 → 메뉴창에서 삽입 → 꺾은선형 → 표식
이 있는 꺾은선형 그래프를 선택한다.

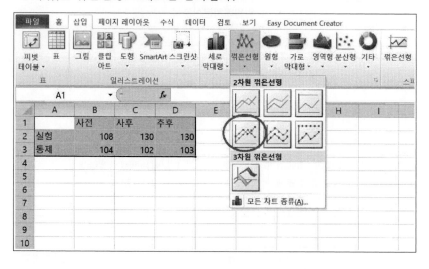

◐ 그래프 표 → 차트레이아웃의 적절한 형식을 선택한다.

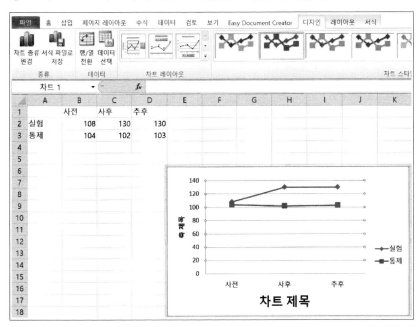

◐ 가로줄 → 마우스 오른쪽 클릭 → 삭제를 선택한다.

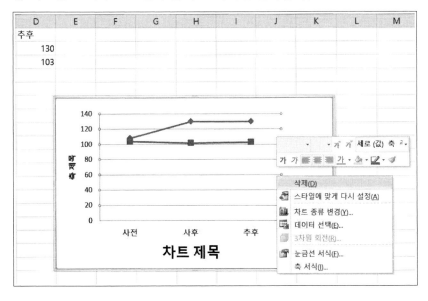

◐ 축제목 → 마우스 오른쪽 클릭 → 맞춤 → 세로형을 선택하고 이름을 입력한다.

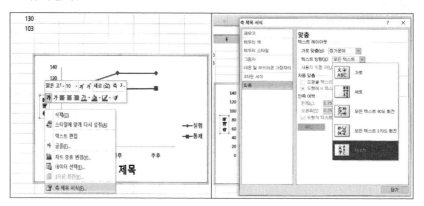

◐ 다음과 같이 그래프가 완성된다. 복사해서 한글에 붙이면 된다.

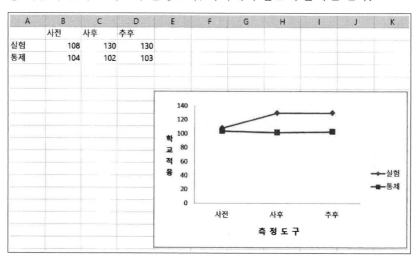

2) 프로그램 재구성 연구 결과분석

여기서는 김하나(2014)의 「정서지능증진 프로그램이 외톨이중학생의 대인불안, 공감 및 또래관계에 미치는 영향」을 예로 들어, 프로그램 재구성 연구논문의 결과 작성 및 통계를 살펴본다.

결과 작성 예시(김하나, 2014)

　가. 집단 간 사전 동질성 검증

　실험집단과 통제집단에 참여한 외톨이중학생의 대인불안, 공감 및 또래관계의 수준이 프로그램에 참여하기 이전에 동질한 집단인지를 검증하기 위하여 실험·통제 집단의 각 종속 변인의 사전점수를 독립표본 t-검정을 통하여 검증하였으며, 그 결과를 〈표 4-5〉에 제시하였다.

〈표 4-5〉 실험집단과 통제집단의 사전 동질성 검증 결과　　　　(N=24)

관련변인	실험집단(n=12)		통제집단(n=12)		Levene의 등분산검정		t	p
	M	SD	M	SD	F	P		
대인불안 전체	75.69	13.37	71.61	15.17	.15	.70	.10	.92
부정적 평가에 대한 두려움	26.38	4.62	24.15	7.50	.01	.91	−.16	.87
새로운 상황에 대한 회피와 불편감	26.46	5.99	25.84	4.27	.07	.80	.90	.38
일반적 상황에 대한 회피와 불편감	22.84	6.97	21.61	5.66	.28	.60	−1.23	.23
공감 전체	68.15	7.17	67.84	7.87	.17	.68	.73	.47
관점 취하기	22.38	3.59	22.61	3.68	.59	.45	.91	.37
상상하기	24.53	5.25	22.69	5.23	3.10	.09	.30	.77
공감적 관심	21.23	2.35	22.53	3.04	1.03	.32	.49	.63
또래관계 전체	138.61	13.46	141.84	7.35	4.10	.05	−.76	.46
또래관계망	51.61	3.92	51.61	6.71	.76	.39	.00	1.00
갈등과 대립	43.84	6.96	47.00	5.85	.00	.98	−1.25	.22
친밀도	23.69	5.08	24.46	4.11	.31	.58	−.42	.68
새친구 사귀기	19.46	5.72	18.76	3.13	3.79	.06	.38	.71

〈통계 프로그램〉
분석 → 평균 비교 →
독립표본 t-검정

　검증 결과에 의하면, 대인관계(Leven's F=.15, p>.05), 공감(Leven's F=.17, p>.05), 또래관계(Leven's F=4.10, p>.05)가 두 집단 간 유

의한 차이가 나타나지 않아 두 집단이 등분산을 이루는 것으로 나타났고, 실험집단과 통제집단은 대인불안, 공감, 또래관계의 사전점수가 .05 수준에서 통계적 유의한 차이가 없었으므로 두 집단은 서로 동질한 것으로 나타났다.

–중 략–

　본 연구의 가설을 검증하기 위하여 실험집단, 통제집단으로 나눈 후 정서지능증진 프로그램 실시 전과 실시 후의 또래관계 척도를 측정하였다. 또래관계 척도의 사전·사후 검사를 실시한 결과 얻어진 집단별 평균과 표준편차 결과는 〈표 4-6〉과 같다.

〈통계 프로그램〉
평균과 표준편차
분석 → 평균 비교 →
일원배치분산분석

〈통계 프로그램〉
공변인에 의해 수정
된 사후값: 공분산분
석 결과 중 '추정된 평
균' 값을 기록하면 됨

표준오차(SE): 표본
평균이 차이가 있는
정도

〈표 4-6〉 또래관계 척도의 평균과 표준편차

하위 영역	집단	사전		사후		공변인에 의해 수정된 사후값	
		평균	표준편차	평균	표준편차	평균	표준오차
전체	실험	138.61	13.46	152.07	13.28	152.63	2.74
	통제	141.84	7.35	140.15	6.53	139.60	2.74
또래관계망	실험	51.61	3.92	56.07	6.75	55.89	1.65
	통제	51.61	6.71	52.15	6.30	52.34	1.65
갈등과 대립	실험	43.84	6.96	47.30	7.13	48.57	1.13
	통제	47.00	5.85	44.61	6.95	43.35	1.13
친밀도	실험	23.69	5.08	24.07	8.30	23.93	1.59
	통제	24.46	4.11	23.69	6.08	23.84	1.59
새친구 사귀기	실험	19.46	5.72	24.61	5.65	24.03	.95
	통제	18.76	3.13	19.69	2.46	20.28	.95

　정서지능증진 프로그램이 외톨이중학생의 또래관계에 미치는 효과를 알아보기 위하여 사전점수를 공변인으로 하여 두 집단의 사후점수를 비교하는 공분산분석(ANCOVA)을 실시하였다. 그 결과는 〈표 4-7〉과 같다.

〈통계 프로그램〉
분석 → 일반선형모
형 → 일변량

〈표 4-7〉 또래관계 척도의 공분산분석 결과

변량원	전체 제곱	자유도	평균제곱	F
공변인	408.08	1	408.08	4.22
집단	1082.94	1	1082.94	11.21**
오차	2222.53	23	96.63	
합계	3554.65	25		

** $p < .01$

〈표 4-7〉과 같이 공분산분석을 통해 실험집단과 통제집단의 사전 검사의 영향을 통제한 후 교정된 사후 또래관계의 통계적 유의성을 검증한 결과 주효과는 $F(1, 23)=11.21$로 $p<.01$ 수준에서 유의한 차이가 있었다.

1) 또래관계의 하위요인들의 사후 집단 간 차이검증

정서지능증진 프로그램이 외톨이중학생의 또래관계 하위요인들에 영향을 주는지를 검증하기 위하여 사전의 또래관계의 하위요인들을 공변인으로 하여 다변량공분산분석(MANCOVA)을 실시하였으며, 그 결과를 〈표 4-8〉에 제시하였다.

〈통계 프로그램〉
분석 → 일반선형모형 → 다변량

〈표 4-8〉 또래관계 하위요인들의 다변량공분산분석 결과

종속변수	변량원	제곱합	자유도	평균제곱합	F
또래관계망	집단	77.04	1	77.04	2.24
	오차	887.116	20	34.36	
갈등과 대립	집단	166.67	1	166.67	10.43**
	오차	319.62	20	15.98	
친밀도	집단	.05	1	.05	.00
	오차	639.38	20	31.97	
새친구 사귀기	집단	86.05	1	86.05	7.64*
	오차	225.41	20	11.27	
	Wilks' λ =.46, F(4, 17) = 4.98**				

* $p<.05$, ** $p<.01$

분석한 결과에 의하면, 다변량공분산분석의 유의성을 나타내 주는 Wilks' λ(람다)가 .46으로 유의하게 나타났으며[$F(4, 17)=4.98$, $p<.01$], 또래관계망, 친밀도를 제외하고 나머지 모든 하위요인에서 유의한 차이가 있는 것으로 나타났다. 더 구체적으로 살펴보면, 프로그램에 참가한 외톨이중학생이 프로그램에 참여하지 않은 외톨이중학생에 비해서 또래관계 하위요인들[갈등과 대립 $F(1, 20)=10.43$, $p<.01$; 새친구 사귀기 $F(1, 20)=7.64$, $p<.05$] 점수에서 유의하게 높은 것으로 나타났다.

마지막으로, 정서지능증진 프로그램을 실시하기 전과 실시한 후, 실험집단과 통제집단의 또래관계 전체 점수와 하위요인 점수의 평균 변화량을 살펴본 결과는 다음 [그림 4-1]과 [그림 4-2]와 같다.

엑셀 프로그램을 이용
삽입 → 꺾은선형

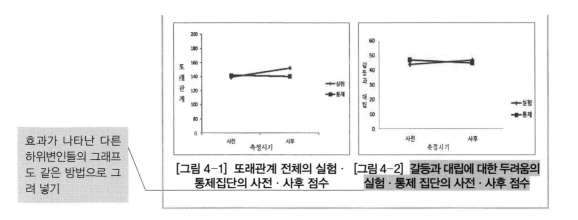

효과가 나타난 다른 하위변인들의 그래프도 같은 방법으로 그려 넣기

[그림 4-1] 또래관계 전체의 실험·통제집단의 사전·사후 점수   [그림 4-2] 갈등과 대립에 대한 두려움의 실험·통제 집단의 사전·사후 점수

3) 집단차이 연구 통계처리: 공분산분석(ANCOVA)

공분산분석은 가외변수가 연속변수일 경우 가외변수의 평균을 동일하게 한 후 종속변인를 교정하여, 교정된 종속변수의 평균 차이를 검증하는 통계방법이다. 각 집단의 사전 능력 수준이 모두 다른 경우에 각 집단의 사후점수의 차이를 비교해서 처치의 효과로 보기 어려우므로 교정된 집단별 점수의 평균 차이를 검증하는 것이며, 집단별 회귀선이 동일한 기울기를 가진다는 가정이 충족될 경우에 집단별 절편의 차이를 검증하는 것이다.

공분산분석은 종속변수가 1개일 때, 다변량공분산분석은 종속변수가 2개 이상일 때 사용한다.

공분산분석

SPSS 통계처리

❱ 데이터를 불러온 후 분석 → 일반선형모형(G) → 일변량(U)을 선택한다.

● 종속변인에는 사후점수로, 공변인에는 사전점수로 하고, 모수요인에
는 집단구분을 이동시킨 후 옵션을 선택한다.

● 주변평균 추정에서 집단차이를 평균 출력 기준(M)으로 이동시키고,
기술통계량(D)을 선택한 후 계속을 선택한다.

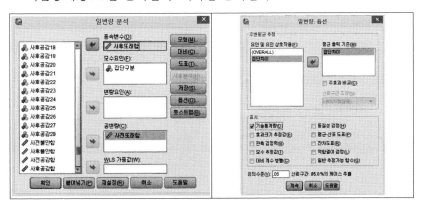

● 모두 설정되면 확인을 선택하고, 결과를 저장한다.

● 개체 간 효과검정은 공분산분석(사전전체 → 공변인값, 집단차이, 오차,
수정합계 → 합계) 결과를 표에 기술한다.

● 추정된 주변평균은 공변인에 의해 수정된 사후값에 적어 넣는다.

개체 간 효과검정

종속변수: 사후또래합

소스	제 III 유형 제곱합	자유도	평균제곱	F	유의확률
수정 모형	1332.123[a]	2	666.061	6.893	.005
절편	2822.013	1	2822.013	29.204	.000
사전또래합	408.084	1	408.084	4.223	.051
집단구분	1082.939	1	1082.939	11.207	.003
오차	2222.531	23	96.632		
합계	558647.000	26			
수정 합계	3554.654	25			

a. 모형에 나타나는 공변량은 다음 값에 대해 계산됩니다.

추정된 주변평균
집단구분

종속변수: 사후또래합

집단구분	평균	표준오차	95% 신뢰구간	
			하한값	상한값
실험	152.632[a]	2.740	146.965	158.300
통제	139.598[a]	2.740	133.931	145.266

a. 모형에 나타나는 공변량은 다음 값에 대해 계산됩니다.

다변량공분산분석

SPSS 통계처리

❍ 데이터를 불러온 후 분석 → 일반선형모형(G) → 다변량(M)을 선택한다.

❍ 종속변인에는 사후점수를, 공변인에는 사전점수로 하고, 모수요인에
  는 집단구분을 이동시킨 후 옵션을 선택한다.

❍ 주변평균 추정에서 집단차이를 평균 출력 기준(M)으로 이동시키고,
  기술통계를 선택한 후 계속을 선택한다.

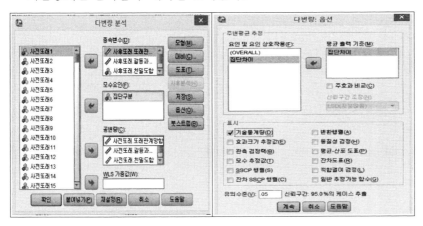

❍ 모두 설정되면 확인을 선택하고, 결과를 저장한다.

❍ 다변량검정 값 중 집단차이의 Wilks 람다값의 유의수준($p < .05$)과 값,
  F값, 자유도를 확인한 후 표 안에 기술한다.

❍ 개체 간 효과검정 값 중 집단차이, 오차를 이용해 다변량검정 표를 완
  성한다.

❍ 추정된 주변평균은 공변인에 의해 수정된 사후값에 적어 넣는다.

> Wilks 람다값의 유의
> 수준이 .05 이하이면
> 다변량분석이 가능함

다변량검정

사전또래.새친구 사귀기합	Pillai의 트레이스	.447	3.433[b]	4.000	17.000	.031
	Wilks의 람다	.553	3.433[b]	4.000	17.000	.031
	Hotelling의 트레이스	.808	3.433[b]	4.000	17.000	.031
	Roy의 최대근	.808	3.433[b]	4.000	17.000	.031
집단구분	Pillai의 트레이스	.539	4.978[b]	4.000	17.000	.008
	Wilks의 람다	.461	4.978[b]	4.000	17.000	.008
	Hotelling의 트레이스	1.171	4.978[b]	4.000	17.000	.008
	Roy의 최대근	1.171	4.978[b]	4.000	17.000	.008

a. Design: 절편 + 사전또래.또래관계망합 + 사전또래. 갈등과대립합 + 사전또래.친
   밀도합 + 사전또래.새친구사귀기합 + 집단구분
b. 정확한 통계량

표의 내용 중 집단 구분의 값과 오차값을 표에 완성함

개체 간 효과검정

집단구분	사후또래.또래관계망합	77.036	1	77.036	2.242	.150
	사후또래.갈등과대립합	166.672	1	166.672	10.429	.004
	사후또래.친밀도합	.054	1	.054	.002	.968
	사후또래.새친구사귀기합	86.051	1	86.051	7.635	.012
오차	사후또래.또래관계망합	887.116	20	34.356		
	사후또래.갈등과대립합	319.624	20	15.981		
	사후또래.친밀도합	639.382	20	31.969		
	사후또래.새친구사귀기합	225.405	20	11.270		

추정된 주변평균

집단구분

종속변수	집단구분	평균	표준오차	95% 신뢰구간	
				하한값	상한값
사후또래.또래관계망합	실험	55.888[a]	1.650	52.446	59.330
	통제	52.343[a]	1.650	48.900	55.785
사후또래.갈등과대립합	실험	48.569[a]	1.125	46.222	50.917
	통제	43.354[a]	1.125	41.006	45.702
사후또래.친밀도합	실험	23.932[a]	1.592	20.611	27.252
	통제	23.838[a]	1.592	20.517	27.158
사후또래.새친구사귀기합	실험	24.028[a]	.945	22.056	25.999
	통제	20.280[a]	.945	18.309	22.252

a. 모형에 나타나는 공변량은 다음 값에 대해 계산됩니다. : 사전또래.또래관계망합 = 52.7292, 사전또래.갈등과대립합 = 46.5769, 사전또래.친밀도합 = 25.0385, 사전또래.새친구사귀기합 = 20.0769

4. 결과 작성 후 점검 사항

연구자는 결론을 작성한 후 연구목적에 맞게 결과가 분명하게 제시되어 있는지를 다음의 점검 사항을 확인해 본다.

번호	점검 내용	확인	
		예	아니요
1	연구 결과가 서론에 제시된 연구문제의 순서대로 정확하게 제시되었는가?		
2	연구목적과 관계된 자료가 제시되었는가?		
3	통계에 대한 관련 세부 사항이 정확히 기술되었는가?		
4	결과가 분명하게 제시되었는가?		
5	표와 그림이 분명하게 작성되었는가?		
6	표 · 그림의 번호와 본문에서의 표 · 그림 번호가 일치되었는가?		
7	결과들을 비교한 결과가 기술되었는가?		
8	결과들이 선택 · 정리되어 제시되었는가?		

제5장

논의

  결과 부분에서 보고된 내용은 아직 해석되지 않는 단순한 정보에 불과하다. 논의 부분은 연구 결과를 요약하면서도 결과에 대한 해석과 이론적ㆍ실제적 연구의 중요성에 대한 기술이 다루어지는 부분이다.

  집단차이 연구에서 논의의 목적은 연구 결과의 요약에 있는 것이 아니라 프로그램 개발의 과정과 내용을 선행연구와 관련지어 해석하며, 처치프로그램의 효과를 선행연구와 관련지어 해석하고 연구자의 견해를 구체적으로 제시하는 데 있다. 결과 요약을 통한 정보는 연구대상, 처치프로그램에 대한 정보와 관련된 선행연구나 관련된 이론적 틀 속에서 논리적으로 해석되고 설명될 때 그 결과가 의미 있는 지식으로 바뀌게 된다.

  연구대상에게 필요한 프로그램 개발의 구성과 내용의 타당성이 이해되고 연구대상에게 처치된 프로그램 효과의 논리성이 이해된다는 말은 연구 결과가 관련 분야의 이론이나 선행연구 결과의 맥락 속에서 논리적으로 해석된다는 뜻이다. 단순한 정보에 불과한 연구 결과는 선행연구나 관련 이론과의 관계에 비추어 논리적으로 고찰되어야만 비로소 과학적 지식으로 재생될 수 있다.

  따라서 이 장에서는 집단차이 연구논문 중 프로그램 개발 연구(문애경,

2016)를 통해 프로그램 개발 과정에 대한 논의와 프로그램 재구성 연구에서 다루는 효과검정에 대한 논의를 살펴보고자 한다.

1. 논의 작성

집단차이 연구논문에서 논의에 포함되어야 할 부분은 도입부와 결과 해석에 해당하는 후반부로 나눌 수 있다. 먼저, 도입부는 연구 문제와 방법을 간단하게 요약 제시하여 앞으로 논의하게 될 연구 결과를 안내하는 부분이다. 다음으로, 후반부는 연구 결과가 어떤 의미를 지니는지 기존 연구 결과 및 이론에 비추어 해석하는 부분이다. 연구자는 연구 결과를 논의할 때, 그 연구의 기반이 되는 선행연구와 통합해서 결과를 제시하는 것이 바람직하다. 즉, 주요 연구 결과의 기술에서는 선행연구와 유사한 것과 유사하지 않는 것 그리고 전혀 새로운 것으로 나누어서 제시할 수 있다. 선행연구와 유사하다면 어떤 의미를 나타내는 것인지를 그리고 유사하지 않다면 왜 차이가 있는지를 대상의 특징으로 인한 것인지, 시대적인 상황에 의한 것인지, 이론적 기반으로 인한 것인지에 대한 근거를 제시하고 이를 해석해야 한다. 또한 전혀 새로운 결과라면 이는 무엇을 의미하는지를 이론적·실제적 근거를 제시하여 설명해야 한다.

따라서 논의 부분에서는 연구의 주요한 결과를 제시하고, 그 연구 결과가 선행연구와 어떻게 연결되어 있는지를 제시한다. 연구 결과가 나타내는 잠정적 가설을 선행연구와 관련시켜 해석하고 의미를 부여한다.

집단차이 연구에서 논의는 크게 프로그램 개발 과정에 대한 논의, 효과검정(재구성)에 대한 논의로 나눌 수 있다. 먼저, 프로그램 개발 과정에 대한 논의 작성 시의 고려 사항, 작성 형식을 살펴보면 다음과 같다.

프로그램 개발 논의 작성 시 고려 사항

- 프로그램 개발과정에 관한 논의
  - 프로그램 개발의 각 단계별 과정과 주요 내용 기술
  - 프로그램 개발과정의 선행연구와의 연결성, 차별성, 독특성 제시
- 프로그램 개발과정에서의 내용 구성에 관한 논의
  - 내용 구성의 적합성 제시
  - 각 회기별 내용 구성의 특징 제시
- 프로그램 내용 구성과 연구대상의 특징 간의 관련성
  - 프로그램 개발과정에서 대상의 특징을 반영한 부분과 그로 인한 성과 제시
- 연구 결과의 시사점
  - 개발의 절차, 내용 구성, 방법의 적절성 제시
  - 연구 결과의 기여점 제시

프로그램 개발 논의 작성 형식

본 연구의 목적은 (프로그램명과 목적)을 개발하는 데 있다.

이를 위해 (프로그램 개발과정에 관한 논의) 하는 과정을 거쳤다.

첫째, 본 연구에서는 보다 체계적인 프로그램의 개발과정에서 고려되어야 할 요인들과 프로그램을 개발하는 과정 중 (프로그램 개발 모형)을 토대로 본 연구에 적합한 (프로그램 개발 단계)에 따라 프로그램을 개발하였다.

-중 략-

둘째, 본 연구에서 개발한 프로그램은 내용 구성상 (프로그램 개발과정에서의 내용 구성에 관한 논의)가 더 효과적으로 증진될 수 있도록 구성하였다.

-중 략-

셋째, 본 연구에서 개발한 프로그램은 (프로그램 개발과정에서의 내용 구성에 관한 논의)가 효과적으로 증진될 수 있도록 내용을 구성하였다.

-중 략-

결론적으로 본 연구에서 개발한 프로그램은 (연구 결과의 시사점) 할 수 있도록 도울 수 있다는 데서 그 의의를 찾을 수 있다.

다음으로 프로그램 효과검정(재구성)에 대한 논의 작성 시 고려 사항, 작성 형식을 살펴보고자 한다.

프로그램 효과검정(재구성) 논의 작성 시 고려 사항

- 도입글
  - 적용한 프로그램, 연구대상, 연구설계 기술
- 연구목적에 따른 결과 요약
- 결과 설명 및 해석
- 선행연구와의 연결성
  - 일치 혹은 불일치에 대한 설명 기술
  - 일치 혹은 불일치의 시사점 제시
- 연구 결과의 독특성, 차별성, 연구자의 함의
- 연구 결과를 뒷받침할 구체적인 프로그램 과정
  - 프로그램 진행과정(경험보고서, 관찰보고서)을 통한 효과검정 설명 기술

프로그램 효과검정(재구성) 논의 작성 형식

최종적으로 구성된 (프로그램명, 연구대상)으로 실시하여 프로그램을 적용한 실험집단과 무처치 집단인 통제집단을 대상으로 (측정도구) 검사를 통해 각 변인들이 어느 정도 변화하였는지를 비교한 연구 결과를 요약하고 논의하면 다음과 같다.

이를 위해 (연구 결과 요약, 과정, 결과 제시)하는 과정을 거쳤다.

먼저, (프로그램명)에 참여한 실험집단과 참여하지 않은 통제집단은 (측정도구) 사전검사에서는 유의한 차이가 없었으나, 사후검사, 추후 검사를 거치면서 집단 간에 유의한 차이가 있었다.

첫째, -중 략-

둘째, (프로그램명) (연구대상)들의 종속변인을 향상시키는 데 효과가 있는 것으로 나타났다. 즉, (종속변인)을 높이는 데 (프로그램명)을 실시한 실험집단이 통제집단에 비해 전반적으로 효과가 높은 것으로 나타났다. (프로그램명)을 실시한 실험집단의 효과를 구체적으로 살펴보면, (종속변인)에서 검사 시기 간에 통계적으로 유의한 차이가 나타났다

이러한 결과는 (연구 결과와 일치하는 선행연구)(○○○, 연도)의 결과와 맥을 같이한다.

효과검정결과 제시: 효과변인 제시 순서에 따라 실시한 프로그램이 연구대상에게 통계적으로 유의했는지 결과 제시

종속변인의 하위변인 중 (변인)은 (프로그램명)을 실시하기 전보다 실시 후 유의하게 높아졌는데, 이것은 프로그램을 통하여 (프로그램 효과에 대한 연구자의 함의 제시)에 긍정적인 영향을 미쳤을 것으로 보인다.

종속변인의 하위변인 중 (변인명)은 유의하지 않은 것으로 나타났는데 회기별 활동지와 경험보고서를 통한 참여자의 변화를 살펴보면….

-중 략-

이와 같은 연구 결과는 (연구 결과에 대한 종합적인 연구자의 함의를 통해 논의) 증진에 도움을 주었다. 그리고 (연구 결과의 의미 해석) 영향을 미쳤음을 의미한다.

2. 논의 작성의 실제

프로그램 개발 과정과 효과 검증에 관한 예시는 다음과 같다.

프로그램 개발 과정 논의 작성 예시(문애경, 2016)

본 연구의 목적은 강점인식과 강점활용을 통해 중학생의 진로성숙도와 학교적응력을 증진시키는 위하여 강점기반 진로탐색프로그램을 개발하는 데 있다. 이를 위해 프로그램 개발 모형을 제시하고 선행연구조사, 학생요구조사, 진로상담 전문가의 표적집단면접(Focus Group Interview: FGI)을 토대로 강점기반 진로탐색프로그램 모형을 개발하고 프로그램 내용을 구성하였으며, 프로그램을 실행하고 평가하는 과정을 거쳤다. 본 장에서는 프로그램 개발에 대해 논의하고자 한다.

첫째, 본 연구에서는 보다 체계적인 프로그램의 개발과정에서 고려되어야 할 요인들과 프로그램을 개발하는 과정 중에 단계적으로 제시해 주는 개념적 틀로서 선행연구(김창대 외, 2011; 박인우, 1996; Sussman, 2001)를 토대로 본 연구에 적합한 기획, 설계, 구안, 실행, 평가 단계의 프로그램 개발 모형을 제시하고 그 절차에 따라 프로그램을 개발하였다. 이것은 프로그램 개발이라는 것이 목적, 이론적 접근, 대상 집단 등에 따라 달라지는 광범위하고 창의적인 활동이기 때문에 일률적인 개발과정을 제시하기는 어렵다(이숙영, 2003)는 견해를 수용한 것이다.

- 연구목적, 연구문제
- 프로그램 개발과정 요약
- 프로그램 개발과정 논의: 개발과정의 기본 틀과 절차 제시, 프로그램 개발의 주요 과정 기술
- 선행연구의 제언 수용을 통한 개발임을 밝힘

프로그램 개발의 각
단계별 과정과 주요
내용 기술

기획단계에서 연구의 목적을 수립하고 그 목적을 달성하기 위한 관련 선행연구를 분석하여 중학생의 진로성숙도 향상을 위한 강점기반 개입의 타당성을 확보하였다. 또한 연구대상자인 중학생을 대상으로 진로와 강점에 대한 요구조사와 진로진학상담교사, 전문가 FGI를 통해 중학생 진로탐색프로그램에 적합한 내용을 선정하였다.

설계단계에서 프로그램의 목적에 따라 진로탐색기 중학생을 위한 강점기반 진로탐색프로그램의 하위목표를 설정하고, 선행연구 분석과 요구조사 결과를 토대로 변화 원리를 반영하여 프로그램 모형을 개발하고 구성 원리와 구성요소 추출과정을 체계화·구체화하여 각 회기를 구성하고 회기별 목표를 수립하였다. 기존 선행연구 검토와 요구조사 및 FGI 분석 결과를 반영하여 프로그램 개발과정을 체계화·구체화하였고, 실시방법, 대상, 진행 형태 등에서 중학생에게 적합한 진로탐색프로그램이 되도록 프로그램을 구성하였다.

구안단계에서는 전체 프로그램의 내용과 각 회기별 프로그램의 제시 방법을 결정하여 예비 프로그램을 확정하였다. 프로그램 참여자들에게 효과적으로 사용할 수 있는 활동지를 만들어 예비 프로그램을 실시하고 예비 집단원들의 소감 및 건의 사항과 전문가 자문을 통해 수정·보완한 후 안면타당도를 거쳐 최종 프로그램을 확정하였다. 실행단계에서 최종 확정된 프로그램을 가지고 중학생을 대상으로 회기당 90분, 총 10회기의 프로그램을 실행하였다. 평가단계에서 검사지로 프로그램에 대한 효과검정을 실시하고 활동 소감문 및 프로그램의 만족도 평가를 통해 평가하였다.

프로그램 개발과정의
선행연구와 연결성,
차별성, 독특성 제
시: 개발과정의 적합
성 제시

본 연구는 청소년 상담 분야에서는 독립적으로 개발된 프로그램 개발 모형이 없기 때문에 김창대 외(2011), 박인우(1996), Sussman(2001)의 프로그램 개발 절차에서 적합한 것을 가져와 중학생을 위한 강점기반 진로탐색프로그램의 개발 모형을 개발하고 각 과정을 체계적으로 거침으로써 중학생에게 적합한 프로그램을 개발하고자 하였다. 이러한 체계적인 프로그램 개발 절차를 거침으로써 중학생을 대상으로 한 진로탐색프로그램의 효과가 나타날 수 있었다. 즉, 본 프로그램 개발 절차 모형은 중학생의 진로성숙도를 높여 줌으로써 학교적응력을 향상시키기에 적합한 프로그램을 구성하는 데 영향을 주었을 것이라 판단된다.

프로그램 개발과정의
내용 구성에 관한 논
의: 내용 구성의 적
합성, 각 회기별 내용
구성의 특징 제시

둘째, 본 연구에서 개발한 프로그램은 내용 구성상 강점인식, 강점

활용 등 전 회기에 걸쳐 강점에 초점을 맞춤으로써 강점에 기반하여 진로를 탐색할 수 있도록 개발하여 진로성숙도가 낮은 중학생들의 진로성숙도가 더 효과적으로 증진될 수 있도록 구성하였다. 이는 지금까지 진로교육이나 진로지도에서 중요하게 다루고 있는 '나의 이해' '직업세계의 이해' '합리적인 선택방법'과 관련된 내용을 중심으로 한 활동 외에도 대학생의 성격강점을 계발함으로써 진로적응성을 길러 줄 수 있다는 연구(박진아, 2014)결과와 같은 맥락이라고 할 수 있다. 특히 개개인의 대표강점에 주목하여 프로그램을 운영함으로써, Galassi와 Akos(2007)가 제시한 강점기반 학교진로상담프로그램의 영역에 근거하여 각 회기마다 동일한 강점을 적용하여 운영한 프로그램(원연자, 2014; 윤소민 외, 2013)과는 차별성을 두고자 하였다. 그 결과 참가자들의 자기이해를 통한 긍정적인 정서를 더욱 증진시킬 수 있었다.

－중 략－

셋째, 본 연구에서 개발한 프로그램은 내용 구성상 진로성숙도가 낮은 중학생의 진로성숙도가 효과적으로 증진될 수 있도록 내용을 구성하였다. 1회기에서 3회기는 자기이해단계로 1회기는 강점기반 진로탐색프로그램의 목적과 진행방법을 안내하였고, 진로와 강점의 개념을 설명하였다. 프로그램에 대한 안내를 통해 자신이 프로그램에 참여한 목적과 기대를 확인하게 하였고, 프로그램에 좀 더 적극적으로 참여할 수 있도록 동기화하였다. 사전 청소년강점검사 결과를 통한 자신의 대표강점을 알고 강점별칭으로 자기소개를 하고 친밀감 형성을 위한 '강점 프라이팬 놀이'를 통해 분위기에 적응할 수 있도록 돕고, 매 회기 강점피드백용으로 사용할 강점나무를 색칠하는 활동을 통해 프로그램에 대한 기대를 가질 수 있도록 고려하였다. 2회기에는 게임을 통해 강점의 개념과 좀 더 친숙할 수 있도록 하였고, 강점활용 경험을 나눔으로써 자기 삶 속에서 이미 강점을 활용하고 있음을 인지시켜 사고가 확산될 수 있도록 하였다. 짝지의 대표강점활용 경험을 발표하게 함으로써 충분히 지지받고 있다는 느낌을 가지고, 자신의 강점을 좀 더 객관적으로 바라볼 수 있게 하였다. 3회기는 대표강점과 관련한 긍정적인 경험, 성공경험, 잘하는 것, 좋아하는 것, 지금 현재 최고의 관심 분야 등 자기의 자원을 최대한 발견하여 진로자원으로 활용할 수 있음을 확인시켰다. 그리고 그러한 자원을 활용할 때 느끼는 감정을 경험하게 함으로써 긍정적인 자기개념을 형성할 수 있도록 하였다.

> 프로그램 내용 구성과 연구대상의 특징 간의 관련성: 프로그램 개발과정에서 대상의 특징을 반영한 부분과 그로 인한 성과 제시

-중 략-

넷째, 청소년을 대상으로 하는 프로그램의 효과를 증진시키기 위해
서는 관심과 흥미를 갖도록 하는 절차를 사용하는 것이 중요하다는 연
구(최지혜, 김명, 최은진, 김혜경, 2003)에 근거하여 동기를 유발하고
유지시켜 중학생들의 자발적인 참여와 학습효과를 증진시키기 위해 다
양한 요소를 투입하였다. '네가 짱이야~' '강점 프라이팬 놀이' '당신의
강점을 사랑하십니까?' '난 ~한 적 있다' 등의 신뢰감 형성을 위한 놀
이를 통해 프로그램에 적극적으로 참여할 수 있도록 동기를 강화시켰
다. 강점의 개념을 놀이를 통해 이해할 수 있도록 강점빙고게임, 강점
스피드게임 등으로 구성하였고, 긍정정서를 강화하기 위한 강점 피드
백을 일관성 있게 활용하였다. 또한 중학생의 다양한 특성과 욕구를 반
영하여 또래진로상담, 직업인과의 만남, 빈 의자 기법, '담쟁이' 시화
제작, 강점아바타 등 다양한 접근 방법을 적용함으로써 적극적인 진로
탐색을 지원하고자 하였다.

결론적으로 본 연구에서 개발한 프로그램은 중학생들의 강점인식과
강점활용을 통해 진로성숙도를 높임으로써 학교적응력을 향상시키기
위한 프로그램 개발 절차, 내용 및 방법 등이 적절하게 구성되었다고
할 수 있고, 이를 통해 중학생들의 진로성숙도를 높이고 학교적응을 잘
할 수 있도록 도울 수 있다는 데서 그 의의를 찾을 수 있다.

프로그램 효과검정 논의 작성 예시(문애경, 2016)

최종적으로 구성된 중학생을 위한 강점기반 진로탐색프로그램을 중
학생을 대상으로 실시하여 프로그램을 적용한 실험집단과 무처치 집
단인 통제집단을 대상으로 진로성숙도와 학교적응에 대한 사전, 사후,
추후 검사를 통해 각 변인들이 어느 정도 변화하였는지를 비교한 연구
결과를 요약하고 논의하면 다음과 같다.

먼저, 강점기반 진로탐색프로그램에 참여한 실험집단과 참여하지 않
은 통제집단은 진로성숙도, 학교적응 사전검사에서는 유의한 차이가
없었으나, 사후검사, 추후검사를 거치면서 집단 간에 유의한 차이가
있었다.

첫째, 강점기반 진로탐색프로그램은 진로성숙도가 낮은 중학생들의
진로성숙도를 향상시키는 데 효과가 있는 것으로 나타났다. 즉, 진로

성숙도가 낮은 중학생들의 진로성숙도를 높이기 위해 강점기반 진로탐색프로그램을 실시한 실험집단이 통제집단에 비해 전반적으로 유의한 효과가 나타났다.

-중 략-

둘째, 강점기반 진로탐색프로그램은 중학생들의 학교적응력을 향상시키는 데 효과가 있는 것으로 나타났다. 즉, 학교적응력을 높이는 데 강점기반 진로탐색프로그램을 실시한 실험집단이 통제집단에 비해 전반적으로 효과가 높은 것으로 나타났다. 강점기반 진로탐색프로그램을 실시한 실험집단의 효과를 구체적으로 살펴보면, 학교적응에서 검사시기 간에 통계적으로 유의한 차이가 나타났다. 즉, 실험집단에서 사전검사에 비해 사후나 추후 검사의 학교적응 점수가 통계적으로 유의하게 높아졌고, 사후와 추후의 집단 간 차이를 살펴보면 사후검사에서는 통제집단에 비해 실험집단이 효과가 있는 것으로 나타났으며, 추후검사에서도 지속적으로 실험집단이 통제집단에 비해 효과가 있는 것으로 나타났다.

이러한 결과는 중학생 대상 강점기반 진로탐색프로그램에 대한 연구는 아직까지 찾아보기 어려우나, 강점기반 진로훈련프로그램이 고등학생의 진로결정자기효능감과 학교적응에 영향을 미친다는 연구(허보영, 2015) 결과와 맥을 같이한다. 또한 강점기반상담 모형을 토대로 한 진로의사결정프로그램이 전문계 고등학생의 자기효능감과 학업성취도에 효과를 준다는 연구(전정환, 2012)결과를 통해서도 추론이 가능하다.

학교적응의 하위변인 중 학교공부는 강점기반 진로탐색프로그램을 실시하기 전보다 실시 후에 유의하게 높아졌는데, 이것은 프로그램을 통하여 진로목표가 수립됨에 따라 학업의 동기화가 이루어져 학교수업에 적극적으로 참여하도록 긍정적인 영향을 미쳤을 것으로 보인다. 학교적응의 하위변인 중 학교교사는 강점기반 진로탐색프로그램을 실시하기 전보다 실시 후에 유의하게 높아졌는데, 이것은 프로그램 활동 중 참여자들과 교사의 긍정적인 관계가 영향을 미쳤을 것으로 보이며, 더 나아가 자신감 있는 학교생활로 수업 시간에 적극적으로 참여하면서 교사와의 관계가 좋아졌을 것으로 보인다. 학교적응의 하위변인 중 학교생활은 강점기반 진로탐색프로그램을 실시하기 전보다 실시 후에 유의하게 높아졌는데, 이것은 자신의 강점을 알게 되고 생활 속에서 활용하게 되면서 전반적인 학교생활에 적극적으로 참여하면서 만족도가 높

연구 결과 제시

연구 결과 해석

선행연구와의 일치 및 불일치 여부: 유사한 연구에서의 추론

종속변인의 유의한 연구 결과에 대한 연구자의 함의

아진 것으로 보인다.

종속변인의 유의하지 않은 연구 결과에 대한 연구자의 함의

학교적응의 하위변인 중 학교친구는 유의하지 않은 것으로 나타났는데, 이것은 강점기반 진로훈련프로그램이 고등학생의 진로결정자기효능감과 학교적응에 영향을 미친다는 연구(허보영, 2015)결과에서 교우관계가 유의하게 나타난 것과는 다른 결과다. 프로그램에 참여한 중학생들이 진로성숙도가 낮은 학생들이기는 하나 교우관계는 대체적으로 만족하고 있는 상태여서 통계적으로 유의한 결과가 나오지 않은 것으로 분석할 수 있다. 하지만 참여자들의 경험보고서에는 학교친구에 대한 긍정적인 변화를 보고하고 있으므로 그 부분을 간과해서는 안 될 것으로 보인다.

향후 연구의 방향 제시

이 부분에 대해서는 추후연구를 통해 좀 더 확인해 볼 필요가 있다고 보인다.

프로그램 진행과정에서의 연구 결과를 설명할 수 있는 근거 제시: 프로그램 진행과정에서 나타난 결과를 통한 연구의 효과검정에 대한 연구자의 함의 제시

회기별 활동지와 경험보고서를 통한 참여자의 변화를 살펴보면, 친구관계에 대한 보고가 가장 많았다. 친구들과 함께 활동을 하면서 많은 이야기를 나눌 수 있었고, 프로그램 회기를 거듭할수록 친구들이 말을 걸어 주고 챙겨 주는 모습에서 자신감을 얻는 모습도 보였다. 특히 강점에 맞는 직업을 추천하는 활동에서 친구들로부터 진로상담을 받은 경험을 통해 친구들이 나에 대해 어떻게 생각하는지 알게 되는 계기가 되었고, 친구들의 이야기에 고마움을 표현하며 서로의 고민이 비슷하다는 동질감을 느끼면서 친구들의 이야기가 도움이 되었다고 보고하고 있다.

－중 략－

연구 결과에 대한 연구자의 종합적인 함의를 통해 논의

이와 같은 연구 결과는 중학생을 위한 강점기반 진로탐색프로그램은 중학생의 진로성숙도와 학교적응 증진에 도움을 주었다. 중학생들에게 강점인식과 강점을 활용해 보는 다양한 경험을 통하여 자신의 자원을 찾아보고 개인의 고유한 강점을 통하여 건강한 자아정체감 형성과 자신감 향상에 도움이 되었다. 그리고 강점에 기반을 둔 진로탐색 과정, 다양한 측면을 고려한 합리적 진로의사결정 과정 및 구체적으로 진로설계를 하는 과정은 미래를 준비하는 데 자신감을 부여하고 학교적응에 긍정적인 영향을 미쳤음을 의미한다. 이는 강점에 기반한 진로탐색과정이 자신의 대표강점에 주목하여 자기이해에 대한 심층적 이해를 돕고 합리적 진로의사결정 과정 및 구체적인 진로계획을 세워 보는 경험을 제공함으로써 직업의 세계를 바라보는 눈을 넓히고, 미래를 준비하는 데 자신감을 부여하여 진로탐색에 관여적인 태도를 형성하는 데 도움을 줄 수 있음을 말한다.

3. 논의 작성 시 고려 사항

1) 연구목적에 따른 결과 요약

① 통계치나 통계적인 세부 사항을 다시 언급하지 않는다.
② 통계적 전문용어를 가능한 한 사용하지 않으면서 연구 결과를 분명하게 기술한다.
③ 연구 결과들이 각 가설이나 연구문제를 중심으로 지지하는지 혹은 지지하지 않는지에 따라 논의를 조직한다.

2) 결과 설명 및 해석

① 그 결과가 무엇을 의미하는가?
② 독립변인(처치프로그램)들과 종속변인(효과변인)들 간의 관련성에 대한 결과는 무엇을 의미하는가?
③ 연구대상의 특징과의 관련성을 설명하고 있는가?
④ 이러한 관련성이 종속변인들 혹은 종속변인의 하위요인들에 적용되는가?
⑤ 그러한 결과를 설명하는 중첩 요인 또는 매개 요인들이 있는가?

3) 선행연구와의 일치 혹은 불일치성

(1) 가설검증 결과가 관련 이론이나 선행연구 결과와 부합되는 경우

연구가설이 이론적 틀 속에서 도출된 것이라면, 얻은 연구 결과는 하나의 사실(fact)로서 바로 프로그램의 개발과정에서의 구성과 내용의 적절성을 확인시켜 적용방법과 적용 범위를 확장시켜 주거나 프로그램의 효과성을 경험적으로 확인시켜 주는 기능을 하게 된다.

따라서 연구자는 자신의 연구 결과와 관련 선행연구 간의 관계를 통해 자신의 연구 결과가 어떻게 기존의 이론 혹은 대상에게 기여할 수 있는지를 논의를 통해 설명해야 한다.

만약 연구가설이 처치프로그램의 개발과정의 내용 구성을 도출하는 것이라면, 개발된 프로그램이 기존의 선행연구 프로그램의 개발과정, 구성 내용과의 연결성 · 차별성 · 독특성 차원에서 설명해서 선행연구와 어떤 점에서 다른지를 부각시켜 논의해야 한다. 그리고 프로그램의 효과를 검증하는 논의라면, 가설검증 결과가 관련 이론이나 선행연구 결과와 부합되는 것으로 나타날 경우라도 연구자는 자신의 연구와 선행연구들의 차이점을 파악하여 그러한 차이점에도 불구하고 맥락을 같이하는 것으로 나타난 자신이 처치한 프로그램의 효과성에 대해 부각시켜 해석해야 한다.

(2) 가설검정 결과가 관련 이론이나 선행연구 결과와 부합되지 않는 경우

프로그램의 효과검정을 하고자 한 연구가설/문제가 기각된 경우이다. 이러한 경우 연구 초심자들은 일단 자신의 처치프로그램이 효과가 없거나 잘못된 것으로 단정하고 당황한다. 연구 결과는 주어진 연구 실험조건 하에서 얻어진 사실이다. 만약 주어진 연구 결과를 얻기까지의 모든 연구과정이 과학적 방법의 조건을 충족시켰다면, 자신의 처치프로그램이 연구대상자에게서 경험적으로 얻은 연구 결과가 비록 통계적으로 유의하지 않더라도 그 자체로서 중요한 의미를 지닌다. 그러므로 연구자는 부합되지 않게 나타난 가능한 이유를 연구대상의 특징, 실험 상황의 특징, 프로그램의 처치 특징 등을 고려하여 논리적으로 추출하여 새로운 설명을 제공하면 된다. 이 새로운 설명은 역시 아직 경험적으로 검증되지 않는 또 하나의 가설이기 때문에 차후에 새로운 연구를 통해 확인해 보아야 할 연구거리가 될 수 있다.

4. 연구의 의의 작성

연구자의 연구가 기존의 문헌에 기여하는 것이 무엇인지, 석사ㆍ박사 논문은 이미 알려진 것에 무엇인가를 추가하거나, 지식에 새로운 공헌을 해야 한다. 다른 연구자가 하지 않은 것 중 연구자가 한 것이 무엇인지, 과거 연구에 비해 이 연구가 얼마나 개선된 것인지 등을 밝혀야 한다.

연구의 의의 작성 시 고려 사항

- 이론 증명에 대한 의의
  - 연구 결과가 이론을 증명하거나 반증
  - 기존의 이론이 연구자의 프로그램을 통해서 검증
  - 이를 검증한다는 것이 어떤 의미가 있는지를 제시
- 연구방법에 관련된 의의
  - 기존 연구와 다른 새로운 연구방법을 실시
  - 연구설계와 측정방법에 대한 의의
  - 기존에 사용한 측정도구와의 차이점
  - 예) 종단설계 → 횡단설계
    - 사전ㆍ사후 검사 실시 → 추후검사와 추수모임 추가
    - 자기보고식 방법 → 관찰방법 추가
    - 일반적 설계 → 구체적 설계
- 실제적ㆍ실질적 시사점에 대한 의의
  - 실제 현장에서의 적용 가능성 제시
  - 일반화 가능성(연구대상, 실시 가능성 등) 제시

연구의 의의 작성 형식

- 이론 증명에 대한 의의

  본 연구에서는 (이론적 개입)이 (종속변인)에 효과가 있음을 검증함으로써 (연구대상)의 (연구목적)을 위해 (이론적 개입)이 가능함을 확인하였다. 특히 (이론적 기여 내용)이 프로그램의 효과를 높이는 데 기여하였다고 볼 수 있다. 또한 프로그램을 통하여 (프로그램 개입의 연구대상에 대한 이론적 기여)를 하는 데 도움을 주어 (연구대상에 대한 의의)가 있을 것으로 보인다.

- **연구방법에 관련된 의의**

본 연구에서는 (연구대상)을 위한 (처치프로그램명)을 개발하기 위해 프로그램 모형을 개발(일반적 프로그램 모형 → 구체적 프로그램 모형 개발)하였고, (처치프로그램명) 각 단계에서 어떤 심리적 과정을 거쳐 영향을 미치는지를 밝혀 그에 근거한 체계적인 프로그램 개발이 이루어졌다. 그에 따른 결과 처리는 양적 분석 방법에 그치는 것이 아니라 (추가된 분석 방법 제시)를 통해 연구대상에 적용되고 있는지를 살펴봄으로써 프로그램의 효과를 검증하였다.

- **실제적ㆍ실질적 시사점에 대한 의의**

상담 및 교육현장 장면에서 상담자는 (연구대상)이 (실질적 시사점, 현장적용 가능성)을 인식하고 활용할 수 있도록 도울 필요가 있다. (처치프로그램을 통한 경험)이 (연구대상에게 실질적으로 주는 도움)에 필요한 요인임이 밝혀짐으로써 (연구대상에게 적용)할 수 있도록 기회를 제공해 주는 것이 필요할 것이다.

연구의 의의 작성 예시

👤 **예시 1: 프로그램 개발 연구**(문애경, 2016)

이상의 연구를 통한 시사점을 중심으로 연구의 의의에 대하여 논하고자 한다.

첫째, 본 연구에서는 강점에 기반한 개입이 진로성숙도와 학교적응에 효과가 있음을 검증함으로써 중학생의 건강한 성장과 발달을 위해 강점에 기반한 다양한 개입이 가능함을 확인하였다. 특히 청소년강점검사를 통해 자신의 대표강점을 인식하고 활용하게 한 개입은 자아정체성을 형성하는 중학생들에게 매 회기 강점인식을 통해 자신의 자원을 찾아보고 강점을 활용하는 활동들을 실시함으로 건강한 자아정체감 형성과 자신감 향상에 도움이 된 것으로 평가할 수 있다. 대표강점은 강점검사 점수에 대하여 개인 간의 비교가 아닌 개인 내에서 가장 높은 점수에 해당하는 5개의 강점을 선정(권석만 외, 2010)하므로 대표강

이론에 대한 증명: 프로그램에 기반된 이론이 종속변인에 미친 영향 제시

점을 인식하는 것은 긍정적인 자기개념을 가지도록 한다(Anderson, 2004). 이는 전 회기 진로탐색 활동에 긍정적인 태도로 참여하게 하였으며 프로그램의 효과를 높이는 데 기여하였다고 볼 수 있다. 또한 프로그램을 통하여 맺은 긍정적 교우관계와 학교행사 참여, 진로목표설정을 통한 학업동기향상은 적극적이고 즐거운 학교생활을 하는 데 도움을 주어 중학생의 학교적응을 도와 학교부적응에 대한 예방적인 기능을 할 수 있을 것으로 보인다.

둘째, 본 연구에서는 중학생을 위한 강점기반 진로탐색프로그램을 개발하기 위해 프로그램 모형을 개발하였고 강점인식, 강점활용이 프로그램 각 단계에서 어떤 심리적 과정을 거쳐 영향을 미치는지를 밝혀 그에 근거한 체계적인 프로그램 개발이 이루어졌다. 그에 따른 결과 처리는 양적 분석에 그치는 것이 아니라 참여자들의 회기별 경험보고서 분석이나 소감문 내용분석, 그리고 추후검사 시 개방형 설문을 통해 강점이 실제 어떻게 중학생의 삶에 적용되고 있는지 구체적으로 살펴봄으로써 프로그램의 효과를 검증하였다. 매 회기 강점이 참여자들에게 어떤 경험을 제공하는지 학생들의 구체적인 피드백이 잘 드러나 있어 앞으로 강점기반 프로그램 개발과 효과검정에 중요한 지표가 될 수 있을 것이다. 이와 같은 연구 성과는 앞으로 초·중·고등학생을 위한 강점기반 진로탐색프로그램 개발의 경험적 토대를 마련하였다고 평가할 수 있을 것이다.

―중 략―

넷째, 진로상담 장면에서 상담자는 중학생이 자신의 강점을 인식하고 활용할 수 있도록 도울 필요가 있다. 자신이 인식한 강점을 활용하는 경험이 진로 준비과정과 학교적응에 필요한 요인임이 밝혀짐으로써 중학생의 강점을 지지해 주고 적극적으로 활용할 수 있도록 기회를 제공해 주는 것이 필요할 것이다. 상담에서의 변화란 내담자의 결함과 손상된 부분을 복구하는 것만이 아니라 내담자 안에 있는 강점을 발견하여 성장하도록 돕는 것(이희경, 이동귀, 2007)이다. 따라서 강점을 활용해 보는 실제 경험이 진로성숙도와 학교적응에 영향을 미친다는 점을 인지하고 강점활용 경험을 지지해 주고 자신감을 북돋아 주는 개입이 필요하다고 하겠다. 특히 사춘기를 경험하며 자아정체감의 혼란으로 부정적 정서를 느끼는 중학생 시기에 실제 대표강점을 인식할 수 있도록 돕고 이를 일상생활에 활용하도록 개입함으로써 긍정적인 정신건강을 증진시킬 수 있다(김지영, 2011).

연구 설계에 대한 의의: 일반적 모형 → 구체적 모형

측정 방법에 대한 의의: 양적분석 → 질적분석 추가

실질적 시사점: 현장 적용 및 후속 개발의 가능성 높임

실질적 시사점 및 현장 적용 가능성

👤 **예시 2: 프로그램 재구성 연구**(김하나, 2014)

이상의 연구내용을 종합하여 볼 때 본 연구는 다음과 같은 의의가 있다.

첫째, 본 연구는 자신의 감정을 이해하고 타인의 감정과 분위기를 읽을 수 있으며 자신과 타인의 불안이나 감정을 달래고 조절하고 적절히 활용할 수 있도록 하는 정서지능증진 프로그램을 외톨이중학생들에게 실시하여 대인불안을 감소시키고 공감과 또래관계를 향상시키는 데 효과적임을 밝혀냈다는 데 그 의의가 있다.

둘째, 기존의 정서지능증진 프로그램과 본 프로그램의 다른 점은 공감능력이 낮고 불안이 높으며 어울릴 친구가 없는 외톨이중학생들에게 새로운 친구들을 만나도 편안하게 느끼고 친밀감을 형성할 수 있도록 매 회기 시작 전 게임을 통하여 라포를 형성하고, 자신의 경험과 감정을 이야기를 할 때에도 신뢰적인 분위기 속에서 있는 그대로의 내가 존중받고 수용됨을 집단에서 경험을 함으로써 긍정적인 관계를 경험하게 했다는 것에 의의가 있다.

셋째, 본 연구의 프로그램은 최근 증가하고 있는 외톨이중학생의 개인 심리적인 특성과 인지적인 측면 및 행동적인 측면을 고려하여 내용을 구성하여 실용성이 높다는 것에 그 의의가 있다.

마지막으로, 외톨이중학생들이 경험하는 위축된 감정, 소극적 행동과 부정적 정서, 불안 등을 소감 나누기와 활동지 등으로 이해하게 됨으로써 그들에게 간접적이고 교육적인 접근이 아닌 정서적이고 심리적인 탐색을 통해 실제적인 접근이 이루어졌다는 데 그 의의가 있다.

이론적 증명

기존 연구와의 차별성, 처치 프로그램의 차별성으로 인한 연구의 의의

실제적 시사점

실질적 가능성 및 연구대상에 대한 적용 가능성

5. 논의 작성 후 점검 사항

논의를 작성한 후, 다음의 점검 사항을 확인해 본다.

번호	점검 내용	확인	
		예	아니요
1	연구목적과 논의 방향이 제시되었는가?		
2	연구 결과와 요약이 명확하게 제시되었는가?		
3	선행연구와의 일치점 혹은 불일치점이 제시되었는가?		
4	일치 혹은 불일치에 대한 결과 설명 및 해석이 제시되었는가?		
5	일치 혹은 불일치의 시사점이 제시되었는가?		
6	이론적 시사점이 제시되었는가?		
7	방법론적 시사점이 제시되었는가?		
8	응용적 시사점이 제시되었는가?		

제6장

요약, 결론 및 제언

  초보 연구자들은 학위논문의 전체적인 핵심을 살펴보기 위해 요약, 결론 및 제언을 먼저 보기도 한다. 이 부분은 연구자가 연구를 전체적으로 종합 · 요약하고 앞으로 이어질 후속연구에 대해 제언하는 장이며, 논문의 마지막을 정리하는 부분이라 할 수 있다. 즉, 논문의 서론부터 결과 해석, 논의에 이르기까지 논문 전체를 요약하는 한편 연구의 결론을 진술하면서 후속연구에 대한 제언을 하는 부분으로 매우 중요하다.

  요약, 결론 및 제언 부분은 연구자가 어떠한 결론을 내렸는지에 대한 간결하고 명확한 정보를 전달해야 하며, 독자에게 필요한 핵심적인 정보만을 제공할 수 있도록 해야 한다. 따라서 이 장에서는 집단차이 연구에서 요약, 결론 및 제언을 간결하면서도 핵심적인 내용만을 기술하는 방법과 작성 후의 점검 사항에 대해 살펴보고자 한다.

요약 및 결론 작성 시 고려 사항

- **요약**
  - 연구목적 및 연구주제 제시
  - 연구대상과 처치프로그램의 기술
  - 연구방법에 대한 간략한 기술
  - 연구를 통해 밝혀진 결과를 연구문제의 순서별로 기술
- **결론**
  - 연구 결과와 그 결과가 갖는 의미 및 중요성 기술(함의점, 시사점)

요약 및 결론 작성 형식

1. 요약 및 결론

　본 연구는 (처치프로그램)을 (연구대상)에게 실시하여 (대상 관련 변인)에 미치는 효과를 검증하는 데 그 목적을 두었다.

　이러한 목적을 이루기 위해 본 연구는 (연구대상 추출 장소 및 정보, 표본크기)를 대상으로 선정하여 각각 ○○명씩 실험집단과 통제집단으로 배정한 후 한 회기마다 ○○분씩 총 ○○회기의 (처치프로그램)을 실시하였다. 실험집단에는 (처치프로그램)이 실시되었으며 같은 기간 동안 통제집단에 대해서는 아무런 처치를 가하지 않았다.

　본 프로그램의 효과를 검증하기 위하여 (연구방법에 대한 간략한 기술) 실험집단과 통제집단의 (연구 주요변인)의 사전–사후 검사를 실시하였고, (통계 프로그램명)을 이용하여 각 척도별로 평균과 표준편차를 구하였다. 실험집단과 통제집단 간 차이를 검증하기 위해 각 집단의 사전검사 점수를 공변인으로 하여 두 집단 간의 사후검사 점수에 대해 (연구방법명)을 실시하였다.

　이러한 연구절차를 통하여 나타난 본 연구의 결과는 다음과 같다.

　첫째, (처치프로그램)에 참여한 실험집단은 참여하지 않은 통제집단보다 프로그램에 참여한 후 (주요변인)이 감소되었다.

–중 략–

　이와 같은 연구 결과에 비추어 볼 때, 본 프로그램은 (연구대상)의 (주요변인)을 향상시키는 데 효과적인 프로그램임을 알 수 있다. (대상)의 높은 (주요변인)을 고려하여 구성한 (처치프로그램)을 (대상)에게 적용함으로써 (연구결론)해 줄 것이다.

1. 요약 및 결론 작성

요약 및 결론은 논문의 전체 내용을 종합하여 간략하게 정리하는 부분으로 논문의 마지막에 서술하는 것이 기본이나, 경우에 따라 논문의 첫머리에 실리기도 한다. 요약 및 결론을 서술하는 이유는 독자로 하여금 논문 전체를 읽지 않더라고 연구의 전체 윤곽을 파악할 수 있도록 하기 위해서이다. 요약 및 결론에는 무엇(연구 주제와 대상)을 어떻게(연구방법) 처치하여 어떤 결과(연구 결과)를 얻었으며, 그 결과의 의미와 중요성이 무엇인지에 대해 핵심적인 부분만을 가져와 간결하게 기술해야 한다.

요약 및 결론의 작성 시 유의 사항은 다음과 같다.

① 요약만으로 논문 전체를 이해할 수 있도록 간결하면서도 명료하고 포괄적으로 기술한다.
② 특별한 경우를 제외하고는 새로운 정보를 담은 참고문헌을 인용하지 않는다.
③ 반복되는 문장을 사용하지 않고 너무 길게 작성하지 않는다.
④ 연구 결과들을 내용별로 간결하게 기술하며, 너무 길지 않게 작성한다.
⑤ 본문에서 언급한 통계치나 통계적인 세부 사항은 다시 언급하지 않는다.
⑥ 요약 및 결론의 내용을 영문 초록으로 작성한다.

1) 요약

요약의 목적은 연구문제와 관련된 기초 지식을 가진 사람이면 누구나 논문 전체를 읽지 않더라도 연구의 내용을 한 번에 파악할 수 있게 하는 데 있다. 논문의 전체 과정을 간략하게 제시하며, 문헌은 인용하지 않는다. 즉, 연구의 핵심 내용만을 골라 간결하면서도 포괄적인 요약이 되도록 작성해야 한다. 연구를 요약할 때에는 연구목적, 연구문제, 연구대상, 처치프로그램, 연구방법, 연구 결과를 차례로 기술한다. 왜 이 연구를 하게 되었는지 또 그 목적이 무엇인지를 간단히 서술하고, 연구대상(추출 장소, 정보, 표본 크기 등)과 처치프로그램, 결과 도출을 위한 연구방법 등 핵심적인 내용을 간략하게 기술한다. 요약 부분에서는 결과에 대한 서술이 요약의 상당 부분을 차지하는데, 연구문제(가설)에 따라 차례로 제시하며, 연구 결과를 지나치게 과소평가 또는 과대평가하지 않도록 주의한다.

2) 결론

결론은 연구문제(가설)에 대해서 최종적으로 답을 하는 것으로, 연구 결과를 기초하여 일반적 사실이나 법칙 또는 연구자가 평소에 주장하고 싶었던 내용을 서술하는 부분이다. 결론 부분에서는 결과와 논의 부분에서 제시한 내용을 종합하여 보다 일반적인 수준에서 연구문제에 대한 최종적인 결론을 제시하도록 한다. 따라서 결론은 애매한 표현은 삼가고, 연구문제에 관해 일반적인 진술을 명확하게 해야 한다.

특히 본 연구에서 얻은 결과와는 동떨어진 비약적인 해석이나 일반화, 또는 연구 결과의 과소 및 과대 평가를 하지 않도록 주의한다. 또한 결론은 어디까지나 마무리를 하는 부분이므로, 새로운 주장을 제기하는 것은 피한다.

논문의 전체 연구목적 제시:
연구문제 1-강점인식, 강점 활용, 진로성숙도, 학교 적응 간의 구조적 관계를 탐색한다.
연구문제 2-중학생을 위한 강점기반 진로탐색프로그램을 개발한다.
연구문제 3-중학생을 위한 강점기반 진로탐색프로그램의 효과를 검증한다.

한 논문에 연구문제가 여러 개일 경우에는 연구 1, 연구 2, 연구 3 등으로 나누어 요약 및 결론 제시

요약 및 결론 작성 예시

👤 **예시 1: 프로그램 개발 연구**(문애경, 2016)

본 연구는 중학생들의 강점인식, 강점활용, 진로성숙도, 학교적응 간의 관계를 살펴보고, 그 결과를 바탕으로 중학생의 진로성숙도와 학교적응 증진을 위한 강점기반 진로탐색프로그램 개발하고, 그 효과를 검증하는 데 그 목적이 있다. 이러한 목적을 달성하기 위해 실시한 연구 결과를 요약하면 다음과 같다.

연구 1에서는 중학생들의 강점인식, 강점활용, 진로성숙도와 학교적

응 간의 관계를 알아보고, 이에 근거하여 중학생을 위한 강점기반 진로
탐색프로그램 개발에 대한 이론적 함의점을 도출하는 것이었다.

-중 략-

연구 3에서는 연구 2에서 개발된 중학생을 위한 강점기반 진로탐색프
로그램을 실시하여 프로그램 효과를 검증하고자 하였다. 개발된 중학생
을 위한 강점기반 진로탐색프로그램을 진로성숙도 하위 30%에 해당하
는 진로성숙도가 낮은 중학생을 대상으로 실시하고, 실험집단과 통제집
단에게 진로성숙도, 학교적응에 대한 사전-사후-추후 검사를 실시하
여 시점에 따른 진로성숙도와 학교적응 정도의 비교를 통해 프로그램의
효과를 검증하였다. 이때 연구 참여자에게는 강점기반 진로탐색프로그
램을 실시하고, 연구 비참여자는 무처치하였다. 또한 프로그램을 실시
하는 과정에서 회기별 경험보고서와 만족도 설문을 통해 프로그램의 효
과에 대해 분석함으로써 상담적 함의를 도출하고자 하였다.

이에 대한 결과를 살펴보면, 첫째, 진로성숙도가 낮은 중학생의 진로
성숙도 향상을 위해 강점기반 진로탐색프로그램을 실시한 연구 참여자
가 무처치한 통제집단에 비해 전반적으로 진로성숙도가 높아진 것으로
나타났다. 연구 참여자의 경험분석 결과를 살펴보면, 강점인식과 강점
활용경험 탐색을 통해 심층적인 자기이해가 이루어지고, 강점과 관련
한 직업탐색과 강점을 적극적으로 활용하도록 한 진로탐색이 참여자들
의 긍정정서를 높였고, 강점활용 계획 수립을 통해 자신감을 가지게 되
었다고 보고하였다.

-중 략-

이와 같은 연구 결과는 중학생을 위한 강점기반 진로탐색프로그램은
중학생의 진로성숙도와 학교적응 증진에 도움을 주었다. 중학생들에
게 강점인식과 강점을 활용해 보는 다양한 경험을 통하여 자신의 자원
을 찾아보고 개인의 고유한 강점을 통하여 건강한 자아정체감 형성과
자신감 향상에 도움이 되었다. 그리고 강점에 기반을 둔 진로탐색 과
정 및 다양한 측면을 고려한 합리적 진로 의사결정 과정 및 구체적으로
진로설계를 하는 과정은 미래를 준비하는 데 자신감을 부여하고 학교
적응에 긍정적인 영향을 미쳤음을 의미한다. 이는 강점에 기반한 진로
탐색 과정이 자신의 대표강점에 주목하여 자기이해에 대한 심층적 이
해를 돕고 합리적 진로 의사결정 과정 및 구체적인 진로계획을 세워 보
는 경험을 제공함으로써 직업의 세계를 바라보는 눈을 넓히고, 미래를
준비하는 데 자신감을 부여하여 진로탐색에 관여적인 태도를 형성하는

연구목적 요약 제시

대상과 처치프로그램에 대한 서술

연구문제에 따른 연구 결과 요약 제시

연구 결과에 따른 종합적인 결론 제시

연구 결과가 갖는 의미와 중요성 및 연구 결과에 기초하여 연구자가 주장하고 싶은 내용 기술

데 도움을 줄 수 있음을 말한다.

👤 예시 2: 프로그램 재구성 연구(김하나, 2014)

연구목적 요약 제시

본 연구는 정서지능증진 프로그램을 외톨이중학생을 대상으로 실시하여 대인불안, 공감 및 또래관계에 미치는 효과를 검증하는 데 그 목적을 두었다.

대상과 처치프로그램 제시: 대상 추출 장소 및 정보, 표본 크기, 처치프로그램명 제시

이러한 목적을 이루기 위해 본 연구는 부산광역시 소재 J여자중학교 1학년 전체 학생을 대상으로 외톨이선별검사를 실시하여 상위 20% 43명을 대상으로 프로그램 참가 의사를 확인한 후 선발된 학생 26명을 최종 대상으로 선정하여 각각 13명씩 실험집단과 통제집단으로 배정한 후 한 회기마다 90분씩 총 10회기의 정서지능증진 프로그램을 실시하였다. 실험집단에는 정서지능증진 프로그램이 실시되었으며, 같은 기간 동안 통제집단에 대해서는 아무런 처치를 가하지 않았다.

연구방법에 대한 핵심적인 내용 간략하게 기술: 통계 프로그램명과 차이연구방법명 제시

본 프로그램의 효과를 검증하기 위하여 실험집단과 통제집단의 대인불안, 공감, 또래관계의 사전−사후검사를 실시하였고, SPSS/WIN+20.0 통계프로그램을 이용하여 각 척도별로 평균과 표준편차를 구하였다. 실험집단과 통제집단 간 차이를 검증하기 위해 각 집단의 사전검사 점수를 공변인으로 하여 두 집단 간의 사후검사 점수에 대해 공분산분석(ANCOVA)을 실시하였다.

서론에 기술한 연구가설에 따라 순서대로 연구 결과의 요약 제시

이러한 연구절차를 통하여 나타난 본 연구의 결과는 다음과 같다.

첫째, 정서지능증진 프로그램에 참여한 실험집단은 참여하지 않은 통제집단보다 프로그램에 참여한 후 대인불안이 감소되었다.

둘째, 정서지능증진 프로그램에 참여한 실험집단은 참여하지 않은 통제집단보다 프로그램에 참여한 후 공감능력이 향상되었다.

셋째, 정서지능증진 프로그램에 참여한 실험집단은 참여하지 않은 통제집단보다 프로그램에 참여한 후 또래관계가 향상되었다.

• 연구 문제와 결과에 따른 종합적 결론 제시
• 결과가 갖는 의미와 중요성 제시

이와 같은 연구 결과에 비추어 볼 때, 본 프로그램은 외톨이중학생의 대인불안 감소와 공감 및 또래관계를 향상시키는 데 효과적인 프로그램임을 알 수 있다. 외톨이중학생의 높은 대인불안, 낮은 공감능력과

연구 결과를 바탕으로 한 연구자의 주장 제시

또래관계를 고려하여 구성한 정서지능증진 프로그램을 외톨이중학생들에게 적용함으로써 다양한 상황에서 긴장을 완화하고 자신과 타인의 감정을 이해하고 조절하여 자신감을 가지고 적극적으로 또래관계에 적응할 수 있는 역량을 갖도록 해 줄 것이다.

2. 제언 작성

모든 연구는 제한된 시간과 범위 내에서 이루어지므로 아무리 좋은 연구라 해도 완벽한 연구는 존재하지 않는다. 연구를 수행할 때 연구자는 연구의 제한된 초점이나 선택한 연구방법으로 인해 연구의 제한점을 갖게 된다. 독자는 연구 결과를 이해할 때 연구자가 미리 알려 준 한계 안에서 정보를 받아들여야 하므로 후속연구에서 연구의 제한점을 기초로 보완되어야 할 부분들에 대한 제언이 필요하다.

제언 작성 시 고려 사항

- **연구의 제한점**
  - 연구대상이 대표적이지 못한 것 제시
  - 표집의 제한점 제시: 표본의 일반화 가능성, 참가자의 충분하지 못한 수, 많은 중도 탈락자 수
  - 연구의 제한점 제시: 자기보고식 측정도구, 측정도구의 충분치 못한 타당성
  - 절차의 제한점 제시: 절차를 충실히 따르는 것(유사연구), 개입의 성실성
  - 방법론적 제한점 제시: 횡단적 자료, 시간상 어느 한 시점에서의 주도적 변화(사전, 사후)

- **후속연구를 위한 제언**
  - 연구 결과의 요약 및 해석 제시
  - 연구 결과와 선행연구 결과들 간의 차이 검토
  - 연구 결과의 의의 제시: 이론적·방법론적·응용적 시사점
  - 연구의 제한점 제시: 연구대상, 표집, 검사도구, 절차 방법론적 제한점, 추후연구의 방향에 대한 제언

---

1) 연구의 제한점

연구의 제한점은 우선 연구가 채택한 연구방법으로 인해 생기게 되는 경우가 많다. 연구설계는 고유한 목적이 있어서 그 목적에 맞게 선택된 것이지만, 그로 인해 제한점을 갖게 된다. 이처럼 연구자는 연구설계가 가진 고유한 제한점을 인식하고, 이를 명시해 줄 수 있다. 연구대상과 관련해서는 표집의 문제가 있다. 표집에서는 표집의 대표성 문제, 충분한 표집의 크기, 임상집단의 여부 등이 제한점이 될 수 있다. 또한 검사도구의 신뢰도와 타당도 문제도 흔히 연구의 제한점이 될 수 있다.

2) 후속연구를 위한 제언

후속연구를 위한 제언은 현재 연구의 결과에 기반하여 이론적·실제적으로 더욱 도움이 되는 지식을 얻으려면 이후에 어떤 연구가 진행되는 것이 도움이 되는지를 제안하는 것이다. 연구 결과에 대한 해석, 연구가설과 다른 결과가 나온 경우에 대한 가설을 제시하게 된다. 따라서 제언은 연구자가 자신의 열구 결과를 해석하면서 제시한 다양한 추측과 가설 또한 후속연구에서 다루어질 수 있는 좋은 주제가 된다. 연구방법의 제한점은 후속연구를 위한 제언의 가장 기본적인 바탕이 된다. 흔히 표집의 문제, 검사도구의 신뢰도와 타당도의 문제에 기반하여 대표성을 높일 수 있는 표집, 임상집단에 대한 연구, 신뢰도와 타당도가 높은 검사의 개발과 사용 등이 포함된 제언이 이루어질 수 있다.

제언 작성 형식

- **연구대상의 일반화 한계**

  본 연구는 (연구대상의 한계점)으로 이루어졌기 때문에 연구의 결과를 (연구대상)에게 일반화하는 데 한계가 있다. (후속연구에 대한 제언)에 따른 발달적 특성이 다르기 때문에 추후에는 다양한 대상으로 한 연구가 이루어져야 할 것이다.

• 검사도구의 제한점

　프로그램 효과 검증을 위해 사용한 측정도구들이 (검사도구에 대한 제한점 제시)에 국한되어 있다. 따라서 (검사도구에 대한 후속 연구의 제언)의 질적 · 양적 변화를 측정할 수 있는 다각적인 평가 방법이 요구된다.

• 연구절차의 제한점

　본 연구에서 처치프로그램의 효과가 유의하게 나왔지만 좀 더 정확한 효과성을 살펴보기 위해 추후 연구에서는 (연구절차에 대한 후속연구의 제언)이 필요할 것으로 보인다.

• 방법론적 제한점

　본 연구에서는 (연구대상)의 심리적 특성을 고려한 (처치프로그램)을 실시하여 (독립변인의 변화)를 사전−사후 검사를 통해 검증하였다. 후속 연구에서는 보다 지속적인 프로그램의 효과를 확인하기 위해 프로그램 종료 후 추후검사를 실시하여 효과를 검증해야 할 것이다.

제언 작성 예시

👤 예시 1: 프로그램 개발 연구(문애경, 2016)

　다음으로, 본 연구의 제한점을 검토하면서 앞으로의 후속연구를 위한 제언하고자 한다.

　첫째, 본 연구는 B시에 소재한 진로성숙도가 낮은 여중생 3학년을 대상으로 이루어졌기 때문에 연구의 결과를 중학생 집단에게 일반화하는 데 한계가 있다. 따라서 후속연구에서는 지역을 초월한 무선표집을 통해 성별과 학년에 따른 발달적 특성이 다르기 때문에 추후에는 다양한 대상으로 한 연구가 이루어져야 할 것이다.

　둘째, 프로그램 효과검정을 위해 사용된 측정도구들이 모두 자기보고형 설문지에 국한되어 있다. 자기보고형 질문지는 대부분 전반적 보고법을 택하고 있기 때문에 다양한 종류의 편향에 의해 영향을 받을 수 있다(Kahneman & Tversky, 2000)는 점을 전제해야 할 것이다. 따라서 자기보고형 평가를 비롯하여, 사후 심층면접, 프로그램 내에서의 개인의 변화 양상에 대한 관찰측정 등 실제 진로성숙도와 학교적응의

연구대상의 제한점

후속연구에 대한 제언: 좀 더 구체적인 일반화의 방법을 제시할 필요성이 있음을 제시함

검사도구의 제한점 제시

검사도구에 대한 후속연구의 제언

연구절차의 제한점 제시 및 연구절차에 대한 후속연구의 제언

질적·양적 변화를 측정할 수 있는 다각적인 평가방법이 요구된다.

셋째, 본 연구에서 개발한 중학생을 위한 강점기반 진로탐색프로그램의 효과가 유의하게 나왔지만 좀 더 정확한 효과성을 살펴보기 위해 추후연구를 통하여 실험집단과 통제집단 외에 일반 진로프로그램을 비교집단으로 하는 연구가 이루어져 프로그램 효과에 대하여 공통적 변화요인과 본 프로그램만의 고유한 변화요인을 비교·연구하는 엄밀한 분석이 필요할 것으로 보인다.

연구방법의 제한점 제시

넷째, 프로그램의 지속효과를 보기 위한 추후검사가 프로그램 종료 후 4주만에 실시되었기 때문에 지속효과의 여부를 일반화하는 데 한계가 있다. 보다 지속적인 프로그램의 효과를 확인하기 위해서는 프로그램 종료 후 6개월 이상의 간격을 두고 추후검사를 실시하여 프로그램의 효과를 검증해야 할 것이다.

연구방법에 대한 후속연구의 제언

다섯째, 개발된 프로그램 내용 중 가장 효과가 있었던 체험중심 진로활동 내용이 1회기에 그쳐 이에 대해 보다 다양한 내용의 프로그램 개발이 필요하다. 우리나라에는 직업체험활동이 활성화되어 있지 않아 학생들이 직업체험을 할 수 있는 직업 현장이나 활동에 대한 이해가 부족한 실정이다. 그러므로 지역사회 자원과의 연계를 통해 직업현장을 연결하는 연계망 구축 및 이를 적용한 다양한 내용의 프로그램 개발이 필요하다.

개발된 프로그램 내용의 제한점 제시

개발된 프로그램 내용에 대한 후속연구의 제언

👤 예시 2: 프로그램 재구성 연구(김하나, 2014)

본 연구의 제한점과 후속연구를 위한 제언은 다음과 같다.

첫째, 본 연구의 대상자는 부산광역시에 위치한 J여자중학교 1학년을 표집 대상으로 한정되었기 때문에 다양한 지역과 나이, 성별에 따른 연구가 이루어지지 않았다. 따라서 후속연구에서는 다양한 지역의 외톨이중학생을 대상으로 연령, 성별에 따라 프로그램의 개입이 가능한지를 살펴보고, 그 개입으로 인한 효과성 검증에 대해서도 후속연구가 더 필요하다.

연구대상의 제한점 제시

연구대상에 대한 후속 연구의 제언

둘째, 본 연구에서는 외톨이중학생의 심리적 특성을 고려한 정서지능증진 프로그램을 실시하여 대인불안을 감소시키고 공감과 또래관계가 향상된 것을 사전-사후 검사를 통해 검증하였다. 후속연구에서는 보다 지속적인 프로그램의 효과를 확인하기 위해 프로그램 종료 후 추

연구방법의 제한점 제시

연구방법에 대한 후속연구의 제언

후검사를 실시하여 효과를 검증해야 할 것이다.

　셋째, 정서지능증진 프로그램의 효과검정을 위해 사전면담, 자기보고형 측정도구, 회기별 소감문과 프로그램 전체 소감문을 활용하여 외톨이중학생들의 대인불안, 공감, 또래관계에 변화 양상에 대해 경험분석을 실시하였으나, 양적분석과 질적분석에서 드러난 변화 양상이 프로그램의 어떤 구성요소들로 인한 것인지에 대한 구체적인 분석이 이루어지지 못했다. 따라서 후속연구에서는 프로그램의 효과에 대한 구체적인 결과를 얻기 위해서 프로그램 구성 영역에 대한 지도자의 관찰과 전문가의 개입을 통해 심층분석이 필요하다.

검사도구의 제한점 제시

검사도구에 대한 후속연구의 제언

3. 요약, 결론 및 제언 작성 후 점검 사항

요약, 결론 및 제언을 작성한 후, 다음의 점검 사항을 확인해 본다.

번호	점검 내용	확인	
		예	아니요
1	연구가 어떠한 내용인지 대략적으로 파악할 수 있게 제시되었는가?		
2	연구 전체가 간략하게 요약되어 제시되었는가?		
3	서론에서 제시한 연구목적이 기술되었는가?		
4	연구대상(추출 장소 및 정보, 크기)과 처치프로그램이 제시되었는가?		
5	연구방법에 대한 핵심적인 내용이 기술되었는가?		
6	결과는 서론의 연구문제(가설)에 따라 차례로 제시되었는가?		
7	연구 문제와 방법 및 결과에 이르는 일반적 결론이 도출되었는가?		
8	연구 결과의 일반화는 적절하게 제시되었는가?		
9	결과에 언급되지 않았던 내용이 기술되지 않았는가?		
10	본문에 언급한 그림 또는 표 등을 사용하지 않았는가?		
11	불필요한 문헌을 인용하지 않았는가?		

12	연구 결과를 지나치게 과소평가하거나 과대평가하지 않았는가?		
13	본 연구와 관련된 부분만 제언을 하였는가?		
14	연구의 한계점이 명확히 제시되었는가?		
15	후속연구를 위하여 앞으로 어떤 문제와 쟁점에 대해 살펴보아야 하는지 제시되었는가?		

제7장

참고문헌

　참고문헌이란 논문 작성 시 인용 또는 언급한 자료들을 일정한 형식에 맞게 제시하는 목록이다. 일반적으로 요약, 결론 및 제언 뒤에 논문에서 인용한 참고문헌을 기술한다. 참고문헌을 통해서 연구자는 연구의 타당성·정당성·신뢰성·정확성을 보여 줄 수 있고, 독자는 연구에 대해 좀 더 자세하게 알아보고 싶은 경우에 참고문헌을 살펴볼 수 있다. 자료 인용에 대한 출처를 밝히지 않는다면 표절에 해당하며, 이는 학문 윤리에도 위배되므로 참고문헌의 제시에 특별히 신경을 써야 한다. 따라서 논문의 본문에 인용한 학술논문이나 서적은 반드시 참고문헌의 목록과 일치시켜 기술해야 한다.

　참고문헌의 표기 방식은 전공 분야에 따라 다양하며, 일반적으로 교육학 관련 연구들은 국제적으로 미국심리학회(American Psychological Association: APA)의 양식을 따른다. 이 장에서 논문 뒷부분의 참고문헌 목록 작성 방법과 본문에서의 참고문헌 인용 방법에 대해 자세히 살펴본다.

1. 참고문헌 목록 작성

참고문헌의 제시 순서는 국내 문헌을 가장 먼저 제시하고 다음으로 동양 문헌(중국 문헌, 일본 문헌), 서양 문헌 순으로 작성하되, 저자의 이름 기준으로 가나다순 다음에 알파벳 A, B, C 순으로 배열한다. 일본어 또는 기타 외국어 저자명은 괄호 속에 영문 또는 한글 표기를 한다.

참고문헌 목록에는 제일 먼저 저자명을 적고 한 칸 띄운 다음, 괄호 안에 출판연도를 쓰고 마침표를 한다. 그다음 한 칸을 띄우고 서명(학술지명)을 적은 후 마침표를 한다. 서명은 중고딕체, 영문은 이탤릭체로 한다. 다음 출판 장소와 출판사명을 콜론(:)으로 구분하여 적는다. 학술지 논문의 경우는 저자명, 출판 연도, 연구제목, 학술지명, 게재권(호), 쪽수를 적는다. 글자체는 본문처럼 신명조로 하고, 학술지명과 게재권의 번호(호수 제외)만 책 이름으로 취급하여 진하게(영문은 이탤릭체) 표기한다. 참고문헌을 적을 때 한 참고문헌이 두 줄 이상 되는 경우에는 두 번째 줄부터는 네 칸 들여쓰기를 한다(권선중 외, 2012).

1) 저자명

- 저자명은 국내 문헌이나 동양 문헌의 경우에는 성 이름 순서로 전체 이름을 모두 적는데, 성과 이름은 띄어 쓰지 않는다(외자 이름도 동일). 서양 문헌은 성(family name)만 쓰고 나머지 이름은 앞글자만 대문자로 적는 것을 원칙으로 한다.
- 저자가 2명 이상인 경우에는 국내 문헌으로 가운데 쉼표(,)로 구분하고, 서양 문헌은 쉼표(,)로 구분하되 마지막 저자 앞에 '&'를 붙인다.
- 번역자는 '역'으로 표시하되, 2명 이상 번역하였을 경우에도 '공역'이 아니라 '역'으로 표시한다.
- 동일한 저자, 동일한 연도의 참고문헌이 여러 개일 경우, 참고문헌은 출판 연도 뒤에 a, b, c로 구분한다.

2) 서명(학술지명)

- 서명은 국내 문헌과 동양 문헌의 경우에는 진하게 표시하고, 서양 문헌은 기울임으로 하며 기울임에는 진하게 표시하지 않는다.
- 부제목은 제목 뒤에 쌍점(colon, :)으로 구분하고 한 칸 띄어쓰기한다.

3) 출판사명

- 출판지역과 출판사는 쌍점(:)으로 구분하고 한 칸 띄어쓰기한다.

4) 참고문헌 표기 시 사용하는 약어

- 외국 문헌의 경우에는 약자가 많이 쓰이는데, 그 내용은 다음과 같다.

원어	약어	원어	약어
chapter	chap.	edition	ed.
revised edition	rev. ed.	second edition	2nd ed.
Editor(Editors)	Ed.(Eds.)	Volume(Volumes)	Vol.(Vols.)
page(pages)	p.(pp.)	Number	No.
Part	Pt.	Translator(s)	Trans.

2. 본문에서의 참고문헌 인용

본문에는 인용한 문헌의 저자명을 표시하고, 인용한 참고자료의 출판 연도를 표기한다. 독자는 이 방법으로 출처를 확인할 수 있고, 논문 뒷부분에 있는 참고문헌 목록에서 출처를 찾을 수 있다. 본문에 인용한 참고문헌은 반드시 참고문헌 목록에 있어야 하고, 마찬가지로 목록에 있으면 반드시 본문에도 인용해야 한다. 각 참고문헌은 두 곳에 있어야 하고, 본문 인용과 목록 내용은 저자명과 연도가 같아야 한다(권선중 외, 2012).

1) 국내 문헌과 동서양 문헌이 모두 포함될 경우

- 국내 문헌, 동양 문헌(국가명 알파벳 순서), 서양 문헌의 저자 순으로 나열한다. 저자명을 구분할 때는 반쌍점(semicolon, ;)을 사용한다.
  - 권석만, 유성진, 임영진, 김지영, 2010; 이희경, 이동귀, 2007; 황소영, 2011; Anderson, 2004; Crosnoe & Elder, 2004; Hankin, Roberts, & Gotlib, 1997

2) 여러 저자가 수행한 연구를 인용할 경우

- 본문 중 문헌의 인용은 괄호 안에 제시 경우와 본문 속에 참조하는 것으로 나뉘며, 저자 수에 따라서, 그리고 인용문헌이 논문인 경우와 단행본인 경우에 따라서 인용 방법을 달리한다. 논문과 단행본은 저자명과 출판 연도를 기재한다.
- 저자가 2인인 경우에는 저자와 출판 연도를 매번 인용해야 한다. 한글 저자명은 쉼표로 구분하며, 서양 저자의 경우는 '&'를 삽입한다.
  - 괄호 안에 제시: (조중현, 김진숙, 2014), (Galassi & Akos, 2007)
  - 본문 속에 참조: 조중현과(와) 김진숙(2014)은(는)…, Galassi와(과) Akos(2007)는(은)…,
- 저자가 3인 이상인 경우에는 다음과 같은 방식으로 인용해야 한다.
  - 처음 인용하는 경우, 모든 저자를 제시한다.
    - 괄호 안에 제시: (심미영, 정승현, 황순금, 2013), (Lent, Brown, & Hackett, 2002)
    - 본문 속에 참조: 심미영, 정승현과(와) 황순금(2016)은(는)…, Lent, Brown과(와) Hackett(2002)는(은)…
  - 두 번째로 인용하는 경우부터는 처음 저자명만 제시하고 공동 저자명은 생략하여 '등'이나 '외'로 표시한다. 서양 저자의 경우는 'et al.'을 쓴다.
    - 괄호 안에 제시: (심미영 외, 2013), (Lent et al., 2002)

　　　　· 본문 속에 참조: 심미영 등(2013)…, Lent 등(2002)…
- 저자가 6인 이상인 경우, 처음 인용 때부터 모든 저자명을 제시하지 않고 처음 저자명만 제시한다. 참고문헌에서는 모든 저자명을 다 작성해야 한다.
　　−괄호 안에 제시: (권선중 외, 2012), (Sussman et al., 2001)
　　−본문 속에 참조: 권선중 등(2012)…, Sussman 등(2001)…

3) 재인용의 경우

- 본문에 인용한 경우 원전(저자명과 출판 연도)과 재인용한 자료(재인용 저자명과 재인용 연구의 출판 연도)의 출처를 쌍점(Colon, :)으로 구분하여 제시해야 한다.
　　−이은혜(2012: 유선희, 2013에서 재인용)은
- 괄호 안에 원전 저자명과 출판 연도가 표기되었을 경우에는 원전 저자명과 출판 연도 뒤에 쌍점을 쓴 후 재인용 연구의 저자명과 재인용 출판 연도를 적고 '에서 재인용'이라고 작성해야 한다.
　　−~라는 주장이 제기되었다(이은혜, 2012: 유선희, 2013에서 재인용)
- 참고문헌에서는 재인용 문헌만을 작성하면 된다.

4) 번역서의 경우

- 원전의 저자명을 적고 쉼표(,)를 한 후, 원전의 출판 연도와 번역서의 출판 연도를 빗금(/)으로 구분하여 작성한다.
　　−인간의 강점에 대하여 Lopez(2008/2011)는(은)…
　　−~라고 주장하였다(Lopez, 2008/2011).

3. 참고문헌 작성의 실제

참고문헌 작성 형식

• 단행본
  –저자명 (출판 연도). **서명**. 출판지역: 출판사명.
  → 서명: 국내 **진하게**, 외국 *기울임*

• 학위논문
  –저자명 (출판 연도). **논문명**. 학위수여대학교와 석(박)사 학위명.
  → 논문명: 국내 **진하게**, 외국 *기울임*

• 학술지
  –저자명 (출판 연도). 논문명. **수록지명**, **권**(호), 시작–끝페이지.
  → 수록지명, 권: 국내 **진하게**, 외국 *기울임*

• 번역서
  –원저자 (출판 연도). **번역서명** [*원서명*]. (번역자명). 출판지역: 출판사명. (원전 출판 연도).
  → 번역서명: 국내 **진하게**, 외국 *기울임*

• 신문기사
  –신문명 (발행 연, 월, 일). 기사제목. 게재면.
  –기고자명 (발행 연, 월, 일). 기사제목. **신문명**, 게재면.
  → 신문명: 국내 **진하게**, 외국 *기울임*

• 인터넷 자료
  –저자명 (작성 연도). 자료명. URL.에서 연, 월, 일 자료 얻음.

• 대학의 논문집
  –저자명 (출판 연도). 서명. **정기간행물명**, **권**(호), 쪽수. 발행기관명(대학 내 연구소 혹은 대학).
  → 정기간행물명: 국내 **진하게**.

참고문헌 작성 예시

• 단행본

천성문, 김미옥, 최정아, 천보경, 심운경, 송정은, 강은아, 탁희욱, 김
　　수진 (2016). 부모교육: 코칭전략과 실제. 서울: 센게이지러
　　닝코리아.
Hayes, S. C., Strosahl, K., & Wilson, K. G. (1999). *Acceptance and
　　commitment therapy*. New York: Guilford Press.

> 저자명 (연도). **서명**.
> 출판도시: 출판사명.

> 저자명 (연도). 서명.
> 출판도시: 출판사명.

• 학위논문

김미옥 (2014). 재혼가족의 생활적응 향상을 위한 부모교육프로그램
　　개발과 효과. 경성대학교 박사학위논문.

> 저자명 (연도). **논문
> 명**. 학위수여대학과
> 석(박)사학위명.

• 학술지

최정아, 김정숙, 함경애 (2014). 고등학생의 어머니로부터의 심리적
　　독립과 학교생활적응 간의 관계에서 사회적 지지와 학업동기
　　의 매개효과. 상담학연구, 15(4), 1585-1604.
Brown, K. W., & Ryan, R. M. (2003). The benefits of being present:
　　Mindfulness and its role in Psychological well-being. *Journal
　　of Personality and Social Psychology, 84* (1), 822-848.

> 저자명 (연도). 논문
> 명. **수록지명, 권**(호),
> 시작-끝 페이지.

> 저자명 (연도). 논문
> 명. *저널명, 권*(호), 시
> 작-끝 페이지. (저널
> 명은 각 단어의 앞철
> 자를 대문자로)

• 번역서

Kabat-Zinn, J. (2003). 마음챙김 명상과 자기치유(상, 하) [*Full
　　Catastrophe Living: The program of the Stress Reduction
　　Clinic at the University of Massachusetts Medical Center*].
　　(장현갑, 김교헌 역). 서울: 학지사. (원전은 1990년에 출판).

> 원저자 (번역서 연
> 도). **번역서명** [원서
> 명]. (역자명). 출판도
> 시: 출판사명. (원전
> 연도).

신문명 (발행 연, 월, 일). 기사제목. 게재면.

· 신문기사

한국신문 (2016, 1, 1). 성숙한 부모란 어떤 부모인가?. 8면.

홍길동 (2016, 1, 1). 성숙한 부모가 되기 위한 노력. 한국신문, 3면.

기고자명 (발행 연, 월, 일). 기사제목. **신문명**, 게재면.

· 인터넷 자료

· 국내 저자 있을 경우

저자명 (연도). 자료 제목과 URL. 자료를 얻은 날짜(연, 월, 일) 자료 얻음.

김미향 (2016). "나는 좋은 부모일까 수업 받는 아빠, 엄마들" 한겨레신문 홈페이지, http://www.hani.co.kr/arti/society/society_general/742045.html. 에서 2016, 1, 1 자료 얻음.

· 저자 없을 경우

한겨레신문 (2016). "나는 좋은 부모일까 수업 받는 아빠, 엄마들" 한겨레신문 홈페이지, http://www.hani.co.kr/arti/society/society_general/742045.html. 에서 2016, 1, 1 자료 얻음.

단행본으로 출간하거나 연속물로 출간할지라도 일반적인 참고문헌 표기법이 아니므로 유의해야 함

· 기타

저자명 (연도). 서명. **게재된 간행물명**, 면수, 발표 일자. 장소.

함경애 (2016). 청소년자살 프로그램의 개발과 활용. 한국교육치료학회 연차학술대회 발표초록집, 110-120, 8월 27일. 부산: 부경대학교 인문관.

저자명 (연도). 서명. **정기간행물명**, 권(호), 쪽수. 발행기관명(대학 내 연구소 혹은 대학).

김미옥 (2016). 학부모 교육 문제의 본질: 실상과 허상. 사회과학연구, 5(1), 187-205. 경성대학교 사회과학연구소.

최정아 (2016). 신입생 실태조사. 학생상담연구, 5(1), 41-60. 경성대학교 학생생활연구소.

국토해양부 (2010). 도로용량 편람작성을 위한 기초연구(KHS-2000-10). 서울: 국토해양부.

4. 참고문헌 작성 후 점검 사항

참고문헌을 작성한 후, 다음의 점검 사항을 확인해 본다.

번호	점검 내용	확인	
		예	아니요
1	참고문헌이나 자료는 충분히 포괄적이고 관련 있는 것인가?		
2	참고문헌은 최근의 자료인가?		
3	본문과 참고문헌 장에서 국내 문헌, 동양 문헌(국가명의 알파벳 순서), 서양 문헌을 저자순으로 작성하였는가?		
4	저자명을 정확히 표기하고, 인용한 참고 자료의 출판 연도를 정확히 표기하였는가?		
5	본문에 인용한 저자명과 참고문헌의 저자명이 동일한가?		
6	동일 저자의 두 편 이상의 논문을 인용할 경우, 연도순으로 오래된 것부터 배열하였는가?		
7	동일 저자의 서로 다른 연구이면서 출판 연도가 같은 경우, 출판 연도 뒤에 a, b, c 등으로 구별하였는가?		
8	본문에서 참고문헌 재인용 시 원전의 출판 연도 뒤에 쌍점(:)을 한 후, 재인용 출처의 저자와 자료의 출판 연도를 적고 뒤에 '에서 재인용'이라고 표기하였는가?		
9	본문에서 번역서를 작성할 경우, 원전의 저자명을 적고 쉼표(,)를 한 후 원전의 출판 연도와 번역서의 출판 연도를 나란히 적고 빗금(/)으로 구분하였는가?		
10	본문에서 언급된 문헌이나 자료 중 참고문헌 목록에 빠진 것은 없는가?		

제8장

영문초록

영문초록(abstract)은 국문으로 된 원문의 내용을 영어로 요약한 논문의 개요를 말한다. 따라서 전체적인 논문에 대한 가능한 한 많은 정보를 제공하여 영어권 독자가 영문초록을 읽고 논문의 내용을 파악할 수 있게 하는 것이다. 영문초록의 생명력은 간결성과 정확성에 있다. 영문초록은 전산 시스템에서 논문 검색에 필요한 자료로 사용되므로 논문의 핵심 내용을 나타내는 용어들을 제시해야 한다.

영문초록의 내용은 연구목적(purpose or aim or goal), 연구방법(method), 결과(result or findings)의 핵심적인 부분과 제언(suggestion) 등을 포함한다.

영문 요약은 250단어 이내로 Background, Methods, Results, Conclusion 등 4개 부분으로 나눈 규정된 형식을 사용한다. 그리고 복문, 장문으로 구성되는 복잡한 문장은 쉼표(,), 아포스트로피(') 등을 활용하여 알아보기 용이하도록 한다. 한편, 학위논문 내용의 중심이 되는 단어를 6개 이내로 선정하여 초록의 끝부분에 주제어(keywords)를 제시해야 한다. 컴퓨터를 이용한 문헌 검색을 하는 현시대에 자신의 연구논문이 보다 자주 인용되기 위해서는 검색할 때 쉽게 발견되도록 주제어 선정에 신경을 쓰는 것이 필요하다.

영문초록 작성 형식

- 모든 간격은 더블 스페이스(double space)이며, 제목은 가운데 정렬
- 저자명, 전공, 학위, 소속 학교명 기재
- 지도교수명 기재
- 연구목적 서술(첫 문단 1/2인치 들여쓰기)
- 연구대상 및 자료 처리에 대한 서술
- 연구가설에 따른 결과에 대한 내용을 간략하게 제시
- 연구의 제한점과 제언에 대해 서술
- 주제어 기술

영문초록 작성 예시(문애경, 2016)

Doctoral Dissertation

The Development and Effect of Strengths−Based Career
Exploration Program of Middle School Students

Moon, Ae−Gyoung

Department of Education
Graduate School
Kyungsung University

Advisor: Cheon, Seong−Moon

Abstract

The purpose of this study is to research the relation
among strengths knowledge, strengths use, career
maturity, and school adaptation of middle school
students. Through this research, the strengths−based
career exploration program was developed for middle
school students and to verify the effects on their career
maturity and school adaptation.

관사, 전치사 및 접속사를 제외한 모든 단어 첫 자만 대문자로 표시함

연구 목적이나 문제를 제시: 되도록 한 문장으로 제시

In the research 1, this study examined the mediating effects of strengths use and career maturity in the process that strengths knowledge(awareness) influences school adaptation of students. Data was collected from a total of 469 middle school students about their strengths knowledge, the strengths use, career maturity, and the level of school satisfaction. With the help of PROCESS(Version 2.11) macro by Hayes(2013), the effects of Serial Multi—Mediation was verified.

The results of this study were as follows:

First, strengths knowledge influenced on school adaptation through strengths use. Second, strengths knowledge also influenced career maturity through strengths use. Third, strengths knowledge influenced school adaptation by sequential mediation of strengths use and career maturity. These finding suggest that both strengths knowledge and strengths use play an important role to enhance not only career maturity but also the school adaptation.

−중 략−

In the research 2, strengths—based career exploration program was developed for middle school students based on the result of Research 1, which helps students with their career maturity as well as school adaptation. The program was developed through these steps: planning, designing, devising, conducting, and evaluating.

−중 략−

In the research 3, the purpose of the study is to verify the effect of the career exploration program developed in the research 2. After the program was conducted on the experimental group, quantitative analysis was conducted for comparison according to the lapse of time: before, after, and follow-up. The quantitative analysis was made

연구 결과를 요약적으로 제시

연구 참여자에 대한 구체적인 정보 제시

상당 부분 참고한 선행연구가 있다면 연구자와 연구 연도를 명기

각 연구문제에 따른 결과의 함의 제시

up for by experience reports of the experimental group. In quantitative analysis, independent sample t—analysis was used to examine homogeneity between two groups beforehand. Mixed ANOVA was also used to verify a hypothesis.

-중 략-

Keywords: strengths knowledge, strengths use, career maturity, school adaptation, Strengths—Based Career Exploration Program

연구방법의 핵심만 서술

연구의 요지를 파악하거나 정보 서비스에서 논문을 검색할 때 도움이 될 만한 주요 용어 제시

1. 영문초록의 내용

- 영문초록의 내용은 독자가 연구 결과의 의미와 중요성을 인식하도록 결과 중심으로 써야 하며, 실험 논문의 경우 방법론, 결과, 주요 의미를 수록해야 한다. 독자의 배경 지식이 충분하다고 판단되면 첫 문장부터 결과를 도입하고, 일반인 대상일 경우 먼저 배경 지식과 일반적 관련 분야를 한두 문장 언급하는 것도 좋다.
- 배경 설명이 길어지면 주제를 상술한 공간이 줄어들기 때문에 배경 소개는 서론에 삽입하고 결론 소개에 집중하는 것이 좋다. 배경 설명이 길어지는 오류를 피하려면 직접 'This paper(study, research)'를 주어로 시작할 수도 있다.
  - This paper develops and tests hypothesis about characteristics of organizations and their environments that favor the proliferation of detailed job titles to describe work roles.
  - This study(paper, research, report, investigation…) reports(describes, determines, disputes, plans to, develops, shows, examines)…
  - The main purpose of this article is to derive…

2. 영문초록의 시제

- 본문 내용을 소개할 때는 현재 시제를 쓴다.
  - This study <u>explores</u> the influence of demographic factors on the attitudes…
  - Hypotheses <u>are offered</u> regarding…
  - The investigators <u>suggests</u> inplications…
- 연구에서 사용된 방법과 결과를 기술할 때는 과거 시제를 사용한다. 많은 저자가 모든 초록을 현재로 쓰는 것을 선호하는데, 직접 독자에게 생생하게 웅변하는 효과는 있으나 과거로 쓰는 것이 정확하다. 방법과 결과가 현재로 기술되면 마치 배경지식이나 서론의 소개 부분처럼 들리게 된다.
  - Studies showed that L. Wilkommii was transmitted from natural virgin forest to plantations through wind-born ascocarps infecting dead buds and branches as well as wounds.
- 수학적·이론적 내용 등 변치 않는 사실일 경우에는 현재 시제를 쓰기도 한다. 다음 예시는 결과의 의미를 논의하는 것으로서 변치 않는 내용으로 기술된다.
  - Analysis of questionnaire data from 51 … shows that even though the these pairs are in very similar positions and share similar orientations…
  - The reasons seem not to lie in complications…
- 미래 시제는 피한다. 영문초록에 미래형 시제를 쓰게 되면, 아직 연구가 덜 진행되었다는 느낌, 이 연구를 통해 발견한 점이 아직은 없다는 모호한 느낌을 준다.
  - The current study <u>will explore</u>…(×)

3. 영문초록의 문법적인 사항들

• 수동태와 능동태 중 한 형태를 정하여 일관되게 작성한다. 근래에 대
  부분의 논문은 수동형으로 작성하나 작성자의 기호에 따라 능동형으
  로 작성하기도 한다.
    – Parenting behavior was measured…
    – But no difference was found in the level…
• We, I, You 등의 인칭대명사로 시작하는 표현은 가급적 피하는 것이
  바람직하며, 3인칭을 사용한다.
• 동일한 주어를 세 번 이상 연이어 반복하지 않는 것이 좋다.
• 영문초록의 제목은 관사, 전치사 및 접속사를 제외한 모든 단어의 첫
  철자만 대문자로 표기한다.
    – The Effects of Parental ADHD Symptoms on Parenting Behaviors

제9장

부록

부록은 독자의 이해를 돕기 위해 연구와 직접 관련이 있는 내용이지만, 본문에 한꺼번에 제시하기 힘든 내용을 넣는 부분으로, 주로 연구방법에서 측정도구로 사용한 설문지 등을 제시하는 것이다. 부록은 영문초록 뒤에 넣어서 논문의 전체 흐름에 방해되지 않도록 해야 하며, 부록의 제시 순서는 본문의 내용 순서에 따라야 한다.

1. 부록 작성

부록이 한 개라면 〈부록〉이라는 제목을 붙이고, 두 개 이상은 〈부록 1〉, 〈부록 2〉와 같이 일련번호를 붙여 각각 새로운 페이지에 제시한다.

부록 작성 시 고려 사항

• 측정도구 설문지
  –척도의 제목
  –안내 및 주의 사항 제시
  –인구통계학적 자료 제시: 성별, 학년, 직업, 가족 형태 등 연구와 직접 관련된 내용만을 설문

• 프로그램 내용구성 타당도 평정
  –측정도구의 내용타당도 검증을 위한 CVR 평가
  –문항이 적절한 수준의 내용타당도를 보장하는지 여부를 관련 분야 전문가에게 평가
  –처치프로그램의 내용에 연구대상에게 적절한지 여부를 평가
  –전문가 집단의 수는 3명 이상 10명 이하가 바람직함
  –CVR의 공식

$$CVR = \frac{(ne - n/2)}{(n/2)}$$

  ne: 적합하다고 응답한 전문가 집단의 수
  n: 전체 전문가 집단의 수
  –전문가 집단의 수(CVR 최소 허용값):
   5(0.99), 6(0.99), 7(0.99), 8(0.75), 9(0.78), 10(0.62)
  –5인 중 3인 합의 시: (3-2/5) / (5/2) = 1.04(충족); 2인 합의 시: (2-2/5) / (5/2) = 0.64(미충족)

• 활동안 및 활동지
  –프로그램을 진행하기 위한 준비물, 활동목표 도입·전개·마무리의 내용, 프로그램 진행에 필요한 활동지 원안을 제시

• 매뉴얼
  –프로그램 진행을 위한 자세한 진행방법 제시

2. 부록 작성의 실제

측정도구, 프로그램의 내용구성 타당도 평정결과, 활동안 및 활동지,
프로그램 운영 매뉴얼 순으로 제시하고자 한다.

1) 측정도구

학교적응 척도

다음은 개인의 학교적응과 관련된 내용들입니다. 자신과 얼마나 비슷한지
각 문항을 잘 읽어 보고 해당되는 번호에 ∨로 표시해 주십시오. 정답이 있거
나 좋고 나쁜 답이 있는 것이 아니므로 편안한 마음으로 표시하세요.

번호	문항 내용	전혀 그렇지 않다	가끔 그렇다	자주 그렇다	항상 그렇다
1	수업시간에 배운 내용을 대부분 이해할 수 있다.				
2	학교에서 배운 학습 내용을 잘 익힐 수 있다.				
3	하던 공부가 끝날 때까지 거기에 집중한다.				
4	수업시간에 하던 말을 자유롭게 발표한다.				
5	노력만 하면 지금보다 성적을 더 올릴 수 있다.				
6	학교 공부는 내가 성숙한 인간으로 커 가는 데 중요한 역할을 할 것이다.				
7	학교에서 배우는 내용은 일생을 살아가는 데 유용하게 쓰일 것이다.				
8	수업시간에 공부하는 내용이 유익하다고 생각한다.				

측정도구의 제목을 맨 위에 제시: 실제 연구 대상들에게 설문지를 배부할 때는, 측정도구 제목이 설문에 영향을 줄 수도 있으므로 제목을 삭제함

설문지 작성 시 주의점 제시

채점의 방향과 점수의 의미: 5, 7, 9점 척도의 경우 중간 점수를 주지 않도록 오리엔테이션 시 보충 설명

측정도구에 서술된 모든 문항을 제시: 문항 내용의 중복, 오탈자 여부를 반드시 점검하고, 연구대상에게 예비 설문을 통해 문항의 이해 정도를 파악해야 함

2) 프로그램의 내용구성 타당도 평정결과

차시	주제	목표	활동 내용	평균	표준편차	CVR
1	강점아 반갑다	• 프로그램의 목적을 이해한다. • 강점의 개념과 자신의 대표강점을 확인한다. • 자기소개를 통해 집단의 신뢰감을 형성한다.	• 프로그램 목적 및 운영방법 안내 • 강점 개념 이해하기 • 자신의 대표강점 확인 • 자기 소개하기 • 강점나무 만들기	5.00	0	1
2	강점 하이 파이브	• 20개 강점의 개념을 이해한다. • 대표강점활용 경험을 나눔으로써 자신과 타인을 이해한다.	• 강점 빙고게임 • 강점개념 익히기 • 대표강점활용카드 만들기 • 짝지 대표강점 자랑하기	4.33	0.47	1
3	나는야 강점의 달인	• 대표강점 관련 경험 탐색을 통해 자기이해를 한다. • 자신의 관심 분야를 찾아 정리할 수 있다. • 강점선언을 통해 대표강점에 대한 확신을 가진다.	• 위인들의 강점 찾기 • 대표강점 마인드맵 그리기 • 나는 강점의 달인 • 나의 강점 선언하기	4.66	0.47	1
4	강점이 직업을 만날 때	• 강점에 어울리는 직업을 탐색할 수 있다. • 관심 직업에 대한 정보를 탐색할 수 있다.	• 강점에 어울리는 직업탐색하기 • 친구의 강점에 맞는 직업 추천하기 • 관심 직업 조사하기	4.00	0	1
5	직업인과의 만남	• 직업인과의 만남을 통해 직업의 특성을 이해한다. • 개인의 강점이 직업에서 어떻게 활용될 수 있는지 이해한다.	• 직업인과의 만남 • 경험 나누기	4.00	0	1
6	하이 하이스쿨~	• 고등학교를 유형별로 분류할 수 있다. • 고등학교 진학 준비를 위한 강점활용계획을 세울 수 있다.	• 고등학교 이름 맞추기 • 고등학교 유형별 이해하기 • 강점활용계획 세우기 • 활용계획 나누기	4.33	0.47	1
7	강점 담쟁이	• 자신의 진로장벽을 찾아본다. • 강점으로 진로장벽을 극복할 수 있음을 안다.	• 진로장벽 바라보기 • '담쟁이' 시화 완성하기 • 진로장벽 나누기	4.33	0.47	1

8	내가 주인공	• 자신의 의사결정 유형을 이해한다. • 합리적 의사결정 방법을 연습한다.	• '나는 ~한 적 있다' 게임 • 의사결정 경험 나누기 • 의사결정 유형 이해하기 • 합리적 의사결정 방법 연습하기	4.00	0	1
9	강점 아바타	• 삶의 각 영역에서 강점을 활용할 수 있는 방법을 찾아본다.	• 'If~' 게임 • 나만의 강점 아바타 • 활용계획 나누기 • 강점 소명판 만들기	4.33	0.47	1
10	강점으로 꿈꾸다	• 강점을 활용한 생애설계를 할 수 있다. • 소감을 나누고 프로그램을 마무리 한다.	• 드림 로드맵 만들기 • 강점나무의 강점 스티커 정리하기 • 소감 나누기	5.00	0	1

3) 활동안 및 활동지 예시(문애경, 2016)

(1) 중학생을 위한 강점기반 진로탐색프로그램 활동안

> 각 회기의 활동을 한 눈에 볼 수 있도록 간략하게 정리: 회기 제목, 활동 목표, 준비물, 단계별 활동 내용, 시간 제시

1회기: 강점아 반갑다~		
활동 목표	• 프로그램의 목적을 이해한다. • 강점의 개념을 이해하고 자신의 대표강점을 확인한다. • 자기소개를 통해 집단의 신뢰감을 형성한다.	
준비물	필기도구, 별칭 명찰, 사인펜, 색연필, 청소년강점 검사 결과지, 활동지(1-1, 1-2, 1-3), 칭찬스티커	
단계	활동 내용	시간
도입	• '네가 짱이야' 게임 • 오리엔테이션 -프로그램의 목적 및 내용에 대하여 자세하게 안내한다. -'우리의 약속'(활동지 1-1)을 작성하고 다 같이 서약한다.	20분

| 전개 | • 강점 이해하기
  −강점카드(활동지 1−2)를 활용하여 20개 강점의 개념을 이해한다.
  −청소년강점 검사결과를 통해 자신의 대표강점을 이해한다.

• 별칭 짓기
  −자기를 가장 잘 나타내는 강점으로 별칭을 짓는다.
  −자기 대표강점과 함께 자기소개를 한다.
  −강점 별칭을 이용한 놀이(프라이팬 놀이)를 통해 친밀감을 형성한다.

• 강점나무 만들기
  −강점나무(B4)(활동지 1−3) 기둥에 대표강점 5개를 써 넣고 색칠을 한다. | 60분 |
| 정리 | • 이 회기 활동을 통해 깨달은 점이나 느낀 점, 자기가 가장 많이 쓴 강점을 중심으로 소감을 발표한다.
• 다음 차시 활동을 예고한다. | 10분 |

(2) 중학생을 위한 강점기반 진로탐색프로그램 **활동지 (1-1)**

활동지는 대상의 특징에 맞게 내용을 구성하고 내용의 분량을 정해야 한다.

한 회기에 사용되는 활동지
1-1: 1회기 사용되는 첫 번째 활동지를 의미

우리들의 약속

아래의 약속은 이번 프로그램을 통해 같이 성장할 수 있도록 우리 모두가 반드시 지키도록 노력해야 할 사항입니다.

1. 나는 강점활용 진로집단상담프로그램에 빠지지 않고 끝까지 참석하겠습니다.
2. 나는 다른 사람의 의견을 존중하겠습니다.
3. 나의 발전을 위해 적극적으로 참여하며 친구의 발전을 위해 적극적으로 돕겠습니다.
4. 프로그램 중에 이야기된 내용에 대해서는 비밀을 지키겠습니다.

이 외에 자신과의 약속을 정하고 싶다면

_____

2015년　월　일

이름(**별칭**) _____ (서명)

집단상담 프로그램의 특징에 따라 자신의 이름이나 별칭을 적음. 프로그램 참여를 통해 자신이 불리고 싶은 것을 스스로 정함

4) 프로그램 운영 매뉴얼

프로그램의 각 회기에서 진행되는 내용을 다른 연구자가 재연할 수 있도록 자세하게 제시

1회기: 강점아 반갑다~

각 회기의 제목

이 회기를 통해서 연구대상이 이루어야 할 구체적인 목표 제시

집단활동을 하는 동안 준비해야 하는 자료 제시

본 활동에 들어가기 전 신뢰감과 친밀감을 형성하기 위한 활동을 하거나 해야 할 활동을 소개: 본 활동과 연결성 있게 구성되어 자연스럽게 활동에 들어갈 수 있는 연결 다리를 만드는 것이 중요함

목표	• 프로그램의 목적을 이해한다. • 강점의 개념과 자신의 대표강점을 확인한다. • 자기소개를 통해 집단의 신뢰감을 형성한다.	
준비물	필기도구, 별칭 명찰, 사인펜, 색연필, 청소년강점 검사 결과지, 활동지(1-1, 1-2, 1-3), 칭찬스티커	
과정	진행 방법	준비물
도입	① 프로그램 오리엔테이션 여러분 반가워요~ 오늘 학교에서 가장 즐거웠던 일이 있다면 어떤 것이 있었나요? 여러분이 여기에 모인 이유는 무엇인가요? 우리는 어떻게 하면 나 자신을 잘 이해하고, 나의 진로를 제대로 찾을 수 있을까라는 기대를 가지고 만났습니다. 각 개인이 가지고 있는 기대가 어떨지 궁금하네요. 앞으로 함께 하게 될 프로그램은 여러분이 가지고 있는 강점을 알고 그 강점을 활용해서 여러분의 진로를 찾는 데 도움을 주고자 준비하였습니다. 먼저 강점이 무엇인지 정확히 알고, 청소년강점 검사결과를 통해 여러분의 대표강점을 알면 그것을 진로를 찾는 데 어떻게 활용할 수 있는지 프로그램 회기마다 활동하며 익혀 가게 될 것입니다. 자, 이 프로그램에 스스로 참여하겠다고 결정한 여러분이 어떤 기대를 가지고 모였는지 이야기를 나눠 보겠습니다. ② '우리의 약속' 작성하기 본격적으로 프로그램을 시작하기 전에 이 프로그램에 참여하는 우리 친구들이 꼭 지켜 주어야 할 약속이 있습니다. 나눠 준 '우리의 약속'을 1번부터 4번까지 다 같이 읽어 봅시다. 그리고 마지막으로 이 프로그램에 참여하는 자신의 각오 또는 자신에게 약속하고 싶은 것을 적어서 이야기해 봅시다.	활동지(1-1), 필기도구, 색칠도구

전개	① 강점 이해하기 자, 이번 프로그램에서 가장 중요한 것은 강점입니다. 여러분이 가지고 있는 긍정적인 특질인 강점에 대하여 그림과 함께 설명한 강점카드(활동지 1−2)를 보면서 20개의 강점에 대하여 살펴보도록 하겠습니다. 그리고 프로그램 전에 온라인으로 검사했던 청소년강점 검사의 결과지를 보면 여러분은 20개의 강점을 모두 일상생활에서 활용하고 있음을 알 수 있습니다. 그중에 특히 가장 많이 사용하는, 즉 여러분을 자기 자신답게 만들어 주는 대표강점 5개를 잘 보여 주고 있습니다. 각자의 대표강점에 대하여 검사결과를 보고 확인해 보기 바랍니다. 앞으로 프로그램에서 그 강점들을 적극적으로 활용해 갈 것입니다. ② 별칭 짓기 여러분의 대표강점 중 최강점을 가지고 여러분의 별칭을 짓고 이름표를 만들겠습니다. 자기의 강점별칭으로 자기소개를 해 봅시다. 그리고 강점별칭을 사용해서 '프라이팬 놀이'를 해 보겠습니다. 나의 강점뿐만 아니라 친구들의 강점도 알고 적극적으로 불러 주고 지지해 주는 시간이 되면 좋겠습니다. 끝까지 살아남은 두 명의 친구에게 칭찬스티커를 주겠습니다. ③ 나의 강점나무 만들기 강점나무 기둥에 여러분의 대표강점 5개를 쓰고 자기의 개성을 살려서 색칠하기 바랍니다. 이 강점나무는 벽에 붙여 두고 앞으로 활동 중에 여러분이 활용하는 강점을 친구들이 찾아서 적어 붙여 줄 것입니다. 여러분이 가장 많이 쓰는 대표강점 외에도 많은 강점을 순간 순간 활용하고 있음을 보여 줄 것입니다. 이 프로그램이 끝날 때면 여러분의 또 다른 모습을 발견하는 귀한 경험을 하게 될 것입니다.	활동지(1−2), 청소년강점 검사 결과지, 별칭 명찰, 필기도구, 색칠도구, 칭찬스티커, 활동지 (1−3)	이 회기에 진행하는 본 활동 소개: 대상자의 수, 연령, 특징과 발달수준 등을 잘 고려하여 시간과 활동을 구성해야 함. 다른 연구자가 재연할 수 있도록 구체적인 활동방법을 제시 • 소감 나누기: 활동 후에 집단원들의 반응과 변화 등에 대해 경험보고서 등을 이용해 소감 나누는 시간을 가짐으로써 활동에서의 경험을 스스로 정리해 볼 기회를 제공함 • 차시 예고: 다음 회기에서 진행할 활동들을 소개함으로써 집단원에게 흥미와 기대, 안정감을 줄 수 있도록 함
정리	① 소감 나누기 오늘 처음 만나서 첫 회기를 마무리하였습니다. 이 회기 활동을 통해 깨달은 점이나 느낀 점을 나누어 봅시다. ② 차시 예고 다음 시간부터는 본격적으로 자신의 대표강점을 중심으로 자신을 알아가는 활동을 하게 될 것입니다.		
유의점	다음에 진행될 회기부터 강점에 대하여 중점적으로 다루므로 강점의 개념에 대하여 많은 설명을 함으로써 지루해지지 않도록 유의한다.		진행자의 입장에서 프로그램의 특징, 연구대상의 특징을 고려해서 각별히 신경을 써야 할 사항을 제시함으로써 활동 시 반영하도록 함

상담심리 전공자를 위한 학위논문 작성의 실제   제3부

관계연구:
매개연구 중심

관계연구란 변인 간 영향의 방향을 알 수는 없지만 한 변인의 변화에 따라서 다른 변인의 변화가 일어난다는 가정하에 그 관계를 찾는 연구를 말한다. 즉, 한 변인이 증가하면 다른 한 변인은 그에 상응하는 만큼 증가 또는 감소하는 경향을 보인다는 관계에 관한 규칙을 찾는 과정이 관계연구이다.

한편, 두 변수 이상의 관계를 알아보는 분석으로는 변수들 간에 관련이 얼마만큼 있는지 살펴보는 상관분석, 그리고 상관계수에 기초하여 변수들 간의 관련성을 어떤 관계식으로 표현할지 살펴보는 회귀분석이 있다. 또한 변수들 간에 존재하는 좀 더 복잡한 관계를 이해하기 위한 노력으로 독립변수와 종속변수 사이에서 독립변수의 결과인 동시에 종속변수의 원인이 되는 변수, 즉 매개변수를 추정하는 매개분석이 있다.

이와 같이 관계연구는 변인을 설정하는 것이 무엇보다 중요하다. 연구자의 직관에 따라 관계성을 설정하는 것이 아니라 선행연구의 기반 위에 새로운 무엇인가를 추가한다는 자세가 필요하다. 그리고 연구대상에게 이러한 변인이 왜 중요한지에 대한 고찰이 필요하다. 관계연구는 설문지를 통한 조사연구를 기반으로 단순 관계연구, 매개연구, 조절연구, 매개된 조절연구, 조절된 매개연구 등등 발전된 다양한 연구들이 진행 중에 있다. 그러나 이 책에서는 관계연구 중에서 상담심리연구에서 많이 적용되고 있는 매개연구에 대한 논문 작성의 전반적인 내용을 살펴보고자 한다. 제3부에서는 매개연구에서의 서론, 이론적 배경, 연구방법, 결과(통계 처리 포함) 및 논의 작성 방법, 요약, 결론 및 제언, 참고문헌 및 영문초록 그리고 부록을 각 장에서 다루어 매개연구의 논문 작성에 실제적인 도움을 주고자 한다.

제1장

서론

제2부에서도 언급했듯이, 연구 논문의 시작에서 마지막 제출을 하는 순간까지 수정하는 것이 서론이다. 서론이 논리적으로 타당하게 전개되어 '왜 이 연구를 하려고 하는가'라는 질문에 답이 제시되어 있어야 한다. 즉, 독자에게 본 연구의 필요성을 논리적으로 제시해야 하며, 현재까지 관련 연구들이 어디까지 이루어져 있는지를 통해서 연구자가 본 연구를 하는 목적, 의의 등을 논리적으로 타당하게 제시하여야 한다.

따라서 이 장에서는 서론에서 기술되어야 할 연구의 필요성과 목적, 연구문제, 용어의 정의를 중심으로 관계연구 중 매개연구 논문 작성법을 익히고자 한다.

1. 연구의 필요성 및 목적 작성

좋은 논문을 쓰고자 한다면 연구의 필요성 부분에 논문을 쓰게 된 목적의식을 뚜렷하게 언급해야 한다. 이는 연구 필요성에 언급된 연구 동기, 취지, 이유 등에 근거하여 연구방향이나 초점, 목표 등이 논리적 · 분석적으로 기술되어야 함을 의미한다. 여기서 논리적 · 분석적으로 기술되어야 한다는 것은 연구자가 관심 대상과 변인에 대한 초점을 유지하면서 연구의 필요성과 목적을 독자에게 논리적으로 깔대기 방식으로 제시한다는 것을 뜻한다. 따라서 관계연구, 특히 매개연구에서 서론을 작성하는 데는 어느 정도의 틀이 있다.

먼저, 도입문으로 관심을 집중시킬 수 있는 자료를 제시한 다음, 연구자가 관심 있는 연구대상과 관련하여 중요한 변인을 소개한다. 이는 대체로 종속변인으로 시작하는 것이 바람직한데, 종속변인의 심각성, 중요성, 영향 등을 서술한다. 그러고 나서 종속변인과 관련된 선행연구들을 개관하고, 연구자가 선정한 독립변인으로 자연스럽게 초점을 맞추어 간다. 초점을 맞춘 상태에서 독립변인과 종속변인의 선행연구를 제시하고, 독립변인과 종속변인의 심리적 과정을 알아볼 수 있는 매개변인에 주목시킨다. 이러한 매개변인을 선정한 근거를 기존의 선행연구에서 독립변인과 매개변인의 관련성을 찾아 제시하고, 매개변인과 종속변인의 관련성도 제시하면 된다. 다음으로, 이러한 흐름에서 종합적으로 연구자가 하고자 하는 연구의 필요성을 논리적 · 분석적으로 제시하고 이를 통해 연구의 의의를 끌어낸다. 끝으로, 본 연구의 목적을 제시하면서 연구의 필요성과 목적을 끝맺는다. 대학에 따라서 연구문제(가설)를 연구의 필요성과 목적 뒤에 제시하기도 한다.

서론 작성의 흐름도를 도식으로 정리하면 [그림 1-1]과 같다.

독자의 관심을 집중시킬 수 있는 자료 제시
⇩
연구대상 관련 종속변인의 중요성
⇩
종속변인의 선행연구 개관
⇩
독립변인으로 초점 맞춤
⇩
독립변인과 종속변인의 선행연구 개관
⇩
매개변인에 초점 맞춤 & 독립변인과 매개변인의 관련성 개관
⇩
매개변인과 종속변인의 관련성 개관
⇩
연구의 필요성 제시
⇩
연구의 의의 끌어내기

연구목적 제시

[그림 1-1] 서론 작성의 흐름도

이러한 흐름이 반드시 정해진 것은 아니지만, 이 흐름을 유지한다면 연구자가 제시하고자 하는 논지를 크게 벗어나지 않으면서 연구의 필요성과 목적을 제시할 수 있을 것이다. 다만, 위아래 순서가 바뀔 수도 있고, 다른 문단, 즉 연구방법이나 연구대상에 대한 문단이 추가될 수도 있다.

여기서 제시한 서론 작성의 흐름도에 따라 다음과 같은 질문을 스스로 해 보고, 이러한 형식에 맞춰 서론 작성 연습을 해 보는 것이 필요하다.

도입부 작성 시 고려 사항

- 독자의 관심을 집중시킬 수 있는 자료가 제시되어 있는가?
- 연구대상과 관련해서 종속변인의 중요성이 제시되어 있는가?
- 종속변인의 선행연구를 개관하고 있는가?
- 논리적으로 독립변인으로 초점을 맞춰서 서술하고 있는가?
- 독립변인과 종속변인의 관계에 관한 선행연구를 개관하고 있는가?
- 매개변인에 초점을 맞춰서 독립변인과 종속변인의 관련성을 이끌고 있는가?
- 연구의 필요성이 타당한가?
- 연구의 의의가 제시되어 있는가?
- 연구목적이 명확하게 제시되어 있는가?

도입부 작성 형식

최근 (연구대상)의 (관심 주제)가 증가추세에 있다. 실제로, (통계자료)에 따르면 (관심을 집중할 자료 제시)로 나타났다. 특히 (관심 주제)의 원인이 (문제 초점 제시)에 있다는 사실을 주목해야 한다. (연구대상)이 (종속변인에 영향을 미치는 요인들에 대한 선행연구 개관) 결과를 가져올 수 있다.

위의 선행연구들에서 밝혀진 (종속변인)에 영향을 미치는 개인 및 가정 환경적 요인은 (독립변인)과의 관계 속에서 살펴본다는 것은 중요하다.

선행연구에서 (독립변인과 종속변인의 관련성에 대한 선행연구 개관)을 제시하고 있다.

그런데 본 연구는 (독립변인)에서 (종속변인)에 영향을 미치는 과정에 대한 관심에서 출발하였다.

더 나아가 본 연구에서 (독립변인)이 (종속변인)에 영향을 미치는 '과정'에서 (매개변인)을 초점으로 삼았다. 선행연구들에서 (독립변인)과 (매개변인) 사이에 (관련성 제시)를 보고하고 있다.

한편, (매개변인)과 (종속변인) 사이에 (관련성 제시)를 보고하고 있다.

그러나 기존의 연구들은 (기존 선행연구의 제한점 제시) 때문에 연구결과를 일반화하는 측면에서 제한점이 있다. 이러한 제한점을 극복하기 위하여 (종속변인)에 있어 (독립변인과 매개변인)이 어떠한 영향을 미치는지에 대한 명확한 연구 설계를 통한 효과검증이 필요하다.

요점은 (연구 필요성)을 확인하는 경험적 연구가 필요하며, 이는 (종속변인)에 영향을 미치는 여러 예측변인 간의 세부적인 관계를 이해하고 (연구 의의)에서 의의가 있다.

따라서 본 연구에서는 (연구 목적)을 증진한다는 모형을 설정하고, 이를 경험적으로 확인하고자 하였다.

이러한 흐름에 따라서 서론에서 연구의 필요성과 목적을 작성한 연구 논문을 예시로 하여 살펴보고자 한다.

도입부 작성 예시(유선희, 함경애, 2014)

👤 **예시 1: 도입문– 관심을 집중시킬 수 있는 자료 제시**

최근 청소년들의 우울, 불안, 분노조절 장애, 등교거부, 인터넷 중독, 왕따나 집단 괴롭힘으로 인한 자살 문제 등 학교부적응으로 인한 여러 정서적·행동적 문제가 발생하고 있고, 학업 중단율 또한 매년 증가 추세에 있다. 실제로, 교육과학기술부와 한국교육개발원이 펴낸 교육통계 분석 자료집(2013)에 따르면, 지난해 고등학교 학업 중단자는 3만 4천여 명으로 학업 중단율은 전체의 2% 정도로 나타났다. 특히 학업 중단의 원인이 과거에는 가정 형편이었다면 최근에는 학교생활 부적응이 주된 원인으로 변화하고 있다는 사실을 주목해야 한다. 학교생활의 부적응으로 인해 불안, 절망, 소외감, 자신감 결여 등을 경험하거나, 정서적 문제나 적대감, 실패감 등이 누적되면 또 다른 부적응 행동을 일으킬 가능성이 높다(김동배, 권중돈, 2006). 또한 이렇게 방황하는 학생들은 학교 주변을 맴돌면서 폭력이나 비행 등에 가담하면서 학교에 정상적으로 다니고 있는 청소년들에게도 부정적인 영향을 미칠 수 있다.

> 통계자료를 제시함으로써 학교부적응의 심각성 알림

> 사회 문제에 미치는 영향

👤 **예시 2: 연구대상과 관련된 종속변인의 중요성 제시**

청소년기는 자신의 내부에서 일어나는 다양한 신체변화를 경험할 뿐만 아니라 심리적으로 부모로부터 독립하며, 사회적 요구에 적응해야 하기 때문에 많은 어려움을 겪게 되는 시기이다. 이 시기의 청소년들은

> 연구대상(청소년)의 발달적 특징에 따른 주제 접근의 배경

학교에서 대부분 시간을 보내며 학교교육을 통하여 사회화 과정에 필요한 지식과 기술을 습득하고 있기 때문에 학교에 적응을 잘하는 것은 청소년기에 중요한 과업이 된다(박윤정, 2004). 학교적응은 학교환경의 요구에 따라 학생 자신을 변화·발전시킴으로써 학교환경과 개인 사이에 균형을 이루려는 적극적인 창조적 과정이다(Danielsen, 2009).

청소년이 학교에 잘 적응하게 되면 학교에서 경험하는 여러 불안과 스트레스를 적절히 해소할 조절능력이 생기지만(송희원, 2010), 학교에 부적응하게 되면 시간과 상황이 흐름에 따라 또래 갈등, 집단폭력, 왕따, 자아존중감 상실, 통제력 상실과 같은 부정적 경험이나 결과를 가져올 수 있다. 그러므로 청소년들이 학교생활에 잘 적응할 수 있도록 도와주는 방안을 마련하는 것은 중요하다. 그런데 학교적응 문제는 학생을 둘러싼 환경들의 상호 유기적인 관계에서 파생되는 것으로, 개인, 가정, 학교, 사회라는 청소년의 생활 관계 속에서 살펴보아야 할 것이다(김혜영, 2002).

👤 예시 3: 종속변인의 선행연구 개관

지금까지 아동 및 청소년의 학교적응에 영향을 미친 요인을 밝힌 연구를 살펴보면, 가정환경적 요인으로는 가족의 응집력, 부모와 자녀와의 관계의 질 등이 청소년의 적응에 밀접한 관련을 가지고 있다(김경, 2004). 또한 부모와의 애착이 강할수록 학업성취에 긍정적인 영향을 미친다(김재은, 1974; 임세희, 2007). 반면, 결손가정, 방임과 폭력, 위기가족, 부모의 일관성 없고 부적절한 양육태도는 자녀의 부정적 자아개념에 영향을 주고 자녀의 학교적응을 어렵게 만든다(윤영선, 2000).

👤 예시 4: 독립변인으로 초점 맞춤

위의 선행연구들에서 밝혀진 학교적응에 영향을 미치는 개인 및 가정 환경적 요인은 대부분 부모-자녀 관계에서 비롯되며, 부모와의 관계는 청소년기의 가장 중요한 발달적 맥락이고 나아가 사회환경에 적응하는 기틀이 되므로, 청소년의 적응을 부모와의 관계 속에서 살펴본다는 것은 중요하다. 그런데 부모-자녀 관계는 부모-자녀 의사소통에서 시작되므로 본 연구는 부모-자녀 의사소통에서 그들의 학교생활 적응에 영향을 미치는 과정에 대한 관심에서 출발하였다.

연구대상(청소년기)에 종속변인(학교적응)의 중요성 제시

종속변인(학교적응)에 영향을 미치는 요인들에 대한 선행연구 개관

앞에서 언급한 선행연구 개관에 대한 요약 정리

독립변인(부모-자녀 의사소통)과 종속변인(학교적응)의 관계로 초점 이동

👤 예시 5: 독립변인과 종속변인의 선행연구 개관

부모−자녀 의사소통과 학교적응에 관한 여러 선행연구들에서 두 변인 간의 정적 상관관계를 밝히고 있다(원재순, 김진숙, 2014; 이지미, 김현주, 2011; 이지민, 2009). 즉, 부모의 효과적인 의사소통은 자녀들에게 정서적인 안정과 이해를 도울 뿐 아니라, 자아존중감, 사회성과 대인관계에 긍정적인 영향을 주어 결과적으로 이러한 특성들은 학교적응을 높게 만든다. 실제로 박시현(2003)의 연구에서 부모와 청소년 자녀 사이의 개방적인 의사소통은 세대 간의 차이를 좁혀 주며 불이해에서 오는 갈등을 감소시켜 주고 원만한 부모−자녀 관계를 갖도록 도와주며 가족응집성 및 적응성을 높이는 것으로 나타났다. 부모−자녀 의사소통이 중학생의 학교적응에 미치는 영향을 알아 본 김대원과 양혜진(2005)의 연구에서도 두 변인 간의 유의미한 영향이 있는 것으로 나타났다. 즉, 부모와의 의사소통이 개방적일수록 학교생활에 잘적응하는 것으로 해석할 수 있다. 개방형 의사소통은 부모−자녀 간 상호작용에서 억압받지 않고 자유롭게 사실 또는 감정을 표현하고 부모로부터 지지적인 반응을 받는 바람직한 의사소통을 말한다(노윤옥, 전미경, 2006).

> 독립변인(부모−자녀 의사소통)과 종속변인(학교적응)의 선행연구 밝힘: 문단 시작에서 두괄식 형태로 제시하면 독자가 연구자의 의도에 따라 쉽게 따라올 수 있음

👤 예시 6: 매개변인에 초점 맞춤 & 독립변인과 매개변인의 관련성 개관

더 나아가 본 연구에서 부모−자녀 의사소통이 학교적응에 영향을 미치는 '과정'에서 자아분화를 초점으로 삼았다. 자아분화는 가족과 미분화된 상태에서 생활하던 개인이 가족으로부터 분리되어 자신만의 독립된 정체성을 형성하고 자기 충동적, 정서적 사고와 행동에서 차유를 획득하여 나아가는 과정(Vanderkooi & Handelsman, 1984)을 말한다. 선행연구들에서 부모−자녀 의사소통과 자아분화 사이에 정적 상관을 보고하고 있으며(김갑숙, 전영숙, 2009; 전미경, 김민숙, 2013), 부모−자녀 간의 의사소통이 기능적으로 잘 이루어지면 자아분화가 잘이루어진다(최인재, 2007)고 밝히고 있다. 따라서 부모와 의사소통이잘 되는 자녀는 자아분화 수준이 높다는 것을 짐작해 볼 수 있다.

> 독립변인(부모−자녀 의사소통)과 종속변인(학교적응)과의 관계에서 심리적 과정 변인인 매개변인에 초점

> 독립변인(부모−자녀 의사소통)과 매개변인(자아분화)의 관련성 제시

> 선행연구 개관을 통해 본 연구의 목적을 가설적으로 언급

예시 7: 매개변인과 종속변인의 관련성 개관

매개변인(자아분화)과 종속변인(학교적응)의 관련성 제시

또한 자아분화수준이 낮아질수록 문제행동이 증가하고(정경연, 심혜숙, 2007), 자아분화도가 높을수록 비행이나 학교에서의 문제행동이 덜 나타나고(Starr, 1981), 대인관계에 있어서 문제가 낮고(정경연, 심혜숙, 2007), 스트레스를 적게 받으며, 스트레스 상황에 있어서도 문제 중심적으로 상황에 적극적으로 대처한다(배옥현, 홍상욱, 2008; 최연실, 김현영, 2005). 뿐만 아니라 학업성취와 관련하여 상위권의 학생들이 중위권과 하위권 학생들의 자아분화수준보다 유의미하게 높게 나타났다(장경문, 2011). 따라서 연구 결과로 미루어 볼 때 자아분화수준이 학교적응과 관련이 있음을 짐작할 수 있다.

선행연구 개관을 통해 본 연구의 목적을 가설적으로 언급

부모의 양육태도와 학교적응 사이에서 자아분화의 역할을 살펴본 연구에서도 부모로부터 애정적이고 자율적인 양육을 받은 학생들의 자아분화가 긍정적인 방향으로 이루어져 자아존중감과 학교적응이 높게 나타났다(김미경, 2010). 또한 부부갈등과 학교적응 간의 관계에서도 자아분화가 보호요인으로 작용하여 학교생활에 긍정적인 영향을 미치는 것으로 나타났다(박혜란, 2009). 그러나 자아분화가 적응에 부정적인 영향을 매개하는 연구 결과도 있다(박재한, 2012; 배제현, 1993; 장경문, 2014). 이상의 연구 결과들은 첫째, 부모-자녀 의사소통이 청소년의 학교적응에 영향을 미칠 수 있으며, 둘째, 이 두 변인의 이행관계에서 자아분화수준이 그 과정을 설명하는 변인, 즉 매개변인으로 작용할 가능성이 있음을 시사한다.

선행연구를 통해 본 연구의 시사점 도출

예시 8: 연구의 필요성 제시

기존 선행연구의 제한점 제시

그러나 기존의 연구들은 자아분화와 학교적응에서 긍정적 결과와 부정적 연구 결과가 공존하기 때문에 연구 결과를 일반화하는 측면에서 제한점이 있고, 또 부모-자녀 의사소통, 자아분화, 그리고 학교적응 변인들 중 일부 변인들 간의 관계만 산발적으로 확인하였다는 제한점이 있다. 이러한 제한점을 극복하기 위하여 중학생의 학교적응에 있어 자아분화가 어떠한 영향을 미치는지에 대한 명확한 연구설계를 통한 효과 검정이 필요하다. 따라서 본 연구에서는 자아분화를 요인분석하여 단일차원이 되도록 하였으며, 부모-자녀 의사소통이 자아분화를 통해서 간접적으로 학교적응에 영향을 미치면서 동시에 부모-자녀 의사소통

연구의 필요성 제시

이 학교적응에 직접적인 영향을 미친다는 가설 모형과 부모–자녀 의사소통이 자아분화를 통해서 간접적으로만 학교적응에 영향을 미친다는 경쟁 모형을 두어 이러한 변인들의 구조관계를 명확하게 분석해 보고자 한다.

👤 예시 9: 연구의 의의 끌어내기

청소년의 학교적응의 중요성을 감안할 때 부모–자녀 의사소통이 이들의 학교생활 적응을 돕는 과정을 확인하지 않는다면 실제로 학교 장면과 가정에서 청소년의 적응을 돕는 개입을 고안하는 측면에서 유용한 시사점을 얻기에는 제한적일 것이다. 즉, 요점은 부모–자녀 의사소통, 자아분화수준, 그리고 학교생활 적응 간의 통합적 관계를 단일 모형에서 확인하는 경험적 연구가 필요하며, 이는 청소년의 적응성에 영향을 미치는 여러 예측변인 간의 세부적인 관계를 이해하고 학교 장면에서 교사 및 상담자가 어떤 과정변인에 초점을 두고 개입을 할 때 청소년의 학교생활 적응이 증진되는지에 대한 경험적인 증거를 제공한다는 측면에서 의의가 있다.

> 연구 필요성을 통한 연구의 의의 제시

👤 예시 10: 연구목적 제시

따라서 본 연구에서는 중학생들의 부모–자녀 의사소통이 그들의 자아분화수준을 높이고, 이는 궁극적으로 청소년의 학교적응을 증진한다는 모형을 설정하고, 이를 경험적으로 확인하고자 하였다. 즉, 본 연구에서는 부모–자녀 의사소통이 청소년의 학교적응에 미치는 직접효과와 동시에 부모–자녀 의사소통이 자아분화수준을 경유하여 학교적응에 미치는 간접효과, 다시 말해 매개효과를 검증하고자 하였다.

> 연구목적 제시

2. 연구문제 작성

연구주제가 선정이 되면 이를 다시 구체적인 연구문제(research question)로 구분해야 한다. 연구문제는 연구자가 이 연구를 통해서 해결하려고 하는 구체적인 연구사항들이다. 연구문제는 연구목적과 일치되어야 하고,

이후에 논의되는 연구의 이론적 배경과 연구 결과와 연계성이 있어야 한다. 잘못 만들어진 연구문제는 연구의 초점을 애매하게 할 뿐 아니라 구체적인 연구문제(가설)를 전개하는 데 혼선을 줄 수 있으므로 주의해야 한다.

연구문제 작성 시 고려 사항

- 연구주제에 따른 목적이 간략하고 종합적으로 서술되어 있는가?
- '연구문제 1' '연구문제 2'의 형식으로 연구문제를 개별적으로 제시하고 있는가?

연구문제 작성 형식

본 연구의 목적은 (연구대상)이 (연구주제에 따른 변인들)의 관계를 알고 (주제에 따른 변인들)의 관계에서 (연구방법)을 검증해 보고자 하는 것이다.

본 연구에서 살펴보고자 하는 연구문제는 다음과 같다.

연구문제 1. (연구대상)이 지각하는 (독립변인, 매개변인, 종속변인)의 관계는 어떠한가?

연구문제 2. (연구대상)이 지각하는 (독립변인과 종속변인 관계에서 매개변인) 매개효과는 있는가?

연구문제의 설정은 경험적 현상에 대한 연구자의 관심 범위를 축소 및 조정하면서 구체화시키는 과정이다. 연구자는 연구목적에 초점을 두고 연구문제를 2~5개 정도로 설정하는 것이 좋다. 이때 연구문제가 너무 많으면 연구의 초점이 넓어지게 되며 너무 적으면 충분한 정보를 산출해 내지 못하므로 주의해야 한다. 연구목적에 따라 설정된 여러 개의 연구문제를 복합적으로 제시하게 되면 연구문제를 명료하게 제시할 수 없으므로, 하나씩 별개로 진술하도록 한다.

연구문제를 기술하는 절대적인 형식이 정해져 있는 것은 아니지만, 연구자는 자신이 연구하고자 하는 연구주제와 목적을 보다 분명하게 제시하기 위하여 가능한 한 의문문 형식으로 연구문제를 기술하는 것을 권장

한다. 특히 과거에 이루어진 선행연구가 없거나 이론적 배경이 부족한 경우에는 가설을 설정하기보다 의문문 형식으로 연구문제를 제시하도록 한다. 이러한 의문문 형태의 연구문제를 서술문으로 바꾸어 연구가설이 될 때 가장 잘 진술된 연구문제로 볼 수 있다.

참고로 서론에서 연구문제를 기술하는 것은 연구목적에 따라 연구문제의 도출 배경을 간단히 밝히고 연구문제를 명확하게 제시하기 위함이지, 연구문제의 중요성과에 관하여 서술하는 부분이 아님을 명심해야 한다.

연구문제 작성 시 유의 사항은 다음과 같다.

① 도입 부분에 연구목적을 종합하여 간략하게 서술한다.
② 한 연구에서 여러 개의 문제를 다룰 때 각각 개별적으로 하나씩 서술한다.
③ 변인과 변인 간 관계를 서술한다. 독립변인과 종속변인의 관계가 있는 연구문제의 경우는 독립변인을 먼저 진술하고 종속변인을 진술하는 것이 좋다.
④ 의문문 형식으로 명확하고 분명하게 진술한다. 단, 관계연구에서 구조방정식 연구의 경우는 의문문 형식이 아닌 서술문 형식으로 서술한다.

연구문제 작성 예시(유선희, 2013)

👤 예시 1: 일반적인 관계연구의 경우

　본 연구의 목적은 중학생이 지각하는 부모-자녀 간 의사소통, 자아분화수준, 학교적응 간의 관계를 알고, 중학생이 지각하는 부모-자녀 간 의사소통과 학교적응과의 관계에서 자아분화수준의 매개효과를 검증해 보고자 하는 것이다.

　본 연구에서 살펴보고자 하는 연구문제는 다음과 같다.

　연구문제 1. 중학생이 지각하는 부모-자녀 간 의사소통, 자아분화수준, 학교적응 간의 관계는 어떠한가?

> 대부분 관계연구의 경우 연구문제를 의문문 형식으로 제시

> 연구목적을 간략하게 서술

> • 여러 개의 연구문제의 경우, 개별적으로 하나씩 서술
> • 연구문제 1, 연구문제 2

연구문제 2. 중학생이 지각하는 부모-자녀 간 의사소통과 학교적응
과의 관계에서 자아분화수준의 매개효과는 있는가?

구조방정식 논문에서 가설모형과 경쟁모형을 비교할 경우, 연구문제를 의문문 형식이 아닌 서술문 형식으로 서술

👤 예시 2: **구조방정식 논문의 경우**

가설모형: 부모-자녀 의사소통과 학교적응과의 관계에서 자아분화는
부분매개할 것이다.
경쟁모형: 부모-자녀 의사소통과 학교적응과의 관계에서 자아분화는
완전매개할 것이다.

3. 용어의 정의

연구문제를 진술하고 나면 연구자는 연구문제 속에 포함된 주요 변인 중에서 그 뜻이 애매하거나 개념이 다양하게 사용되고 있는 용어에 대해 그 뜻을 분명하게 정의할 필요가 있다. 예를 들어, '학교적응'이라는 변인 은 일반적으로 사용할 때 그 뜻이 다양하며 학자마다 정의가 다르기 때문 에 연구자는 자신의 연구에서 말하고자 하는 '학교적응'에 대한 의미를 명 확히 밝혀 두어야 한다. 용어를 분명히 정의하는 것은 자신의 연구에서 얻 어진 연구 결과의 의미를 독자에게 정확히 전달할 수 있을 뿐 아니라, 자신 의 연구 결과가 다른 의미로 또는 확대 해석되지 않도록 보호할 수 있다.

용어의 정의 작성 시 고려 사항

• **논문 주제와 관련된 용어의 정의**
  - 가. 독립변인 / 나. 종속변인 / 다. 매개변인 순으로 제시
• **용어의 개념적 정의**
  - 연구자의 입장을 독자에게 밝히고자 하는 용어 정의
  - 주요 학자들이 내린 정의를 근거로 제시
• **용어의 조작적 정의**
  - 변인의 측정과 관련되어 있는 용어 정의

용어의 정의 작성 형식

본 연구에서 사용된 주요 용어들의 개념을 다음과 같이 정의한다.

가. 변인 이름

(변인)이란 (변인에 대한 설명)을 의미한다(학자명, 연도).
본 연구에서 (변인)은 (변인측정척도)를 사용하여 측정된 점수를 말한다.

---

1) 용어 정의의 필요성

논문에서 사용하는 용어는 서론에서 명백히 밝혀 두어야 하며, 용어의 정의가 필요한 이유는 다음과 같다.

① 용어의 뜻이 애매하거나, 일반인이 볼 때 사전적 의미와 차이가 있을 때
② 일반적인 용어와 연구에서 논하고자 하는 용어의 차이가 있을 때
③ 개념이 다양하게 사용되고 있는 용어에 대해 자신의 연구에서 어떤 의미로 사용되고 있는지 밝힐 필요성이 있을 때
④ 연구자가 연구하는 방향에서 용어를 조작하여 연구하고자 할 때
⑤ 연구에서 사용하는 용어의 의미를 제한할 때
⑥ 어떻게 측정할 수 있는지 밝히고자 할 때

2) 개념적 정의와 조작적 정의

상담 분야에서 다루어지고 있는 변인들은 대부분 의식이나 욕구, 지각, 자아, 동기 따위의 개념을 설명하기 위하여 만들어 낸 구성 개념(construct)이다. 구성 개념은 만질 수도 볼 수도 없기 때문에 직접 측정할 수는 없다. 연구자의 관점에 따라 다소 다른 의미로 사용되기도 하고, 그리고 그것을 측정하는 방법 또한 다르다. 따라서 용어의 정의에서는 변인의 의미를 밝히는 개념적 정의와 그런 의미를 지닌 변인을 어떻게 측정했는지를 밝히

는 조작적 정의가 함께 제시되어야 한다. 즉, 논문에서의 용어의 정의는 단순히 개념적 수준에서 정의되는 것만이 아니라 주요 변인에 대한 측정방법까지 포함하여 제한적으로 정의되는 것을 말한다.

학위논문의 경우 개념적 정의와 조작적 정의를 같이 서술하는데, '부모-자녀 간 의사소통이란 ～의사소통을 의미한다.'와 같은 개념적 정의와 '본 연구에서 부모-자녀 간 의사소통은 ～측정된 점수를 말한다.'와 같은 조작적 정의를 함께 제시해야 한다. 이때 연구의 타당성을 높이기 위해 개념적 정의와 조작적 정의 간의 일치성을 갖추는 것이 중요하다.

연구의 독립변인(부모-자녀 간 의사소통), 종속변인(학교적응), 매개변인(자아분화 수준) 순으로 서술	**용어의 정의 작성 예시**(유선희, 2013) 가. 부모-자녀 간 의사소통
주요 학자의 정의를 바탕으로 한, 개념적 정의에 대한 서술	부모-자녀 간 의사소통이란 개방형 의사소통은 자녀가 부모와의 상호작용에 있어 억압받지 않고 자유롭게 사실이나 감정을 표현하는 긍정적인 의사소통이며, 문제형 의사소통은 자녀가 부모와의 상호 작용에 있어 의사교환 및 주제선택에 조심하고 주저 혹은 회피하여 상호작용이 원만하게 이루어지지 않는 부정적인 의사소통을 의미한다(Barnes & Olson, 1982).
조작적 정의에 대한 서술	본 연구에서 부모-자녀 간 의사소통은 Barnes와 Olson(1982)의 부모-청소년 자녀 간 의사소통척도(Parent-Adolescent Communication Inventory: PACI)와의 유의미한 상관관계를 보여 공인타당도를 인정받은 김현주(2010)가 중학생을 대상으로 개발한 부모-자녀 간 의사소통 척도를 사용하여 측정된 점수를 말한다.
종속변인 용어 정의	나. 학교적응 -중 략-
매개변인 용어 정의	다. 자아분화수준
개념적 정의의 학자와 조작적 정의의 학자가 동일. 연구의 타당성을 높일 수 있음	자아분화는 한 개인의 지성이 정서에서 분화된 정도를 말하며, 자기가 태어난 가정으로부터 개별화된 정도를 의미한다(제석봉, 1989). 본 연구에서 자아분화수준은 제석봉(1989)이 개발한 자아분화척도를 사용하여 측정된 점수를 말한다.

4. 서론 작성 시 유의 사항 및 연습문제

자신이 관심 있는 연구 주제를 선정하여 서론을 작성할 때, 다음의 유의 사항을 고려하여 논리적으로 서술해야 한다.

① 도입말의 진술 시 개인적 의견에 의한 표현이나 근거 없는 표현을 삼간다.
② 독자의 흥미를 적절히 자극하도록 수필식 문체나 만연체식의 문장을 지양하고 간결체를 사용하며, 명확한 용어로 진술한다.
③ 선행연구들의 특징과 효과를 비교·분석하면서 본 연구가 선행연구들과 어떻게 다르고, 선행연구의 아쉬움이 무엇이며, 어떤 점을 보완하는지를 제시한다.
④ 자신의 연구가 갖는 관련 심리학 분야에서의 의의, 실제에서의 기여 및 시사점을 반드시 제시한다.

다음의 연습문제를 통해서 서론의 중요한 내용을 한 문장씩 요약하여 체계적으로 작성해 보자.

연습문제

• 연구주제에 접근하게 된 배경
_____
_____

• 연구자의 연구문제에 대한 시대적·상황적 필요
_____
_____

• 연구주제가 연구할 가치
_____
_____

• 연구대상의 특징

_____

_____

• 선행연구의 동향과 결과

_____

_____

• 선행연구의 시사점과 한계점

_____

_____

• 선행연구와 차별성과 연결성

_____

_____

• 이 연구의 기대효과

_____

_____

• 분명한 연구문제 제시

_____

_____

• 본 연구에서 사용한 용어의 의미에 대한 명확한 정의

_____

_____

5. 서론 작성 후 점검 사항

연구자는 서론 작성 후 자신의 서론에 누락되거나 불필요한 내용은 없는지, 내용이 명확히 제시되어 있는지 등을 다음의 점검 사항을 확인해 본다.

번호	점검 내용	확인	
		예	아니요
1	제목은 간결하면서도 연구의 내용을 파악할 수 있을 만큼 적절한가?		
2	독자가 주제에 관심을 갖도록 하는가?		
3	이 연구가 왜 중요한지에 대해 이론적 근거가 제시되었는가?		
4	연구목적이 간단히 제시되었는가?		
5	연구와 관련 분야 선행연구의 관련성이 기술되었는가?		
6	이 연구의 이론적 시사점이 서술되었는가?		
7	방법론이 간단히 논의되었는가?		
8	예상되는 연구의 시사점과 중요성이 제시되었는가?		
9	연구문제가 분명하게 제시되었는가?		
10	연구문제가 참신하고 중요한가?		
11	연구에서 사용된 용어에 대한 개념적 정의와 조작적 정의가 함께 서술되었는가?		
12	중요한 개념과 용어의 의미가 명확히 정의되었는가?		

제2장

이론적 배경

연구자는 이 연구가 연구대상들에게 도움을 줄 수 있는 필요한 연구라는 것을 논문을 읽는 독자가 납득할 수 있게 충분한 이론적인 근거를 제시해야 한다. 독자를 납득시킬 만한 선행연구들을 명확하게 제시하지 못한다면, 연구자 혼자만 자신의 연구가 중요하다고 생각하는 의미 없는 연구가 될 수도 있다. 이론적 배경에서 연구자는 오랜 시간 고민을 통해 정리된 체계적이고 논리적인 근거 자료를 제시함으로써 연구의 필요성에 대해 모두가 공감할 수 있도록 해야 한다.

즉, 이론적 배경은 연구의 필요성에 대한 설명력을 높이고, 연구자 자신의 주장을 논리적으로 객관화시키기 위한 부분이므로, 연구에 기초가 되는 참고 서적이나 문헌의 내용, 연구방법과 결과를 논의하는 데 꼭 필요한 사전 연구 자료들을 체계적으로 정리하여 제시해야 한다. 이론적 배경은 단순히 선행연구만을 나열하는 것이 아니라, 연구의 필요성을 위한 이론적 근거를 찾고, 연구 설계와 방법, 그리고 연구 결과 해석에 도움이 되는 정보를 제공해야 한다. 연구의 실행과 분석을 위해 가장 중요한 부분이므로, 주요 변인에 대한 개념과 특징, 변인들 간의 관계, 연구문제와 관련된 선행연구 결과 고찰을 위한 체계적인 과정이 필요하다. 충분한 선행연구 고찰을 통해, 기존에 진행된 연구들의 한계점을 바탕으로 연구문제에 잠정적인 해답이 될 수 있는 연구가설을 논리적으로 도출해야 한다. 즉, 이론적 배경은 기존 연구의 반복을 피하고, 연구가설을 설정하기 위한 근거를 찾고, 연구 결과의 해석에 도움이 되는 자료를 얻기 위함임을 반드시 명심해야 한다.

학위논문에서 이론적 배경은 양적으로 많은 비중을 차지하므로, 논문에서 차지하는 비중이 높다고 할 수 있다. 서론에서 상세히 다루지 못한 내용을 보다 상세하게 소개하는 정도로 여기거나, 또는 연구에서 제시된 주요 개념을 나열하는 부분이라고 생각하면 안 된다. 특히 초보 연구자들은 학위논문에서 이론적 배경을 그저 자신의 연구와 관련된 문헌의 고찰, 선행연구 결과만을 의미 없이 나열하는 식으로 잘못 서술하는 경우가 많으므로 주의해야 한다.

따라서 이 장에서는 이론적 배경 목차의 목차 구성 방법과 전개 서술 방식을 실제 예시 논문을 참고하여 작성의 실제 방법을 살펴보고, 이론적 배경 작성 후 점검 사항을 알아본다.

1. 이론적 배경 목차 작성

이론적 배경은 연구문제를 해결하는 과정이라는 점을 명심해야 한다. 이론적 배경과 연구문제가 별개로 진행되는 것이 아니라, 연구문제에 대한 해답을 선행연구를 통해 찾는 과정으로 이해해야 한다. 연구자는 이론적 배경의 목차만으로 연구문제를 해결하기 위한 과정이 논리적이고 체계적이라는 것을 독자에게 보여 줘야 한다. 이론적 배경의 논리적 구성에 따라 연구의 목적과 주요 변인이 서로 부합하여 일관성을 유지하며 연구문제까지 도달할 수 있게 되므로, 이론적 배경 목차 구성에서부터 주의를 기울여야 한다.

1) 목차 구성의 주요 변인

이론적 배경 목차는 황금법칙이 존재하지 않지만, 다음의 내용을 참고하여 논리적인 순서를 정하기 위해 고심해야 한다. 이론적 배경의 목차는 논문의 제목에 제시된 연구대상, 독립변인, 종속변인, 매개변인 등의 주요변인들로 구성된다. 앞 장에서 살펴보았던 유선희와 함경애(2014)의 학술지 논문에 모(母)체가 되는 유선희(2013)의 연구인 '중학생이 지각하는 부모-자녀 간 의사소통과 학교적응과의 관계: 자아분화수준의 매개효과'를 예로 들면, ① 연구대상(중학생), ② 독립변인(부모-자녀 간 의사소통), ③ 종속변인(학교적응), ④ 매개변인(자아분화수준) 등의 주요변인들로 목차가 정해진다.

주요 변인 중 하나인 연구대상을 목차에 독립적인 항목으로 구성하는 것은 연구주제나 학교마다 차이가 있다. 이 책의 예시 논문에서는 연구대상을 목차 구성 시 독립적으로 제시하지는 않았지만, 연구자들은 이론적 배경에서 가장 중요한 중심축이 연구대상임을 항상 명심해야 한다. 이론적 배경의 주요 변인들에 대해 기술할 때 연구대상과 주요변인들의 관련성을 숙지하고, 연구대상이 누구인지를 항상 염두에 두고 작성해야 한다. 누구에게나 해당하는 문제가 아닌, 본 연구의 특정 연구대상과 관련된 문제에 대해서 서술해야 한다.

또한, 연구대상에 따라 연구주제와 주요 변인들이 달라질 수도 있다는 것도 잊지 말아야 한다. 앞서 예시로 살펴본 논문에서는 연구대상이 중학생인 경우이므로, 중학생의 학교적응을 위해 부모-자녀 간 의사소통이나 자아분화수준의 변인들과의 관계에 대해 알아보았다. 그러나 연구대상이 대학생이라면 대학생의 학교적응을 고려한 변인들인 교수신뢰, 대인관계, 자기통제력, 음주동기 등을 살펴볼 수 있을 것이다. 따라서 연구자는 항상 연구의 목적과 연구대상을 고려하여 이론적 배경을 서술해야 한다.

관계연구에서 주요 변인 중 하나인 연구대상을 제외하고, 독립변인, 매개변인, 종속변인으로 이론적 배경의 목차를 다음과 같이 구성할 수 있다. 앞서 예시한 '중학생이 지각하는 부모-자녀 간 의사소통과 학교적응

과의 관계: 자아분화수준의 매개효과' 연구처럼, 매개변인이 포함된 연구를 수행할 경우 Baron과 Kenny(1986)의 매개효과 분석절차 조건에 근거한 내용 순으로 목차를 제시할 수 있다. 즉, ① 독립변인(부모-자녀 간 의사소통)과 종속변인(학교적응), ② 독립변인(부모-자녀 간 의사소통)과 매개변인(자아분화수준), ③ 매개변인(자아분화수준)과 종속변인(학교적응)의 관계, ④ 독립변인(부모-자녀 간 의사소통), 매개변인(자아분화수준), 종속변인(학교적응) 간의 관계 순서로 서술한다.

매개변인이 포함되지 않는 연구인 경우에는 매개변인을 제외한 독립변인과 종속변인만으로 목차를 구성하게 된다. 즉, ① 독립변인, ② 종속변인, ③ 독립변인과 종속변인의 순으로 제시하면 된다.

2) 목차 구성 방법

이론적 배경 목차를 구성하기 위해서는, 앞서 설명한 내용 이외에도 다음과 같은 두 가지 측면을 반드시 고려해야 한다. 첫째, 선행연구가 충분한 경우, 둘째, 새롭게 등장하는 변인이거나 그로 인해 선행연구가 없는 경우, 또는 변인별로 보다 다양한 고찰이 필요한 경우에 따라 차이가 있다. ㉠ 선행연구가 충분한 경우는, ① 독립변인과 종속변인, ② 독립변인과 매개변인, ③ 매개변인과 종속변인, ④ 독립변인, 매개변인 및 종속변인의 순으로 목차를 설정하면 된다.

그러나 ㉡ 새롭게 주목받고 있는 주제나 변인으로, 변인별 선행연구가 거의 없어서 변인 간 관계를 서술하기에 어려운 경우에는 주요 변인별로 목차를 구성하여 ① 독립변인, ② 종속변인, ③ 매개변인, ④ 독립변인, 매개변인 및 종속변인의 순으로 제시할 수 있다.

이론적 배경 목차 작성 방법과 실제 논문을 예시하여 살펴보면 다음과 같다.

이론적 배경 목차 구성 시 고려 사항

- 변인 및 변인 간의 관계를 서술하기에 선행연구가 충분한 경우
  ① 독립변인과 종속변인
  ② 독립변인과 매개변인
  ③ 매개변인과 종속변인
  ④ 독립변인, 매개변인 및 종속변인

- 새롭게 등장하는 변인이거나 그로 인해 선행연구가 없는 경우 또는 변인별로 보다 다양한 고찰이 필요한 경우
  ① 독립변인
  ② 종속변인
  ③ 매개변인
  ④ 독립변인, 매개변인 및 종속변인

이론적 배경 목차 구성 예시

👤 예시 1: 변인 및 변인 간의 관계를 서술하기에 선행연구가 충분한 경우
유선희 (2013). 중학생이 지각하는 부모−자녀 간 의사소통과 학교적응과의 관계: 자아분화수준의 매개효과. 경성대학교 교육대학원 석사학위논문.

Ⅱ. 이론적 배경

1. 부모−자녀 간 의사소통과 학교적응과의 관계

2. 부모−자녀 간 의사소통과 자아분화수준

3. 자아분화수준과 학교적응

4. 부모−자녀 간 의사소통, 자아분화수준 및 학교적응

👤 예시 2 : 새로운 변인인 경우, 변인 간 선행연구가 부족한 경우, 다양한 고찰이 필요한 경우
이정연 (2014). 중학생이 지각하는 모 공감과 자기조절능력의 관계에서 자아존중감의 매개효과. 경성대학교 교육대학원 석사학위논문.

Ⅱ. 이론적 배경

1. 중학생이 지각하는 모 공감

2. 자기조절능력

　가. 자기조절능력의 개념

　나. 중학생이 지각하는 모 공감과 자기조절능력

3. 자아존중감

　가. 자아존중감의 개념

　나. 중학생이 지각하는 모 공감과 자아존중감

　다. 자기조절능력과 자아존중감

4. 중학생이 지각하는 모 공감, 자아존중감 및 자기조절 간의 관계

초보 연구자들은 앞서 제시된 목차 구성의 주요 변인과 구성 방법을 참고하여 지도교수와의 충분한 협의를 바탕으로 자신의 연구를 논리적으로 전개할 수 있는 자신만의 목차 구성에 대해 깊이 있는 고민을 해야 한다.

2. 이론적 배경 서술 전개 방식

이론적 배경을 서술하는 이유는 연구의 필요성에 대한 설명력을 높이기 위함이며, 연구자 자신의 주장을 논리적으로 객관화하기 위한 것이다. 그러나 초보 연구자들은 방대한 선행연구 속에서 중심을 잡지 못하고, 자신의 연구주제와는 동떨어진 곳으로 가게 되어 길을 잃기도 한다. 또한 선행연구의 모든 내용을 나열하거나, 불필요한 내용을 삭제하지 못해 이론적 배경의 분량만 늘리는 경우도 발생하게 된다.

선행연구라는 넓은 바다에 빠져 허우적거리지 않기 위해서는 자신만의

기준이 필요하다. 연구자는 자신이 다루고자 하는 선행연구의 범위를 정하고, 어떤 논문을 포함하고 어떤 논문은 과감하게 배제할 것인지 기준을 명확히 해야 한다. 자신의 연구와 무관하거나 중요하지 않은 부분을 과감하게 삭제하고 연구 주제에 맞게 요약·정리하는 여러 번의 과정을 거쳐야 한다. 이러한 과정을 통해서 걸러진 내용을 체계적이고 논리적으로 기술하기 위해서는 이론적 배경의 서술 방식에 대한 이해가 필요하다. 이론적 배경의 서술은 도입-전개-마무리 방식으로 변인 개념, 특징 및 선행연구(도입) → 변인 간 선행연구 고찰(전개) → 선행연구를 종합한 연구의 필요성 제시(마무리) 순으로 기술하면 된다.

차이연구의 경우는 이론적 배경 전체 틀 안에서 도입-전개-마무리의 전개 방식이 있으며, 이론적 배경 목차 안에서도 도입-전개-마무리 순서로 서술해야 한다. 그러나 관계연구의 경우, 앞서 살펴본 이론적 배경 각각의 주요 목차별로 도입-전개-마무리 전개 방식으로 서술하면 된다. 유선희(2013)의 연구 목차 중 첫 번째 목차 주제인 '부모-자녀 간 의사소통과 학교적응과의 관계(독립변인과 종속변인)'를 예로 들면, 도입에서 독립변인과 종속변인에 대한 각각의 변인에 대한 설명이 이루어지고, 전개에서는 독립변인과 종속변인 간의 관련성에 대한 선행연구를 서술해야 한다. 마무리에서 선행연구를 종합한 내용을 토대로 연구의 필요성을 제시해야 한다.

각각의 주요 목차마다 도입-전개-마무리 방식으로 끝맺음을 해야 하지만, 주요 목차 간 연결성도 항상 고려해야 한다. 즉, 목차별로 완성된 내용들이 독립적으로 서로 분리된 내용이 아니라, 본 연구의 필요성을 중심으로 전체 목차별 내용들이 유기적으로 적절하게 맞물려 있어야 한다.

참고로 이론적 배경은 서술 방식은 연구자나 학교에 따라서 차이가 있으며, 다양한 방식으로 자신들만의 연구의 필요성에 대한 이론적 근거를 제시하고 있다. 초보 연구자들은 다음의 이론적 배경 작성 형식을 참고하되, 자신의 연구에 대한 논리적 근거를 마련하기 위한 다양한 시도를 해야 한다.

이론적 배경 작성 시 고려 사항

- 도입(변인에 대한 설명)
  - 변인에 대한 개념, 특징 및 선행연구 제시
  - 주요 변인에 대한 고찰 필요성

- 전개(변인 간 선행연구에 대한 고찰)
  - 선행연구를 근거한 변인 간 관계 제시

- 마무리(선행연구를 종합한 연구 필요성)
  - 선행연구 요약을 통한 연구자의 견해 제시
  - 연구문제에 따른 논리적인 연구가설 제시

목차별 이론적 배경 작성 형식

1. 독립변인과 종속변인

도입

(독립변인)이란 (포괄적이고 일반적인 의미에서의 독립변인에 대한 개념)을 의미한다. (독립변인)과 관련한 (국내외 연구자들의 여러 개념)은 다음과 같다. (국내외 연구자들의 여러 개념) 내용을 종합해 보면, 본 연구에서의 (독립변인)에 대한 개념은 (연구자가 선정한 독립변인의 개념)은 (서론에서의 개념과 일치)로 정의할 수 있다.

(독립변인)은 (연구대상과의 관련성 언급)이 보고되고 있다. 따라서 (연구대상과 독립변인)에 대해 연구를 통해 확인해 볼 필요가 있다. (연구대상에 따른 독립변인의 특징)은 다음과 같다. 첫째, …, 둘째… 와 같은 특징이 있다. (독립변인)과 관련된 국내외 선행연구를 살펴보면, 초기 연구들은 (독립변인 선행연구 내용)은 (독립변인)의 수준이 높게 나타나는 것으로 밝혀졌다. 여기에서 주목할 점은, 최근의 연구에서는 (독립변인)과 (종속변인) 결과이다. 위에서 살펴본 바와 같이 (독립변인) 관련된 선행연구에서 (종속변인)이 중요한 요소임을 예측할 수 있다.

(독립변인)에게 영향을 줄 수 있는 요인으로 (종속변인) 있는데, (종속변인의 개념 및 특징)은 (연구대상)과 관련성이 있다. (연구대상과 종속변인)과 관련된 국내외 선행연구의 결과를 통해 (연구대상의 독립변인)이 상관이 있음을 확인할 수 있다.

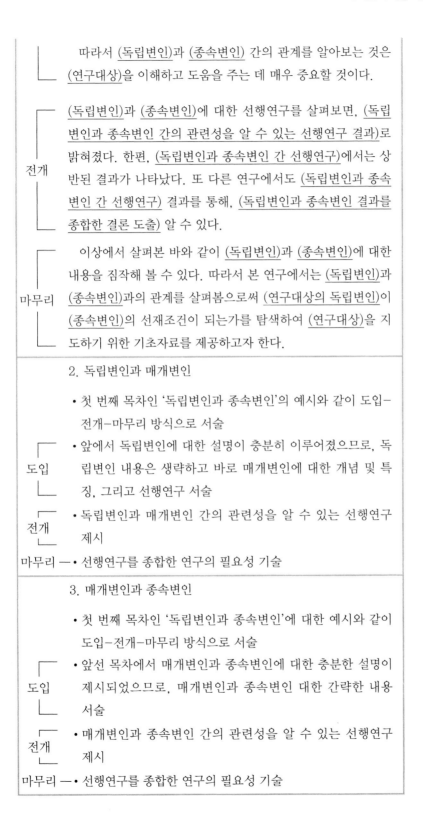

전개 따라서 (독립변인)과 (종속변인) 간의 관계를 알아보는 것은 (연구대상)을 이해하고 도움을 주는 데 매우 중요할 것이다.

(독립변인)과 (종속변인)에 대한 선행연구를 살펴보면, (독립변인과 종속변인 간의 관련성을 알 수 있는 선행연구 결과)로 밝혀졌다. 한편, (독립변인과 종속변인 간 선행연구)에서는 상반된 결과가 나타났다. 또 다른 연구에서도 (독립변인과 종속변인 간 선행연구) 결과를 통해, (독립변인과 종속변인 결과를 종합한 결론 도출) 알 수 있다.

마무리 이상에서 살펴본 바와 같이 (독립변인)과 (종속변인)에 대한 내용을 짐작해 볼 수 있다. 따라서 본 연구에서는 (독립변인)과 (종속변인)과의 관계를 살펴봄으로써 (연구대상의 독립변인)이 (종속변인)의 선재조건이 되는가를 탐색하여 (연구대상)을 지도하기 위한 기초자료를 제공하고자 한다.

2. 독립변인과 매개변인

- 첫 번째 목차인 '독립변인과 종속변인'의 예시와 같이 도입–전개–마무리 방식으로 서술

도입
- 앞에서 독립변인에 대한 설명이 충분히 이루어졌으므로, 독립변인 내용은 생략하고 바로 매개변인에 대한 개념 및 특징, 그리고 선행연구 서술

전개
- 독립변인과 매개변인 간의 관련성을 알 수 있는 선행연구 제시

마무리 — • 선행연구를 종합한 연구의 필요성 기술

3. 매개변인과 종속변인

- 첫 번째 목차인 '독립변인과 종속변인'에 대한 예시와 같이 도입–전개–마무리 방식으로 서술

도입
- 앞선 목차에서 매개변인과 종속변인에 대한 충분한 설명이 제시되었으므로, 매개변인과 종속변인 대한 간략한 내용 서술

전개
- 매개변인과 종속변인 간의 관련성을 알 수 있는 선행연구 제시

마무리 — • 선행연구를 종합한 연구의 필요성 기술

---

4. 독립변인, 매개변인 및 종속변인

마무리

지금까지 (독립변인)과 (매개변인) 및 (종속변인) 사이의 관계에 대해서 살펴보았듯이, (독립변인, 매개변인 및 종속변인) 서로 간에 상관이 있음을 짐작할 수 있다.

기존의 연구를 통해 (독립변인)이 (종속변인)에 긍정적인 영향을 미치는 것으로 밝혀졌다. 또한 (매개변인)도 (종속변인)과 밀접한 관련성이 있음이 확인되었다. 하지만 기존의 선행연구 결과를 종합해 보면, (연구대상)의 (독립변인)과 (종속변인) 사이에서 (매개변인)을 전체적인 관점에서 살펴보지 못한 한계점이 있으므로, 전체 변인을 살펴볼 필요가 있다.

이에 본 연구는 (연구대상의 독립변인)과 (종속변인) 간의 관계에서 (매개변인)의 매개 효과를 검증하고자 한다.

---

1) 도입

도입에서는 연구자의 연구주제와 관련된 주요변인에 대한 개념, 특징 및 선행연구에 대해 서술하면 된다. 먼저, 주요 변인의 개념을 서술할 때, 가능한 포괄적인 개념에서부터 본 연구의 주제와 밀접한 관련성이 있는 개념으로 좁혀 나가는 것이 좋다. 예를 들어 '부모-자녀 간 의사소통'에 대한 개념을 설명할 때에, '가정에서의 인간관계 → 부모-자녀 간 관계 → 부모-자녀 간 의사소통'으로 초점화하는 작업을 할 필요가 있다. 그리고 주요 변인에 대한 개념적 정의는 연구주제에 따라 일반적이고 보편적인 개념으로 정의할 수도 있고, 여러 가지 이론적 개념들을 토대로 연구자 자신만의 조작적 정의를 내릴 수도 있다. 주의할 점은 무작정 다른 연구자들의 개념들을 나열하는 식으로 서술하지 말아야 하며, 마지막에는 수많은 개념의 정의 중 자신의 연구주제와 적합한 주요변인에 대한 개념을 정리하여야 한다. 또한 연구자가 선택한 개념의 정의는 서론에서의 용어의 정의의 내용과 가능한 한 일치시키도록 한다.

다음으로, 주요변인의 특징들에 대해 서술할 때 이론적 근거를 바탕으로 다양한 관점에서 변인의 특징을 제시하면 된다. 이때, 연구자는 연구대상과 연구주제를 항상 염두에 두고 연구대상과 관련된 주요 변인에 대한 특징으로 한정시켜 서술해야 한다. 연구대상이나 연구주제와 상관이 없는 주요 변인의 일반적인 특징만을 나열할 경우, 본 연구의 주제 초점이 흐려질 수 있으므로 주의해야 한다.

마지막으로, 변인별 선행연구를 서술할 때 앞서 설명한 내용처럼 연구대상과 연구주제와의 연관성을 항상 생각하며 선행연구들을 제시해야 한다. 가능한 한 최근의 선행연구를 인용하는 것이 좋으며, 한 가지 선행연구만을 참고하지 말아야 한다. 또한 선행연구에서 모든 내용을 가져오기보다는 자신에게 필요한 내용만을 선택하여 자신의 언어로 순화하는 작업이 필요하다. 기존 선행연구 결과를 그대로 참고하여 모자이크 식으로 제시하지 말고, 자신의 연구와 일치하는 연구와 일치하지 않는 연구별로 분류하여 제시하는 것도 좋은 방법이다.

앞서 설명한 내용들을 토대로 해서 초보 연구자들이 간결하고 정리된 글을 쓰는 것은 매우 어려운 일이다. 특히 논문 글쓰기 방법은 일반적인 글쓰기와 차이가 있으므로, 잘 작성된 논문을 많이 읽어 보고 그 논문을 참고로 변인만 바꿔서 글을 써 보는 연습도 필요하다. 참고로 논문 글쓰기를 할 때, 각 문단의 첫 문장은 독자에게 그 문단의 핵심적인 내용을 알려 줄 수 있게 작성하면 간결하면서도 핵심적인 문단이 될 수 있다. 그리고 주요 핵심 문장 뒤에 적절한 접속어를 사용함으로써 핵심 문장 뒤에 어떠한 내용들이 추가될지 독자가 짐작할 수 있게 하는 것도 논문 글쓰기에 필요하다. 예를 들어 '학교적응은 ~~~ 의미한다. 따라서~~~'처럼 마지막 문장과 접속어만 보아도, 뒤이어 학교적응에 대한 주요 내용들이 추가로 제시될 것임을 짐작할 수 있도록 할 필요가 있다. 또한 문단이 너무 길어지거나 짧아지지 않게 문단의 내용을 연결시켜 주는 연결어미 사용에도 익숙해져야 한다. '~고' '~며' '~나' '~도록' 등을 적절하게 사용할 필요가 있다.

2) 전개

도입에서 주요 변인에 대한 전반적인 내용이 제시되었다면, 전개에서
는 주요 변인들의 관계를 설명할 수 있는 선행연구를 고찰해야 한다. 변
인 간의 관련성을 통하여 연구문제에 대한 이론적 근거를 마련할 수 있으
므로 변인 간의 관계를 증명하는 것은 매우 중요하다.

먼저, 변인 간(독립변인과 종속변인/독립변인과 매개변인/매개변인과 종속
변인) 관련성이 있는 선행연구들을 제시하면 된다. 변인 간 관련성이 있는
선행연구 자료를 인용할 때, 선행연구에서 유사한 내용을 그대로 모두 가
져오지 말고, 자신의 연구와 크게 상관이 없는 세부 내용은 삭제하고 주요
변인 간 관련성이 있는 내용만을 중심으로 서술하는 것이 좋다.

다음으로, 변인들 간의 영향을 주는 연구들을 기술하면 된다. 유의할
점은 선행연구 결과들을 낱개로 나열하지 말고, 기존 선행연구의 결과들
을 변인별로 묶고, 마지막에 연구자의 종합적인 결론을 제시할 필요가 있
다. 예를 들어 '독립변인 선행연구 결과 A, B, C'와 '종속변인 선행연구 결
과 A, B, C'를 제시할 때, '독립변인 연구 A → 종속변인 연구 A → 독립변
인 연구 B → 종속변인 연구 B → 독립변인 연구 C → 종속변인 연구 C →
연구자의 종합적인 결과' 식으로 연구 결과 하나하나를 나열하지 말고,
'독립변인 연구 A, B, C 종합 결과 → 종속변인 A, B, C 종합 결과 → 연구
자의 종합적인 의견' 식으로 구조화하여 제시하는 것이 필요하다. 서로 반
대되는 결과에 대해 연구자의 종합적인 결과를 제시할 경우, 애매한 결론
을 내리기보다는 각각의 연구들에 대해 각기 다른 결론을 지지한다는 형
태의 진술이 필요하다.

3) 마무리

마무리는 앞에서 언급한 선행연구의 내용을 정리하고 종합하여 두 변
인 간의 관계에 대해 연구자의 입장에서 종합적인 결론을 내리는 부분이
다. 이때 선행연구를 종합한 연구자의 견해를 통해 독자가 연구에 대해

쉽게 이해할 수 있게 되므로, 마지막 정리하는 내용은 간결하면서도 핵심적인 내용이어야 한다.

선행연구를 종합한 의견을 제시할 때, 다음과 같은 두 가지 방식으로 마무리를 지을 수 있다. 먼저, 선행연구를 종합한 두 변인 간 관계에 대해 설명이 필요한 경우, 이론적 배경에서의 내용만으로 변인 간의 관계를 확정지을 수 없으므로 두 변인 간의 관계를 추측하는 문장으로 마무리하면 좋다. 예를 들어, '~ 예측할 수 있다.' '~ 추측할 수 있다.' '~ 고려할 수 있다.' '~ 짐작할 수 있다.' '~ 예상된다.' 등과 같은 방법으로 기술하면 된다. 또는 두 변인 간 연구의 필요성을 언급할 경우, '살펴볼 필요가 있다.' '~ 의미가 있을 것이다.' '~ 확인하고자 한다.' '~제공하고자 한다.' '~ 한계점이 있다.' 등으로 기술할 수 있다.

이론적 배경의 전체 마무리에서는 앞서 서술한 주요 변인들의 선행연구를 종합한 결과의 한계점과 그에 따른 본 연구의 필요성과 연구방법을 언급하는 문장으로 마무리할 수 있다. '이에 본 연구에서는 ~~~ 매개효과를 검증해 보고자 한다.' '본 연구에서는 ~~~ 검증하고자 한다.' '지금까지 살펴본 바와 같이 ~~ 확인하고자 한다.'와 같은 형식으로 기술할 수 있다.

도입–전개–마무리별 이론적 배경 작성 예시(유선희, 2013)

👤 **도입: 변인에 대한 설명**

독립변인과 종속변인

1. 부모–자녀 간 의사소통과 학교적응

가정은 사회화 작용이 일어나는 가장 최초의 공간이다. **가정 내의 인간관계** 중 부모와 자녀관계는 가장 기본적이고 영구적인 관계로, 인간의 성장 및 발달에 가장 중요한 결정요인의 하나이며, 동시에 상호적 교류관계이다. 이러한 부모와 자녀 간의 관계를 형성하고 유지하는 수단인 의사소통은 언어적 상호작용으로 부모와 자녀의 관계를 분석하는 데 강조되어야 할 중요한 요소이다(민하영, 1991).

부모–자녀 간 의사소통이란 개방형 의사소통은 자녀가 부모와의 상

- 독립변인 제시
- 포괄적 개념 제시 후 초점화 작업
- 가정 내 인간관계 → 부모–자녀 관계 → 부모–자녀 간 의사소통

- 독립변인 개념
- 서론에서의 용어의 정의와 일치

호작용에 있어 억압받지 않고 자유롭게 사실이나 감정을 표현하는 긍정적인 의사소통이며, 문제형 의사소통은 자녀가 부모와의 상호작용에 있어 의사교환 및 주제선택에 조심하고 주저 혹은 회피하여 상호작용이 원만하게 이루어지지 않는 부정적인 의사소통을 의미한다(Barnes & Olson, 1982).

독립변인 특징 　부모-자녀 간 의사소통은 가족 안에서 각 구성원들이 말, 행동, 얼굴표정, 태도, 몸짓, 침묵 등을 통하여 직간접으로 서로에게 영향을 주고받는 그 가족만의 독특한 의미를 창출해 내고 공유하는 과정이다(김경화, 1989). **독립변인 특징** 가정생활에서의 부모-자녀 간 의사소통은 가족원들 간의 감정을 유지, 상호활동을 조정하며, 상호 정보교환과 이해를 가능하게 하며, 자녀에게 있어서는 사회화 교육에 중요한 역할을 한다. -중 략- 부모와 자녀 간의 효과적인 의사소통은 자녀의 적응수준을 높이고, 대인관계에서의 문제행동이 적다. **독립변인 선행연구** 또한 청소년 자녀가 부모와의 의사소통을 개방적이고 촉진적이라 지각할수록 청소년의 우울, 불안, 비행이 감소한다(노성향, 1998). -중 략-

연구대상과 종속변인 　청소년기는 가정보다 학교에서 더 많은 시간을 보내며, 학교생활을 통하여 사회생활에 필요한 지식과 기술을 습득하기 때문에 학교는 청소년에게 중요한 사회적 학습의 장이다. **연구대상의 종속변인 고찰의 중요성 제시** 따라서 학교에서의 적응여부는 청소년 개인의 삶뿐만 아니라 청년기와 성인기 이후에도 지속적인 영향을 미치며 사회적인 문제를 유발하는 잠재적 요인이 되므로(백혜정, 2007), 청소년의 삶에 중요한 변인이라 할 수 있다.

• 종속변인 개념
• 서론에서의 용어의 정의와 일치 　학교적응은 학습자들이 학교의 수업과정과 상황에서 지적, 정의적, 심리·운동적 발달을 위해 능동적으로 참여하는 것으로 볼 수 있으며, 학습자들이 학교에서 접하게 되는 여러 가지 교육적 여건을 자신들의 요구에 알맞게 변화시키거나 학습자들 스스로가 학교에서의 모든 여건을 바르게 수용하는 것을 의미한다(김용래, 1993). **종속변인 특징** -중 략- 학교생활에 잘 적응하는 학생은 학교에 대한 감정이나 태도, 동기가 긍정적이기 때문에 대인관계가 원만하고 학업성적이 향상되고 행동 특성이 바람직하게 형성되어 성장과정에서 많은 이득을 얻게 된다(장호성, 1987). 또한 주위 사람들에게 인정을 받게 되며 자기 스스로 만족감과 행복감을 갖고 기꺼이 현실문제에 대해 적극적으로 참여하고 해결해 나갈 수 있게 된다(이수정, 2003). **연구대상과 종속변인 특징** 결과적으로 학교적응은 건전하고 통합적인 성격을 나타내며 청소년 탈선과 비행을 예방하게 하는 데

중요한 지표가 되므로(유윤희, 1994), 청소년기에 이루어야 할 중요한 발달적 과업이다.

👤 전개: 변인 간 선행연구 고찰

　부모-자녀 간 의사소통과 학교적응에 대한 선행연구를 살펴보면, 부모-자녀 간 개방형 의사소통이 자녀의 학교적응 전체 및 하위영역인 교사와의 관계, 교우관계, 학습활동, 규칙준수관계, 학교행사와 정적관계를 나타내었고, 반대로 부모와의 문제형 의사소통은 아동의 학교적응과 부적관계를 보여, 부모-자녀 간 개방형 의사소통을 많이 할수록 학교적응수준이 좋아지는 것으로 나타났다(남민숙, 2006; 이미현, 2005). 또한 가족체계 및 어머니-자녀 간의 의사소통과 청소년 적응의 관계를 연구한 논문에서는 어머니와 자녀와의 의사소통의 중요함을 설명하고 개방적·기능적 의사소통을 하는 가족의 청소년들이 더 좋은 적응상태를 보여 준다고 하였고(이연숙, 1990), 부모가 자녀와 의사소통할 때 정확하고 모순되지 않는 메시지를 보내고, 감정이입과 지지적 발언 및 효과적인 문제해결기술을 가진 긍정적 의사소통을 할수록 학교적응은 물론 학교친구와의 관계가 원만하게 이루어지며(차유림, 2001), 어머니의 관심과 대화는 학교에서 일어날 수 있는 문제를 예방하는 데 중요한 요인이라고 하였다(이은자, 2004).

(여백: 독립변인과 종속변인 간 선행연구 고찰)
(여백: 독립변인과 종속변인 간 선행연구 고찰)

👤 마무리: 선행연구를 종합한 연구 필요성

　이상에서 살펴본 바와 같이 부모-자녀 간 의사소통이 청소년기 자녀의 사회화와 적응, 문제행동, 비행에 영향을 미치고 있으며, 따라서 학교적응과 관계가 있음을 짐작할 수 있다.

-중 략-

(여백: 앞에서 언급한 독립변인과 종속변인 간의 관계를 바탕으로, 연구문제에 따른 변인들의 관계에 대한 가설로 마무리)

4. 부모-자녀 간 의사소통, 자아분화수준 및 학교적응

　지금까지 살펴본 선행연구들을 보면 가족기능에 따른 학교적응을 연구하거나(이미경, 1999; 이혜령, 2000), 성적이나 특성에 따른 학교적응을 다룬 연구(구자은, 2000; 안경혜, 1988; 임유진, 2001; 지수경, 2001), 부모 이외에 청소년과 가장 빈번하게 상호작용을 하는 교사와 학교적응과의 관계를 파악한 연구(구자은, 2000; 임유진, 2001),

(여백: 독립변인과 매개변인 및 종속변인)
(여백: 종속변인인 학교적응과 관련된 선행연구의 제시)

부모-자녀 간 의사소통에 따른 학교적응을 다룬 연구(김기영, 2009; 김계순, 2007; 안춘하, 2008; 이경희, 2011; 주현정, 1998; 차유림, 2001), 청소년기 부모와의 관계에 대한 긴장이 청소년의 적응에 큰 영향을 미친다는 부모-자녀관계에 대한 연구(윤진, 최정훈, 1989; 전귀연, 최보가, 1995; Debora, Gustavo, & Marcela, 2000) 등이 있었고 그 변인들 간의 상관관계를 밝혔다.

-중 략-

이와 같이 지금까지 학교적응에 관한 많은 선행연구들이 부모-자녀관계, 교사관계, 친구관계 등 주로 환경적 요인과의 관계를 살펴보거나, 그 두 변인 사이에 자아존중감, 자아탄력성, 자기통제력, 자아효능감 등 개인요인을 넣어 그것의 역할에 대해 살펴보았다. 하지만 중학생을 대상으로 자녀가 지각한 아버지와의 의사소통과, 자녀가 지각한 어머니와의 의사소통 각각이 자녀의 자아분화 및 그들의 학교적응에 어떠한 영향을 미치는지에 대한 연구를 한 경우는 거의 없다. 따라서 본 연구에서는 중학생의 적응 능력인 학교적응을 종속변인으로, 그들이 지각하는 부모-자녀 간 의사소통을 독립변인으로 선정하고, 개인 내적변인인 자아분화수준을 매개변인으로 설정하여 매개 효과를 검증하고자 한다.

[여백 주석]
- 마지막에 주요 변인들에 대한 간략한 언급
- 선행연구의 한계점 제시
- 연구의 필요성 제시
- 다음 장에 제시할 연구방법과 결과를 암시하는 문장으로 마무리

3. 이론적 배경 작성 후 점검 사항

연구자는 이론적 배경 작성 후 변인에 대한 설명, 변인 간 선행연구 개관, 선행연구를 종합한 연구 필요성 등이 제대로 제시되었는지 다음의 점검 사항을 확인해 본다.

번호	점검 내용	확인	
		예	아니요
1	이론적 배경 목차가 논리적으로 구성되었는가?		
2	주요 목차별로 도입-전개-마무리 형식으로 체계적이고 논리적으로 서술되었는가?		
3	연구자만의 기준을 정하여 선행연구를 고찰하였는가?		

4	선행연구의 고찰이 포괄적이면서도 심층적으로 제시되었는가?		
5	최근의 선행연구가 제시되었는가?		
6	연구대상을 염두에 두고 작성하였는가?		
7	주요 변인 간 각각의 특성과 변인 간 관계가 면밀히 검토되었는가?		
8	연구문제와 관련된 선행연구 결과 및 관련 이론을 구체적으로 고찰하였는가?		
9	연구문제에 잠정적인 해답이 될 수 있는 연구가설이 논리적으로 도출되었는가?		
10	연구문제에 대한 이론적 틀이 마련되었는가?		

연구방법

학위논문 작성 시 이론적 배경 서술 이후에 등장하는 것은 연구방법이다. 연구방법은 선정된 연구주제를 어떤 방식으로 해결할 것인지 그 방법을 구체적으로 기록하는 부분으로, 연구를 실시하는 세부 절차(누구에게, 무엇을, 어떻게 할 것인지)를 구체적이고 상세하게 서술해야 한다. 특히 연구방법은 연구 결과의 신뢰성을 뒷받침하는 중요한 부분이기 때문에 연구자는 이 부분에 대한 명확한 이해를 바탕으로 사전에 체계적인 계획을 세워 의미 있는 분석이 이루어질 수 있도록 연구방법을 확립해야 한다. 따라서 연구자 자신의 연구주제에 따른 연구목적을 해결할 수 있는 최적의 연구방법을 결정할 수 있어야 하고, 이를 위해서 연구방법의 목표와 기능을 분명하게 이해하는 것이 중요하다.

연구방법에 반드시 기술되어야 할 것은 연구의 이론적인 패러다임인 연구방법론에 대한 상세한 설명과 정당화, 연구설계, 자료수집과 분석의 과정이다. 연구방법이 이러한 핵심 요소들로 구성되어야 하는 것은 논문에서의 연구방법 부분이 선택한 연구방법을 정확히 묘사하고 정당화하는 분명한 목적을 지니고 있기 때문이다.

따라서 이 장에서는 연구방법에서 기술되어야 할 연구대상 및 절차, 측

정도구, 자료처리에 대해 살펴보고, 실제 논문 예시를 통해 이러한 요소들
이 어떻게 서술되는지 살펴보고, 연구방법 작성 후 점검 사항을 알아본다.

연구방법 작성 시 고려 사항

• **연구대상 및 절차**
- 연구대상: 표본(연구대상)의 추출 시기(when), 정보(who), 장소
  (where), 방법(how), 크기(sample size) 제시
- 절차: 자료(설문지) 배부와 수집의 시기(when), 장소(where), 방
  법(how) 제시. 설문지 배부 절차와 설문지 회수율, 유효 설문지율
  에 대해 상세히 기술

• **측정도구**
- 측정도구의 이름
- 두문자어
- 척도 개발자
- 측정도구를 평가하기 위한 구인의 간략한 설명
- 항목의 수
- 하위요인에 대한 구분 및 정의
- 채점 점수의 의미
- 원척도 신뢰도와 연구자의 신뢰도 제시

• **자료 처리**
- 연구문제별 적용된 통계적 방법 제시
- 측정모형 검증, 구조모형 검증, 매개효과검정

연구방법 작성 형식

1. 연구대상 및 절차

본 연구는 (대상)이 지각한 (독립변인)이 (종속변인)에 미치는 영향
에서 (매개변인)의 매개효과를 알아보기 위해 (표본추출 장소)에서 (연
구대상)으로 연구를 실시하였다. 연구대상 선정을 위해 (표본 특성)과
(표본 크기)를 (표집방법) 설문조사를 실시하였다.

　본 연구에서 제기된 연구문제를 확인하기 위해 설문지를 제작하였으며, 설문지는 자기보고식 방법을 사용하였다. 설문조사는 각 학교의 설문조사에 협조해 주시는 수업교사에게 연구목적과 설문지 실시방법 및 유의 사항에 대해 연구자가 직접 설명을 한 뒤 (설문 배부 방법, 설문지 안내와 관련된 사항), 설문지를 배부하여, 설문조사를 실시하였고, (설문 시 소요시간) 정도였다. 설문지에는 응답자의 성실한 대답을 위하여 설문 표지에 응답한 내용은 연구목적 이외에는 사용하지 않을 것을 명시하였고, 평소에 자신이 가지고 있는 생각과 일치되도록 빠짐없이 솔직하게 응답해 줄 것을 당부하였다.

　조사기간은 (조사 시행기간) 되었으며 총 ○○○부의 설문지가 배부되었다. 설문지는 모두 수집되었으나 그중 불성실한 응답이나 무응답 자료 ○○부를 제외한 ○○○명의 자료를 최종 분석의 대상(설문지 회수율과 유효 설문지 수)으로 하였다.

2. 측정도구

가. 변인명

> • 논문의 제목에 제시된 순서대로 변인 제시
> • 가. 독립변인, 나. 종속변인, 다. 매개변인 순

　본 연구에서는 (변인명) 수준을 측정하기 위하여 (원척도개발자, 연도)가 개발한 (척도명)을 사용하였다. 이 척도는 (척도문항 수), (하위요인명과 개수), (하위요인 문항 수) 문항들이 포함되어 있다. 문항은 ○점 Likert방식으로 평가되는데 (반응양식 및 채점 점수의 의미) 부과하며 (점수범위) 나올 수 있다.

　(원척도 개발자, 연도)의 연구에서 (원척도 신뢰도) 전체 신뢰도(Cronbach's α)는 .00이었고, 본 연구에서 사용한 (척도명)의 전체 신뢰도는 .00이며, 각 요인별 하위 신뢰도는 〈표 3-1〉과 같다.

〈표 3-1〉 척도의 문항 구성 및 신뢰도

하위척도	문항 번호	문항 수	신뢰도 (Cronbach's α)
전체			

주. *는 역산처리문항

> 역문항은 문항 번호에 '*'를 표시하고, 표 밑에 '주'를 넣어 표시

−중 략−

3. 자료 처리

 본 연구에서는 (독립변인), (종속변인) 간의 관계를 (매개변인)이 매개하는지를 살펴보기 위하여 다음과 같이 분석하였다. 모든 자료는 (통계용 프로그램)을 사용하여 분석하였다.
 첫째, 측정도구의 신뢰도와 타당도를 분석하였다. (독립변인, 종속변인, 매개변인)의 신뢰도 검정은 (통계프로그램)을 사용해서 Cronbach's α를 도출하였다.
 둘째, (독립변인), (매개변인), (종속변인) 간의 관계를 살펴보기 위해 상관분석을 실시하였다.
 셋째, (독립변인)과 (종속변인) 간의 관계를 (매개변인)이 매개하는지 알아보기 위해 통계 프로그램을 활용하여 구조방정식 모형(Structural Equation Modeling: SEM) 분석을 하였다.
−중 략−
 본 연구는 다음에 제시된 구조방정식 모형 분석 절차를 따랐다.

 가. 측정모형 검증

 측정모형을 통해 구성 개념이나 잠재변인이 측정변인에 의해 얼마나 제대로 측정되었는지를 확인하기 위한 측정모형 검증을 실시하였다. 이를 통해 측정변인의 신뢰도와 타당도를 확보하였다.

 나. 구조모형 검증

 구조모형이 현실을 얼마나 제대로 반영하는가를 확인하기 위해 구조방정식의 다양한 적합도 지수를 참고하였다. 일반적으로 구조방정식의 적합도는 모형의 두 가지 특성에 관심을 갖는다. 첫째는 '절대 적합도 지수'로, 이론적 모형이 자료와 얼마나 부합되는지를 절대적으로 평가하는 것이다. 이에 해당되는 적합도로는 χ^2, GFI(Goodness of Fit Index), TLI(Tucker and Lewis Index), RMSEA(Root Mean Square Error of Approximation) 등이 있다.
−중 략−
 본 연구에서는 모형의 적합도를 평가하기 위해 χ^2, CFI, TLI, RMSEA를 사용하였다.

다. 매개효과검정

본 연구는 (대상)이 지각한 (독립변인)이 얼마나 (종속변인)에 영향을 주는지 알아보고 이를 바탕으로 이론적 근거에 따라 매개변인으로 (매개변인)을 선정하여 (종속변인)을 높이는 방안을 마련하는 데 관심이 있다. 매개변인으로 선정된 (매개변인)의 매개효과를 검정하기 위해 부트스트랩 방법을 사용하였다. Shrout와 Bolger(2002)는 매개효과는 정상성을 따른다고 보장하기 어렵기 때문에, 원자료에서 무선표집으로 생성된 10,000개의 부트스트랩 자료 표본을 모수추정에 사용하고, 신뢰구간을 95%로 설정하도록 제안하였다. 본 연구에서도 이들이 제안한 부트스트랩 방법을 따랐다. 10,000개의 부트스트랩 표본을 생산하여, 매개효과의 추정치가 95%의 신뢰구간 내에서 영가설에서 설정한 값인 0을 포함하지 않는다면 유의도 .05 수준에서 매개효과가 유의하다고 해석하였다. 그리고 (독립변인), (매개변인), (종속변인) 간의 관계에 대한 효과성을 분해하여 직접효과, 간접효과 및 총 효과를 살펴보았다.

1. 연구대상 및 절차 작성

1) 연구대상

이 영역은 누가 연구의 대상이 될 것인가를 나타낼 뿐만 아니라 연구대상이 얼마나 많은 특성을 가지고 있는지, 또 연구대상을 추출하는 방법을 상세하게 설명해야 한다. 관계연구의 타당성은 일반화 가능성에 달려 있으며, 일반화는 표본의 모집단 대표성과 관련이 있으므로 표집방법이 타당해야 한다. 가능하다면 무선표집을 하는 것이 바람직하지만, 현실적으로 표본 추출에 여러 가지 어려움이 있을 수 있다. 그렇다면 왜 그렇게 하지 못했는지 그 이유를 밝히고, 연구에서 실제로 사용한 표집방법을 사실대로 서술한다. 보통 이러한 부분은 논문의 맨 마지막인 제언에 서술하는 경우가 많다. 이어서 연구문제와 직접 관련이 있으며 연구 결과를 해석하는 데 영향을 줄 수 있는 연구대상의 인구통계학적 특성을 보고한다. 인구통계학적 특성은 성별, 나이, 직업, 학력 등의 개인 신상정보뿐만 아니라 연구에서 관심을 두고 있는 연구대상들의 속성, 즉 변수의 특성에 대해서 기술한다. 단, 학위논문마다 인구통계학적 특성의 서술 여부는 달라질 수 있다.

2) 표집과 표집방법

연구대상을 작성하려면 표집과 표집방법에 대해 알고 있어야 한다. 여기서는 이에 대해 간단히 살펴본다. 초보 연구자들은 논문을 쓰기 시작하면 평소에 쓰지 않는 생소한 논문 용어들을 많이 접하게 된다. 논문을 쓰기 전에 논문 작성과 관련된 기본지식을 습득하는 연구자의 기본 자세를 갖추도록 한다.

표집 관련 용어들은 다음과 같다.

표집 관련 용어

- 모집단(전집): 연구자가 관심을 갖고 연구하고자 하는 전체 집단
- 표본: 연구 목적에 따라 모집단의 특성을 추정하기 위하여 일정한 체계적인 추출과정을 거쳐 실제로 선발된 집단
- 표집: 표본을 구성하기 위해 모집단에서 표본을 추출하는 행위

표집방법은 표본추출방법이라고도 하며, 그 목적은 최소의 비용으로 최대한 정확하게 모집단의 성질에 대한 정보를 얻는 데 있다. 모집단의 크기, 동질성, 표본요소들의 지리적 분포, 자료수집의 현실적 여건 등 조건에 따라 표집방법이 달라져야 한다. 표집방법은 크게 확률적 표집과 비확률적 표집으로 나뉘는데, 표집방법의 종류는 다음과 같다.

확률적 표집과 비확률적 표집

• **확률적 표집**

객관적인 절차로 설계하여 표본을 선발하는 방식

편파 표집을 줄이고, 모집단의 일반화를 향상시키는 표집방법

−단순무선표집(무작위표집): 모집단의 구성원들이 표본에 속할 확률이 동일하도록 표집하는 경우

−유층표집(층화표집): 전집이 갖는 중요한 특성을 기준으로 여러 개의 하위집단을 구분하고, 각 하위집단에서 단순무선표집하는 경우

−군집표집(집략표집): 단순무선표집이 너무 어려운 경우, 집단 단위로 표집하는 경우

−체계적 표집(계통표집): 모집단 표집 목록표에서 일정한 간격으로 표집하는 경우

• **비확률적 표집**

개별요소들이 표본에 추출될 확률을 모르는 방식

연구자의 주관적인 판단에 의한 표집방법

−목적적 표집(의도적 표집): 모집단을 잘 반영할 수 있을 것으로 판단되는 특정 집단을 표집하는 경우

−할당표집: 미리 정해진 기준에 따라 전체 표본을 여러 집단으로 구분하고 각 집단별로 대상을 표집하는 경우

−우연적 표집(편의/임의표집): 가장 쉽고 편리하게 접근할 수 있는 연구대상을 임의로 표집하는 경우

−눈덩이 표집: 소수의 응답자 집단을 먼저 표집한 후 이들로부터 유사한 연구대상자를 소개받아 표집하는 경우

연구대상 표집방법 작성 예시

• 단순무선표집

> 본 연구는 2010년 현재 서울시 및 경기도에 위치한 4년제 대학교에 재학 중인 대학생을 모집단으로 설정한 후, 서울시에 위치한 4년제 대학교 3개교, 경기도에 위치한 4년제 대학교 3개교 등 총 6개교를 난수표를 이용하여 단순무선표집하였다.
>
> --
>
> 김민석 (2011). 대학생의 휘트니스 센터 참가가 자아탄력성, 우울증 및 음주 문제에 미치는 영향. 고려대학교 석사학위논문.

• 유층표집

> 이 연구의 대상은 대구광역시와 경상북도의 읍면지역(5개 학교), 중소도시(7개 학교), 대도시(10개 학교)에 소재한 일반초등학교 22개 학교에 재학 중인 4~6학년 아동들을 무선표집한 후, 그 중 가정결손, 극빈가정, 특수계층, 차상위계층, 부유층계층 아동이 없는 학급을 유층표집하여, 특정 읽기 영역에서 학습장애를 보이는 30명과 특정 셈하기 영역에서 학습장애를 보이는 30명 및 ADHD아동 30명과 일반아동 30명으로 총 120명이다.
>
> --
>
> 송찬원 (2009). 학습장애아와 ADHD아동 및 일반아의 실행기능 특성. 특수교육저널: 이론과 실천, 10(4), 565-590.

• 군집표집

> 본 연구의 대상은 서울 소재 대학교에서 리더십 수업을 듣는 대학생들이다. 현재 서울에 소재한 4년제 대학교는 40개이며, 교육인적자원부(2004)의 통계연감에 따른 대학교 대계열 분류표에 의거하여 인문 계열, 사회 계열, 자연 계열, 교육, 사관학교, 예술대학교를 제외하면, 26개의 학교가 있다. 26개의 대학교 가운데 각 학교가 지향하는 바에 맞게 진행되고 있었다. 각 학교에서는 리더십 관련 수업을 1개에서 많게는 5개까지 개설하고 있었다.
>
> 본 연구에서는 2단계 군집표집의 방법으로 연구 대상을 표집하였다. 우선 리더십 수업을 제공하고 있는 11개의 학교 가운데 6개 학교를 군집으로 보아 추출하였으며, 그 다음에 6개 학교에서 개설된 수

업 가운데 1~2개의 수업을 군집으로 보아 추출하여 그 수업을 수강하고 있는 대학생들을 표집하는 방법을 사용하였다.

김민정 (2007). **대학생의 셀프 리더십 개발에 영향을 미치는 학습자 변인 연구**. 이화여자대학교 박사학위논문.

• 체계적표집

본 연구의 조사대상자는 만 19세 이상으로서 성인인 미혼 남녀 대학생이다. 연구의 대상을 대학생으로 한정한 것은 다른 집단에 비해 교제가 활발하여 데이트 폭력이 발생할 가능성이 매우 높기 때문이다(Arias, Samios, & O'Leary, 1987). 현실적으로 전국의 대학생을 대상으로 표집하는 것은 어려움이 있으므로, 지역적으로 가장 많은 대학이 분포하고 다양한 지역의 학생들이 재학하고 있는 서울지역의 4년제 종합대학에 재학 중인 대학생을 조사하였다. 서울시에 소재한 대학교에서 조사대상자를 추출하기 위해 체계적 표집(Systematic sampling)을 사용하였다. 즉, 서울시에 소재한 4년제 남녀공학인 종합대학의 목록을 작성한 후, 매 6번째 대학을 선택하여 표본을 선정하였다. 그리고 연령이나 전공이 골고루 분포될 수 있도록 선정된 대학에서 1~2개의 교양과목을 선정하여 자기기입식 설문조사를 실시하였다.

김동기 (2009). 가정폭력 경험이 대학생의 데이트폭력 가해 행동에 미치는 영향: 폭력허용도의 매개효과를 중심으로. **청소년학연구**, 16(6), 135–159.

• 목적적표집

본 연구에 참가한 연구대상자는 대한체육회에 선수등록을 마친 투기종목(태권도, 유도, 레슬링, 복싱) 선수들 중 서울 S대, 경기 G대, K대, S팀, 충청 N팀 소속 선수 127명[태권도 71명(55.9%), 복싱 19명(19.6%), 유도 21명(16.5%), 레슬링 19명(15%)]을 비확률 표집방법(Nonprobability sampling)의 목적적 표집방법(Purposive sampling)으로 선정하여 연구를 진행하였다. 특히 수집된 자료의 특성에 따른 오류를 최소화하기 위하여 각 종목의 전체 등록선수 비율[태권도: 59.5%(1632명), 유도: 19.1%(525명), 레슬링: 11%(310명),

복싱: 9.9%(272명)]과 유사하게 연구 참여자를 선정하였으며, 구체적인 연구 참여자들의 성별과 소속은 남자 81명(63.8%), 여자 46명(36.2%), 대학 75명(59.1%), 실업 52명(40.9%)이었다.

장세용 (2014). 한국판 스포츠 자신감 질문지(SSCQ)의 재 개념화. **한국체육학회지, 53**(5), 171-183.

• 할당표집

본 연구의 대상은 초등학교 5, 6학년 남·여학생과 중학교 2, 3학년 남·여학생 총 900명을 대상으로 유층할당표집을 하였다. 초등학교 저학년보다는 고학년이 그리고 중학교 1학년 보다는 2, 3학년의 학교생활이 더 안정되고 학업적으로도 상급학교의 진학을 앞두고 있으므로 적절한 긴장감을 갖고 있을 것으로 보고 대상 선정을 하였다.

정정애 (2010). 부모양육태도, 학업적 자기효능감, 성취목표지향성이 자기조절학습에 미치는 영향. **상담학연구, 11**(3), 1191-1202.

• 우연적 표집

본 연구의 서울시 초등학교 4학년 학생을 모집단으로 하였는데, 이는 이타적 행동의 발달이 활발히 이루어진 시기이며 자기기입식 설문조사 응답 능력에 대한 초등교육전문가들의 판단을 기반으로 초등학교 4학년 학생들을 본 연구의 대상으로 선정하였다. 서울에 소재한 초등학교 1곳의 4학년 9학급 중 학생들의 프로젝트 수업을 진행하는 2학급을 편의표집하여 각 한 학급을 실험집단과 비교집단으로 나누었다. 실험집단과 비교집단에 참여하는 모든 초등학생 본인과 보호자의 연구 참여 동의서를 획득하였다. 실험집단 24명과 비교집단 23명으로, 총 47명의 학생들이 본 연구에 참여하였다.

박신영, 전종설 (2015). 나눔교육 프로그램이 초등학생의 공동체 의식과 친사회적 행동에 미치는 효과. **한국아동복지학, 49**, 57-84.

• 눈덩이 표집

> 본 연구의 대상은 실제 결혼생활을 유지하고 있는 부부이다. 자료 수집은 서울, 부산, 대전, 울산, 경기도, 충청도, 경상도에 거주하는 부부 쌍으로, 결혼 연한이나 자녀유무와 상관없이 부부 모두가 작성한 것을 대상으로 하였다. 부부를 쌍으로 수집하는 어려움으로 인해 눈덩이표집(Snowball sampling)이라 불리는 누적 표지 방법을 통해 자료를 수집하였다. 연구자의 주변 인물들에서 시작하여 그들의 주변 인물들로 확대하였고, 연구에 필요한 작성 수만큼의 자료가 모아질 때까지 2015년 4월 10일부터 5월 4일 사이에 설문조사를 실시하였다.
>
> ⋯⋯⋯⋯⋯⋯⋯⋯⋯⋯⋯⋯⋯⋯⋯⋯⋯⋯⋯⋯⋯⋯⋯⋯⋯⋯⋯⋯⋯
> 이봉은 (2015). 부부의 자기분화와 상호작용이 결혼만족도에 미치는 자기효과와 상대방효과. 경성대학교 박사학위논문.

3) 연구대상 작성 방법

연구자는 자신의 연구를 다른 연구자가 반복하고자 할 때, 적어도 이론적으로 동일한 특성을 지닌 표본이 표집될 수 있도록 표집과 관련된 세부적인 정보를 구체적으로 밝혀 주어야 한다. 이를 위해 언제(when), 누구를(who), 어디서(where), 어떤 방법으로(how), 몇 명(sample size)을 표집했는가를 밝혀 주어야 한다.

① 표본추출 시기(when)

표본을 추출한 시기를 밝혀 표본의 시간성에 대한 정보와 표본추출의 반복 가능성에 타당성을 판단하는 데 도움을 줄 수 있다.

② 표본 특성에 대한 정보(who)

연구문제와 직접 관련되어 연구 결과 해석에 영향을 줄 수 있는 연구대상 특성에 대한 정보만을 제시한다.

③ 표본추출 장소(where)

연구의 반복 가능성을 높여 주는 정보이며, 연구대상들이 지니고 있는 개별 특성이 장소에 따라 다르고 그런 상이한 특성이 연구 결과의 일반화 가능성과 직결된다.

④ 표본추출 방법(how)

연구자 자신의 연구에 사용한 연구대상의 표집방법에 대한 정보를 밝힘으로써 연구의 반복 가능성을 높여 줄 뿐만 아니라 연구대상과 관련된 연구 결과의 일반화 가능성에 대한 증거를 제시한다.

⑤ 표본 크기(sample size)

표집의 오차와 직접적으로 관련이 있고, 통계적 분석방법 적용이 타당한지를 평가할 수 있는 객관적 정보가 되기 때문에 연구자는 전체 연구대상의 수에 대한 크기를 제시한다. 일반적으로 관계연구를 위한 표본 크기는 최소 150명 이상 되어야 한다.

4) 절차

연구절차는 연구대상이 선정된 후 연구 결과를 얻기 전까지 일어나는 모든 연구 행위의 절차를 기술하는 부분이다. 절차의 구체성의 정도는 바로 과학적 방법의 특성인 연구의 재생 가능성과 직결된다. 가장 잘 보고된 연구절차는 다른 사람이 주어진 연구를 다시 한 번 반복하고자 할 때, 절차에 서술된 순서와 방법에 따라 반복할 수 있도록 구체적으로 기술한 것이다. 절차는 자료가 배부되고 수집되는 과정을 밝히는 곳이기 때문에 연구의 절차상 자료가 배부되기 전에 이미 연구에 필요한 연구대상이 선정되어 있어야 하고, 또한 변인을 신뢰할 수 있고 타당하게 측정할 수 있는 측정도구(예: 설문지)가 이미 준비되어 있어야 한다.

5) 절차 작성 방법

절차에서는 자료(설문지) 수집을 위한 과정을 단순히 보고하는 수준을 넘어서 자료수집을 위한 모든 진행과정이 연구 결과의 내적 타당성을 극대화하는 방향으로 단계적으로 이루어졌음을 보여 주어야 한다.

관계연구에서는 자료수집 절차를 자세히 기술해야 한다. 먼저, 자료(설문지) 배부와 수집이 언제, 어디서, 어떻게 이루어졌는지 기술한다. 다음으로, 신뢰성 있는 자료수집을 위하여 연구대상들과 어떻게 라포를 형성하고 또 안내하였는지 그 내용을 기술한다. 끝으로, 회수율, 유효 설문지율 등을 제시한다.

연구대상 및 절차 작성 예시(유선희, 2013)

👤 예시 1: 연구대상 및 절차

본 연구는 중학생이 지각한 부모-자녀 간 의사소통이 학교적응에 미치는 영향에서 자아분화수준의 매개효과를 알아보기 위해 울산광역시 소재 S중학교, N중학교, O중학교 남녀 학생을 대상으로 연구를 실시하였다. 연구대상 선정을 위해 S중학교, N중학교, O중학교 2, 3학년 남녀 학생 583명을 임의표집하여 설문조사를 실시하였다.

본 연구에서 제기된 연구문제를 확인하기 위해 설문지를 제작하였으며, 설문지는 자기보고식 방법을 사용하였다. 설문조사는 각 학교의 설문조사에 협조해 주시는 수업교사에게 연구목적과 설문지 실시방법 및 유의사항에 대해 연구자가 직접 설명을 한 뒤 설문지를 배부하여 설문조사를 실시하였고, 소요시간은 약 25~30분 정도였다. 설문지에는 응답자의 성실한 대답을 위하여 설문 표지에 응답한 내용은 연구목적 이외에는 사용하지 않을 것을 명시하였고, 평소에 자신이 가지고 있는 생각과 일치되도록 빠짐없이 솔직하게 응답해 줄 것을 당부하였다.

조사기간은 2012년 12월 17일부터 12월 28일까지 12일간 시행되었으며 총 583부의 설문지가 배부되었다. 설문지는 모두 수집되었으나 그중 불성실한 응답이나 무응답 자료 18부를 제외한 565명의 자료를 최종 분석의 대상으로 하였다.

👤 예시 2: 연구대상 작성 시 표집방법에 대한 제언
　　(논문의 제언 부분에 제시)

이상의 본 연구에서 밝혀진 사실과 본 연구가 가지는 한계점을 토대로 후속연구를 위한 몇 가지 제언을 하면 다음과 같다.

첫째, 본 연구의 대상을 울산광역시에 소재하는 중학교 2학년, 3학

(우측 주석)

where: 연구대상 추출 장소 및 설문지 수집 장소

who: 연구대상의 특성

sample size: 연구대상 크기

how: 연구대상 표집 방법

how: 설문지 배부와 수집 절차에 대한 상세한 기술

when: 연구대상 추출 시기 및 설문지 배부와 수집 시기

전체 회수율, 유효 설문지율 제시

연구의 타당성과 관련하여, 논문의 제언 부분에 임의표집에 대한 한계점 서술

> 년에 재학 중인 학생들을 표집대상으로 제한하였기 때문에 연구 결과
> 를 일반화하기에는 무리가 있다. 따라서 연구대상의 표집을 초 · 중 ·
> 고등학생으로 확대하고 세분화하여 후속연구를 할 필요가 있다.

2. 측정도구 작성

연구방법 부분을 작성할 때는 연구에 사용한 측정도구도 기술해야 한
다. 관계연구에서는 연구에 사용된 측정도구, 즉 설문지를 의미하는데,
연구문제(가설)를 경험적으로 검증하기 위해 조작적 정의에 따라 주어진
변인을 측정할 수 있는 적합한 도구를 사용하여야 한다. 측정도구는 반
드시 측정하려고 하는 변인의 개념적 정의에 부합되는 것이어야 하고, 측
정하려는 변인을 신뢰할 만하고 타당하게 측정할 수 있어야 한다. 더불어
측정도구를 통해 수집된 자료를 채점하고 수량화하는 문제도 함께 검토
해야 한다. 측정도구는 분량이 많기 때문에 대체로 부록으로 소개한다.

1) 측정도구

연구자는 기존의 측정도구 중에서 자신의 연구목적에 맞는 측정도구를
쓰거나, 기존의 도구를 자신의 연구에 맞도록 수정하여 사용하거나, 또는
새로운 도구를 개발하여 쓴다.

(1) 기존의 측정도구를 사용할 경우
- 연구자가 참고하는 자료에서 확인 가능, 검사의 명칭만 보고 선택
  해서는 안 됨
- 대상이 맞는지 확인
- 제작 연도와 개정 여부 검토
- 문항 수와 문항 내용 확인(대상에 따라 너무 많은 문항 수는 신뢰도를

떨어뜨릴 수 있음)

- 외국 검사를 번안하여 쓸 때에는 새로운 도구와 마찬가지로 타당
도와 신뢰도 검토

(2) 기존의 도구를 연구에 맞게 수정해서 사용할 경우

- 너무 오래되거나 대상이 다를 때, 안면타당도 등을 통해 수정해서
사용
- 수정 · 보완할 경우 원래의 타당도와 신뢰도를 유지할 수 없으므
로, 자료분석 기간 동안 타당도와 신뢰도를 새로 확립하는 것이
중요

(3) 새로운 도구를 직접 개발해서 사용할 경우

- 연구목적에 맞는 측정도구가 개발되어 있지 않을 경우에는 연구
자가 측정도구를 직접 제작해야 하며, 이러한 과정을 상세히 보고
해야 함
- 최대한 측정도구의 신뢰도와 타당도를 높이는 작업 필요

2) 타당도와 신뢰도

직접적인 관찰이 불가능한 인간의 심리적 특성은 심리검사도구를 사
용해서 알게 된다. 즉, 심리검사도구를 사용해서 측정한다는 것은 대상물
자체를 측정하는 것이 아니라 측정대상이 지니고 있는 어떠한 속성에 수
치를 부여하는 것이다. 따라서 좋은 도구는 타당도와 신뢰도를 확보할 수
있어야 한다. 타당도란 연구자가 측정하고자 하는 개념이나 속성을 정확
히 측정했는가를 의미하며, 신뢰도란 측정하고자 하는 것을 얼마나 안정
적으로 일관성 있게 측정했느냐를 의미한다. 즉, 타당도는 정확성, 신뢰
도는 일관성이라고 할 수 있다.

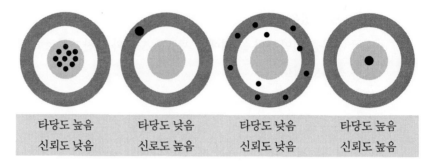

[그림 3-1] 타당도와 신뢰도

　타당도의 종류에는 내용타당도, 안면타당도, 준거타당도(예언타당도, 공인타당도), 구인타당도(수렴타당도, 변별타당도)가 있으며, 신뢰도는 검사-재검사신뢰도, 동형검사신뢰도, 반분검사신뢰도, 내적일관성 등이 있다. 관계연구의 측정도구 부분에서 신뢰도(내적일관성, Cronbach's α)는 필수로 기술해야 한다.

(1) 타당도

- 연구자가 측정하고자 하는 개념이나 속성을 측정도구가 정확히 측정했는가를 의미
- 타당도가 높으면 신뢰도가 높아짐

　타당도의 종류는 다음과 같다.

타당도의 종류

- 내용타당도
  - 전문가타당도: 측정항목이 측정하려고 하는 특성의 문항 모집단을 대표할 수 있도록 표집되어 있는지를 전문가의 체계적이고 논리적인 사고에 입각하여 판단하는 주관적 타당도
  - 안면타당도: 전문가가 아닌 일반 사람들(검사 사용자, 피검사자)이 대략적이고 주관적으로 훑어보고 평가
- 준거관련 타당도(경험적타당도)
  - 예언타당도: 측정도구의 결과가 미래의 행동이나 특성을 얼마나

잘 예측해 주느냐를 의미
  - 공인타당도(공시/공준타당도): 기존에 타당성을 입증 받고 있는 검
    사로부터 얻은 점수와의 관계에 의하여 검증하는 타당도
• 구인타당도(구성타당도)
  - 수렴타당도: 동일한 개념을 측정하기 위한 서로 다른 측정방법을
    이용하여 얻어진 측정치 간에는 높은 상관관계가 나타나야 함
  - 변별타당도: 서로 다른 구성개념을 측정하는 문항 간에는 낮은 상
    관관계가 나타나야 함

(2) 신뢰도

• 측정도구가 측정하고자 하는 현상을 일관성 있게 측정했는가를 의미
• 신뢰도가 높다고 타당도가 높은 것은 아님

신뢰도의 종류는 다음과 같다.

신뢰도의 종류

• 검사-재검사 신뢰도: 동일한 측정도구를 이용하여 같은 피험자에게
  시간 간격(2~4주)을 두고 반복 측정하여 점수 간에 관련성을 측정
• 동형검사 신뢰도(평형/대형검사): 같은 집단에 대해 두 개의 유사한
  동형검사를 실시하여 두 검사 간의 관련성을 측정
• 반분검사 신뢰도: 하나의 검사 문항을 동형이 되도록 두 개의 검사
  로 분리하여 두 점수가 어느 정도 일치하는가를 측정
• 내적 일관성(Cronbach's α): 검사의 각 문항이 그 검사 전체 점수와
  의 관계, 검사의 다른 문항과의 일치 정도

3) 측정도구 작성 방법

연구자는 자신의 논문에서 자료를 수집하기 위해 사용한 측정도구의
구체적 명칭과 더불어 그 도구가 언제, 누가, 무엇을 측정하기 위해 개발

되었는지에 대한 정보를 먼저 밝혀야 한다. 연구자는 다른 사람이 직접 보지 않고도 측정도구를 구성하고 있는 검사의 전체 문항 수, 하위척도 수, 하위척도별 문항 수, 척도의 유형에 대한 정보 등을 구체적으로 기술해야 한다. 또한 자신이 사용한 측정도구가 얼마나 신뢰할 만하고 타당한 도구인지 기술해야 한다. 측정도구에 작성되어야 할 사항을 참고하여 서술해야 하지만, 논문에 따라 제시되지 않는 항목도 있다.

측정도구 사항을 자세히 서술 후 하위요인, 문항번호, 문항 수, 신뢰도를 표로 제시해야 하며, 문항에 역산 처리한 문항이 있다면 반드시 표시해야 한다.

측정도구 작성 시 제시해야 할 사항은 다음과 같다.

① 측정도구를 평가하기 위한 구인의 간략한 설명
② 척도 개발자
③ 측정도구의 이름
④ 낱말의 머리글자(두문자어)
⑤ 문항의 수
⑥ 하위요인에 대한 구분 및 정의
⑦ 채점 점수의 의미
⑧ 신뢰도(원척도 신뢰도와 연구자의 신뢰도)

원척도가 외국에서 개발된 척도

구인의 간략한 설명

원척도 개발자

측정도구 이름

두문자어

기존의 도구를 연구에 맞게 수정해서 사용한 경우, 논문에 수정한 저자도 서술

문항 수

측정도구 작성 예시(유선희, 2013)

가. 부모-자녀 간 의사소통 척도

본 연구에서는 중학생이 지각하는 부모-자녀 간 의사소통을 측정하기 위해서 Barnes와 Olson(1982)의 부모-청소년 자녀 간 의사소통 척도(Parent-Adolescent Communication Inventory: PACI)와 유의미한 상관관계를 보여 공인타당도를 인정받은 김현주(2010)가 중학생을 대상으로 개발한 부모-자녀 간 의사소통 척도 44문항을 사용하

였다. 이 척도는 공감, 존중, 친밀, 격려, 신뢰, 무언의 지지를 나타내는 부모-자녀 간 긍정적 의사소통과 일방적 판단, 위협·협박, 훈계적 설교, 부정적 피드백, 명령적 지시, 비교를 하는 부모-자녀 간 부정적 의사소통으로 구성되어있다. 문항은 5점 Likert 방식으로 평가되는데 '전혀 아니다' 1점, '약간 아니다' 2점, '보통이다 3점', '약간 그렇다' 4점, '매우 그렇다' 5점을 부과하며, 최저 44점에서 220점까지 나올 수 있다. 점수가 높을수록 자아분화수준이 높은 것을 의미한다. 본 연구에서 사용한 김현주(2010)가 개발한 부모-자녀 간 의사소통 척도의 신뢰도 계수(Cronbach's α)는 부모-자녀 간 긍정적 의사소통 전체는 .94이고 부모-자녀 간 부정적 의사소통 전체는 .95이었다. 본 연구에서 산출한 신뢰도 계수(Cronbach's α)는 부-자녀 간 긍정적 의사소통 신뢰도 계수는 .95, 부-자녀 간 부정적 의사소통 전체는 .96이었다. 그리고 모-자녀 간 긍정적 의사소통 전체 신뢰도 계수는 .95, 모-자녀 간 부정적 의사소통 전체는 .97이었다.

나. 학교적응척도

　본 연구에서는 중학생의 학교적응수준을 측정하기 위하여 이규미(2005)가 개발한 학교적응 질문지 총 38문항을 사용하였다. 이 척도는 학교공부 8문항, 학교친구 10문항, 학교교사 10문항, 학교생활 10문항 등 크게 4영역으로 구분된다. 학교공부 영역의 2개 하위요인으로 수업참여, 학습노력, 학습의 지속성, 학습행동 통제와 관련된 학업수행과 학업태도를, 학교친구 영역의 2개 하위요인을 교우관계와 상호 협조성으로, 학교교사 영역의 2개 하위요인을 교사호감과 교사친밀감으로, 학교생활 영역의 2개의 하위요인을 학교규칙준수와 학교적응으로 명명하여 학교생활 전반에 대한 만족도를 묻는 문항들이 포함되어 있다. 문항은 6점 Likert 방식으로 평가되는데 '전혀 아니다' 1점, '대체로 아니다' 2점, '별로 아니다' 3점, '조금 그렇다' 4점, '대체로 그렇다' 5점, '매우 그렇다' 6점을 부과하며 최저 38점에서 최고 228점까지 나올 수 있다. 이규미(2005)의 연구에서 학교적응 구성개념에 관한 탐색적 요인분석 결과 최종 선정된 38문항의 전체 신뢰도(Cronbach's α)는 .90이었고, 학교공부 .77, 학교친구 .81, 학교교사 .86, 학교생활 .80이었다. 본 연구에서 사용한 학교적응척도의 전체 신뢰도는 .93이며, 각 요인별 하위 신뢰도는 〈표 3-2〉와 같다.

의사소통 하위요인인 긍정적 의사소통에 대한 정의

채점 점수의 의미

원척도 신뢰도

연구자의 신뢰도

원척도가 국내에서 개발된 척도

구인의 간략한 설명

원척도 개발자

측정도구 이름

항목 수

하위요인에 대한 구분 및 정의

채점의 방향 지시와 높은 점수의 의미

원척도 신뢰도

연구자의 신뢰도. 하위별 신뢰도는 표로 제시

측정도구 내용을 자
세히 서술 후, 본 연
구의 하위요인과 문
항 번호, 문항 수, 신
뢰도를 한눈에 볼 수
있게 표로 제시

역문항은 문항 번호
에 '*'를 표시하고, 표
밑에 '주'를 넣어 표시

• 신뢰도 계수는 .60~
.80은 괜찮은 일관
성을 보임(.80 이상
이면 매우 강한 일
관성)
• 전체 신뢰도뿐만 아
니라, 하위요인의
신뢰도도 체크

〈표 3-2〉 학교적응척도의 문항구성 및 신뢰도

측정 영역	하위요인	문항 번호	문항 수	신뢰도 (Cronbach's α)
학교공부	학업유능감	1,12,14,23,25	8	.78
	학업가치	7,18,26		
학교친구	친구관계	2,13,20,29,31	10	.88
	상호협조성	4,8,15,27,36		
학교교사	교사호감	3,10,19,22,34,38	10	.89
	교사친밀감	5,17,28,32		
학교생활	질서규칙준수	6,9,11,21,30,35,37	10	.80
	학교생활만족	16,24,33		
전 체			38	.93

3. 자료 처리 작성

　자료 처리는 자료가 수집된 뒤 연구자가 어떻게 자료를 조직하고 분석하였는지를 기술하는 부분이다. 연구자가 선정한 연구문제가 아무리 실제적·이론적으로 중요하고 연구문제(가설)를 검증하기 위해 정확하고 타당한 절차를 통해 자료를 수집했다 할지라고 그 연구문제를 밝히기 위해 수집된 자료를 분석할 수 있는 적절한 통계적 방법을 선택하지 못하거나 분석방법이 없을 경우 연구목적을 검증할 수 없다. 어떤 통계방법을 사용할 것인가는 전적으로 연구자가 검증하려고 하는 연구목적과 변인의 성질, 수집된 자료의 성질, 표집의 크기 등에 의해 결정된다. 통계적 분석방법에 관해서는 통계전문가와 사전에 상의하는 것이 좋다. 이러한 상의를 통해 연구목적에 가장 적합한 통계분석 방법을 알 수 있으며, 시간과 노력이 적게 드는 새로운 방법을 제안받을 수도 있다.

　통계분석 방법은 밝히고자 하는 연구문제의 내용과 자료의 성질에 따라 결정된다. 연구자가 선행연구의 고찰에서 연구한 문제를 먼저 진술하고 진술된 연구문제를 밝히기 위해 수집된 자료를 어떤 통계적 방법으로 분석했는지를 기술해야 한다. 그리고 통계적 분석 결과의 유의성 검증을

위해 유의수준을 어느 정도로 설정하여 통계치의 통계적 유의성을 검증
했는지 서술해야 한다.

한 연구에서 여러 개의 연구문제를 밝힐 경우, 연구자는 각 연구문제별
로 적용된 통계적 분석방법을 정리해서 밝히는 것이 좋다. 그리고 SPSS,
AMOS 등과 같은 통계분석용 전문 프로그램을 사용하여 자료를 분석하였
을 경우, 연구자 자신이 사용한 구체적인 프로그램의 이름과 사용된 프로
그램에서의 구체적인 절차를 보고해야 한다. 이는 자신의 논문을 읽는 다
른 연구자에게 사용된 프로그램에 관한 정보를 제공한다는 점도 있지만,
자신이 사용한 통계분석 프로그램의 절차가 연구문제를 밝히는 데 적합
한 것이었음을 보여 주기 위해서이다.

자료 처리 작성 예시(유선희, 2013)

본 연구에서는 중학생이 지각한 부모-자녀 간 의사소통과 학교적
응 간의 관계를 자아분화가 매개하는지를 살펴보기 위하여 다음과 같
이 분석하였다. 모든 자료는 SPSS Version 18.0 프로그램과 AMOS   ──〔통계분석용 전문 프
Version 7.0을 사용하여 분석하였다.   로그램 기술〕

첫째, 측정 도구의 신뢰도와 타당도를 분석하였다. 부모-자녀 간   ──〔연구문제별로 적용된
의사소통, 학교적응, 자아분화의 신뢰도 검정은 SPSS를 사용해서   통계적 분석방법을
Cronbach's α를 도출하였다.   정리해서 서술〕

둘째, 부모-자녀 간 의사소통, 자아분화, 학교적응 간의 관계를 살
펴보기 위해 상관분석을 실시하였다.

셋째, 부모-자녀 간 의사소통과 학교적응 간의 관계를 자아분화가
매개하는지 알아보기 위해 AMOS 7.0 통계 프로그램을 활용하여 구조
방정식 모형(Structural Equation Modeling: SEM) 분석을 하였다.
구조방정식은 구성개념 간의 이론적인 인과관계와 상관성의 측정지표
를 통한 경험적 인과관계를 분석할 수 있도록 개발된 통계기법이다(김
계수, 2007). 이론적 모형을 검증하고 개발하고자 하는 목적이 있을
때, 매우 적합한 방법으로 알려져 있다. 이론적 배경에 근거하여 구성
한 잠재변인들 간의 직간접적인 관계를 추정하고 그 추정치의 통계적
유의성을 검증할 수 있으며(Schumacker & Lomax, 1996), 변인들
간의 직접적인 영향력, 간접적인 영향력, 그리고 전체 영향력을 각각

직접효과, 간접효과, 총 효과로 산출함으로써 변수들 간의 복잡한 영향관계를 추론하는 데 유용하게 활용될 수 있다(설현수, 2002). 본 연구는 다음에 제시된 구조방정식 모형 분석 절차를 따랐다.

가. 측정모형 검증

측정모형을 통해 구성개념이나 잠재변인이 측정변인에 의해 얼마나 제대로 측정되었는지를 확인하기 위한 측정모형 검증을 실시하였다. 이를 통해 측정변인의 신뢰도와 타당도를 확보하였다.

나. 구조모형 검증

구조모형이 현실을 얼마나 제대로 반영하는가를 확인하기 위해 구조방정식의 다양한 적합도 지수를 참고하였다. 일반적으로 구조방정식의 적합도는 모형의 두 가지 특성에 관심을 갖는다. 첫째는 '절대 적합도 지수'로, 이론적 모형이 자료와 얼마나 부합되는지를 절대적으로 평가하는 것이다. 이에 해당되는 적합도로는 χ^2, GFI(Goodness of Fit Index), RMSEA(Root Mean Square Error of Approximation) 등이 있다. 이 중 χ^2는 표본 수에 민감하여 자료가 클 경우에 기각될 가능성이 높기 때문에, χ^2과 자유도 간의 비율을 이용한 표준 χ^2값이 더 선호된다. 이 비율에 대해서는 χ^2과 모델의 자유도 비가 5 이하면 바람직하다고 여겨지고, 이 비율이 2~3 이하면 비교적 양호한 적합도를 나타낸다고 간주한다(Kline, 2005). GFI는 .90 이상이면 좋은 적합도를 의미하고, RMSEA는 값이 작을수록 좋은 적합도를 나타낸다. 일반적으로 RMSEA가 .05보다 작으면 좋은 적합도로 간주하고, 최상값이 .10을 넘어서는 안 된다(Kline, 2005). 다른 나머지 하나는 '증분 적합지수' 혹은 '상대적 적합지수'로 최악의 모형인 독립모형에 비해 이론적 모형이 얼마나 자료를 잘 설명하는지를 보여 주는 것이다. 이에 해당되는 적합도로 CFI(Comparative Fit Index), TLI(Tucker-Lewis Index) 등이 있다. 이 두 적합도 지수는 .90 이상이면 좋은 적합도를 의미한다. 본 연구에서는 모형의 적합도를 평가하기 위해 χ^2, CFI, TLI, RMSEA를 사용하였다.

다. 매개효과검정

본 연구는 중학생이 지각한 부모-자녀 간 의사소통이 얼마나 학교적응에 영향을 주는지 알아보고 이를 바탕으로 이론적 근거에 따라 매개변인으로 자아분화를 선정하여 학교적응을 높이는 방안을 마련하는 데 관심이 있다. 매개변인으로 선정된 자아분화의 매개효과를 검정하기 위해 부트스트랩 방법을 사용하였다. Shrout와 Bolger(2002)는 매개효과는 정상성을 따른다고 보장하기 어렵기 때문에, 원자료에서 무선표집으로 생성된 10,000개의 부트스트랩 자료 표본을 모수추정에 사용하고, 신뢰구간을 95%로 설정하도록 제안하였다. 본 연구에서도 이들이 제안한 부트스트랩 방법을 따랐다. 10,000개의 부트스트랩 표본을 생산하여, 매개효과의 추정치가 95%의 신뢰구간 내에서 영가설에서 설정한 값인 0을 포함하지 않는다면 유의도 .05 수준에서 매개효과가 유의하다고 해석하였다. 그리고 부모-자녀 간 의사소통, 자아분화, 학교적응 간의 관계에 대한 효과성을 분해하여 직접효과, 간접효과 및 총 효과를 살펴보았다.

4. 연구방법 작성 후 점검 사항

연구자는 연구방법 작성 후 연구대상 및 절차, 측정도구, 자료 처리에 대한 기술 내용 중 빠진 내용이 없는지, 불필요한 내용이 없는지 등을 다음의 점검 사항을 확인해 본다.

번호	점검 내용	확인	
		예	아니요
1	전집과 표집이 분명히 규정되었는가?		
2	표집의 크기는 적절하며 전집의 특성을 대표할 수 있는가?		
3	자료수집은 타당하고 신뢰성 있게 이루어졌는가?		
4	자료수집 절차가 상세히 기술되었는가?		
5	기존의 도구를 사용할 것인가? 아니면 연구자가 새로운 도구를 개발할 것인가?		
6	측정도구는 신뢰성과 타당성을 가지고 있는가?		
7	측정도구 작성 시 제시해야 할 사항 8가지가 모두 제시되었는가?		

8	연구문제에 적합한 통계적 분석방법을 적용하였는가?		
9	각 연구문제별로 적용된 통계적 분석방법을 정리해서 밝혔는가?		
10	연구방법이 반복해서 할 수 있을만큼 상세히 기술되었는가?		

제4장

결과

　"구슬이 서 말이라도 꿰어야 보배"라는 말이 있다. 논문 작성에 있어서 연구 결과는 구슬들을 잘 배열하고 꿰는 과정이다. 하나하나 좋은 연구방법과 연구문제(가설)를 가지고 있더라도 결과에서 오류를 범하게 된다면 그 논문은 좋은 논문이 될 수 없다.

　따라서 이 장에서는 연구 결과에 대한 작성법을 알아보고, 관계연구 중 매개연구 논문을 예로 들어서 실제로 결과 작성을 어떻게 하는지에 대해 살펴보고, 결과 작성 후 점검 사항을 알아보고자 한다.

1. 결과 작성

　연구 결과 부분은 연구방법에 따라 얻은 연구의 결과를 기록하는 부분이다. 그러므로 연구가설에 따른 연구 결과를 나열하기 전에 연구에 참여한 연구대상의 특성인 인구통계학적 정보를 서술하여 연구대상에 대한 이해를 높여야 한다.

　연구 결과는 수집된 자료나 통계치를 요약하는 부분으로, 결과의 중요한 부분을 간략히 요약하여야 한다. 또한 연구 결과는 연구목적과 구체화된 연구문제(가설)에 따라 연구 결과를 서술한다. 일반적으로 연구문제는 연구의 중요도와 구체화 정도에 따라 서술되므로 연구문제에 따라 연구 결과를 서술하는 것이 바람직하며, 기술통계 및 추리통계 분석 결과를 서술한다. 연구 결과를 작성할 때 연구자가 주의해야 할 점은 연구 결과를 표를 통해 통계 결과를 제시하면서 객관적으로 타당하게 서술해야 한다는 점이다.

연구 결과를 작성할 때는 먼저 연구목적과 관련된 자료만을 제시한다. 다음으로, 정돈되고 논리적인 방식으로 제시하기 위해 도표의 사용 및 설명 등을 통해 자료를 시각적으로 제시한다. 결과를 제시하기 위한 틀로는 표와 그림, 통계치, 통계적 검증력, 통계적 유의성, 효과의 크기 등이 있다.

결과 작성 시 고려 사항

- 결과를 명확히 제시하고 있는가?
- 통계적으로 유의한 결과를 제시하고 있는가?
- 연구 결과에 대한 연구문제와 관련된 해석이 있는가?

결과 작성 형식

- 1단계: 연구문제를 구성목차로 기술
- 2단계: 통계분석 결과를 제시할 때에는 기초통계분석(빈도분석, 기술통계분석, 교차분석 등)을 먼저 기술한 다음 추리통계분석 결과를 제시
- 3단계: 연구 결과에서 기술하는 내용은 결과의 해석, 추론 및 평가를 통해 서론을 정당화하기에 충분한 타당성을 제시
- 4단계: 연구 결과 작성 부분과 논의 작성 부분을 구분할 수도 있음

2. 결과 작성의 실제

여기서는 관계연구(매개분석)에서 결과를 작성하는 방법을 구조방정식과 위계적 회귀분석을 예로 들어서 자세하게 살펴보고자 한다.

1) 구조방정식으로 매개분석 작성하기

결과 작성 예시(유선희, 함경애, 2014)

2. 연구가설

　가설모형: 부모자녀의사소통과 학교적응과의 관계에서 자아분화는 부분매개할 것이다.
　경쟁모형: 부모자녀의사소통과 학교적응과의 관계에서 자아분화는 완전매개할 것이다.

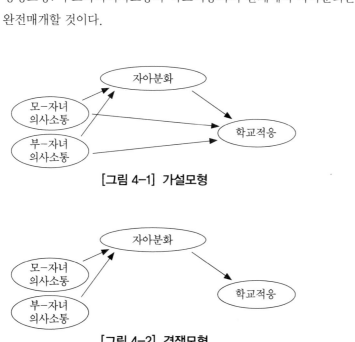

[그림 4-1] 가설모형

[그림 4-2] 경쟁모형

IV. 결과

1. 변인들의 기술 통계

분석에 사용된 변인들의 기술 통계를 확인하기 위하여 자아분화, 부모자녀 의사소통, 학교적응의 전체 점수 및 하위요인들의 평균, 표준편차, 왜도, 첨도를 구하였고, 그 결과는 〈표 4-1〉에 제시하였다.

〈표 4-1〉 변인의 평균, 표준편차, 왜도, 첨도

변인	빈도	평균	표준편차	왜도	첨도
1. 가족투사	565	20.95	4.32	0.70	−0.57
2. 정서적단절	565	13.97	2.90	0.58	−0.40
3. 가족퇴행	565	30.86	5.59	−0.13	−0.09
4. 자아분화 전체	565	65.77	9.92	0.15	−0.33
5. 모_긍정의사소통	565	79.86	19.03	−0.13	−0.78
6. 모_부정의사소통	565	81.35	18.91	−0.78	0.00
7. 모_의사소통 전체	565	160.09	34.64	−0.42	−0.48
8. 부_긍정의사소통	565	71.12	18.79	−0.01	−0.81
9. 부_부정의사소통	565	80.89	19.89	−0.84	0.02
10. 부_의사소통 전체	565	154.27	35.72	−0.38	−0.50
11. 학교공부	565	32.96	5.68	−0.26	0.36
12. 학교친구	565	49.45	8.50	−0.58	0.57
13. 학교교사	565	39.30	9.69	−0.47	0.46
14. 학교생활	565	44.75	7.97	−0.41	0.87
15. 학교적응 전체	565	154.87	25.58	−0.37	0.64

왜도와 첨도는 구조방정식의 정상성을 가정할 수 있는 수치로 왜도 < ±2.0, 첨도< ±8.0인 경우 정상성을 가정할 수 있다. 왜도는 자료가 좌우대칭을 잘 이루어 정규성이 유지되는지를 보는 것이고, 첨도는 점수 비율이 정규분포곡선에서 중간이나 끝부분에 몰려 있는지를 검토하는 것이다. 〈표 4-1〉과 같이, 정상성을 만족하므로 최대우도법을 통한 미지수의 추정이 결과에 영향을 줄 정도가 아니라고 판단되어 구조방정식 모형 검증의 적격성이 만족된다(West, Finch, & Curran, 1995).

2. 주요 변인들 간의 상관분석

중학생의 부모-자녀 의사소통과 자아분화수준 및 학교적응 간의 관계를 알아보기 위하여 〈표 4-2〉에서 보는 것처럼 상관분석을 실시하였다. 중학생이 지각한 아버지와의 의사소통(r=.62, p<.01) 및 어머니와

결과 작성 시 변인들의 기술 통계값을 넣어 주는데, 구조방정식으로 작성할 때는 반드시 왜도, 첨도를 제시해서 정상성을 만족하는지 밝혀야 함

소수점을 일치시킴

상관분석은 관계연구에서 추리통계의 가장 기본적인 통계분석임. 따라서 주요 변인들 간의 상관분석표를 추리통계에서는 가장 먼저 제시함

의 의사소통($r=.63$, $p<.01$)과 자아분화 간에 유의한 정적인 상관관계가 있는 것으로 나타났다. 한편, 중학생이 지각한 아버지 및 어머니 의사소통과 학교적응 전체의 관계를 살펴보면, 아버지와의 의사소통($r=.45$)과 어머니와의 의사소통($r=.43$) 모두 $p<.01$ 수준에서 유의한 정적인 상관관계가 있었다. 끝으로, 중학생이 지각한 자신의 자아분화수준과 학교적응 전체의 관계를 살펴보면, 자아분화 전체($r=.41$)는 $p<.01$ 수준에서 유의한 정적인 상관관계가 있는 것으로 나타났다.

〈표 4-2〉 **주요변인들의 단순 상관관계 분석(N=565)**

변인	1	2	3	4	5	6	7	8	9	10	11	12	13	14	15
1. 가족투사	1														
2. 정서적단절	.38**	1													
3. 가족퇴행	.35**	.41**	1												
4. 자아분화 전체	.74**	.69**	.83**	1											
5. 모_긍정의사소통	.29**	.45**	.54**	.57**	1										
6. 모_부정의사소통	.40**	.40**	.50**	.58**	.64**	1									
7. 모_의사소통 전체	.39**	.48**	.58**	.63**	.90**	.90**	1								
8. 부_긍정의사소통	.24**	.43**	.58**	.56**	.69**	.46**	.64**	1							
9. 부_부정의사소통	.34**	.37**	.53**	.56**	.43**	.69**	.61**	.62**	1						
10. 부_의사소통 전체	.33**	.45**	.62**	.62**	.63**	.64**	.70**	.90**	.90**	1					
11. 학교공부	.25**	.15**	.41**	.39**	.39**	.30**	.38**	.38**	.29**	.37**	1				
12. 학교친구	.20**	.16**	.43**	.37**	.41**	.28**	.39**	.43**	.30**	.41**	.68**	1			
13. 학교교사	.14**	.14**	.34**	.29**	.38**	.28**	.36**	.41**	.31**	.40**	.64**	.69**	1		
14. 학교생활	.27**	.16**	.42**	.41**	.40**	.31**	.39**	.40**	.32**	.40**	.75**	.73**	.69**	1	
15. 학교적응 전체	.24**	.17**	.45**	.41**	.44**	.33**	.43**	.45**	.34**	.45**	.85**	.89**	.86**	.90**	1

$**p<.01$

소수점을 일치시키고 보기 좋게 작성. 상관에 대한 결과를 서술할 때는 하나하나 작성하기보다는 분류하고 정리 · 요약해서 제시. 이때 하위요인의 값들의 상관보다는 주요 변인 전체 값들을 서술

3. 측정모형 검증결과

구조모형 검증을 통해 변인들 간 관계를 알아보기 이전에 측정모형 검증을 통하여 측정변인들이 얼마나 잠재변인을 잘 측정하고 있는지를 확인하였다. 측정모형의 적합도를 검증한 결과를 〈표 4-3〉에, 잠재변인에 대한 측정변인의 모수 추정치를 〈표 4-4〉에 제시하였다.

〈표 4-3〉 **측정모형의 적합도 지수**

적합도 지수	χ^2	df	p	TLI	CFI	RMSEA(CI*)
측정모형	133.911	36	.000	.958	.973	.069(.057−.082)

CI*=신뢰구간(Confidence Interval)

구조방정식 분석 절차로 2단계 접근(Two-step approach)(Anderson & Gerbing, 1988)에 따라 측정모형을 먼저 검증한 결과를 제시

모형의 적합도를 평가하기 위해서 TLI(Tucker-Lewis Index), CFI(Comparative Fit Index), RMSEA(Root Mean Square Error of Approximation)를 적합도 지수로 사용하였다. 적합도 지수의 기준은 CFI, TLI는 .90 이상이면 모형의 적합도가 좋은 것으로 간주되고, RMSEA의 경우에는 .05 미만이면 좋은 적합도(close fit), .08 미만이면 괜찮은 적합도(mediocre fit), .10보다 크면 나쁜 적합도(unacceptable fit)로 간주된다(홍세희, 2000).

본 연구 결과는 중학생의 부모-자녀 의사소통과 자아분화 및 학교적응에 대한 측정모형의 적합도가 괜찮은 것으로 나타났다[χ^2(36, N=565)=133.911, $p<.001$; TLI=.958; CFI=.973; RMSEA=.069]. 이는 홍세희(2000)가 제시한 괜찮은 모형적합도 수용기준에 부합하는 결과이다(TLI>.90, CFI>.90, RMSEA<.08). 다음으로 선택한 측정모형의 모수 추정치는 〈표 4-4〉에 제시되어 있다.

〈표 4-4〉 모형의 잠재 변인과 측정 변인 간 모수 추정치

잠재변수	측정변수	B	S.E.	β	t
모-자녀 의사소통	모_긍정의사소통	1		0.769	
	모_부정의사소통	1.089	0.064	0.836	16.982***
부-자녀 의사소통	부_긍정의사소통	1		0.753	
	부_부정의사소통	1.04	0.063	0.826	16.597***
자아분화	가족투사과정	1		0.473	
	정서적단절	0.815	0.089	0.574	9.126***
	가족퇴행	2.104	0.203	0.771	10.348***
학교적응	학교공부	1		0.833	
	학교친구	1.506	0.064	0.839	23.575***
	학교교사	1.625	0.075	0.793	21.764***
	학교생활	1.493	0.059	0.886	25.422***

***$p<.001$

모수 추정치를 살펴보면, 모든 경로계수가 유의도 수준 1%에서 유의미하였다. 따라서 잠재변인들은 각각의 측정변인들에 의해 잘 측정되었다.

4. 구조모형 검증 결과

각 변인들의 구조적 관계를 잘 설명해 주는 모형을 검증하기 위해 부모-자녀 의사소통이 자아분화를 거침과 동시에 학교적응에도 직접적으로 영향을 미치는 부분매개 모형(가설모형)과 부모-자녀 의사소통과 학교적응의 직접 경로가 없으며 부모-자녀 의사소통이 자아분화를 거쳐 학교적응에 영향을 미치는 완전매개 모형(경쟁모형)의 적합도를 분석, 비교하여 경험 자료를 가장 잘 설명하면서도 간명한 최적의 모형을 탐색하였다. 가설모형인 부분매개 모형에서 부모-자녀 의사소통과 학교적응 사이의 경로계수가 .05로 유의하지 않은 것으로 나타나 완전매개 모형이 적합한 것으로 나타났다. 또한 〈표 4-5〉에서처럼 가설모형과 경쟁모형을 비교하기 위한 적합도 지수를 구하였다.

완전매개 모형은 부분매개 모형에 포함된 내재된(nested) 모형이므로 χ^2 차이검증(difference test)을 실시하였다. χ^2 차이검증이 자유도 2에서 .05 수준에서 두 모형의 적합도가 통계적으로 유의하기 위한 차이 값은 5.99이며, 〈표 4-5〉에 제시된 결과를 보면 두 모형의 χ^2 차이 값은 1.622, 자유도의 차이 값은 2로 α=.05 수준에서 통계적으로 유의하지 않은 차이를 보였다. χ^2 차이검증결과가 통계적으로 유의하면 부분매개 모형을, 유의하지 않으면 완전매개 모형을 택하므로(홍세희, 2000), 본 연구에서는 완전매개 모형(경쟁모형)이 최종 모형으로 선택되었다. 즉, 부모-자녀 의사소통이 학교적응에 직접적으로 미치는 영향은 유의하지 않은 반면, 부모-자녀 의사소통이 자아분화를 통해 학교적응에 영향을 주는 간접효과는 유의한 것으로 나타났다.

〈표 4-5〉 가설모형과 경쟁모형의 적합도 지수

모형	χ^2	df	TLI	CFI	RMSEA(CI*)
가설모형	133.911	36	.973	.958	.069 (.057-.082)
경쟁모형	135.533	38	.960	.973	.067 (.055-.080)
χ^2 차이검증			$\Delta\chi^2 = 1.622$		

CI*=신뢰구간(Confidence Interval)

최종 모형(경쟁모형)의 표준화 경로계수와 요인부하량을 알아본 경로도는 [그림 4-3]과 같고, 최종 모형(경쟁모형)에서의 직접효과의 크기 및 이에 대한 검증결과는 〈표 4-6〉과 같다. 모-자녀 간 의사소통과 자아분화(β=0.492, t=6.630, p<.001), 부-자녀 간 의사소통과 자아분화(β=0.562, t=7.109, p<.001), 자아분화와 학교적응(β=0.583, t=8.709, p<.001), 즉 부모-자녀 의사소통수준이 높을수록 자아분화 수준이 높고, 자아분화 수준이 높을수록 학교적응수준이 높은 것으로 나타났다.

<table>
<tr><td>

가설모형과 경쟁모형 중에 어떤 것을 최종 모형으로 채택할지를 결정하기 위해 적합도 지수를 비교. 이 논문은 완전매개 모형이 부분매개 모형에 내재된 모형이므로 x^2 차이 값으로 비교 후 선택

</td></tr>
</table>

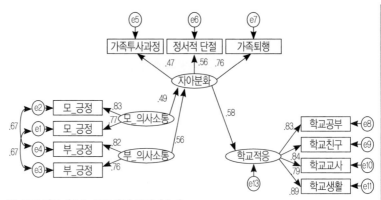

주: 모든 경로계수는 표준화된 회귀계수임

[그림 4-3] **최종모형(경쟁모형)의 표준화 경로계수 결과**

적합도 지수 비교를 통해 가설모형과 경쟁모형 중에 경쟁모형이 최종 모형으로 채택되었으므로 최종 모형에 대한 그림만 제시

〈표 4-6〉 **최종모형(경쟁모형)의 경로계수 및 유의도 검증**

모수(Parameter)			B	$S.E.$	β	t
모-자녀 의사소통	→	자아분화	0.068	0.01	0.492	6.630***
부-자녀 의사소통	→	자아분화	0.076	0.011	0.562	7.109***
자아분화	→	학교적응	1.366	0.157	0.583	8.709***

***$p<.001$

최종 모형의 경로에 대한 경로계수 제시. 이 표는 논의에서 논의되어야 하는 중요한 부분으로 소수점을 일치시켜야 함

5. 최종모형(경쟁모형)의 간접효과 분석 결과

　부모-자녀 의사소통과 학교적응의 관계에서 자아분화의 간접효과를 검증하기 위하여 Shrout와 Bolger(2002)가 제안한 부트스트래핑 방법을 사용하였는데, 이 방법은 기존의 매개효과검정에 수반될 수 있는 간접효과의 표준오차를 추정하는 방법으로, 신뢰구간을 제시하고, 그 구간이 0을 포함하지 않으면 간접효과가 통계적으로 유의한 것으로 보는 방법이다.

매개효과를 유의성을 검증하기 위하여 Shrout와 Bolger(2002)가 제안한 부트스트래핑 방법을 사용

〈표 4-7〉 **부모-자녀 의사소통과 학교적응의 관계에서 자아분화의 간접효과**

경 로	추정치	S.E.	95% 신뢰구간 (Bias-corrected bootstrap)	
			lower	upper
모-자녀 의사소통 → 자아분화 → 학교적응	.287	.049	.189	.385
부-자녀 의사소통 → 자아분화 → 학교적응	.328	.049	.256	.425

주: 부트스트랩 표집은 1,000번, 부트스트랩 추정치는 표준화된 자료임

〈표 4-7〉에서 볼 수 있듯이, 모-자녀 의사소통이 자아분화를 거쳐 학교적응으로 가는 간접효과(β=.093, 95% Bias-corrected CI=.069~.124)와 부-자녀 의사소통이 자아분화를 거쳐 학교적응으로 가는 간접효과(β=.103, 95% Bias-corrected CI=.076~.132)가 통계적으로 유의하였다. 즉, 부모-자녀 의사소통 수준이 높을수록 자아분화수준이 높아져 학교적응수준이 높아짐을 알 수 있다.

(1) 측정모형 검증

SPSS 통계처리-측정모형 검증 따라 하기

측정모형 그림은 다음과 같다.

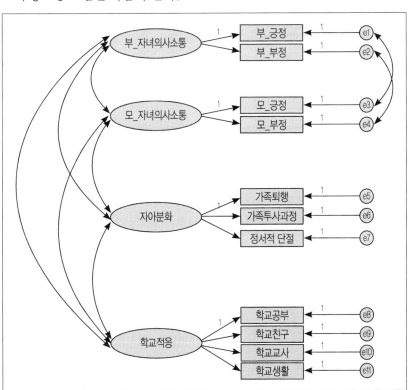

● AMOS 프로그램을 실행한다.

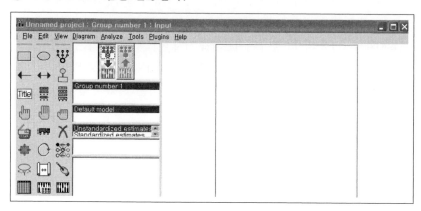

● SPSS data 파일을 불러온 후 OK를 누른다.

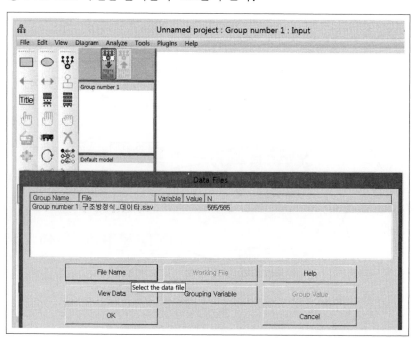

◐ AMOS 그림 툴을 이용해서 검증하고자 하는 측정모형을 그린다.

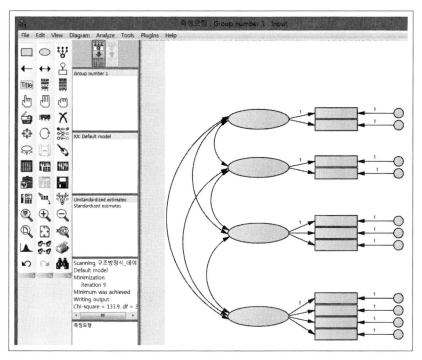

◐ SPSS data 파일의 변수들을 AMOS로 불러온다.

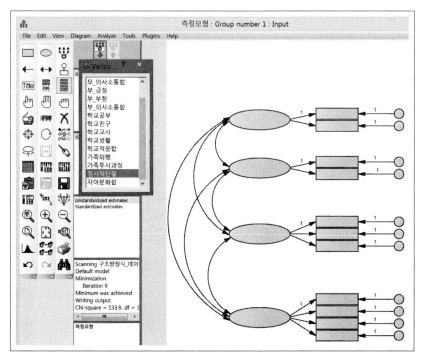

◑ 측정모형을 그린 다음 SPSS의 측정변수들을 가져와서 붙인다.

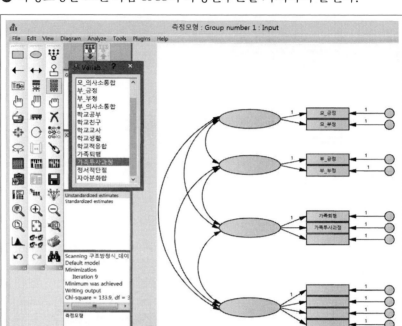

◑ 잠재변수들의 이름(Object Properties)을 붙인다. 단, SPSS 변수 이름과 동일하면 안 된다.

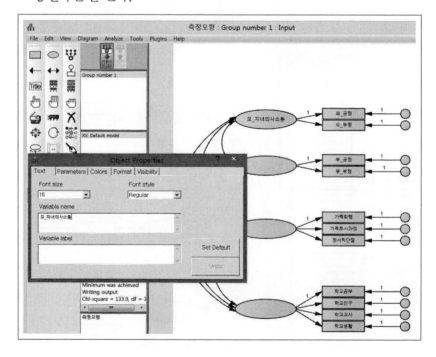

◐ 이러한 동일한 과정을 거쳐서 측정모형 그림을 완성한다.

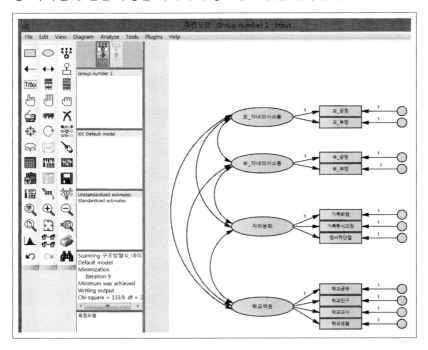

◐ Plugins → Name Unobserved Variables 선택 시 이름이 안 붙여진 오차의 이름을 자동으로 붙여 준다.

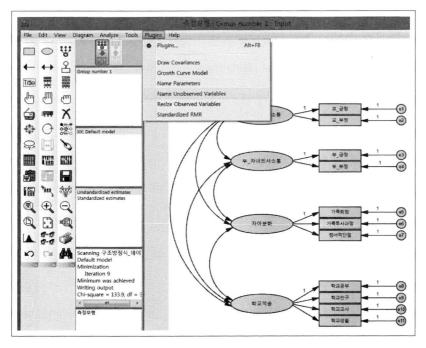

◆ 측정모형 검증을 하기 위해서 View → Analysis properties를 선택한다.

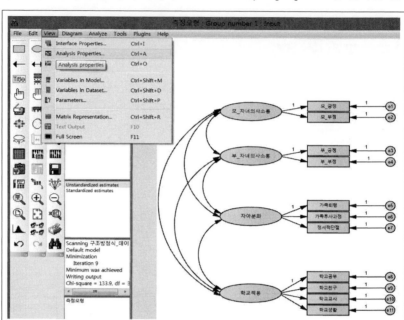

◆ Estimation → Maximum Likelihood 선택, Output → Standardized estimates(표준화계수)와 Indirect(간접) & total effects(전체효과), 그리고 Modification indices(수정지수)를 선택한다. 다 선택한 후 상단에 있는 ×표를 클릭한다.

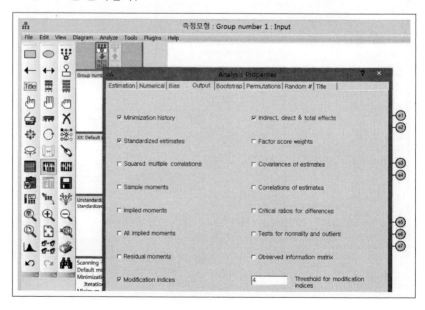

◐ 측정모형의 결과를 살펴보기 위해서 Calculate estimates 버튼을 누른다.

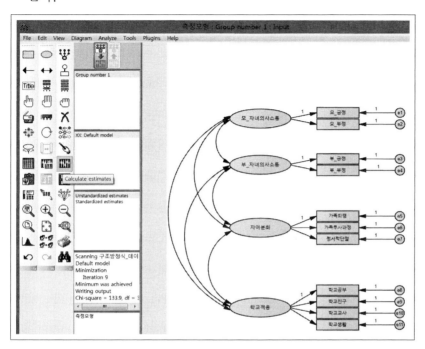

◐ 실행이 된 후 View text 버튼을 눌러서 결과를 확인한다.

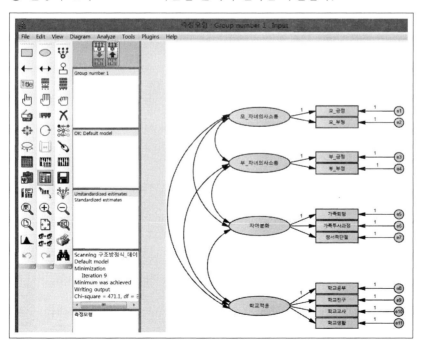

● 새로운 창이 뜨면서 다음과 같은 결과표를 생성한다.

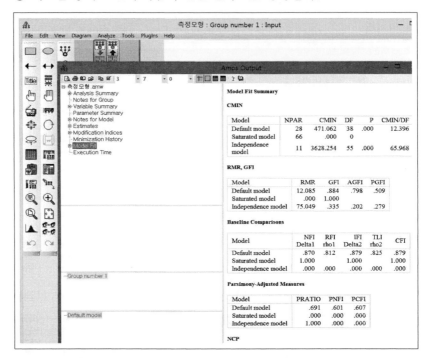

● RMSEA 값(.08보다 작아야 함)이 만족할 만큼 작지 않다.

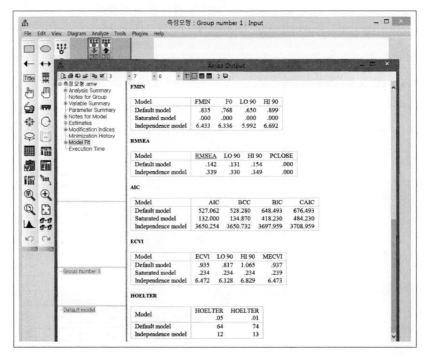

◑ Modification Indices(수정지수)를 살펴본다. 수정지수를 보면 e2와 e4, e1과 e3이 크다는 것을 확인할 수 있다.

◑ 타당한 근거에 따라서 e2와 e4, e1과 e3의 error-term을 연결한다. 이 때 논문에서 연결한 것은 모와 부의 긍정적 의사소통의 상관, 모와 부의 부정적 의사소통의 상관이 높기 때문에 연결이 가능하다.

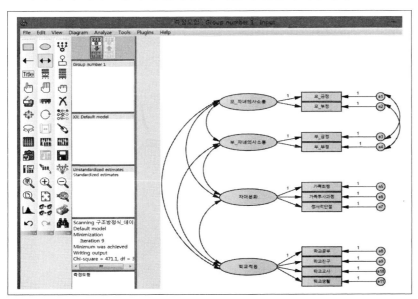

❍ 다시 적합도 지수를 살펴본다. TLI와 CFI 값이 향상됐음을 알 수 있다.

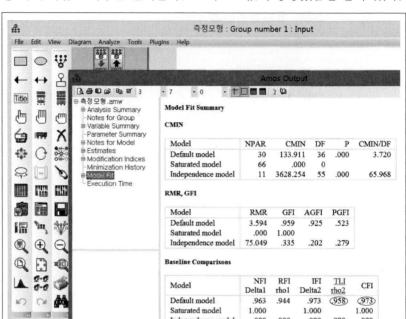

❍ RMSEA 값이 많이 줄었음을 알 수 있다. 논문의 측정모형 적합도 지수
에 관한 〈표 4–8〉은 그 결과를 요약한 것이다.

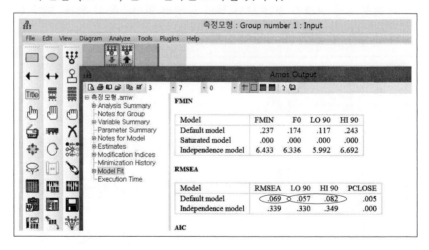

◑ 측정모형의 적합도가 만족할 만큼 나왔으므로 적합도 지수를 논문 형
   식에 맞게 기술한다.

⇨ 〈표 4-8〉을 완성해 보자(단, 예시 논문의 결과와 다를 수 있다).

〈표 4-8〉 측정모형의 적합도 지수

적합도 지수	χ^2	df	p	TLI	CFI	RMSEA(CI*)
측정모형						( )

CI*=신뢰구간(Confidence Interval)

◑ 이때 회귀계수 값들은 Estimates에 나와 있다.

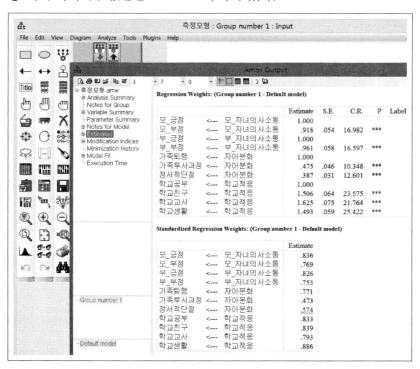

⇨ 〈표 4-9〉를 완성해 보자(단, 예시 논문의 결과와 다를 수 있다).

〈표 4-9〉 모형의 잠재 변인과 측정 변인 간 모수 추정치

잠재변수	측정변수	B	$S.E.$	β	t
모-자녀 의사소통	모_긍정의사소통				
	모_부정의사소통				
부-자녀 의사소통	부_긍정의사소통				
	부_부정의사소통				
자아분화	가족투사과정				
	정서적단절				
	가족퇴행				
학교적응	학교공부				
	학교친구				
	학교교사				
	학교생활				

*** $p < .001$

(2) 구조모형 검증

이론적 배경에 의해 도출된 가설모형인 부분매개 모형과 경쟁모형인 완전매개 모형을 χ^2 차이검증을 실시하여 가설모형과 경쟁모형을 비교한다.

SPSS 통계처리-구조모형 검증 따라 하기

◉ SPSS data 파일의 변수들을 AMOS로 불러온다. AMOS 프로그램을 실행한 후 SPSS data 파일을 불러온다.

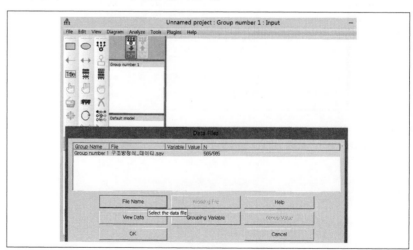

● 다음과 같이 구조모형을 그리기 전에 SPSS의 측정변수들을 가져온다.

● 검증하고자 하는 구조모형을 AMOS의 그리기 툴을 이용해서 그린 후 SPSS의 측정변수들을 제자리에 가져온다(단, 잠재변수는 SPSS에 있는 변수들과 이름이 달라야 한다).

▷ 구조모형 중 가설모형(부분매개 모형)을 다음과 같이 그려 보자.

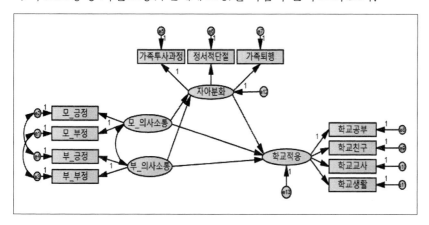

◐ 구조모형의 적합도 지수(Notes for Model, Model Fit)를 살펴본다.

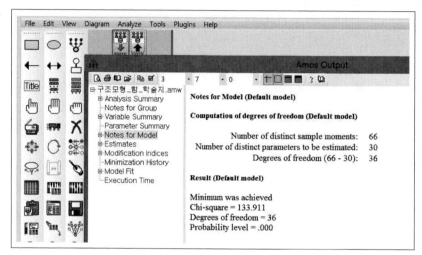

◐ Model Fit에서 TLI와 CFI , 절대적합지수인 RMSEA 값을 살펴본 후, 모형의 적합도를 최종 판단한다. 예시 논문에 제시된 중학생들의 학교적응 구조모형에 관한 〈표 4-10〉은 이러한 과정으로 완성된 것이다.

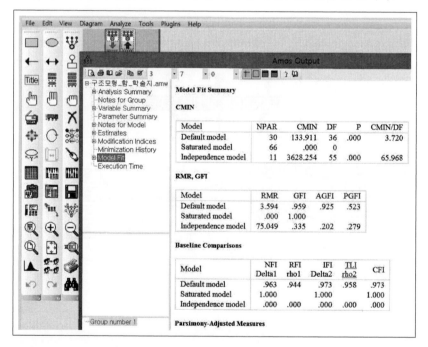

➭ 〈표 4-10〉를 완성해 보자.

〈표 4-10〉 가설모형과 경쟁모형의 적합도 지수

모형	x^2	df	TLI	CFI	RMSEA(CI*)
가설모형					
경쟁모형	135.533	38	.960	.973	.067 (.055−.080)
x^2 차이검증		$\Delta x^2=$			

CI*=신뢰구간(Confidence Interval)

▷ 구조모형 중 경쟁모형(완전매개 모형)을 다음과 같이 그려 보자.

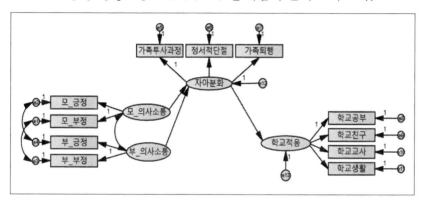

▷ 가설모형과 경쟁모형(완전매개 모형)에 대한 적합도 지수를 〈표 4-10〉
에 제시되어 있는 값들과 비교해 보자.

▷ 가설모형(부분매개 모형)과 경쟁모형(완전매개 모형) 중에 어느 모형을
선택할 것인지를 다음의 내용을 보고 선택해 보자.

완전매개 모형은 부분매개 모형에 포함된 내재된(nested) 모형이므로 χ^2 차
이검증(difference test)을 실시하였다. χ^2 차이검증이 자유도 2에서 .05 수준
에서 두 모형의 적합도가 통계적으로 유의하기 위한 차이 값은 **5.99**이며, 〈표
4-10〉에 제시된 결과를 보면 두 모형의 χ^2 차이 값은 1.622, 자유도의 차이 값
은 2로 α=.05 수준에서 통계적으로 유의하지 않은 차이를 보였다. χ^2 차이검증
결과가 통계적으로 유의하면 부분매개 모형을, 유의하지 않으면 완전매개 모형
을 택하므로(홍세희, 2000), 본 연구에서는 완전매개 모형(경쟁모형)이 최종 모
형으로 선택되었다.

◒ 경쟁모형(완전매개 모형)에 대한 각각의 회귀계수를 Estimates에서 살펴본다. 회귀계수(Regression Weights)와 표준화회귀계수(Standardized Regression Weights)를 구한다.

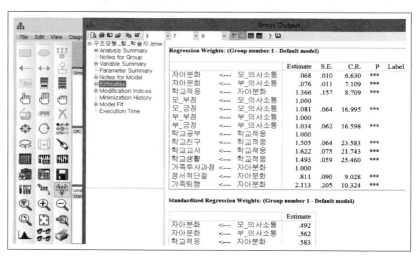

▷ 〈표 4-11〉과 [그림 4-4]를 완성해 보자.

〈표 4-11〉 모형의 잠재 변인과 측정 변인 간 모수 추정치

모수(Parameter)			B	S.E.	β	t
모-자녀 의사소통	→	자아분화				
부-자녀 의사소통	→	자아분화				
자아분화	→	학교적응				

***$p < .001$

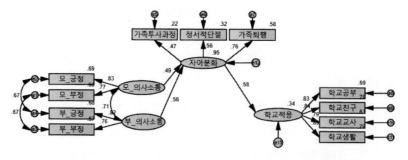

[그림 4-4] **최종모형(경쟁모형)의 표준화 경로계수 결과**

(3) 매개효과(간접효과) 유의성 검증

◐ 간접효과(매개효과) 검증을 하기 위해서 View/Set의 Analysis properties를 선택한다. 이곳에서 Maximum Likelihood를 선택한다. Bootstrap 메뉴에서 Indirect, direct & total effects를 체크한다.

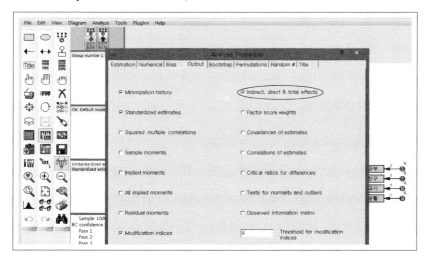

◐ Analysis properties에서 Bootstrap(매개효과 여부를 알기 위해 간접적으로 표준오차를 산출하여 검증하는 방법)을 선택해서 탭을 클릭하여 다음과 같이 체크한다.

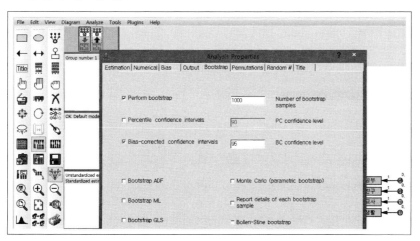

◐ Calculates estimates를 클릭한 후 View text를 보면 다음과 같은 결과
가 나온다.

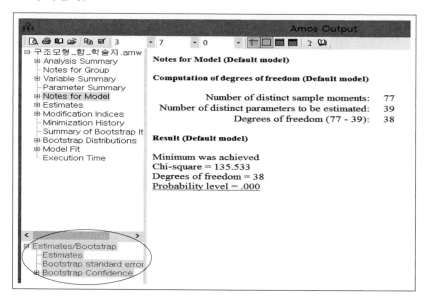

◐ 왼쪽 하단에 있는 Estimates/Bootstrap 부분이 비활성화되어 있
는 것이 보인다. 따라서 이 부분을 활성화시키기 위해서는 왼쪽 상
단에 있는 Estimates의 +를 클릭한 후 서브 메뉴 중의 Matrices에서
Standardized Indirect Effects를 클릭한다.

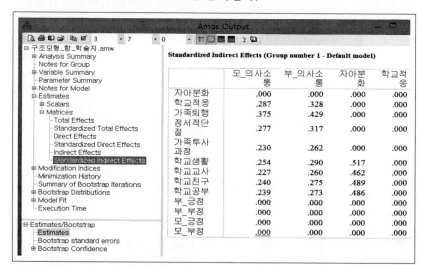

⬤ Standardized Indirect Effects를 선택한 상태에서 아래쪽의 Estimates/
Bootstrap의 하위메뉴인 Bootstrap Confidence를 선택해서 Bias-
corrected percentile method Lower/Upper Bounds 값을 확인한다.

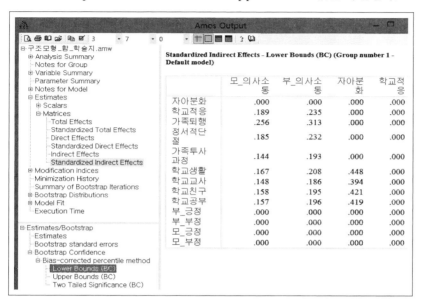

➪ 〈표 4–12〉를 완성해 보자.

〈표 4–12〉 부모–자녀 의사소통과 학교적응의 관계에서 자아분화의 간접효과

경 로	추정치	S.E.	95% 신뢰구간 (Bias-corrected bootstrap)	
			lower	upper
모–자녀 의사소통 → 자아분화 → 학교적응				
부–자녀 의사소통 → 자아분화 → 학교적응				

주: 부트스트랩 표집은 1,000번, 부트스트랩 추정치는 표준화된 자료임

2) 위계적 회귀분석으로 매개분석 작성하기

결과 작성 예시(이은혜, 2012)

2. 연구문제

본 연구의 목적은 교사들의 자기애적 성향과 대인관계문제와의 사이에서 자아존중감이라는 매개효과를 검증해 보는 것이다. 본 연구에서 살펴보고자 하는 연구문제는 다음과 같다.

연구문제 1. 교사의 성별에 따라 자기애적 성향(외현적 자기애, 내현적 자기애), 자아존중감 및 대인관계문제는 차이가 있는가?

연구문제 2. 교사의 자기애적 성향(외현적 자기애, 내현적 자기애)과 자아존중감 및 대인관계문제 간의 관계는 어떠한가?

연구문제 3. 교사의 자기애적 성향 중 외현적 자기애와 대인관계문제와의 관계에서 자아존중감의 매개효과는 있는가?

연구문제 4. 교사의 자기애적 성향 중 내현적 자기애와 대인관계문제와의 관계에서 자아존중감의 매개효과는 있는가?

3. 자료처리

본 연구에서는 교사의 자기애적 성향과 대인관계문제와의 관계에서 자아존중감의 매개효과를 알아보기 위해 SPSS 18.0을 사용하여 다음과 같은 통계분석을 실시하였다.

첫째, 성별에 따른 교사의 자기애적 성향(외현적 자기애, 내현적 자기애), 자아존중감 및 대인관계문제의 차이를 알아보기 위해 t-검정을 실시하였다.

둘째, 교사의 자기애적 성향(외현적 자기애, 내현적 자기애), 자아존중감 및 대인관계문제 간의 관계를 알아보기 위하여 상관분석을 실시하였다.

셋째, 교사의 자기애적 성향 중 내현적 자기애와 대인관계문제와의 관계에서 자아존중감의 매개효과를 알아보기 위해 우선 내현적 자기애를 예측변인으로, 대인관계문제를 준거변인으로 하여 단순회귀분석을 실시하였다. 다음으로 내현적 자기애와 자아존중감을 예측변인으로 하고 대인관계문제를 종속변인으로 하여 위계적 중다회귀분석을 실시하였다.

> 매개효과에 대한 부분이므로 직접효과는 제시하지 않고 간접효과만 제시. 소수점을 일치시킴

IV. 결 과

가. 성별에 따른 자기애적 성향(외현적 자기애, 내현적 자기애), 자아존중감 및 대인관계문제의 차이

-중 략-

나. 자기애적 성향(외현적 자기애, 내현적 자기애)과 자아존중감 및 대인관계문제와의 관계

교사의 자기애적 성향(외현적 자기애, 내현적 자기애), 자아존중감 및 대인관계문제 간의 관계를 알아보기 위하여 상관분석을 실시하였다. 그 결과는 〈표 4-13〉과 같다.

〈표 4-13〉을 살펴보면 교사의 자기애적 성향 중 외현적 자기애는 자기애적 성향 중 내현적 자기애를 제외하고 자아존중감($r=.479$, $p<.001$)과 대인관계문제($r=.247$, $p<.001$)와 통계적으로 유의한 상관관계가 있는 것으로 나타났다. 한편, 자기애적 성향 중 내현적 자기애는 자아존중감($r=-.687$, $p<.001$)과는 부적 상관관계를 대인관계문제($r=.727$, $p<.001$)와는 정적인 상관관계가 있는 것으로 나타났다. 끝으로, 자아존중감과 대인관계문제와의 관계에서 $r=-.707$로 $p<.001$ 수준에서 유의한 정적 상관관계가 있는 것으로 나타났다.

〈표 4-13〉 주요변인들의 단순 상관관계 분석(N=300)

다. 자기애적 성향 중 외현적 자기애와 대인관계문제와의 관계에서 자아존중감의 매개효과

교사의 자기애적 성향 중 외현적 자기애와 대인관계문제와의 관계에서 자아존중감의 매개효과를 살펴보기 위해 다음과 같은 과정을 거쳤다.

연구문제 순서대로 처리된 자료 분석과정을 상세하게 서술

성별 집단 간 차이 분석이므로 이 부분에서는 생략. 차이를 알아보기 위해서 t-검정을 실시하였는데, 이 부분을 더 알고 싶다면 이 책의 제2부 참조

관계연구에서 변인들 간의 관련성을 알아보는 가장 기본이 되는 분석방법이 상관분석이므로 영향을 알아보는 회귀분석을 실시하기 전에 상관분석을 먼저 제시. 상관분석 표를 작성할 때 변인들이 많을 때는 가로 방향으로 제시해도 됨

자기애적 성향을 외현적 자기애와 내현적 자기애로 나눌 수 있고 서로 다른 성향을 가지고 있으므로 분석할 때도 변인들을 분리해서 작성. 예를 들면, 분노표현 척도에서도 분노억제, 분노표출, 분노조절이 표현이 다르게 나타나고 합산할 수 없기 때문에 분리해서 분석

매개효과가 있는 것으로 확인하기 위해서는 각 분석단계별 조건을 만족해야 한다(Baron & Kenny, 1986).

　먼저 1단계에서 예측변인이 준거변인에 미치는 효과의 유의미한 영향을 미쳐야 한다. 2단계에서는 예측변인이 매개변인에 유의미한 영향을 미쳐야 한다. 3단계에서 매개변인이 준거변인에 유의미한 영향을 미치는 동시에, 모든 변인들을 같은 방정식에 투입이 되었을 때, 이러한 관계들이 예측변인이 준거변인에 미치는 직접적인 영향을 감소시켜야 한다.

　준거변인에 대한 예측변인의 영향력이 3단계에서 매개변인이 포함되었을 때 감소하여도 유의하다면 부분매개를, 완전히 유의성이 사라진다면 완전매개를 나타내는 것이다.

　따라서 본 연구에서는 첫 번째 단계로 외현적 자기애를 예측변인으로 하고 대인관계문제를 준거변인으로 하여 단순회귀분석을 실시하였다. 두 번째 단계와 세 번째 단계에서는 외현적 자기애와 자아존중감을 예측변인으로 하고 대인관계문제를 종속변인으로 하여 위계적 중다회귀분석을 실시하였다. 즉, 외현적 자기애가 대인관계문제에 미치는 효과와 자아존중감을 통제한 후 외현적 자기애가 대인관계문제에 미치는 효과를 분석하였다. 이와 같이 교사의 자기애적 성향 중 외현적 자기애와 대인관계문제와의 관계에서 자아존중감의 매개효과를 살펴본 결과는 〈표 4-14〉와 같다.

위계적 회귀분석으로 매개효과를 검증하기 위해서 Baron과 Kenny(1986)의 3단계 검증방법에 따라 분석

〈표 4-14〉 교사의 자기애적 성향 중 외현적 자기애, 자아존중감 및 대인관계문제의 중다회귀분석

3단계의 β값이 1단계의 β값보다 크기 때문에 Baron과 Kenney(1986)의 매개효과 3단계 가정의 위배되어 매개효과 없음

단계	준거변인	예측변인	R^2	F	B	SE	β	t
1	대인관계문제	외현적자기애	.018	5.508*	−.222	.095	−.135	−2.347*
2	자아존중감	외현적자기애	.150	52.452***	.393	.054	.387	7.242***
3	대인관계문제	외현적자기애	.522	162.306***	.269	.072	.163	3.751***
		자아존중감			−1.249	.071	−.770	−17.701***
				$\Delta R^2 = .504$				

*$p < .05$, ***$p < .001$

　〈표 4-14〉와 같이 1단계에서 예측변인인 외현적 자기애가 준거변인인 대인관계문제에 미치는 효과가 유의미한 영향을 미치고 있다($F=5.508$, $p < .05$). 2단계에서는 예측변인인 외현적 자기애가 매개변인인 자아존중감에 유의미한 영향을 미치고 있다($F=52.452$,

$p<.001$). 그러나 3단계에 매개변인인 자아존중감은 준거변인인 대인관계문제에 유의미한 영향을 미치고 있으나($\beta=-.770$, $t=-17.701$, $p<.001$), 예측변인인 외현적 자기애가 준거변인인 대인관계문제에 미치는 직접적인 영향($\beta=-.135$, $t=-2.347$, $p<.05$)이 감소하지 않고 오히려 증가하고 있다($\beta=.163$, $t=3.751$, $p<.001$).

이와 같이 매개변인인 자아존중감이 통제되었을 경우 외현적 자기애의 효과크기가 증가한 것으로 보아 자아존중감은 외현적 자기애가 대인관계문제에 미치는 영향을 매개하지 않는 것으로 해석할 수 있다.

> 매개효과 여부는 결과 마지막에 정리해서 제시

라. 자기애적 성향 중 내현적 자기애와 대인관계문제와의 관계에서 자아존중감의 매개효과

교사의 자기애적 성향 중 내현적 자기애와 대인관계문제와의 관계에서 자아존중감의 매개효과를 살펴보기 위해 다음과 같은 과정을 거쳤다. 매개효과가 있는 것으로 확인하기 위해서는 각 분석단계별 조건을 만족해야 한다(Baron & Kenny, 1986).

먼저 1단계에서 예측변인이 준거변인에 미치는 효과의 유의미한 영향을 미쳐야 한다. 2단계에서는 예측변인이 매개변인에 유의미한 영향을 미쳐야 한다. 3단계에서 매개변인이 준거변인에 유의미한 영향을 미치는 동시에, 모든 변인들이 같은 방정식에 투입이 되었을 때, 이러한 관계들이 예측변인이 준거변인에 미치는 직접적인 영향을 감소시켜야 한다.

준거변인에 대한 예측변인의 영향력이 3단계에서 매개변인이 포함되었을 때 감소하여도 유의하다면 부분매개를, 완전히 유의성이 사라진다면 완전매개를 나타내는 것이다.

따라서 본 연구에서는 첫 번째 단계로 내현적 자기애를 예측변인으로 하고 대인관계문제를 준거변인으로 하여 단순회귀분석을 실시하였다. 두 번째 단계와 세 번째 단계에서는 내현적 자기애과 자아존중감을 예측변인으로 하고 대인관계문제를 종속변인으로 하여 위계적 중다회귀분석을 실시하였다. 즉, 내현적 자기애가 대인관계문제에 미치는 효과와 자아존중감을 통제한 후 내현적 자기애가 대인관계문제에 미치는 효과를 분석하였다. 이와 같이 교사의 자기애적 성향 중 내현적 자기애와 대인관계문제와의 관계에서 자아존중감의 매개효과를 살펴본 결과는 〈표 4-15〉와 같다.

<table>
<tr><td>소수점 자리를 일치
시킴</td></tr>
</table>

〈표 4-15〉 교사의 자기애적 성향 중 내현적 자기애, 자아존중감 및 대인관계문제의 중다회귀분석

단계	준거변인	예측변인	R^2	F	B	SE	β	t
1	대인관계문제	내현적자기애	.528	333.728***	.667	.036	.727	18.268***
2	자아존중감	내현적자기애	.473	267.036***	−.389	.024	−.687	−16.341***
3	대인관계문제	내현적자기애	.610	231.915***	.419	.046	.457	9.151***
		자아존중감			−.637	.081	−.393	−7.868***
			$\Delta R^2 = .082$					

***$p < .001$

3단계의 β값이 1단계의 β값보다 작아졌기 때문에 Baron과 Kenney(1986)의 매개효과 3단계 가정을 만족하면서 그 유의성이 존재하므로 부분매개효과

〈표 4-15〉와 같이 모든 단계의 검증이 유의미한 결과를 나타내고 있다. 그 결과를 구체적으로 살펴보면, 내현적 자기애는 자아존중감($F=267.036$, $p<.001$) 및 대인관계문제($F=333.728$, $p<.001$)에 유의미한 영향을 미치고 있다. 또한 자아존중감은 대인관계문제($\beta=-.393$, $t=-7.868$, $p<.001$)에 유의미한 영향을 미치고 있으며, 자아존중감을 통제했을 때 내현적 자기애($\beta=.457$, $t=9.151$, $p<.001$)는 1단계에서의 내현적 자기애($\beta=.727$, $t=18.268$, $p<.001$) 보다 대인관계문제에 대한 그 영향력이 줄어들었다. 이에 반해 전체 설명력은 8.2%가 증가하였다. 이와 같이 매개변인인 자아존중감이 통제되었을 경우 내현적 자기애의 효과 크기가 감소한 것으로 보아 자아존중감은 내현적 자기애가 대인관계문제에 미치는 영향을 매개하는 것으로 해석할 수 있다.

Baron과 Kenny(1986)의 3단계 검증방법에 따라 위계적 회귀분석을 통해서 매개효과가 존재하는지를 확인한 후 Sobel Test를 통해서 매개효과검정

한편, 매개효과의 유의성을 검증하기 위해서 예측변인인 내현적 자기애가 매개변인인 자아존중감으로 가는 경로(a)와 매개변인인 자아존중감에서 준거변인인 대인관계문제로 가는 경로(b)가 모두 통계적으로 유의미하게 나타나므로 Sobel test를 시행하였다. 자아존중감의 매개효과를 검증하기 위하여 ab값에 대하여 Z검증을 실시하였다. 〈표 4-15〉에 제시된 a, b 추정치를 이용해 구한 자아존중감의 매개효과 ab는 .270이고 $Z=4.273$으로 양방 유의수준 .05에서 임계치인 ±1.96보다 크므로 매개효과 ab는 유의미하였다. 즉, 내현적 자기애와 대인관계문제의 관계에서 자아존중감의 매개효과가 있는 것으로 나타났다.

Sobel test: 검증하고자 하는 변수가 많지 않은 경우 독립변인과 종속변인 사이의 매개변수의 영향력을 간명하게 검증할 수 있는 방법임. 단, a×b가 정규분포를 이룬다는 가정하에 실시되는데, 정규성에 대한 보장이 없기 때문에 Sobel test 대신 비모수를 가정하고 분석하는 Shrout와 Bolger(2002)가 제안한 부트스트래핑 방법을 사용하기를 권장함

또한 3단계에서 자아존중감을 통제하였을 때 내현적 자기애($\beta=.457$, $t=9.151$, $p<.001$)가 대인관계문제에 유의미한 영향을 미치고 있으므로 자아존중감은 내현적 자기애와 대인관계문제 사이에 부분매개하고 있음을 알 수 있다.

(1) 기초 작업

SPSS 통계처리—기초작업 따라 하기

⬤ SPSS 프로그램을 실행한다. 기존데이터 소스 열기(O) 화면에서 취소를 누른다.

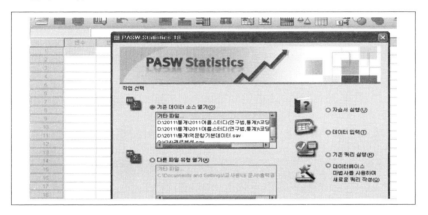

⬤ '제목없음/데이터집합' 창이 열린다.

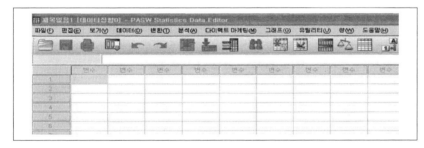

⬤ 파일 → 열기 → 데이터(A)를 선택한다.

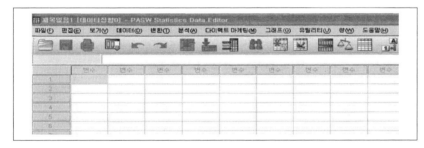

❍ SPSS data 파일을 불러온다.

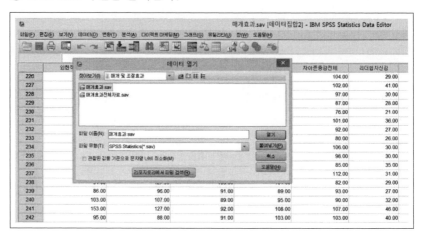

❍ 매개효과.sav 파일을 열면 다음과 같은 화면이 나타난다.

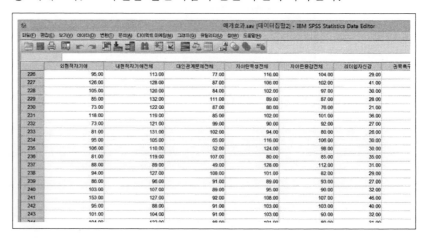

(2) 각 척도와 그 하위요인들의 변수 계산(〈부록〉 '기초통계처리' 참조)

(3) 신뢰도 측정(제2부 제4장 '3. 결과 작성의 실제' 참조)

(4) 독립표본 *t*-검정(제2부 제4장 '3. 결과 작성의 실제' 참조)

(5) 상관분석

SPSS 통계처리—상관분석 따라 하기

○ 분석 → 상관분석 → 이변량 상관계수(B)를 선택한다.

○ 상관을 보고자 하는 변수들을 화살표를 이용해서 오른쪽에 있는 '변수
(V)' 박스에 옮긴다. 아래쪽의 확인 버튼을 선택한다.

◗ 옵션을 선택한 후 평균과 표준편차(M)를 클릭하고 계속 버튼을 누른다.

◗ 출력 결과 기술통계량과 함께 상관계수 값들이 나타난다.

➡ 상관계수

기술통계량

	평균	표준편차	N
내현적자기애전체	115.3367	20.40763	300
대인관계문제전체	89.3700	18.72025	300
자아존중감전체	91.4567	11.53886	300
외현적자기애전체	70.1933	11.36426	300

상관계수

		내현적자기애 전체	대인관계문제 전체	자아존중감 전체	외현적자기애 전체
내현적자기애전체	Pearson 상관계수	1	.727**	-.687**	-.057
	유의확률 (양쪽)		.000	.000	.324
	N	300	300	300	300
대인관계문제전체	Pearson 상관계수	.727**	1	-.707**	-.135*
	유의확률 (양쪽)	.000		.000	.020
	N	300	300	300	300
자아존중감전체	Pearson 상관계수	-.687**	-.707**	1	.387**
	유의확률 (양쪽)	.000	.000		.000
	N	300	300	300	300
외현적자기애전체	Pearson 상관계수	-.057	-.135*	.387**	1
	유의확률 (양쪽)	.324	.020	.000	
	N	300	300	300	300

**. 상관계수는 0.01 수준(양쪽)에서 유의합니다.
*. 상관계수는 0.05 수준(양쪽)에서 유의합니다.

⇨ 상관계수표를 가지고 〈표 4-16〉을 완성한다(단, 상관계수표를 엑셀로 복사해서 필요한 내용을 한글로 붙이면 편리하다).

〈표 4-16〉 주요변인들의 단순 상관관계 분석(N=300)

요인	1	2	3	4	5	6	7	8	9	10	11	12	13	14
1 리더십자신감	1													
2 과시칭찬욕구	.556***	1												
3 우월의식	.666***	.545***	1											
4 외현적자기애전체	.961***	.600***	.847***	1										
5 목표불안정	−.359***	−.063	−.309***	−.372***	1									
6 인정욕구거대자기환상	.184**	.536***	.319***	.250***	.210***	1								
7 착취자기중심성	.016	.393***	.042	.027	.545***	.531***	1							
8 과민취약성	−.255***	.080	−.178**	−.248***	.638***	.475***	.577***	1						
9 소심자신감부족	−.493***	−.174**	−.314***	−.468***	.526***	.233***	.338***	.627***	1					
10 내현적자기애전체	−.245***	.192**	−.127*	−.222***	.784***	.631***	.779***	.887***	.710***	1				
11 자기고양	.369***	.072	.273***	.365***	−.614***	−.258***	−.434***	−.672***	−.571***	−.679***	1			
12 타인과의관계	.236***	.032	.246***	.259***	−.502***	−.153**	−.406***	−.566***	−.430***	−.550***	.637***	1		
13 지도력과인기	.550***	.305***	.476***	.569***	−.526***	.003	−.222***	−.498***	−.643***	−.503***	.634***	.516***	1	
14 자기주장과확신	.460***	.157**	.350***	.458***	−.621***	−.126**	−.368***	−.576***	.553***	−.600***	.672***	.639***	.643***	1
15 자아존중감전체	.468***	.160**	.391***	.479***	−.667***	−.159**	−.426***	−.682***	−.640***	−.687***	.859***	.839***	.806***	.881***
16 통제지배	.107	.280***	.061	.099	.421***	.268***	.577***	.408***	.180**	.490***	−.367***	−.471***	−.210***	−.316***

(6) 위계적 회귀분석

Baron과 Kenney(1986)의 매개효과 3단계 검증방법에 따라 실시한다.

1단계:

단순회귀분석 – 독립변수(외현적자기애) → 종속변수(대인관계문제)

◐ 분석 → 회귀분석 → 선형(L)을 선택한다.

● 독립변수에 '외현적자기애전체'를 종속변수에 '대인관계문제전체'를
　입력한다.

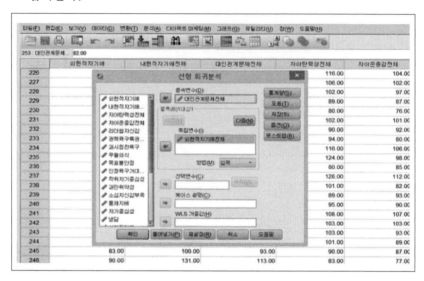

● 단순회귀분석(외현적자기애전체→대인관계문제전체)의 출력 결과를
　확인한다.

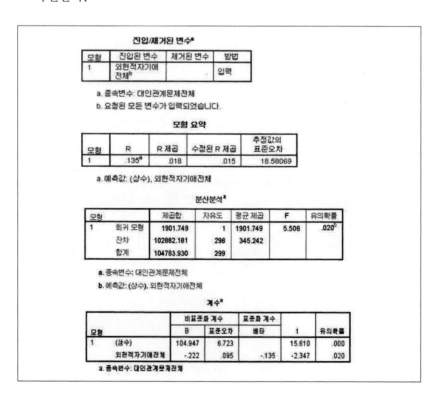

◐ 단순회귀분석의 출력 결과를 바탕으로 모형요약 및 분산분석 의미에 대해 알아보자.

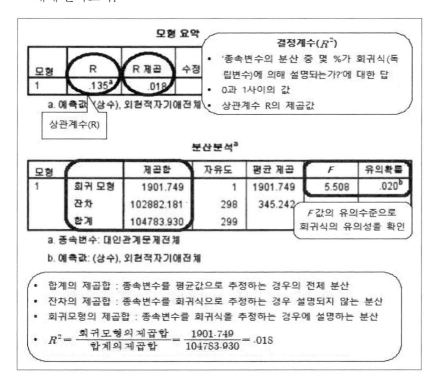

◐ 단순회귀분석의 출력 결과를 바탕으로 계수 의미에 대해 알아보자.

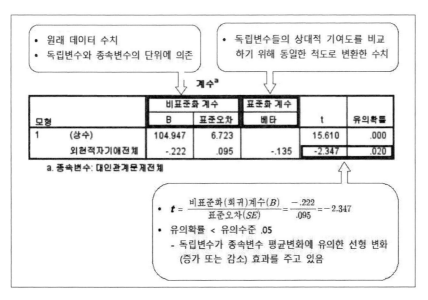

2단계:

단순회귀분석 – 독립변수(외현적자기애) → 종속변수(자아존중감)

⬤ 분석 → 회귀분석 → 선형(L)을 누른다.

⬤ 독립변수에 '외현적자기애전체'를, 종속변수에 '자아존중감전체'를 입력한다.

● 단순회귀분석(외현적자기애전체→자아존중감전체)의 출력 결과를 확인한다.

모형 요약

모형	R	R 제곱	수정된 R 제곱	추정값의 표준오차
1	.387[a]	.150	.147	10.65820

a. 예측값: (상수), 외현적자기애전체

분산분석[a]

모형		제곱합	자유도	평균 제곱	F	유의확률
1	회귀 모형	5958.438	1	5958.438	52.452	.000[b]
	잔차	33851.999	298	113.597		
	합계	39810.437	299			

a. 종속변수: 자아존중감전체
b. 예측값: (상수), 외현적자기애전체

계수[a]

모형		비표준화 계수		표준화 계수	t	유의확률
		B	표준오차	베타		
1	(상수)	63.884	3.857		16.565	.000
	외현적자기애전체	.393	.054	.387	7.242	.000

a. 종속변수: 자아존중감전체

3단계:

중다회귀분석 – 독립변수(외현적자기애, 자아존중감) → 종속변수(대인관계)

● 분석 → 회귀분석 → 선형(L)을 누른다.

○ 독립변수에 '외현적자기애전체'와 '자아존중감전체'를, 종속변수에 '대
  인관계문제전체'를 입력한다.

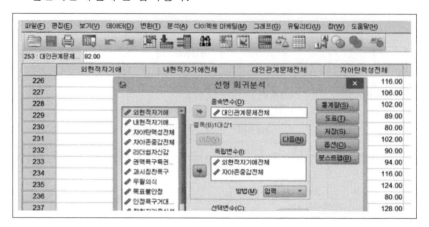

○ 옵션을 클릭하고 R제곱 변화량, 공선성 진단, Durbin-Watson을 체크
  한다.

● 중다회귀분석 출력 결과를 확인한다.

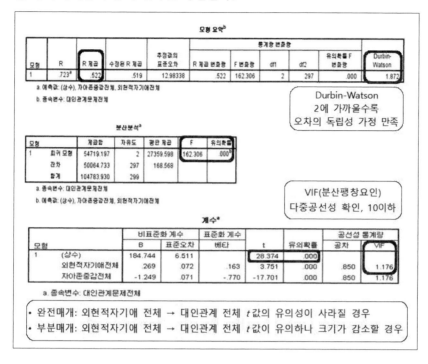

⇨ 데이터를 보고 〈표 4-17〉을 완성해 보자.

〈표 4-17〉 교사의 자기애적 성향 중 내현적 자기애, 자아존중감 및 대인관계문제의 중다회귀분석

단계	준거변인	예측변인	R^2	F	B	SE	β	t
1	대인관계문제	내현적 자기애						
2	자아 존중감	내현적 자기애						
3	대인관계문제	내현적 자기애 자아 존중감						
			$\Delta R^2 =$					

***$p < .001$

(7) 매개효과검정(간접효과 유의성 검증)

매개효과 유의성을 검증하는 방법에서 여기서는 Sobel test 방법과 부트스트래핑 방법(Bootstrapping method)을 소개하고자 한다.

① Sobel test

Sobel test를 하기위해 Sobel 식을 가져온다. 인터넷 검색창에 'Sobel test'라고 입력하면 바로 Sobel test 공식이 나오고 비표준화 회귀계수와 표준오차값을 차례로 넣어서 검증할 수 있다. 다음의 인터넷 주소를 바로 입력해도 가능하다.

(예시: http://danielsoper.com/statcalc3/calc.aspx?id=31)

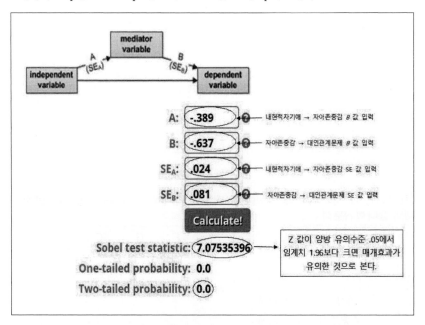

A: 내현적자기애가 자아존중감을 예언하는 회귀분석에서의 비표준화 회귀계수(B)
B: 자아존중감이 대인관계문제를 예언하는 회귀분석에서의 비표준화 회귀계수(B)
SE_A: 내현적자기애로 자아존중감을 예언하는 회귀분석에서의 표준오차
SE_B: 자아존중감으로 대인관계문제를 예언하는 회귀분석에서의 표준오차

→ 매개효과검정 시 Sobel test 통계값(Z)의 절대값이 양방 유의수준 .05에서 임계치인 1.96보다 크면 매개효과는 유의한 것으로 볼 수 있다.

② 부트스트래핑 방법(Bootstrapping method)

Sobel test가 갖고 있는 문제인 정상분포 가정의 위반 및 낮은 검증력을 보완한 방법으로 Hayes의 PROCESS Macro를 이용한 부트스트래핑 방법을 활용할 수 있다. 부트스트래핑 방법은 매개효과(ab)의 표준오차를 시뮬레이션을 통해 동일한 표본을 반복 추출함으로써 추정하는 방법으로 95% 신뢰구간(Biased-corrected CI)을 제시하고, 그 구간에 0이 포함되지 않으면 매개효과가 통계적으로 유의한 것으로 해석한다.

Hayes PROCESS Macro 설치방법은 다음과 같다.

◐ 다음의 주소에서 설치파일을 다운로드한다.

　http://www.processmacro.org/download.html

◐ SPSS 아이콘을 우측 클릭하여 관리자 권한으로 실행(A)을 클릭한다.

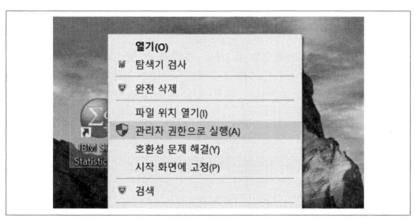

○ 유틸리티–사용자 정의 대화상자–사용자 정의 대화상자 설치(D)를 클릭한다.

○ 다운로드한 process.spd 파일을 열어 설치완료 메시지를 확인한다.

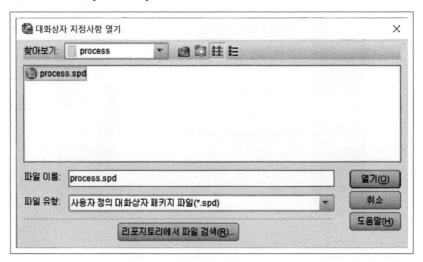

❖ 설치가 완료되면 SPSS 프로그램을 닫고 다시 실행하여 설치를 확인한다.
　분석-회귀분석-PROCESS. by Andrew F. Hayes(http://www.
　afhayes.com)

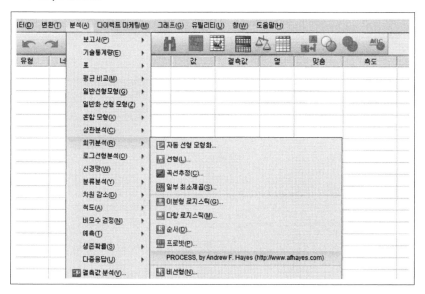

■ Hayes PROCESS Macro을 활용한 간접효과 유의성 검증

❖ 분석-회귀분석-PROCESS. by Andrew F. Hayes(http://www.
　afhayes.com)을 클릭한다.

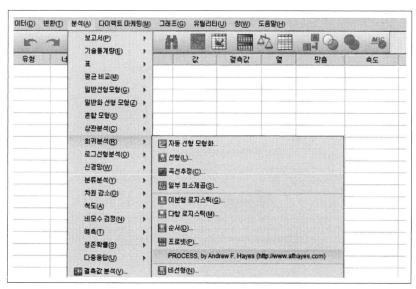

- Model Number에는 4, Bootstrap Samples에는 Bootstrap 횟수, Outcomes Variable에는 종속변인을, Independent Variable에는 독립변인을, M Variable에는 매개변수를 입력한다(변인명이 영어기준 8자 이상일 경우 Long names를 클릭한다).

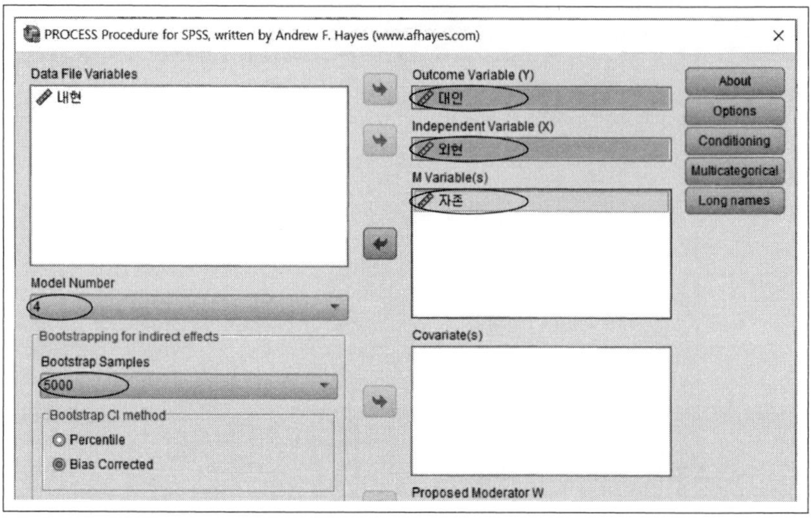

- Options을 열어 다음의 그림과 같이 V 표시한 후, 계속 → 확인을 누른다.

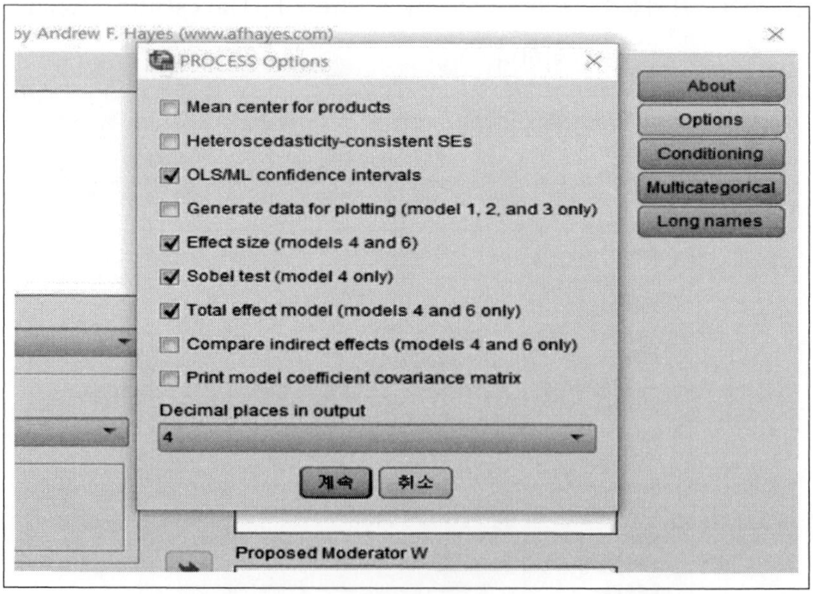

◐ 출력 결과 indirect effect의 LLCI와 ULCI 구간에 0을 포함하는지를 확
인한다.

```
***************** TOTAL, DIRECT, AND INDIRECT EFFECTS *****************

Total effect of X on Y
     Effect        SE         t          p        LLCI       ULCI
     .6667       .0365     18.2682     .0000      .5949      .7386

Direct effect of X on Y
     Effect        SE         t          p        LLCI       ULCI
     .4190       .0458      9.1508     .0000      .3289      .5092

Indirect effect of X on Y
             Effect     Boot SE    BootLLCI    BootULCI
자존         .2477       .0369      .1778        .3223

Normal theory tests for indirect effect
     Effect       se          Z          p
     .2477       .0350     7.0781      .0000
```

➡ 데이터를 보고 〈표 4-18〉을 완성해 보자.

〈표 4-18〉 자아존중감의 매개효과 유의성 검증 Bootstrapping 결과

경로	B	SE	95% 신뢰구간 (95% Biased-corrected CI)	
			하한	상한
내현적자기애 → 자아존중감 → 대인관계문제	.248	.037	.178	.322

주. 부트스트래핑 표본 수는 5,000번

3. 결과 작성 후 점검 사항

연구자는 결론 작성 후 자신의 연구목적에 맞게 결과가 분명하게 제시
되어 있는지를 다음의 점검 사항을 확인해 본다.

번호	점검 내용	확인	
		예	아니요
1	서론에 제시된 연구문제에 따른 연구 결과가 차례대로 정확하게 제시되었는가?		
2	연구목적과 관계된 자료가 제시되었는가?		
3	통계에 대한 관련 세부사항이 정확히 기술되었는가?		
4	결과가 분명하게 제시되었는가?		
5	표와 그림이 분명하게 작성되었는가?		
6	표, 그림의 번호와 본문에서의 표, 그림 번호를 일치시켰는가?		
7	결과들을 비교한 결과를 기술하였는가?		
8	결과를 선택, 정리하여 제시하였는가?		

제5장

논의

결과 부분에서는 아직 해석되지 않은 정보가 관련된 선행연구나 이론적 틀 속에서 논리적으로 해석되고 설명될 때 의미 있는 지식으로 바뀔 수 있다. 연구의 결과인 정보가 이해된다는 말은 그 정보가 관련 분야의 이론이나 선행연구 결과의 맥락 속에서 논리적으로 해석된다는 말이다. 단순한 정보에 불과한 연구 결과는 선행연구나 관련 이론과의 관계에 비추어 논리적으로 고찰되고 본 결과가 의미하는 바를 연구자의 생각들을 서술해야 비로소 의미 있는 지식으로 빛을 볼 수 있다. 따라서 논의 부분에서는 연구 결과의 전반적인 내용을 포괄적으로 다루며, 얻어진 연구 결과를 바탕으로 선행연구와 관련지어 연구자의 주관적 견해를 비교적 자유롭게 제시할 수 있다. 그러나 선행연구의 단편적인 부분만 골라서 논의하는 것은 바람직하지 않으며, 연구자의 연구 결과와 일치하지 않는 견해도 정직하게 기술해야 한다.

이 장에서는 관계연구논문 중 매개효과에 관한 논의 작성 시에 포함되어야하는 연구 결과에 대한 설명 및 해석, 연구의 의의 부분으로 나누어 제시하고자 한다. 특히 연구 결과에 대한 설명 및 해석에서는 '상관분석 결과에 관한 논의'와 '매개효과 결과에 관한 논의'에 대해 각각 자세히 살펴보고자 한다.

논의 작성 시 고려 사항

- **연구 결과에 대한 설명 및 해석**
  - −연구목적과 논의 방향 제시하기
  - −연구 결과 요약
  - −선행연구와의 일치점 혹은 불일치점
  - −일치 혹은 불일치에 대한 결과 설명 및 해석
  - −일치 혹은 불일치의 시사점
- **연구의 의의**
  - −이론의 증명에 의의 제시하기
  - −연구방법에 대한 의의 제시하기
  - −실질적 시사점에 대한 의의 제시하기

논의 작성 형식

본 연구의 목적은 (연구대상과 주요변인) 간의 관계를 파악하고, (연구주제에 따른 변인들)의 매개효과를 검증해 보는 것이었다.

본 연구에서 밝혀진 결과에 대하여 논의하면 다음과 같다.

첫째, 상관분석을 통해 (연구대상)이 지각하는 (독립변인, 매개변인, 종속변인) 간의 관계에 대해 살펴본 결과, (연구방법에 따라 얻은 연구결과)는 모두 유의미한 정적인 상관관계가 있었다. 이는 (결과에 대한 요약과 결과를 뒷받침하는 선행연구)의 결과와 일치한다. 이 연구 결과는 (결과에 대한 연구자의 해석)으로 알 수 있다.

−중 략−

마지막으로, 본 연구의 의의는 다음과 같다. (이론의 증명에 대한 의의, 연구방법에 대한 의의, 실질적 시사점에 대한 의의)가 있다.

1. 연구 결과에 대한 설명 및 해석 작성

매개연구 논의에 포함되어야 할 내용은 결과에 대한 요약과 결과를 뒷받침하는 선행연구들, 그리고 결과에 대한 연구자의 해석 부분으로 나눌 수 있다. 먼저, 연구 목적과 방법을 간단하게 요약 제시하고 앞으로 논의하게 될 연구 결과를 안내한다. 그런 다음, 연구문제에 따라 순차적으로 연구 결과가 어떤 의미를 지니는지 기존 연구 결과 및 이론에 비추어 해석해 나간다. 연구자는 연구 결과를 논의할 때, 그 연구의 기반이 되는 선행연구와 통합해서 결과를 제시하는 것이 바람직하다. 즉, 주요 연구 결과의 기술에서는 선행연구와 유사한 것, 유사하지 않은 것들을 제시할 수 있다. 유사하다면 어떤 의미를 나타내는 것인지, 선행연구와 일치하지 않으면 왜 차이가 있는지에 대해 대상의 특징으로 인한 것인지, 시대적인 상황에 의한 것인지, 이론적 기반으로 인한 것인지 등의 근거를 제시해야 하고 이를 해석해야 한다. 그리고 나서 본 연구 결과가 의미하는 바에 대해 연구자가 생각을 충분히 전개해서 결과에 의미를 담아야 한다.

따라서 논의에서는 연구의 주요한 결과를 제시하고, 이러한 연구 결과가 선행연구와 어떻게 연결되어 있는지를 제시한 후, 연구 결과가 나타내는 잠정적 가설을 선행연구와 관련시켜 해석하고 의미를 부여해야 한다.

다음에서는 실제 논문을 통해 논의에 대한 작성과정을 살펴보는데, 상관에 대한 논의와 매개효과에 대한 논의로 나눠서 살펴본다.

2. 논의 작성의 실제

1) 상관분석 결과에 관한 논의

상관분석은 관계연구에서 가장 기본이 되는 분석방법이므로 연구문제에서도 첫 번째 연구문제일 가능성이 높다. 따라서 논의를 작성할 때 보통 연구문제 순서로 작성하게 되는데 이때 가장 먼저 논의해야 될 부분이 된다. 한편, 복잡한 분석방법으로 분석을 했을 때는 상관에 대한 논의를 생략하기도 한다.

　상관분석 결과에 관한 논의를 할 때는 변인의 전체값과 전체값에 대한 결과를 중심으로 논의하면 된다. 결과의 통계적으로 유의하면 왜 유의하게 나왔는지, 또는 유의하지 않았다면 왜 유의하게 나오지 않았는지를 서술하게 된다. 논의 작성의 순서에 따른 논문 예시를 살펴보면 다음과 같다.

상관분석 결과 논의 작성 예시(유선희, 함경애, 2014)

👤 예시 1: 연구목적과 논의 방향 제시하기

본 연구의 목적은 중학생의 부모-자녀 의사소통, 자아분화수준, 학교적응 간의 관계를 파악하고, 그들이 지각하는 부모-자녀 의사소통과 학교적응과의 관계에서 자아분화의 매개효과를 검증해 보는 것이었다. 본 연구에서 밝혀진 결과에 대하여 논의하면 다음과 같다.

(논의 시작 부분에 연구목적 제시)

👤 예시 2: 연구 결과 요약

첫째, 상관분석을 통해 중학생이 지각하는 부모-자녀 의사소통, 자아분화수준 및 학교적응 간의 관계에 대해 살펴본 결과, 아버지와의 의사소통 및 어머니와의 의사소통과 학교적응은 모두 유의미한 정적인 상관관계가 있었다. 그리고 아버지와의 부정적 및 어머니와의 부정적 의사소통과 학교적응 전체와도 부적상관 관계가 있는 것으로 나타났다.

(상관분석 결과에 대해 요약 제시하되, 통계값을 제시하지 않음)

👤 예시 3: 선행연구와의 일치점 혹은 불일치점

이는 자녀가 부모와 긍정적인 의사소통을 하고 있다고 지각할수록 학교적응을 잘하고, 부모와 부정적인 의사소통을 하고 있다고 지각할수록 학교에 부적응한다는 것을 의미하는 것으로, 여러 선행연구들(이경희, 2006; 주현정, 1998)의 결과와 일치한다.

(일치하는 선행연구들을 제시함으로써 결과의 타당성을 높임)

👤 예시 4: 일치 혹은 불일치에 대한 결과 설명 및 해석

　이 연구 결과는 긍정적인 부모−자녀 간 의사소통으로 인해 형성된 친밀감, 신뢰감, 안정감, 긍정적 자아상 등이 중학생 자녀가 학교생활에 적응하는 데 필요한 학업동기를 유발하거나 또래관계 및 교사와의 관계 형성에서도 같은 작용을 하여 원만한 관계를 가지게 하는 것으로 해석할 수 있다.

> 선행연구와의 일치하는 결과가 의미하는 바를 연구자 나름으로 해석해서 제시

2) 매개효과 결과에 관한 논의

　서론에서 연구의 필요성을 제시하고 의문을 제기하였다면, 이에 대한 답을 제시하는 것이 논의에서 언급해야 할 중요한 부분이다. 따라서 서론에서 본 연구의 변인 사이의 관계 및 매개효과를 알아보는 것의 필요성을 언급했기 때문에 본 연구 결과가 의미하는 바를 논의에서 충분히 제시해야 한다. 다만, 매개효과 결과에 대한 논의를 작성할 때 주의해야 할 것은 간접효과인 매개효과에 대한 것만을 제시하는 것이 아니라는 점이다. 즉, 독립변인이 종속변인에 미치는 직접효과, 독립변인이 매개변인에 미치는 영향, 매개변인이 종속변인에 미치는 영향에 대한 것을 제시한 후에 독립변인이 매개변인을 거쳐 종속변인에 미치는 심리적 과정에 대한 간접효과가 의미하는 바를 제시해야 한다.

　매개효과 논문을 예시로 하여 논의 작성의 순서에 따라 살펴보면 다음과 같다.

매개효과 결과 논의 작성 예시(유선희, 함경애, 2014)

👤 예시 1: 연구 결과 요약

　둘째, 부모−자녀 의사소통을 예언변수로, 학교적응을 종속변수로, 자아분화를 매개변수로 하는 구조모형에서 부분매개 모형(가설모형)과 완전매개 모형(경쟁모형)을 비교한 결과, 완전매개 모형이 더 적합한 것으로 나타났다. 즉, 부모−자녀 의사소통이 자아분화에 유의한 정적

> 매개효과에 대한 연구 결과를 요약해서 제시. 이때 통계용어나 통계값은 삭제하고 제시

> 연구 결과를 좀 더 쉽게 풀어서 제시하여 독자의 가독성을 높임

인 영향을 미치며, 자아분화가 학교적응에 유의한 정적인 영향을 미치고, 부모-자녀 의사소통이 학교적응에 직접적인 영향을 미치지는 않는 완전매개 모형이 통계적으로 유의하게 나타났다.

👤 예시 2: 결과 설명 및 해석

연구 결과가 의미하는 바를 설명

이러한 결과는 부모-자녀의 공감적이고 친밀하며 존중과 신뢰를 바탕으로 한 무언의 지지가 포함된 긍정적 의사소통은 자녀들에게 정서적인 안정과 나이에 맞는 발달과제를 수행하는 데 도움이 된다는 점을 보여 주고 있다. 또한 부모-자녀 간 긍정적인 의사소통은 세대 간의

독립변인이 매개변인에 미치는 영향이 의미하는 바를 서술

차이를 좁혀 주며 세대간 갈등을 감소시켜 주고 원만한 부모-자녀 관계를 갖도록 도와주며 원만한 부모-자녀 관계를 형성하게 되어 가족 응집성 및 적응성을 높인다. 이러한 원만한 가족 관계에서 청소년들은 나는 누구인가에 대한 심도있는 자아정체감을 탐구하고 획득해 나갈 수 있다. 이 과정에서 가족과 미분화된 상태에서 생활하던 청소년이 가

매개변인이 종속변인에 미치는 영향을 서술

족으로부터 분리되어 자신만의 독립된 정체성을 형성하고 점점 독립된 주체로 자아분화수준을 높여 갈 수 있다. 또한 높은 자아분화수준은 자신의 삶에서 의식적인 통제가 가능하여 스트레스에 효율적으로 대처하고 이러한 높은 적응력을 발휘할 수 있게 된다.

👤 예시 3: 선행연구와의 일치점 혹은 불일치점

관련 선행연구들을 제시하여 본 연구 결과의 타당성을 높임

실제로 많은 연구에서 자아분화 수준이 높을수록 대인관계에서 타인의 영향을 적게 받기 때문에 자아분화수준이 높을수록 대인관계에 있어서 문제가 낮다고 보고하고 있다(정경연, 심혜숙, 2007). 또한 자아분화수준이 높을수록 스트레스를 적게 받으며, 스트레스 상황에 있어서도 적극적으로 대처하며, 정서보다는 문제 중심적으로 상황에 대처한다(배옥현, 홍상욱, 2008; 최연실, 김현영, 2005).

👤 예시 4: 일치 혹은 불일치에 대한 결과 설명 및 해석

선행연구 일치에 대한 결과 설명 및 해석을 제시함으로써 변인간의 관계연구 필요성에 대한 타당도를 뒷받침함

즉, 자아분화 수준이 높다는 것은 대인관계를 원활하게 맺고 외부의 스트레스를 덜 받으며 갈등상황을 적극적으로 대처한다고 요약할 수 있다. 따라서 높은 자아분화수준은 자아정체감을 혼돈 속에서 여러 또래들과 관계를 맺어야 하고 학업과 진로라는 과업을 수행해야 하는 청

소년들이 학교적응을 높이는 데 영향을 준다. 따라서 중학생의 자아분화수준은 학교적응에 관련된 매우 중요한 변인이라고 할 수 있다.

👤 **예시 5: 일치 혹은 불일치 결과에 대한 시사점**

그러므로 중학생이 부모-자녀 의사소통에 부정적 영향을 받아서 학교적응에 힘들어할 때, 그들의 자아분화수준을 높임으로써 일정 부분 학교적응을 잘하도록 도울 수 있을 것이다. 따라서 부모-자녀 의사소통과 학교적응의 영향에서 자아분화수준의 매개변인은 학교적응을 높일 수 있는 중요한 변인이며, 자아분화수준을 높임으로써 부모-자녀의 부정적 의사소통에서 오는 갈등과 부적응을 겪고 있는 학생들의 학교적응을 도울 수 있을 것이다. 이와 같은 결론은 어머니의 직접적인 영향권에서 벗어나 있는 학교현장에서는 중학생들의 부모-자녀 의사소통을 직접적으로 변화시키는 것은 어렵겠지만, 학교의 상담 장면에서 적용 가능한 프로그램 개발에 자아분화수준을 높여 줄 수 있는 전략들이 필수적으로 포함된다면 학생들이 학교생활에 잘 적응하는 데 도움이 될 것임을 시사한다.

> 매개변인의 중요성을 언급함으로써 본 연구의 시사점을 도출

> 매개변인의 중요성 확인을 통해 매개변인의 개입전략을 제시하여 연구의 시사점 도출

3. 연구의 의의 작성

연구의 의의는 연구 결과가 가지는 의미, 즉 이론, 방법론, 응용적 시사점 등에 대해 고찰하고 서술하는 부분이다. 먼저, 자신의 연구 결과가 기존의 이론들과 일치하는지, 그리고 왜 일치하는지 아니면 왜 일치하지 않은지 고민해 봐야 한다. 또한 기존의 이론이 현행 연구에서 연구되지 않은 대상들, 예를 들어 임상집단, 사회적으로 소외된 집단, 연령의 제한이 있는 대상 등을 기존의 이론을 적용해 봤는지에 대한 부분도 의의로 생각해 볼 수 있다.

연구방법과 관련해서 연구방법이 기존의 방법상의 중요한 차이점을 없는지, 이를 통해 진보한 점은 없는지도 살펴봐야 한다. 기존의 연구방법에서 매개연구를 예로 들면, 선행연구에서 위계적 회귀분석의 3단계

(Baron & Kenny, 1986) 분석방법으로 연구를 실행하였고 현재 연구에서는 연구방법을 구조방정식처럼 한 단계 진보된 연구방법을 사용하였다면, 이것 또한 연구방법이 가지는 의의라 할 수 있다. 또 다른 예로 기존의 변인 간의 연구를 살펴보는 횡단적 연구에서 종단적 연구를 했을 경우에도 연구방법에 큰 의의가 있다. 1년 6개월의 연구 기간 중, 6개월 정도의 시간적 간격을 두고 자료를 수집하고, 그 수집된 종단 자료를 기반으로 연구를 실시하였다면 변인 간의 인과관계를 면밀하게 살펴볼 수 있는 연구방법에서의 의의가 될 수 있다.

연구자의 연구가 실제 현장에서 어떻게 적용될지에 대해서도 구체적으로 고민해 봐야 한다. 관계연구에서 찾은 주요한 변인의 관계를 바탕으로 프로그램 개발이나 상담 적용 시 심리적인 적응을 돕는 데 도움을 줄 수 있는 기틀을 마련하는 것이 의의라 할 수 있다. 관계연구에서 자주 등장하는 매개변인으로 자아존중감, 공감 능력, 분노 표현 등이 있는데, 이런 주요 변인들은 프로그램 개발이나 개인 상담 시 내담자의 문제행동을 줄이거나 성장·변화시키는 데 근거를 마련할 수 있다. 즉, 집단상담 프로그램이나 교육 프로그램 개발, 개인 상담 시 변화 가능한 매개변인의 수준을 높여, 문제행동을 줄이거나 생활의 적응도를 높이는 데 바탕이 될 수 있다.

연구의 의의 작성 시 고려 사항

- 이론의 증명에 대한 의의
  - 연구 결과가 하나 이상의 이론과 일치하는가?
  - 연구대상을 확장해서 적용시켜 보았는가?
- 연구방법에 대한 의의
  - 기존 연구와 다른 새로운 연구방법을 실시하였는가?
  - 연구방법과 측정방법에 대한 의의는 무엇인가?
  - 기존에 사용한 측정도구와의 차이점은 무엇인가?
- 실질적 시사점에 대한 의의
  - 실제 현장에서의 적용 가능성은 어떠한가?
  - 일반화 가능성(연구대상, 실시 가능성 등)은 어떠한가?

관계연구 연구의의 작성 예시(유선희, 함경애, 2014)

  마지막으로 본 연구의 의의는 다음과 같다.

  첫째, 중학생을 대상으로 한 부모−자녀 간 의사소통과 학교적응의 관계에서 자아분화수준을 매개로 하여 효과를 살펴본 연구는 거의 없었다. 이는 중학생의 학교적응에 필요한 변인으로 자녀가 지각한 부모−자녀 간 의사소통과 그것과 정적상관 관계가 있는 자녀의 자아분화수준을 두었다는 것은 곧 가정에서의 부모−자녀 간 의사소통의 1차적 중요성을 밝혔다는 데 그 의의가 있다 하겠다.

  둘째, 중학생이 지각한 부모−자녀 간 의사소통과 학교적응과의 관계에서 자아분화수준이 완전매개 역할을 한다는 결과를 밝힘으로써 중학생들의 학교적응에 영향을 미치는 자아분화수준의 역할과 중요성을 밝혔다는 데 의의가 있다.

  셋째, 우리나라 현 교육제도에서 학생들이 학교에서 학업이나 관계에서 생기는 스트레스와 부모와의 부정적 의사소통으로 인한 갈등과 스트레스로 학교적응의 어려움을 겪고 있는 중학생을 위한 학교적응 지원 방안의 하나로 자아분화수준 향상 프로그램 개발의 중요성과 필요성을 밝힌 데 의의가 있다.

> 이론의 증명에 대한 의의: 연구 결과를 통한 독립변인의 중요성에 대한 인식을 높이는 데 의의를 둠

> 연구방법에 대한 의의: 완전매개라는 결과를 통해 매개변인인 자아분화의 역할과 중요성에 대한 의의

> 실질적 시사점: 현장에서의 적용 가능성에 대한 의의로 매개변인인 자아분화를 높이기 위한 방안으로 프로그램 개발의 중요성과 필요성 밝힘

4. 논의 작성 후 점검 사항

  연구자는 논의 작성 후 결과에 대한 요약과 결과를 뒷받침하는 선행연구들, 그리고 결과에 대한 연구자의 해석, 연구 결과가 가지는 의미 등이 명확히 제시되었는지를 다음의 점검 사항을 확인해 본다.

번호	점검 내용	확인 예	아니요
1	연구목적과 논의 방향이 제시되었는가?		
2	연구 결과와 요약이 명확하게 제시되었는가?		
3	연구 결과들만 나열한 것이 아니라 결과들을 논의하였는가?		
4	연구 결과와 선행이론들을 통합하였는가?		

5	선행연구와의 일치점 혹은 불일치점이 제시되었는가?		
6	일치 혹은 불일치에 대한 결과 설명 및 해석이 제시되었는가?		
7	일치 혹은 불일치의 시사점이 제시되었는가?		
8	이론의 증명에 대한 의의가 제시되었는가?		
9	연구방법에 대한 의의가 제시되었는가?		
10	실질적 시사점에 대한 의의가 제시되었는가?		

제6장

요약, 결론 및 제언

요약, 결론 및 제언 부분은 연구자가 연구를 전체 종합 · 요약하고, 앞으로 이어질 후속연구에 대해 제언하는 장으로 논문의 마지막을 정리하는 부분이라 할 수 있다. 주의할 점은 이 장을 서술할 때쯤이면 연구자가 많이 지쳐서 서둘러 논문을 마무리 짓고 싶어하여 정말 중요한 한계점이나 후속연구를 위한 제언을 소홀히 할 수 있다. 이러한 부분에 주의해서 끝까지 초심을 잃지 않고 마무리 작업에 임해야 할 것이다.

따라서 이 장에서는 관계연구에서의 요약과 결론, 그리고 연구에서의 한계점과 후속연구를 위한 제언에 대해 자세히 살펴보고, 작성 후 점검 사항을 살펴보고자 한다.

요약, 결론 및 제언 작성 시 고려 사항

• 요약
  - 연구목적 제시
  - 연구문제 제시
  - 대상과 변인들을 어떠한 방법으로 측정할 것인지 기술
  - 연구를 통해 밝혀진 결과를 연구문제 순서별로 기술

- **결론**
  - −연구 결과와 그 결과가 갖는 의미 제시
- **제언**
  - −연구의 한계점(연구 결과의 일반화, 연구대상, 측정도구, 방법론적 한계점) 제시
  - −후속연구를 위한 제언

요약, 결론 및 제언 작성 형식

1. 요약 및 결론

본 연구는 (연구대상)이 지각하는 (독립변인, 종속변인)의 관계를 알고, 그들이 지각하는 (독립변인, 종속변인)의 관계에서 (매개변인)의 매개효과를 검증하는 것을 목적으로 하였다.

연구문제 1. (연구대상)이 지각하는 (독립변인, 매개변인, 종속변인) 관계는 어떠한가?

연구문제 2. (연구대상)이 지각하는 (독립변인)과 (종속변인) 관계에서 (매개변인)의 매개효과는 있는가?

이 연구를 위하여 (연구대상 추출 장소, 정보, 표본크기)를 대상으로 (주요변인)을 측정하였다. 변인들 간의 관련성을 살펴보기 위해 (연구방법) 분석을 하였다.

본 연구를 통하여 밝혀진 결과를 요약하면 다음과 같다.

첫째, (연구대상)이 지각하는 (독립변인, 매개변인, 종속변인)의 관계에서 (연구대상)이 지각하는 (독립변인, 매개변인, 종속변인)과 유의한 정적 상관이 있는 것으로 나타났다. 또한 (매개변인)과 (종속변인)도 유의한 정적 상관관계로 나타났다.

둘째, (연구대상)이 지각하는 (독립변인)과 (종속변인)의 관계에서 (매개변인)의 매개효과를 살펴보기 위하여 (독립변인)이 (종속변인)에 미치는 효과와 (매개변인)을 통제한 후 (독립변인)이 (종속변인)에 미치는 효과를 분석하였다. 그 결과, (매개변인)이 통제되었을 경우 (독립변인)의 효과가 없는 것으로 보아 (매개변인)은 (독립변인)이 (종속변인)에 미치는 영향을 완전 매개하는 것으로 나타났다.

이상의 결과를 토대로 본 연구에서 도출된 결론은 다음과 같다.

(연구대상)이 지각하는 (독립변인)은 (종속변인)에 직접적인 영향을 주기보다는 (연구대상)의 (매개변인)을 완전매개로 하여 간접적으로 영향을 미친다. 그러므로 (연구대상)의 (종속변인)을 돕기 위한 한 방안은 (매개변인)의 중요성을 알고, 그들의 (매개변인)을 촉진시키는 프로그램을 연구 · 개발하는 것이라고 본다.

2. 제언

이상의 본 연구에서 밝혀진 사실과 본 연구가 가지는 한계점을 토대로 후속연구를 위한 몇 가지 제언을 하면 다음과 같다.

첫째, (연구대상의 한계) 필요가 있다. 따라서 (후속연구를 위한 필요성)이 있다.

둘째, (선행연구나 연구자의 연구 결과)를 기반으로 한 (새로운 후속연구)를 할 필요가 있다.

셋째, (검사도구의 한계점)이 있다. (검사도구의 한계에 대한 대안 제시)가 있다.

1. 요약 및 결론 작성

요약 및 결론은 논문의 전체 내용을 종합하여 간략하게 정리하는 부분으로 논문의 마지막에 두는 것이 보통이나 첫머리에 실리기도 한다. 요약 및 결론을 서술하는 이유는 논문 전체를 읽지 않더라도 연구의 전체 윤곽을 파악할 수 있도록 하기 위해서이다. 따라서 연구의 전체적인 내용 중에서 핵심적인 부분만을 가져와서 간결하면서도 포괄적인 요약과 결론이 제시되어야 하며, 분량은 1~2면으로 한다.

요약 및 결론 진술 시 유의 사항은 다음과 같다.

① 연구의 전체 윤곽이 제시되어야 하되, 특별한 경우를 제외하고는 이론적 배경은 제시하지 않는다.

② 너무 길지 않게 작성한다.

③ 본문에서 언급한 통계치나 통계적인 세부 사항은 다시 언급하지 않는다.

④ 요약 및 결론의 내용을 영문초록으로 작성한다.

1) 요약

논문 요약은 논문의 모든 내용이 포함되어야 하며, 그중에서 중요한 내용만을 골라 간략하게 서술하되 요약만 읽더라도 논문의 전체 내용이 이해되어야 한다. 연구를 요약할 때에는 연구의 목적, 연구문제, 연구대상, 연구방법, 연구 결과를 차례로 간략한 문장으로 기술하며, 특별한 경우가 아니면 이론적 배경을 요약하여 제시할 필요는 없다.

먼저, 왜 이 연구를 하게 되었는지 그 목적은 무엇인지 간단히 서술하고, 목적에 따른 연구문제를 제시한다. 다음으로, 연구대상에 대한 세부 사항(표본추출 장소, 특성에 대한 정보, 표본 크기 등)과 연구방법 등을 작성한다. 연구방법의 경우, 분량에 제한이 있으므로 연구방법의 중요한 특징만을 간략하게 서술하되, 연구방법이 논문의 핵심이거나 새로운 방법 혹은 복잡한 경우에는 상세히 쓸 필요가 있다. 요약 부분에는 결과가 중요하며, 결과에 대한 서술이 요약의 상당 부분을 차지한다. 결과 서술 시 통계적 전문용어를 가능한 한 사용하지 않으면서 결과를 분명하게 기술해야 한다.

2) 결론

결론은 논의를 통한 결론 도출의 과정이며 연구 결과에 대한 일반화 과정이다. 결론 부분에서는 연구 결과에 따라 도출된 결론을 제시하며, 결과의 의의를 판단하는 데 필요한 핵심적인 사항을 기술한다. 한 문단에서 순서적으로 연구 결과는 어떠하며, 그 결과가 어떠한 의미가 있는지를 서술한다. 이 부분은 연구자의 연구 결과에 따른 독창성이 있어야 하므로, 이전 연구 결과의 참고 자료를 인용해서는 안 된다.

요약 및 결론 작성 예시(유선희, 2013)

👤 예시 1: 연구목적, 문제, 대상, 방법, 결과 요약 제시

　　본 연구는 중학생이 지각하는 부모-자녀 간 의사소통, 자아분화수준, 학교적응 간의 관계를 알고, 그들이 지각하는 부모-자녀 간 의사소통과 학교적응과의 관계에서 자아분화수준의 매개효과를 검증해 보는 것을 목적으로 하였다. ▷ 본 연구의 목적 요약 제시

　연구문제 1. 중학생이 지각하는 부모-자녀 간 의사소통, 학교적응, 자아분화수준 간의 관계는 어떠한가?

　연구문제 2. 중학생이 지각하는 부모-자녀 간 의사소통과 학교적응과의 관계에서 자아분화수준의 매개효과는 있는가? ▷ 연구문제 제시: 관계 연구에서 문제는 먼저 상관분석에 대한 제시 후, 매개효과에 대해 제시해야 함

　　이 연구를 위하여 울산광역시 소재 중학교 2, 3학년 학생 565명을 대상으로 부모-자녀 간 의사소통수준, 학교적응, 자아분화수준을 측정하였다. ▷ 표본(연구대상)의 추출장소 / 표본(연구대상) 특성에 대한 정보 / 표본(연구대상)의 크기

　　변인들 간의 관련성을 살펴보기 위해 상관분석을 실시하고, 매개효과를 알아보기 위해 AMOS Version 7.0 통계 프로그램을 활용하여 구조방정식 모형(Structural Equation Modeling: SEM) 분석을 하였다. ▷ 연구문제에 따라, 어떠한 연구법을 사용하여 분석했는지 요약 제시

　　본 연구를 통하여 밝혀진 결과를 요약하면 다음과 같다.

　　첫째, 중학생이 지각한 부모-자녀 간 의사소통, 자아분화수준 및 학교적응의 관계에서 중학생이 지각한 부모-자녀 간 의사소통은 자아분화수준 및 학교적응과 유의한 정적상관이 있는 것으로 나타났다. 또한 자아분화수준과 학교적응도 유의한 정적상관관계로 나타났다. ▷ • 연구문제 1의 결과 제시 • 상관분석 결과 서술: 독립변인과 매개변인 및 종속변인의 정적상관 결과 제시, 매개변인과 종속변인의 정적상관 결과 제시

　　둘째, 중학생이 지각한 부모-자녀 간 의사소통과 학교적응의 관계에서 자아분화수준의 매개효과를 살펴보기 위하여 부모-자녀 간 의사소통이 학교적응에 미치는 효과와, 자아분화수준을 통제한 후 부모-자녀 간 의사소통이 학교적응에 미치는 효과를 분석하였다. 그 결과, 매개변인인 자아분화수준이 통제되었을 경우 부모-자녀 간 의사소통의 효과가 없는 것으로 보아 자아분화수준은 부모-자녀 간 의사소통이 학교적응에 미치는 영향을 완전매개하는 것으로 나타났다. ▷ • 연구문제 2의 결과 제시 • 매개효과 결과 서술: 매개변인을 통제하였을 경우, 독립변인이 종속변인에 효과가 없는 것으로 나타나 매개변인은 독립변인과 종속변인에 미치는 영향은 완전매개하는 것으로 나타난 완전매개 결과 제시

연구 결과에 따라 도출된 결론 요약 제시

연구 결과에 대해 간략하게 종합해서 제시

연구 결과가 갖는 의미

> 👤 예시 2: 결론 제시
>
> 이상의 결과를 토대로 본 연구에서 도출된 결론은 다음과 같다.
> 중학생이 지각하는 부모-자녀 간 의사소통은 학교적응에 직접적인 영향을 주기보다는 중학생 자녀의 자아분화수준을 완전매개로 하여 간접적으로 영향을 미친다. 그러므로 중학생의 학교적응을 돕기 위한 한 방안은 자아분화수준의 중요성을 알고, 그들의 자아분화수준을 촉진시키는 프로그램을 연구·개발하는 것이라고 본다.

2. 제언 작성

처음 연구를 설계할 때부터 연구과정에서 일어날 법한 실수나 오류를 줄이도록 해야 한다. 그러나 연구 도중 어쩔 수 없는 제한점이 발견된다면, 다음 후속연구를 위해서 분명하게 이를 밝히고 가능한 범위 안에서 대안을 제시해야 한다.

제언은 연구 진행 중에서 부득이하게 발생한 문제나 연구대상, 측정도구, 연구방법 등에서 오는 한계를 밝히고, 이러한 문제점이나 연구 결과를 토대로 후속연구를 위한 연구자의 의견을 제시하는 부분이다. 이는 후속 연구자에게 도움이 될 뿐 아니라 연구내용을 자세히 설명하기 위해서도 필요하다. 제언의 항목 수는 연구주제에 따라 달라지겠지만, 보통 3~5개 이내로 제한한다. 각 제언마다 한두 문장씩 더 자세한 논평을 달아 두며, 시제는 '~ 할 필요가 있다.'처럼 미래형으로 사용한다.

1) 연구의 제한점

연구의 제한점은 형식적으로 서술하는 것이 아니라 실질적으로 연구과정에서 겪은 문제에 따른 한계점을 기록하는 부분이다. 모든 연구는 완벽하지 않으며, 나름대로의 한계점을 가지고 있다. 가장 흔하게 언급되는 것이 연구 결과의 일반화에 대한 한계이다. 예를 들어, 예시한 논문에서

울산의 중학생을 대상으로 연구가 진행되었다면 이 연구의 결과를 전국
의 중학생으로 일반화하기에는 어려움이 있을 수 있다. 이것이 바로 연구
의 한계이다. 연구대상을 비확률적 표집으로 추출한 경우 역시 일반화에
대한 한계일 수 있으며, 측정도구의 신뢰도나 타당도에 대한 문제도 한계
점이 될 수 있다. 관계연구에서는 특히 연구대상자들의 응답에 대한 진실
성에 제한을 받으므로, 이 부분에 대해 밝히는 것이 필요하다.

　논문에 제시되는 제한점은 다음과 같다.

제한점 작성 시 고려 사항

- 연구 결과의 일반화의 한계점 제시
  - 특정 지역의 특정 대상 조사 결과
- 연구대상의 한계점 제시
  - 표본의 일반화 가능성: 비확률적 표집인 경우
  - 설문 대상자 수가 충분하지 못한 경우
- 측정도구의 한계점 제시
  - 자기보고식 측정도구의 문제: 비정직한 응답, 사회적으로 옳은 응답 등
  - 측정도구의 신뢰도, 타당도 문제
- 방법론적 한계점 제시
  - 횡단자료에 대한 문제점

---

2) 후속연구를 위한 제언

　연구자는 도출된 연구 결과를 바탕으로 어떠한 후속연구를 할 것인지
스스로에게 자문해 보고, 후속연구의 방향을 고민해 보아야 한다. 자신의
연구를 통해 무엇을 알아내고 찾았는지도 중요하지만 자신의 연구를 기
초로 해서 앞으로 어떤 연구를 더 해야 할지를 독자에게 전달하는 것도 매
우 중요하다. 논문을 읽는 독자가 후속연구를 위한 제언에서 아이디어를
얻어 연구를 실행함으로써 새로운 이론이 창출될 수 있기 때문이다. 논문
에서의 제언은 후속 연구자에게 새로운 연구를 시작하게 하는 출발점과

같은 역할을 하며, 연구자의 연구가 단편적으로 끝나는 것이 아니라 지속적으로 이어지게 하는 역할을 한다는 것을 명심해야 한다.

한편, 가끔 제언을 마치 연구자 자신이 하지 못한 숙제를 떠넘기는 것처럼 작성하는 경우도 있으므로 주의해야 한다. 제언은 연구자의 연구 결과나 논의, 한계점을 바탕으로 구체적으로 작성되어야 한다. 즉, 자신의 연구에 나타난 특이한 결과, 연구 진행과정에서 발견한 한계점이나 새로운 아이디어, 연구할 만한 가치를 지닌 것, 연구로써의 구현 가능성이 있다고 생각하는 연구방법과 방향을 상세히 제시해야 한다.

논문에 제시되는 제언의 내용은 다음과 같다.

후속연구를 위한 제언 작성 시 고려 사항

- 한계점의 내용을 기반으로 한 후속연구 제시
  - 연구대상 일반화의 문제: 한 지역 대상이 아닌 전국 단위의 대상으로 모집
  - 연구대상의 표집방법: 확률 표집방법 사용
  - 측정도구의 문제: 신뢰도와 타당도가 높은 검사의 개발하거나 설문조사 외에 행동관찰이나 개인적 면담 등과 같은 다양한 측정방법을 사용
- 후속연구에서 발전시켜야 할 방향 제시
  - 선행연구와 연구자의 연구를 종합한 연구 결과를 기반으로 한 다양한 방법
  - 횡단자료에 대한 한계점의 경우 종단자료로 재검증 필요성
  - 후속연구에 충분히 고찰해 볼 필요성이 있는 다양한 변인

연구대상의 표집방법 제한점
연구 결과 일반화에 대한 한계점

연구대상에 대한 한계점과 대안 제시

제언 작성 예시(유선희, 2013)

이상의 본 연구에서 밝혀진 사실과 본 연구가 가지는 한계점을 토대로 후속연구를 위한 몇 가지 제언을 하면 다음과 같다.

첫째, 본 연구의 대상을 울산광역시에 소재하는 중학교 2학년, 3학년에 재학 중인 학생들을 표집대상으로 제한하였기 때문에 연구 결과를 일반화하기에는 무리가 있다. 따라서 연구대상의 표집을 초·중·고등

학생으로 확대하고 세분화하여 후속연구를 할 필요가 있다.

둘째, 자아분화가 성별, 나이에 따라 차이를 보인다는 것이 여러 선행연구에 의해 입증된 바, 학교적응에 영향을 미치는 요인을 좀 더 명확히 살펴보기 위하여 초 · 중 · 고등학생 전체를 비교대상으로 할 필요가 있다.

셋째, 본 연구에서 사용한 척도들은 자기보고 방식으로 이루어졌으므로 방어적 태도로 응답하여 실제보다 과장되거나 축소되었을 가능성이 있다. 특히, 자아분화수준척도나 학교적응척도의 경우 부정적인 내용들이 존재하므로 답변이 왜곡되었을 가능성이 있다. 또한 이러한 자기보고식 검사의 한계를 극복하기 위해 다양한 방식의 검사를 연구할 필요가 있다.

> 선행연구와 연구자의 연구를 기반으로 한, 새로운 후속연구 제시

> 검사도구의 한계점

> 검사도구의 한계에 대한 대안 제시

3. 요약, 결론 및 제언 작성 후 점검 사항

연구자는 요약, 결론 및 제언 작성한 후 연구 목적이나 방법 및 연구 문제와 결과가 정확하게 제시되었는지, 연구의 한계를 명확히 밝히고 후속연구를 위한 연구자 자신의 의견이 제시되었는지에 대해 다음의 점검 사항을 확인해 본다.

번호	점검 내용	확인	
		예	아니요
1	어떠한 내용인지 대략적으로 파악할 수 있게 제시되었는가?		
2	서론에서 제시된 연구목적이 기술되었는가?		
3	연구방법이 구체적이고 명확하게 제시되었는가?		
4	연구 결과가 정확하게 제시되었는가?		
5	결론이 지나치게 과소 · 과대 평가한 것은 아닌가?		
6	연구문제와 방법 및 결과에 이르는 일관적 결론이 도출되었는가?		
7	자신의 연구와 관련된 부분만 제언을 하였는가?		
8	연구의 한계점을 명확히 알고 제시하였는가?		

| 9 | 본 연구를 통해 얻을 수 있는 실질적인 응용방법이나 개선안이 제시되었는가? | | |
| 10 | 후속연구를 위하여 앞으로 살펴보아야 할 문제와 쟁점이 제시되었는가? | | |

제7장

참고문헌 및 영문초록

1. 참고문헌 작성

참고문헌이란 본문에서 실제로 인용 또는 언급한 자료들을 일정한 형식에 맞게 제시하는 목록이다. 참고문헌 작성 방법은 제2부의 제7장을 참고하기 바란다.

2. 영문초록 작성

영문초록(abstract)은 논문의 내용을 꼭 필요한 부분만을 추려서 축약해 놓은 요약이다. 기본적으로는 요약 및 결론의 내용을 바탕으로 추가적인 설명을 포함하여 만든다. 즉, 영문초록의 생명력은 간결성과 정확성이므로 화려한 수식어나 추상적인 형용사와 부사의 사용을 자제한다. 영문초록은 전산시스템에서 논문 검색에 필요한 자료로 사용되므로 논문의 핵심내용을 나타내는 용어들을 사용한다.

초록의 내용은 연구목적(purpose or aim or goal), 연구방법(method), 결

과(result or findings)의 핵심적인 부분과 제언(suggestion) 등을 포함한다.

영문 요약은 250단어 이내로 Background, Methods, Results, Conclusion 등 4개 부분으로 나눈 규정된 형식을 사용한다. 그리고 복문, 장문으로 구성되는 복잡한 문장은 쉼표(,), 아포스트로피(') 등을 활용하여 알아보기 용이하도록 한다. 한편, 학위논문 내용의 중심이 되는 단어를 6개 이내로 선정하여 초록의 끝부분에 주제어(keywords)를 제시해야 한다. 컴퓨터를 이용한 문헌검색을 하는 현 시대에서 자신의 연구논문이 보다 자주 인용되기 위해서는 검색할 때 쉽게 발견되도록 주제어 선정에 신경을 쓰는 것이 필요하다.

영문초록 작성 형식

- 모든 간격은 더블 스페이스(double space)이며, 제목은 가운데 정렬
- 저자명, 전공, 학위, 소속 학교명 기재
- 지도교수명 기재
- 연구목적 서술(첫 문단 1/2인치 들여쓰기)
- 연구대상 및 자료 처리에 대한 서술
- 연구문제 서술
- 결과에 대한 내용을 간략하게 제시
- 연구의 제한점과 제언에 대해 서술
- 주제어 기술

영문초록 작성 예시(유선희, 2013)

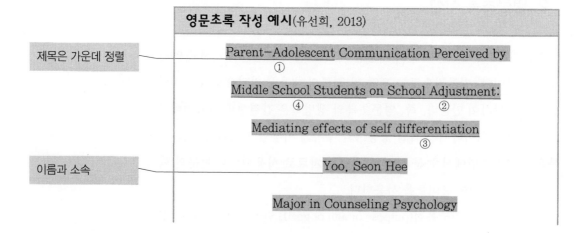

제목은 가운데 정렬

Parent-Adolescent Communication Perceived by
①
Middle School Students on School Adjustment:
④   ②
Mediating effects of self differentiation
③

이름과 소속

Yoo, Seon Hee

Major in Counseling Psychology

Graduate School of Education
Kyungsung University

Advisor: Cheon, Seong Moon

지도교수명

Abstract

The purpose of this study was to investigate the mediating effects of self differentiation on the relation between the parent-adolescent communication perceived by middle school students and their school adjustment.

연구목적 서술(1/2 inch 들여쓰기)

For this study, questionnaires measuring the parent-adolescent communication, the school adjustment, and self differentiation were completed by 565 middle school students in Ulsan. Correlation analysis, SPSS Version 18.0, was applied to find out the correlation among these variables. To verify the mediating effect of self differentiation on the association between the parent-adolescent communications and the school adjustment, AMOS Version 7.0 was applied, too.

연구대상 및 자료처리에 대한 서술

The findings of this study were as follows:

연구문제 서술

First, the parent-adolescent communication was correlated positively with the school adjustment and self differentiation in the correlation among them. Self differentiation was correlated positively with the school adjustment.

Second, the parent-adolescent communication and school adjustment were mediated completely by the self differentiation.

The conclusion deduced from the results of this study is as follows:

결과에 대한 내용 정리

The parent-adolescent communication perceived by middle school students influences the school adjustment indirectly rather than directly, by mediating the self differentiation. As the parent-adolescent communication alone didn't have an influence on the school adjustment, the self differentiation was revealed to be very critical variable that had an impact on the self differentiation. Therefore, to help middle school students adapt to school life, the self differentiation need to be thought of as very important.

Limitations to the current study and recommendations for future research were discussed.

Keyword: ①, ②, ③, ④

연구의 제한점과 제언에 대해 서술

1) 영문 표현의 유의 사항

(1) 영문초록의 내용

• 초록의 내용은 독자가 연구 결과의 의미와 중요성을 인식하도록 결과 중심으로 써야 하며, 실험 논문의 경우 방법론, 결과, 주요 의미를 수록해야 한다. 문헌조사 논문의 경우 대상 논문들의 주요 내용이 객관적 시점에서 검토되며, 주로 현재시제로 쓰인다. 독자의 배경 지식이 충분하다고 판단되면 첫 문장부터 결과를 도입하고, 일반인 대상일 경우 먼저 배경 지식과 일반적 관련 분야를 한두 문장 언급하는 것도 좋다.

• 배경 설명이 길어지면 주제를 상술한 공간이 줄어들기 때문에 배경 소개는 서론에 삽입하고 결론 소개에 집중하는 것이 좋다. 배경 설명이 길어지는 오류를 피하려면 직접 'This paper(study, research)'를 주어로 시작할 수도 있다.

👤 예시 1

This paper develops and tests hypothesis about characteristics of organizations and their environments that favor the proliferation of detailed job titles to describe work roles.

> 👤 **예시 2**
>
> This study(paper, research, report, investigation…)
> reports(describes, determines, disputes, plans to, develops,
> shows, examines)…

> 👤 **예시 3**
>
> The main purpose of this article is to derive…

(2) 영문초록의 시제

• 본문 내용을 소개할 때는 현재 시제를 쓴다.

> 👤 **예시 1**
>
> This study explores the influence of demographic factors on
> the attitudes…

> 👤 **예시 2**
>
> Hypotheses are offered regarding…
> The investigators suggests inplications…

• 연구에서 사용된 방법과 결과, 결론을 기술할 때는 과거 시제를 사용
  한다. 많은 저자들이 모든 초록을 현재로 쓰는 것을 선호하는데, 직
  접 독자에게 생생하게 웅변하는 효과는 있으나 과거로 쓰는 것이 정
  확하다. 방법과 결과가 현재로 기술되면 마치 배경지식이나 서론의
  소개 부분처럼 들리게 된다.

> **👤 예시 3**
>
> Studies showed that L.Wilkommii was transmitted from natural virgin forest to plantations through wind-born ascocarps infecting dead buds and branches as well as wounds.

- 수학적 · 이론적 내용 등 변치 않는 사실일 경우에는 현재 시제를 쓰기도 한다. 다음 예시는 결과의 의미를 논의하는 것으로서 변치 않는 내용으로 기술된다.

> **👤 예시 4**
>
> Analysis of questionnaire data from 51… shows that even though the these pairs are in very similar positions and share similar orientations… The reasons seem not to lie in complications…

- 미래 시제는 피한다. 영문초록에 미래형 시제를 쓰게 되면, 아직 연구가 덜 진행되었다는 느낌, 이 연구를 통해 발견한 점이 아직은 없다는 모호한 느낌을 준다.

> **👤 예시 5**
>
> The current study will explore… (×)

(3) 영문초록의 문법적인 사항들

- 수동태, 능동태형 중 한 형태를 정하여 일관되게 작성한다. 근래에 대부분의 논문은 수동형으로 작성하나 작성자의 기호에 따라 능동형으로 작성하기도 한다.

> **👤 예시 1**
>
> Parenting behavior was measured···

> **👤 예시 2**
>
> But no difference was found in the level···

- We, I, You 등의 인칭대명사로 시작하는 표현은 가급적 피하는 것이 바람직하므로 3인칭을 사용한다.
- 동일한 주어를 세 번 이상 연이어 반복하지 않는 것이 좋다.
- 영문초록의 제목은 관사, 전치사 및 접속사를 제외한 모든 단어는 첫 철자만 대문자로 표기한다.

> **👤 예시 3**
>
> Impact of Parental ADHD Symptoms on Parenting Behavior and their Children's ADHD Symptoms

제8장

부록

　부록은 독자의 이해를 돕기 위해 연구와 직접 관련이 있는 내용이지만 본문에 한꺼번에 제시하기 힘든 내용을 넣는 부분이다. 주로 연구방법에서 측정도구로 사용한 설문지, 또는 본문의 내용과 관계있는 도표와 보충 자료 등을 제시한다. 이러한 것들을 부록에 수록함으로써 본문을 간결하게 만들 수 있다.

　부록은 영문초록 뒤에 넣어서 논문의 전체 흐름에 방해가 되지 않도록 해야 하며, 부록의 제시 순서는 본문의 내용 순서에 따라야 한다. 부록이 한 개라면 〈부록〉이라는 제목을 붙이고, 두 개 이상이라면 〈부록 1〉, 〈부록 2〉와 같이 일련번호를 붙여 각각 새로운 페이지에 제시한다.

부록 작성 시 고려 사항

- 설문지 배부 시 안내 사항
  - 연구대상자의 권리와 비밀 보호에 대한 안내
  - 설문지 배부 날짜와 연구자에 대한 설명
- 설문지 작성에서의 인구통계학적 특성 조사
- 측정도구 설문지
  - 〈부록 1〉, 〈부록 2〉 순으로 제시

부록 작성 예시

👤 예시 1 : 설문지 배부 시 작성 안내

부록 맨 처음에는 설
문지 작성 전 안내 사
항을 제시

연구대상자의 권리와
비밀 보호에 대한 안내

설문지 배부 날짜와
연구자에 대한 사항

설 문 지

안녕하십니까?

본 설문 작성을 위해 귀중한 시간을 내어 주셔서 감사합니다.

이 설문지는 중학생들에 대한 이해를 돕기 위한 연구에 사용되는 것입니다. 여러분의 솔직한 응답은 중학생의 학교적응 연구에 매우 귀중한 자료가 될 것입니다.

응답해 주신 소중한 자료는 학술 연구에만 사용할 것을 약속드리며, 다른 어떤 목적으로도 사용되지 않을 것입니다. 성명을 기입하지 않으므로 여러분의 사적인 내용은 철저히 비밀이 보장되며, 모든 문항의 기록과 분석은 컴퓨터로 처리되며 연구가 끝난 이후에는 안전하게 폐기할 것을 약속드립니다.

각각의 질문은 옳거나 틀린 답이 없으므로 응답하실 때는 여러분의 생각과 느낌에 따라 솔직하게 답변해 주시면 됩니다. 다만 한 문항이라도 응답을 하지 않으면 연구자료로 활용할 수 없게 되므로 모든 질문에 빠짐없이 응답해 주시기 바랍니다.

여러분의 성실하고 진지한 응답은 본 연구에 귀중한 자료가 될 것입니다.

귀중한 시간 내어 주시고 본 설문조사에 협조해 주셔서 대단히 감사합니다.

2000년 ○○월

소속: ○○대학교 상담심리전공

지도교수: ○○○

연구자: ○○○

e-mail: (○○○○)

👤 예시 2 : 설문지 작성에서의 인구통계학적 조사

※ <mark>아래의 사항은</mark> 여러분에 대한 기초 자료입니다. 중요한 사항이오니 해당란에 빠짐없이 응답해 주시기 바랍니다.

1. 성　　별: ① 남 (　　　)　② 여 (　　　)
2. 학　　년: ① 2학년 (　　　)　② 3학년 (　　　)
3. 부모관계: ① 아버지/어머니 다 계심 ② 아버지만 계심
　　　　　　 ③ 어머니만 계심　　④ 아버지/어머니 다 안 계심

> 연구대상자의 인구통계학적 특성: 인구통계학적 특성 조사는 설문 대상자들의 방어를 최소화하기 위하여, 실제 설문조사 시 설문지 맨 뒤에 넣기를 권함

👤 예시 3 : 논문에서의 부록(설문지) 첨부

〈부록 1〉

> 〈부록 1〉 표시는 왼쪽 끝으로, 부록마다 통일. 부록 제시 순서는 부록1 독립변인 / 부록 2 종속변인 / 부록 3 매개변인의 순으로 제시

의사소통 척도

※<mark>다음은 여러분이</mark> 부모님과 대화를 어떻게 하고 있는지를 알아보기 위한 설문입니다. 제시된 문항을 보고 여러분의 현재 모습과 가장 비슷하게 해당되는 번호를 어머니/아버지 칸에 각각 적어 주시기 바랍니다.

> 측정도구의 제목을 맨 위에 제시. 실제 연구대상들에게 설문지를 배부할 때는 측정도구 제목이 연구자의 설문에 영향을 줄 수도 있으므로 측정도구 이름을 삭제해야 함

보기	① 전혀 아니다	② 약간 아니다	③ 보통이다	④ 약간 그렇다	⑤ 매우 그렇다

> 실제 설문를 돌릴 때 제시한 문구를 작성
>
> 채점 점수의 의미
>
> 문항 내용
>
> 측정도구에 작성된 모든 문항 제시(1~44번)

번호	문항	어머니	아버지
1	나는 어머니/아버지가 친구같이 편하다.		
2	나는 어머니/아버지와 마음 편히 대화한다.		
3	나는 어머니/아버지와 대화하는 시간이 즐겁다.		
4	나는 어머니/아버지와 이메일이나 문자 등을 자주 주고받는다.		
5	나는 말하기 어려운 경험에 대해 어머니/아버지와 솔직히 대화한다.		
6	나는 어려운 일이 있을 때 어머니/아버지와 상의한다.		
7	어머니/아버지는 기분에 따라 말씀하시는 게 다르다.		
8	어머니/아버지는 내가 하는 일에 관심을 갖고 늘 격려해 주신다.		
9	어머니/아버지는 나의 용기와 의욕을 북돋아 주신다.		
10	어려운 일이 있을 때 어머니/아버지와 대화를 하고 나면 힘이 난다.		
11	성적이 떨어지면 어머니/아버지는 다음엔 잘할 수 있을 거라고 용기를 주신다.		

12	어머니/아버지는 언제나 나의 말을 먼저 들어주신다.		
13	어머니/아버지는 나의 말을 끝까지 잘 들어주신다.		
14	어머니/아버지는 나의 의견을 자유롭게 말할 수 있게 해 주신다.		
15	어머니/아버지는 나의 의견을 존중해 주신다.		
16	어머니/아버지는 나와 대화할 때 적극적으로 반응해 주신다.		
17	어머니/아버지는 내 마음을 잘 이해해 주신다.		
18	어머니/아버지는 내가 잘못한 일에 대해 무조건 혼내기보다는 우선 나의 입장을 생각해 주신다.		
19	어머니/아버지와 대화를 하면 공감대가 형성된다.		
20	어머니/아버지는 나의 고민을 함께 하신다.		
21	어머니/아버지는 감정표현이 서투르시다.		
22	어머니/아버지는 내가 하는 말을 한 귀로 듣고 한 귀로 흘린다.		
23	어머니/아버지는 나와 대화할 때 무표정한 얼굴로 대화할 때가 많다.		
24	나는 어머니/아버지가 하라는 대로 하지 않으면 야단을 맞는다.		
25	어머니/아버지는 자신의 지시를 일방적으로 따르도록 강요하신다.		
26	어머니/아버지는 나에게 명령을 자주 하신다.		
27	어머니/아버지는 나에게 '이래야 한다, 저래야 한다' 식의 설교를 많이 하신다.		
28	어머니/아버지는 나에게 늘 훈계조로 말씀하신다.		
29	어머니/아버지는 따지듯이 말씀하실 때가 많다.		
30	어머니/아버지는 잔소리가 심하다.		
31	어머니/아버지는 내가 잘못을 하면 무조건 말보다 매를 먼저 드신다.		
32	어머니/아버지는 나에게 윽박지르는 말투로 말씀하실 때가 많다.		
33	어머니/아버지는 무조건 화를 내고 큰소리를 치실 때가 많다.		
34	어머니/아버지는 나에게 화풀이할 때가 많다.		
35	어머니/아버지는 부정적인 대답을 많이 하신다.		
36	어머니/아버지는 나의 말을 부정적으로 받아들이신다.		
37	어머니/아버지는 나에게 부정적인 평가를 자주 하신다.		
38	어머니/아버지는 나의 행동에 대해 비판하실 때가 많다.		
39	어머니/아버지는 내 말을 대체로 믿지 못하신다.		

40	어머니/아버지는 내 말은 듣지도 않고 혼자서 추측하고 결론을 낼 때가 많다.		
41	어머니/아버지는 나에게 말할 시간도 주지 않고 혼자서 계속 질문만 하실 때가 많다.		
42	어머니/아버지는 나에게 추궁하듯이 말씀하실 때가 많다.		
43	어머니/아버지는 늘 다른 친구와 나를 비교하여 말씀하신다.		
44	어머니/아버지는 다른 형제 · 자매나 사촌들과 나를 비교하실 때가 많다.		

상담심리 전공자를 위한 학위논문 작성의 실제　　부록

기초통계처리

집단차이와 관계연구를 위해 수집된 자료를 통계 처리하기 위해서는 사전에 이루어져야 할 기초 작업들이 있다. 이러한 과정들을 모두 거쳐야 비로소 통계 처리를 할 기초 작업이 완성되었다고 할 수 있다. 기초 작업으로 이루어져야 할 내용들은 다음과 같다.

- 데이터 다루기
  - 설문지 코딩
  - 데이터 입력과 저장
  - 데이터 불러오기
- 데이터 편집하기
  - 변수 정의, 삽입, 케이스 정렬
- 기초통계처리
  - 빈도분석
  - 역문항 처리
  - 신뢰도 계산
  - 변수 계산

---

1. 데이터 다루기

1) 설문지 코딩

> 코딩하기 전 중요 사항: 기둥 세운 것, 긍정·부정 문항에 대한 응답을 계속 일치적으로 보고한 경우, 결측치 많은 것을 1차 처리하고 코딩할 것

다음은 초등영재학생의 행복증진 프로그램 개발을 위한 설문지 문항의 일부에 응답한 예시이다.

연구에 꼭 필요한 것만 질문: 물어본 내용은 연구에 반영되어야 하며, 그러지 않은 부분은 모두 삭제

해당하는 곳에 ∨표 하거나 간단히 답해 주세요.

1. 성별: ① 남 (∨)   ② 여 ( )
2. 학년: ① 4학년 (∨)   ② 5학년 ( )   ③ 6학년 ( )

◈ 프로그램 실시에 관한 질문

행복증진 프로그램은 평소에 여러분이 더욱 행복할 수 있도록 도와주는 프로그램입니다.

아래 문제를 읽고 해당하는 번호를 ( ) 안에 적어 주세요.

3. 행복증진 프로그램이 얼마나 필요하다고 생각하나요? (2)
① 매우 필요   ② 필요   ③ 보통   ④ 불필요   ⑤ 매우 불필요

4. 행복증진 프로그램에 대하여 어떻게 생각하나요? (2)
① 꼭 참여해 보고 싶다   ② 기회가 되면 참여하고 싶다
③ 재미있을 것 같아서 참여하고 싶다   ④ 어떤 방식인지 알고 싶다
⑤ 관심 없다

5. 행복을 위해서 행복증진 프로그램에서 다루고 싶은 내용은 무엇인가요? 모두 고르세요. (2, 4)
① 학교생활 적응력   ② 학습활동 즐거움
③ 긍정적 대인관계   ④ 자신감
⑤ 낙관적인 태도 및 생각하기   ⑥ 스트레스 해결 방법
⑦ 장점 및 성공경험 찾기   ⑧ 미래의 행복 계획 세우기
⑨ 가족의 소중함 느끼기

6. 행복증진 프로그램에 참여하게 된다면 희망하는 일정은 어떻습니까? (1)
① 매주 1회 평일 오후시간   ② 매주 2회 평일 오후시간
③ 매주 1회 토요일 오전시간   ④ 매주 1회 토요일 오후시간
⑤ 기타

이 설문지 문항을 변수로 하여 응답결과를 코딩(coding)하면 다음과 같다.

응답자	성별	학년	프로그램의 필요성	프로그램에 대한 생각	다루고 싶은 내용		희망 일정
응답자 1	2	2	2	2	2	4	1
응답자 2	:	:	:	:	:	:	:

2) 데이터 입력과 저장

데이터를 입력하고 저장하는 방법은 한글(Hwp), 엑셀(Excel) 프로그램을 이용하여 입력하는 방법과 SPSS 프로그램을 이용하여 직접 입력하는 방법이 있다.

(1) 한글(Hwp)에서 입력하는 경우

응답자 1번을 첫 행에 입력한 후, 2번 응답자의 것은 다음 행에 입력한다(무응답일 경우는 '0' 또는 결측값으로 기록하여 빈자리로 인한 입력 오류를 막는다).

❍ 코딩 시에는 자릿수와 열의 수를 일치시켜야 한다.

❍ 데이터를 입력한 후 저장을 누른다. 파일 이름을 적고, 파일 형식에서 텍스트 문서(*.txt)를 선택한 후 저장 버튼을 선택한다.

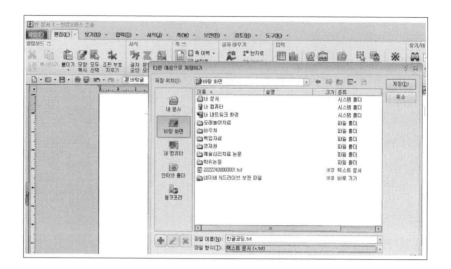

❍ 텍스트 문서 종류 → 기타 인코딩 → 한국(KS) → 저장을 선택한다.

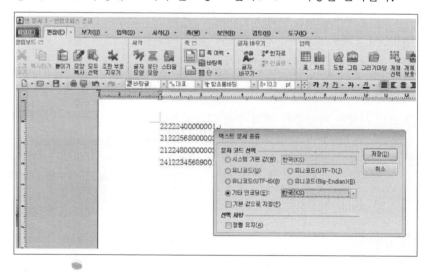

(2) 엑셀(Excel)에서 입력하는 경우

데이터를 Excel 프로그램을 활용하여 입력한다. 첫 번째 행에 입력된 데이터의 제목을 간단히 기록하고, 두 번째 행부터 응답자의 설문 내용을 문항 순서대로 입력한다.

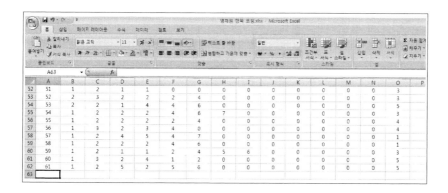

◐ 모든 데이터를 입력한 후 파일(F) → 다른 이름으로 저장(A)을 선택하
고, 파일명을 저장한다.

(3) SPSS에 직접 입력하는 방법

데이터를 SPSS에 입력하는 첫 번째 방법은 '데이터 보기' 창에 데이터를
직접 입력하는 것이다.

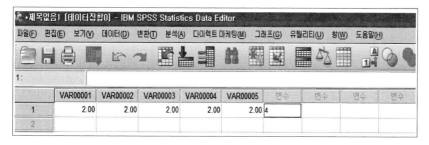

◐ 이때 주의할 점은 입력한 데이터를 분석에 이용할 수 있도록 가능한
데이터를 '숫자'로 입력해야 한다는 것이다. 예를 들어, '남학생' '여학
생'을 직접 입력하는 것보다 이들을 '1' '2'와 같은 숫자로 부호화하여
입력하는 것이 바람직하다.

3) 데이터 불러오기

(1) 한글에서 입력한 텍스트 파일(*.txt)을 불러올 경우

⚫ 데이터 편집기 창에서 파일(F) → 텍스트 데이터 읽기(D)를 선택한다.

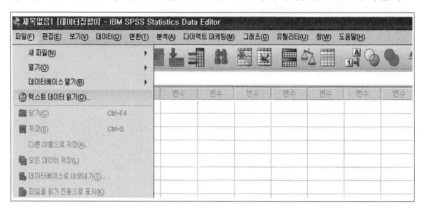

⚫ 데이터 열기를 통해 저장된 자료를 지정한 후 열기(O) 버튼을 선택한다.

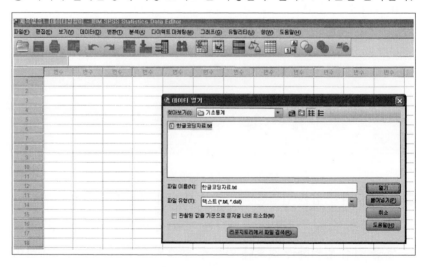

◑ 열기(O)를 클릭하면 텍스트 가져오기 마법사가 나온다.

◑ 1단계에서는 불러들이는 텍스트 파일이 사전 정의된 형식과 일치하는
지를 묻는 물음에 대해 '아니오'를 체크한 후 다음(N) 버튼을 선택한다.

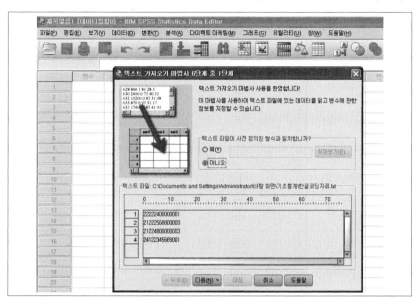

◑ 2단계에서는 변수의 배열에 관한 물음에 대하여 '고정 너비로 배열(F)'
을 체크하고, 변수 이름이 파일의 처음에 있는지를 알아보는 물음에
'아니오'를 체크한 후 다음(N) 버튼을 선택한다.

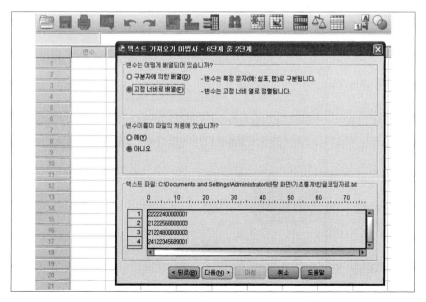

◐ 3단계에서는 데이터의 첫 번째 케이스가 시작되는 행에 대해서는 '1' 을, 몇 개의 케이스를 나타내는가에 대해서도 '1'을 기입하고, 몇 개의 케이스를 가져오는가에 대해서는 '모든 케이스'를 체크한 후 다음(N)을 선택한다.

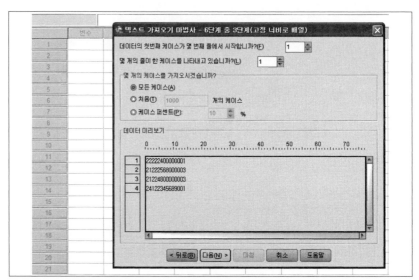

◐ 4단계에서는 데이터 미리보기 창에서 변수 구분선을 삽입하거나 이 동·삭제하여 변수를 구분한 후 다음(N)을 선택한다. 변수 구분선은 '구분 삽입'을 클릭한 후 변수를 구분하고자 하는 위치에 마우스를 클 릭하면 생긴다.

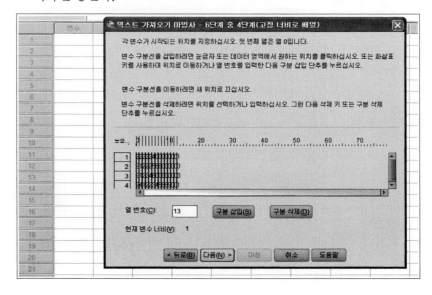

◐ 5단계에서는 원하는 변수 이름과 데이터 형식을 지정한 후 다음(N)을
클릭한다.

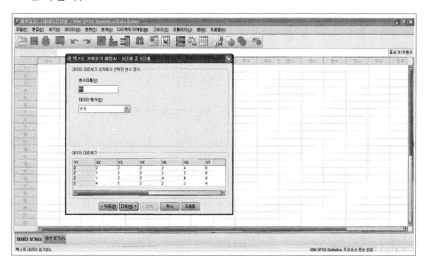

◐ 6단계에서는 파일을 저장하겠는지를 묻는 물음에 '아니오'를 체크하
고, 명령문의 첨가 여부를 묻는 물음에도 '아니오'를 체크한 후 마침을
선택한다.

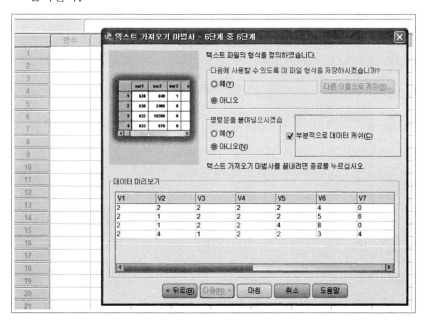

○ 7단계에서는 데이터 편집기 창에서 각 응답의 결과를 확인한 후 파일 (F) → 저장(S)을 선택하여 이름을 지정한다.

(2) 엑셀에서 입력한 데이터를 불러올 경우

① 복사하여 붙여넣기

○ 1단계에서는 저장된 Excel 파일의 데이터에서 마우스로 원하는 자료를 드래그한 후 마우스의 오른쪽 버튼을 클릭하여 복사를 선택한다.

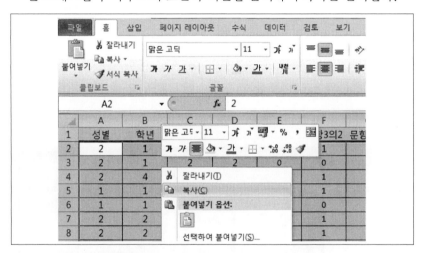

○ 2단계에서는 SPSS 프로그램을 실행시킨 후 데이터 편집기 창을 연다. '데이터 보기'에서 마우스의 오른쪽 버튼을 클릭하여 붙여넣기를 하면 Excel에서 복사한 데이터의 내용이 뜬다. 데이터 편집기 창의 '변수 보기'에서 변수를 정의한 후 데이터를 저장한다.

② 데이터 편집기 창에서 열기

◐ 1단계 파일(F) → 열기(O) → 데이터(A)를 선택 → 데이터 열기 창 → 파일이 들어있는 폴더 선택 → 파일 유형: Excel 선택 → 지정한 후 열기(O) 버튼을 선택한다.

◐ 2단계에서는 열기(O) → Excel 데이터 소스 열기 → 확인을 클릭하면 자료가 열린다.

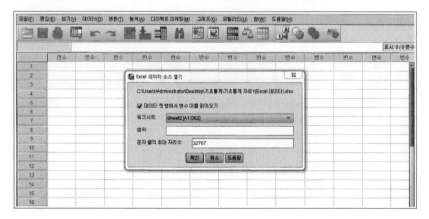

◐ Excel에 코딩된 자료를 확인한다.

	연번	성별	학년	문항1	문항2	문항3의1	문항3의2	문항3의3
1	1.0	2.0	1.0	2.0	2.0	0	1.0	0
2	2.0	2.0	1.0	2.0	2.0	0	0	0
3	3.0	2.0	4.0	1.0	2.0	0	1.0	1.0
4	4.0	1.0	1.0	2.0	2.0	0	1.0	0
5	5.0	1.0	1.0	1.0	2.0	0	0	0
6	6.0	2.0	2.0	1.0	2.0	0	1.0	0
7	7.0	2.0	2.0	3.0	4.0	1.0	1.0	1.0
8	8.0	2.0	2.0	3.0	3.0	0	1.0	1.0
9	9.0	1.0	2.0	2.0	2.0	0	0	1.0
10	10.0	1.0	2.0	3.0	2.0	0	1.0	1.0
11	11.0	1.0	2.0	2.0	4.0	0	0	0
12	12.0	1.0	2.0	1.0	4.0	0	0	0
13	13.0	1.0	2.0	3.0	4.0	0	0	1.0

2. 데이터 편집하기

1) 변수의 정의

변수 정의는 변수에 대한 정보를 설정하는 것이다. 변수 정의에서는 변수의 이름, 자료의 유형, 자릿수, 소수점 이하 자릿수, 설명, 값, 결측값, 척도 등을 정의할 수 있다.

◐ 데이터 편집기 창 아래의 변수 보기를 선택한다.

2	VAR00002	숫자	8	2		없음	없음	8	▦ 오른쪽	알 수 없음	↘ 입력
3	VAR00003	숫자	8	2		없음	없음	8	▦ 오른쪽	알 수 없음	↘ 입력
4	VAR00004	숫자	8	2		없음	없음	8	▦ 오른쪽	알 수 없음	↘ 입력
5	VAR00005	숫자	8	2		없음	없음	8	▦ 오른쪽	알 수 없음	↘ 입력
6	VAR00006	숫자	8	2		없음	없음	8	▦ 오른쪽	알 수 없음	↘ 입력
7	VAR00007	숫자	8	2		없음	없음	8	▦ 오른쪽	알 수 없음	↘ 입력
8	VAR00008	숫자	8	2		없음	없음	8	▦ 오른쪽	알 수 없음	↘ 입력
9	VAR00009	숫자	8	2		없음	없음	8	▦ 오른쪽	알 수 없음	↘ 입력
10	VAR00010	숫자	8	2		없음	없음	8	▦ 오른쪽	알 수 없음	↘ 입력
11	VAR00011	숫자	8	2		없음	없음	8	▦ 오른쪽	알 수 없음	↘ 입력
12	VAR00012	숫자	8	2		없음	없음	8	▦ 오른쪽	알 수 없음	↘ 입력
13	VAR00013	숫자	8	2		없음	없음	8	▦ 오른쪽	알 수 없음	↘ 입력
14	VAR00014	숫자	8	2		없음	없음	8	▦ 오른쪽	알 수 없음	↘ 입력

◐ 이름에서는 더블클릭하여 변수명을 적는다(소수점 자리 지정, 유형 확인).
　• 변수·이름을 지정하는 데 있어서 지켜야 할 규칙
　　－동일한 이름을 중복하여 사용할 수 없음

−공란(space)이나 & ! ? / % 등과 같은 특수문자를 사용할 수 없으나
밑줄(_)은 가능함

−숫자로 시작할 수 없음(예: 1번 문항 → 문항1)

문자로 되어 있는 경
우 변수 처리가 되지
않으므로 반드시 확
인할 것

◉ 변수의 유형에서는 숫자(N)와 너비(W), 소수점 이하 자릿수(P)를 적고
확인 버튼을 선택한다.

◉ 소수점 이하 자릿수 지정

첫 번째 행의 소수점 자리를 지정한 후 마우스 오른쪽 버튼을 클릭하여
복사를 선택한 다음, 아래의 행을 블록으로 잡은 후에 'Ctrl + V'를 누르
면 전부 바뀐다.

◉ 변수값을 지정하려면 값을 클릭한 후 필드의 오른쪽 부분에서 마우스
왼쪽 버튼을 누르면 설정된다. 변수값을 지정하고 그에 대한 설명을
쓴 후 추가 버튼을 누르면 변수값에 대한 설명이 저장된다. 예를 들어,
성별에서 '남자'는 1, '여자'는 2로 했을 때 기준값(A)에 '1'을 설명(L)에
'남'으로 기입한 후 추가 버튼을 누른다.

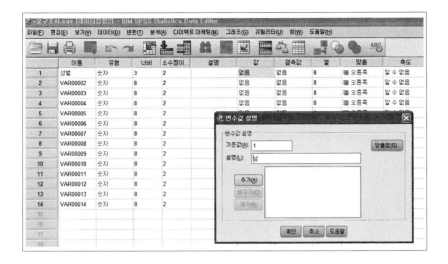

2) 변수 삽입

⭕ 변수를 삽입할 경우에는 마우스를 변수가 삽입될 열에 위치시킨 후 마우스 오른쪽 버튼을 누르고 변수 삽입(I)을 선택하면 현재 변수의 왼쪽 열로 삽입된다.

◐ 변수를 삽입할 수 있는 칸에 필요한 내용을 기입한다.

	성별	학년	VAR00015	문항1	문항2	문항3의1
1	2.00	1.00		2.00	2.00	2.0
2	2.00	1.00	.	2.00	2.00	4.0
3	2.00	4.00	.	1.00	2.00	2.0
4	1.00	1.00	.	2.00	2.00	2.0
5	1.00	1.00	.	1.00	2.00	6.0
6	2.00	2.00	.	1.00	2.00	2.0
7	2.00	2.00	.	3.00	4.00	2.0
8	2.00	2.00	.	3.00	3.00	2.0
9	1.00	2.00	.	2.00	2.00	3.0
10	1.00	2.00	.	3.00	2.00	2.0
11	1.00	2.00	.	2.00	4.00	4.0
12	1.00	2.00	.	1.00	4.00	.0
13	1.00	2.00	.	3.00	4.00	3.0

연구자가 분석하기 용이하게 정리하면 됨

3) 케이스 정렬

입력된 케이스를 특정 기준(오름차순 또는 내림차순)으로 정렬하고자 할 경우에는 케이스 정렬 기능을 선택할 수 있다.

◐ 데이터(D) → 케이스 정렬(O)을 선택한다.

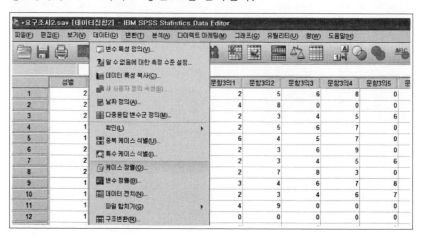

◑ 정렬해야 할 변수를 선택하여 정렬기준(S)으로 옮기고 정렬 순서에서
  내림차순(D)을 체크한 후 확인을 선택한다.

3. 기초통계처리

결측치와 이상치 등을 확인한 후 분석을 실행하는 것이 오류를 막을 수 있음

1) 빈도분석

◑ 데이터 편집기 창에서 데이터를 불러온 후 분석(A) → 기술통계량(E)
  → 빈도분석(F)을 선택한다.

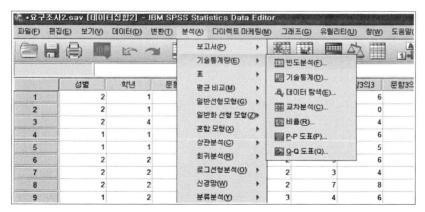

◓ 빈도분석이 필요한 변수를 선택하고 변수(V)로 이동시킨 후 통계량(S)
  을 선택한다.

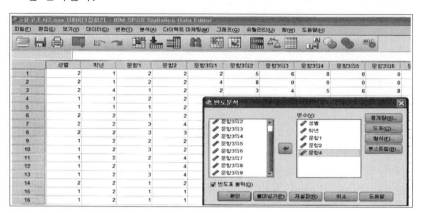

◓ 여러 통계량(S) 중에서 필요한 항목을 체크한 후 계속 버튼을 선택한다.

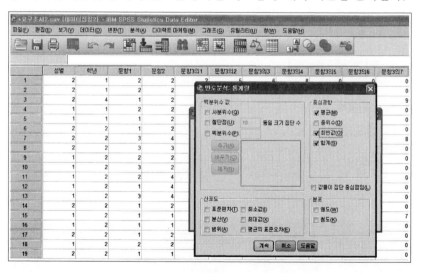

❍ 도표(C) 버튼을 선택하고, 도표의 유형 세 가지 중에서 필요한 항목을 체크한 후 계속을 선택한다.   필요시에 하면 됨

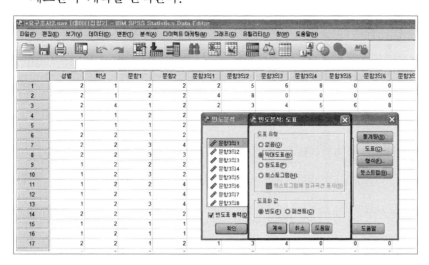

❍ 형식(F) 버튼을 선택하고 필요한 항목을 체크한 후 계속 버튼을 선택한다.

◑ 모두 설정되었으면 확인을 선택한다.

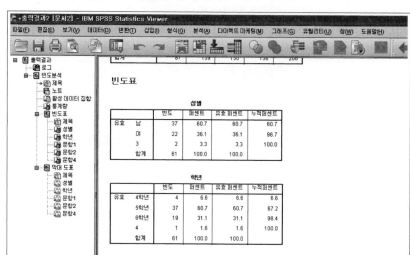

◑ 결과 확인 후 잘못 코딩된 데이터 수정하기

• 빈도분석을 통해 반응의 통계치를 구한 다음 결과를 살펴보고, 데이
터 편집기 창의 편집(Edit) → 찾기(F)를 통해 잘못 입력된 데이터를
찾아 고치면 된다. 앞의 결과에서 성별에서 '남', '여' 외에 '3'이라는 변
수는 잘못 입력된 것으로 나타났다. 이때 데이터 보기의 성별을 선택
한 후, 편집(Edit) → 찾기(F)를 한 후 '찾기'에 '3'을 기입하고 '다음 찾
기'를 누르면 응답자 21번의 데이터가 잘못 되었음을 확인할 수 있다.

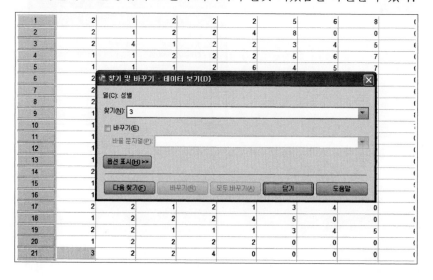

2) 역문항 처리

- 전체 문항 중 역채점 문항은 16개 문항(1, 2, 3, 6, 7, 9, 11, 13, 15, 16, 17, 18, 21, 22, 23, 25)

◑ 변환 → 같은 변수로 코딩변경 → 해당하는 번호를 오른쪽으로 이동 → 기존값 및 새로운 값을 적는다.

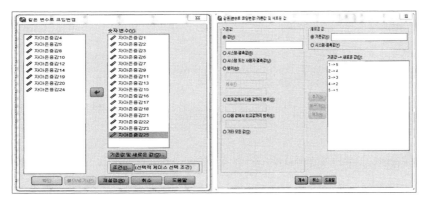

◑ 기존값 1 → 새로운 값 5 → 추가 → 계속 → 확인을 선택한다.

3) 신뢰도 계산

● 분석(A) → 척도(A) → 신뢰성 분석(R)

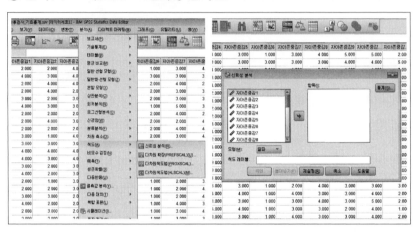

● 신뢰도를 분석할 척도의 항목(자기존중감 척도의 전체 항목)을 오른쪽으로 이동시킨다. → 통계량 선택 → 항목(I), 척도(S), 항목제거 시 척도(A) 선택 → 계속 → 확인을 클릭한다.

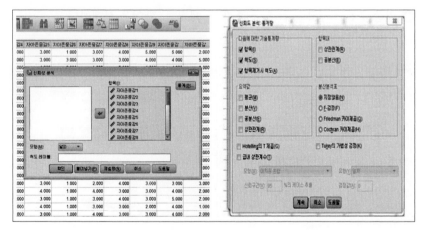

● 출력 결과를 확인한다.

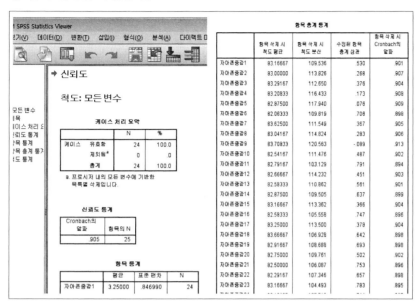

4) 변수계산

데이터 불러오기(기초통계_신뢰도변수.sav)

● 변환 → 변수 계산을 선택한다.
● 대상변수의 이름(자기고양)을 적고 해당하는 번호를 오른쪽으로 옮긴
후 '+'를 클릭한다. 해당하는 모든 변수를 지정한 후 확인을 선택한다.

자아존중감척도(1~25)	
자기고양	1, 3, 11, 15, 16
타인과의 관계	6, 7, 9, 10, 20, 21, 22
지도력과 인기	2, 5, 8, 14, 18, 25
자기 주장과 확신	4, 12, 13, 17, 19, 23, 24

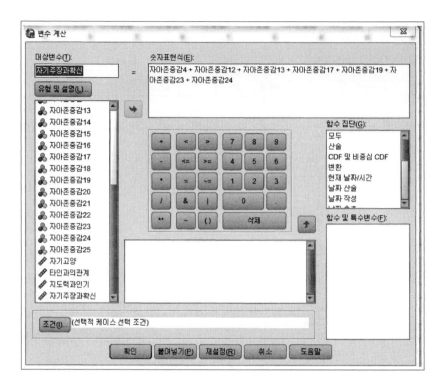

참고문헌

강지예 (2013). 놀이 중심의 정서지능 프로그램 개발 및 효과: 청소년 스트레스를 중심으로. 대구대학교 박사학위논문.

곽금주 (1995). KLSSA 검사에 의한 청소년기 삶의 만족도. 한국심리학회지: 사회문제, 2(1), 5-16.

곽윤정 (2010). 청소년을 위한 정서지능 프로그램의 효과분석: 정서지능과 심리적 안녕감을 중심으로. 청소년학연구, 17(4), 263-281.

곽은정 (1998). 공감 훈련 프로그램이 여고생의 긍정적인 대인 관계에 미치는 영향. 부산대학교 석사학위논문.

교육과학기술부 (2012). 학교 진로교육 목표와 성취기준.

교육인적자원부 (2004). 평생교육백서.

구자은 (2000). 자아탄력성, 긍정적 정서 및 사회적지지와 청소년의 가정생활적응 및 학교생활적응과의 관계. 부산대학교 석사학위논문.

권경인 (2001). 집단상담 활동의 유형화 연구: 치료적 요인을 중심으로. 서울대학교 석사학위논문.

권석만, 유성진, 임영진, 김지영 (2010). 성격강점검사-전문가 지침서. 서울: 학지사 심리검사 연구소.

권선중, 민윤기, 석동헌, 심은정, 이민규, 최성진 (2012). 학술 논문작성 및 출판지침. 서울: 박영사.

권영애 (2007). 부모-자녀 의사소통방식과 사회적 기술 및 낙관성이 청소년의 외톨이성에 미치는 영향. 대구가톨릭대학교 석사학위논문.

금지헌, 손찬희, 채수은, 강성국 (2013). 중학생의 학교생활 적응과 가정 및 개인관련 변인 간의 관계. 청소년학연구, 20(2), 119-143.

김경 (2004). 청소년 비행의 개인적 요인과 사회적 요인의 상호작용에 관한 연구. 숭실대학교 박사학위논문.

김가희 (2015). 대학생의 분리개별화와 진로적응성의 관계에서 자기개념 명확성의 매개효과. 숙명여자대학교 석사학위논문.

김갑숙, 전영숙 (2009). 청소년의 부모-자녀의사소통과 자아분화가 불안에 미치는 영향. 한국가족복지학, 14(4), 79-94.

김경화 (1989). 부모-자녀간의 의사소통과 청소년의 문제행동에 관한 연구. 이화여자대학교 석사학위논문.

김계수 (2007). 구조방정식모형 분석. 서울: 한나래출판사.

김계순 (2007). 부모-자녀 간 의사소통이 청소년의 문제행동에 미치는 영향. 수원대학교 석사학위논문.

김기영 (2009). 중학생이 지각한 부모-자녀 간 의사소통, 자아탄력성 및 대인관계성향의 관계. 충남대학교 교육대학원 석사학위논문.

김나래, 김대원, 이기학 (2013). 자기개념 명확성이 진로결정 수준에 미치는 영향. 한국심리학회 학술대회 자료집, 2013(1), 424-424.

김나연, 유형근, 조용선 (2012). 중학생의 진로성숙도 향상을 위한 기술·가정교과 연계 집단상담 프로그램 개발. 직업교육연구, 31(2), 167-192.

김대원, 양혜진 (2005). 부모-자녀간 의사소통 유형이 학교적응에 미치는 영향. 사회과학연구, 23(2), 273-292. 대전대학교 사회과학 논문집.

김동배, 권중돈 (2006). 인간행동이론과 사회복지실천. 서울: 학지사.

김명일, 임경미 (2013). 중학생의 자아탄력성과 학교생활적응 간 관계에서 사회참여가 가지는 조절효과. 미래청소년학회지, 10(3), 65-91.

김미강 (2013). 미디어 영상자료를 활용한 정서교육 프로그램이 중학생의 정서지능과 자아개념 향상에 미치는 효과. 연세대학교 교육대학원 석사학위논문.

김미경 (2010). 부모의 양육태도와 자아분화가 자아존중감 및 학교생활적응에 미치는 영향. 경남대학교 교육대학원 석사학위논문.

김미소 (2015). 대학생의 사회부과적 완벽주의가 진로미결정

에 미치는 영향: 자기개념 명확성과 특성불안의 매개
효과를 중심으로. 경상대학교 석사학위논문.

김미진 (2013). 중학생의 건강한 친구관계 형성을 돕기 위한
실천적 문제 중심 교수 · 학습 과정안 개발 및 적용. 한
국교원대학교 석사학위논문.

김미현 (2003). 공감과 청소년의 대인관계성향에 관한 연구.
한국외국어대학교 석사학위논문.

김민선 (2007). 초등학교 고학년 아동의 공감이 또래수용도
및 친구관계에 미치는 영향. 서울여자대학교 석사학위
논문.

김민정, 이희경 (2014). 대학생의 강점인식이 진로성숙도에
미치는 영향: 강점활용 진로결정자기효능감의 매개효
과. 상담학연구, 15(5), 1811-1830.

김상수 (2001). 자기성장 집단상담이 결식중학생의 사회성과
안정성에 미치는 효과. 영남대학교 석사학위논문.

김성은 (1997). 학생의 감정공명과 학업성적, 학급내 사회성,
학교에 대한 태도와의 관계에 관한 연구. 중앙대학교
석사학위논문.

김수림 (2015). 청소년의 강점인식과 진로결정효능감의 관
계: 강점활용의 매개효과. 광운대학교 교육대학원 석
사학위논문.

김순복 (2009). 교우관계증진 집단상담이 외톨이 초등학생의
교우관계, 공감능력 및 자아존중감에 미치는 효과. 경
성대학교 교육대학원 석사학위논문.

김순영 (2013). 정서지능 집단 프로그램이 초등학생의 자아
존중감과 공감능력 향상에 미치는 효과. 전남대학교
교육대학원 석사학위논문.

김순자, 장성화 (2015). 직업카드를 활용한 중학생의 진로
집단상담 프로그램개발 효과 연구. 아동교육, 24(3),
117-130.

김연홍, 성경주 (2014). 중학생의 스트레스 및 자아탄력성이
학교적응에 미치는 영향. 교육연구, 22, 103-126.

김영린, 이기학 (2011). 중학생이 지각한 부 · 모의 양육태도
와 심리적 독립성이 학교적응에 미치는 영향. 아시아
교육연구, 12(4), 125-143.

김예슬 (2007). 인지-행동 집단미술치료를 통한 '은둔형 외톨
이'의 사회참여에 관한 연구. 명지대학교 사회교육대
학원 석사학위논문.

김옥희 (2009). 정서조절 능력증진 집단상담 프로그램이 시
설청소년의 정서조절 능력 및 또래관계 증진에 미치는
효과. 계명대학교 석사학위논문.

김용래 (1993). 학교학습동기척도와 학교적응척도의 타당
화 및 두 척도 변인간의 관계분석. 교육연구논총, 17,
3-37.

김은미 (2012). 중학생의 학교생활적응에 영향을 미치는 생
태학적 변인들의 구조분석. 고려대학교 교육대학원 석
사학위논문.

김재은 (1974). 한국가족의 집단성격과 부모자녀관계에 관한
심리학적 연구. 이화여자대학교 박사학위논문.

김지영 (2011). 성격강점이 긍정적 정신건강에 미치는 영향.
서울대학교 박사학위논문.

김진경 (2002). 시설거주여부, 성별, 및 연령에 따른 초기 청
소년의 의사소통 기술과 또래관계의 질. 서울대학교
석사학위논문.

김진영 (2006). 청소년의 사회적 고립이 일상적 스트레스에
미치는 영향. 숙명여자대학교 석사학위논문.

김창대, 김형수, 신을진, 이상희, 최한나 (2011). 상담 및 심리
교육 프로그램 개발과 평가. 서울: 학지사.

김태용 (2014). 청소년 학교생활적응에 미치는 보호요인의
영향연구. 계명대학교 석사학위논문.

김하나 (2014). 정서지능증진 프로그램이 외톨이중학생이 대
인불안, 공감 및 또래관계에 미치는 영향. 경성대학교
교육대학원 석사학위논문.

김해진 (2013). 대인관계 조화 프로그램이 초등학교 고학년
외톨이학생의 대인관계 조화에 미치는 효과. 경북대학
교 교육대학원 석사학위논문.

김현주 (2010). 부모-자녀 의사소통 및 기본 심리적 척도 개
발을 통한 청소년 안녕감 설명변인 연구. 충남대학교
박사학위논문.

김혜영 (2002). 초기 청소년이 지각한 부모양육행동이 심리
사회적 부적응 행동이 미치는 영향 연구. 이화여자대
학교 박사학위논문.

남궁정 (2005). 여성가출청소년을 위한 진로설계프로그램의
개발 및 효과. 숙명여자대학교 박사학위논문.

남민숙 (2006). 아동이 지각한 부모-자녀간의 의사소통유형
과 학교적응과의 관계. 춘천교육대학교 교육대학원 석
사학위논문.

노성향 (1998). 청소년이 지각한 부모와의 의사소통유형과
청소년의 부적응. 고려대학교 석사학위논문.

노윤옥, 전미경 (2006). 청소년 자녀가 지각한 부부갈등과 부
모-자녀간 의사소통에 관한 연구. 한국가정과교육학
회지, 18(1), 1-15.

문애경 (2016). 중학생을 위한 강점기반 진로집단프로그램 개발 및 효과. 경성대학교 박사학위논문.

문용린 (2001). 다중지능 측정도구 개발을 위한 연구: 중고생을 위한 다중지능 검사 개발. 서울대학교 교육연구소.

문화일보 (2012. 2. 29). 청소년 제1 고민 '집단 따돌림'.

민하영 (1991). 청소년의 비행정도와 부모-자녀 간 의사소통, 가족의 응집 및 적응과의 관계. 서울대학교 석사학위논문.

박선영 (2005). 아동의 외톨이 성향과 게임중독 위험성과의 관계. 숙명여자대학교 석사학위논문.

박시현 (2003). 자녀가 지각한 부모-자녀 의사소통 방식 및 가족체계 유형과 자녀의 자아존중감과의 관계연구. 연세대학교 교육대학원 석사학위논문.

박윤정 (2004). 아버지의 문제음주와 청소년 자녀의 적응: 부모역할과 부모와의 애착의 매개역할. 서울여자대학교 박사학위논문.

박인우 (1996). 효율적 집단상담 프로그램 개발을 위한 체제적 모형. 지도상담, 20, 19-40. 계명대학교 학생생활연구소.

박재한 (2012). 중학생이 지각한 부부갈등이 학교생활적응에 미치는 영향: 자아분화수준과 사회적 지지의 매개효과. 경성대학교 교육대학원 석사학위논문.

박진아 (2014). 대학생의 성격강점, 자기조절효능감, 자기주도학습, 진로적응성 간의 구조적 관계. 한남대학교 박사학위논문.

박혜란 (2009). 전문계 고등학생이 지각한 부부갈등과 자아분화수준이 학교생활부적응에 미치는 영향. 부산대학교 석사학위논문.

박혜원 (2002). 공감훈련이 여중생의 공감능력과 자아존중감에 미치는 효과. 연세대학교 석사학위논문.

배소정 (2004). 진로집단상담프로그램의 효과에 대한 메타분석. 한국기술교육대학교 석사학위논문.

배옥현, 홍상욱 (2008). 대학생의 자아분화 정도가 스트레스 수준 및 대처방식에 미치는 영향에 관한 연구. 한국생활과학회지, 17(1), 27-34.

배제현 (1993). 청소년기의 분리-개체화와 자아정체감, 학교 및 가정생활에 대한 적응간의 관계. 계명대학교 박사학위논문.

백혜정 (2007). 자아통제, 자기신뢰 및 교사애착이 청소년의 학교생활적응에 미치는 영향에 관한 종단적 연구. 한국심리학회지: 상담 및 심리치료, 19(2), 357-373.

부산일보 (2013. 8. 22). 중고생 10명 중 1명 '친구가 없다'. 1면.

서지영 (2014). 대학생의 수치심이 진로성숙도에 미치는 영향: 강점인식으로 상호작용변인으로. 한양대학교 교육대학원 석사학위논문.

설현수 (2002). 구조방정식 모형을 이용한 집단 간 요인구조 비교성 검증. 교육평가연구, 15(1), 317-343.

손지향 (2008). 청소년의 충동성과 게임중독과의 관계: 외톨이성향의 매개효과 검증. 서울여자대학교 특수치료전문대학원 석사학위논문.

송남선 (2005). 중학생의 외톨이 정도, 따돌림 가해-피해 경험, 인생목적 및 학교생활 만족도와의 관계. 경남대학교 교육대학원 석사학위논문.

송희원 (2010). 빈곤여부, 지각된 부모양육태도, 학업동기, 심리적 안녕감과 청소년의 학교적응간의 구조적 관계. 계명대학교 박사학위논문.

신미진 (2008). 직업체험을 활용한 중학생 진로탐색 집단상담 프로그램 개발. 한국교원대학교 석사학위논문.

신현정 (2006). 정서지능 교육프로그램이 정서지능과 자기효능감에 미치는 영향. 서울교육대학교 교육대학원 석사학위논문.

심미영, 정승현, 황순금 (2013). 청소년 가족건강성이 학교적응에 미치는 영향. 학교사회복지, 26, 99-122.

안경혜 (1988). 고교생의 학교생활적응과 성적 및 성격에 대한 연구. 연세대학교 석사학위논문.

안춘하 (2008). 자녀가 지각한 부모의 의사소통 방식 및 가족관계 유형과 학교적응과의 관계분석. 춘천교육대학교 교육대학원 석사학위논문.

안태용 (2007). 연극치료 프로그램이 고립아동의 사회성에 미치는 효과. 부산교육대학교 교육대학원 석사학위논문.

안혜진, 정미경 (2015). 청소년의 자아개념, 사회적지지가 자기효능감을 매개로 진로성숙도에 미치는 영향에 대한 종단적 분석. 한국교육학연구, 21(3), 279-303.

양경화 (2015). 중학생의 학교생활 적응에 영향을 미치는 요인: 다체계 모델을 중심으로. 호남대학교 박사학위논문.

여기숙 (2010). 정서지능 향상을 위한 집단상담 프로그램이 정서지능과 분노표현에 미치는 영향. 한남대학교 교육대학원 석사학위논문.

오영수, 이재영 (2014). 중, 고등학생의 행복에 중요한 것은 무엇인가? 경제교육연구, 21(2), 1-31.

오현정 (2009). 중학생의 내외통제성, 또래관계 및 부모-자녀 간 의사소통이 자아정체감에 미치는 영향. 연세대학교 석사학위논문.

원연자 (2014). 강점기반 진로상담 프로그램이 초등학생의 진로태도와 주관적 안녕감에 미치는 효과. 경희대학교 교육대학원 석사학위논문.

원재순, 김진숙 (2014). 부모 자녀 의사소통과 학교적응 간 상관관계 메타분석. 청소년시설환경, 12(3), 123-135.

유광선 (1999). 정서지능 향상교육 프로그램이 정서지능과 도덕성 발달에 미치는 효과. 한국교원대학교 석사학위논문.

유선희 (2013). 중학생이 지각하는 부모-자녀 간 의사소통과 학교적응과의 관계: 자아분화수준의 매개효과. 경성대학교 교육대학원 석사학위논문.

유선희, 함경애 (2014). 부모-자녀 의사소통과 학교적응과의 관계에서 자아분화의 매개효과. 청소년상담연구, 22(2), 421-439.

유윤희 (1994). 학교적응·불안·학업성취간의 관계분석: 중·고등학생을 중심으로. 고려대학교 석사학위논문.

유인영 (2015). 대학생들의 자기주도성이 진로적응성에 미치는 영향: 강점 활용을 매개변인으로. 광운대학교 교육대학원 석사학위논문.

윤소민, 강진령 (2013). 강점기반 진로상담 프로그램이 초등학생의 진로성숙도와 성취동기에 미치는 효과. 학습자중심교과교육연구, 13(1), 103-123.

윤영선 (2000). 복교생의 학교적응 실태에 관한 연구: 전라북도 내 중고생을 중심으로. 전북대학교 교육대학원 석사학위논문.

윤진, 최정훈 (1989). 청년기의 정신건강문제와 그 대처행동양식: 고교 및 대학생에 대한 기초연구. 한국심리학회지: 상담 및 심리치료, 2(1), 16-35.

이경희 (2006). 유아 환경교육에 대한 어머니 역할과 유아의 환경보전실천. 충북대학교 교육대학원 석사학위논문.

이경희 (2011). 여고생의 부모-자녀 간 의사소통과 자존감, 우울 및 학교생활 적응의 관계. 경남대학교 교육대학원 석사학위논문.

이규미 (2005). 중학생의 학교적응 구성개념에 관한 연구. 한국심리학회지: 상담 및 심리치료, 17(2), 383-398.

이규미, 김명식 (2008). 중학생 학교적응 척도의 확인적 요인분석을 통한 타당화 연구. 한국심리학회지: 학교, 5(1), 27-40.

이기학 (1997). 고등학생 진로태도성숙과 심리적 변인들과의 관계-자아존중감, 직업가치, 내외통제성을 중심으로. 연세대학교 박사학위논문.

이미경 (1999). 가족위기와 신자유주의의 반격. 교육비평, 1, 106-117.

이미현 (2005). 부모와의 의사소통과 가족기능이 중학생의 학교적응에 미치는 영향. 홍익대학교 석사학위논문.

이수정 (2003). 아동이 지각한 교사행동이 아동의 자아존중감과 학교생활적응에 미치는 영향. 서울교육대학교 교육대학원 석사학위논문.

이숙영 (2003). 국내 집단상담 프로그램 개발의 현황 및 효과적인 프로그램 개발 관련요인. 상담학연구, 4(1), 53-67.

이시형, 김은정, 김미영, 김진영, 이규미, 구자경 (2000). 외톨이 청소년의 심리사회적 특성과 부적응. 삼성생명공익재단 사회정신건강연구소.

이연숙 (1990). 가족체계 및 어머니-자녀 의사소통과 청소년 적응의 관계. 전북대학교 석사학위논문.

이은자 (2004). 중학생이 지각한 부모의 의사소통유형과 가정생활 및 학교적응과의 관계. 대전대학교 교육대학원 석사학위논문.

이은혜 (2012). 교사의 자기애적 성향이 대인관계문제에 미치는 영향: 자아존중감의 매개효과. 경성대학교 교육대학원 석사학위논문.

이재경 (2014). 중학생을 위한 과학 관련 진로 탐색 프로그램의 개발 및 적용. 이화여자대학교 교육대학원 석사학위논문.

이주영 (2008). 놀이 중심의 또래지지 프로그램이 고립아동의 교우관계에 미치는 효과. 대구대학교 재활과학대학원 석사학위논문.

이지미, 김현주 (2011). 청소년이 지각한 모-자녀 간의 의사소통과 자아탄력성 및 학교적응간의 관계. 미래청소년학회지, 8(4), 97-120.

이지민 (2009). 부모-자녀 간의 의사소통, 자아정체감 청소년의 학교적응 간의 관계구조. 한국생활과학지, 18(5), 1021-1033.

이지영 (2010). 부모-자녀 의사소통양식, 가족응집력, 스트레스가 청소년의 외톨이 성향에 미치는 영향. 서강대학교 교육대학원 석사학위논문.

이현명 (2008). 사회적 기술 향상 프로그램이 고립아동의 자기존중감과 교우관계에 미치는 영향. 전주교육대학교

교육대학원 석사학위논문.

이현우 (2015). 학교 밖 청소년의 가족건강성, 자기개념명확성과 진로태도성숙 간의 관계. 한남대학교 석사학위논문.

이혜령 (2000). 고등학생의 가정환경이 학교생활적응에 미치는 영향. 대구대학교 석사학위논문.

이희경, 이동귀 (2007). 긍정심리학적 인간이해와 변화. 인간연구, 1(13), 16-43.

임세희 (2007). 장기빈곤이 아동의 학업성취에 미치는 영향-부모자녀관계를 중심으로. 사회복지연구, 34, 55-78.

임언, 서유정, 최수정, 김인형 (2012). 진로성숙도 검사 개정보고서. 세종: 한국직업능력개발원.

임유진 (2001). 청소년이 지각한 사회적 지지와 자기효능감 및 학교생활적응간의 관계. 전북대학교 석사학위논문.

임찬오 (2003). 진로지도 및 상담 프로그램의 효과에 관한 메타분석. 전주대학교 국제상담대학원 석사학위논문.

장경문 (2011). 아동이 지각한 부모의 심리적 통제와 자아분화수준이 학교생활적응과 학교성적에 미치는 영향. 아동과 권리, 15(1), 89-108.

장소영 (2014). 교사의 변혁적 리더십 및 학업적 실패내성과 진로결정 자기효능감의 관계: 고등학교 학생을 대상으로. 고려대학교 교육대학원 석사학위논문.

장호성 (1987). 자아개념이 학교적응에 미치는 효과. 경상대학교 교육대학원 석사학위논문.

전귀연, 최보가 (1995). 가족체계유형이 청소년의 적응에 미치는 영향. 한국가정관리학회지, 13(1), 99-113.

전미경, 김민숙 (2013). 일 간호 대학생의 부모-자녀 의사소통, 자아존중감 및 생활스트레스. 디지털정책연구, 11(4), 293-302.

전은정 (2009). 아동의 공감능력 및 사회적 지지와 사회적 유능성과의 관계. 고려대학교 석사학위논문.

전정환 (2012). 강점기반상담모형을 토대로 한 진로의사결정프로그램이 전문계고등학생의 자기효능감과 학업성취도에 미치는 효과. 경희대학교 교육대학원 석사학위논문.

전혜진 (2014). 학령기 아동의 정서인식ㆍ표현능력과 학교적응유연성이 또래관계에 미치는 영향. 숙명여자대학교 석사학위논문.

정경연, 심혜숙 (2007). 부모 자아분화와 아동자아분화 및 세대 간 가족관계가 아동의 문제행동에 미치는 영향. 아동학회지, 28(6), 119-138.

정영덕 (2014). 대학생의 성격강점과 진로결정수준의 관계: 진로결정 자기효능감의 매개효과. 영남대학교 석사학위논문.

정은미 (2012). 중도탈락 중학생의 진로성숙도 향상을 위한 집단상담 프로그램 개발. 한국교원대학교 석사학위논문.

정은영 (2013). 여고생들의 긍정심리자본이 진로장벽과 진로성숙도에 미치는 영향. 명지대학교 석사학위논문.

정희남 (2012). 집단미술치료가 사회적 고립아동의 사회적 기술에 미치는 효과. 서남대학교 박사학위논문.

제석봉 (1989). 자아분화와 역기능적 행동과의 관계. 부산대학교 박사학위논문.

조성심 (2011). 학교부적응 중학생을 위한 생태체계 관점의 진로탐색 프로그램 개발. 평택대학교 박사학위논문.

조연교 (2014). 대학생의 성격강점과 활용이 진로태도성숙도, 진로준비행동, 대학생활만족도에 미치는 영향. 가톨릭대학교 교육대학원 석사학위논문.

조용선 (2009). 중학생을 위한 컴퓨터 시뮬레이션 활용 학교진로상담 프로그램 개발. 한국교원대학교 박사학위논문.

조중현, 김진숙 (2014). 중학생 대상 진로집단상담 프로그램의 효과에 대한 메타분석. 상담학연구, 15(6), 2291-2310.

주현정 (1998). 고등학생의 학교생활적응에 영향을 미치는 요인에 관한 연구: 사회적 지지를 중심으로. 이화여자대학교 교육대학원 석사학위논문.

지수경 (2001). 청소년의 애착과 자기효능감 및 학교생활적응과의 관계. 서강대학교 교육대학원 석사학위논문.

지순연 (2001). 사회적 기술훈련이 고립아동의 자기존중감 향상과 교유관계에 미치는 영향. 부산교육대학교 석사학위논문.

차유림 (2001). 아동 학교적응에 관한 연구. 연세대학교 석사학위논문.

천성문, 함경애, 박명숙, 김미옥 (2017). 집단상담 이론과 실제. 서울: 학지사.

최연실, 김현영 (2005). 청소년의 자아분화가 스트레스에 미치는 영향. 사회과학연구, 21(1), 1-17.

최인재 (2007). 부모-자녀 의사소통이 청소년기 자녀의 자아분화 및 우울과 불안에 미치는 영향. 한국심리학회지: 임상, 26(3), 611-628.

최지혜, 김명, 최은진, 김혜경 (2003). 시청각 교육과 토론을 통합한 청소년 금연교육 프로그램의 효과 평가. 보건교육건강증진학회지, 20(3), 19-35.

통계청 (2014). 2014년 청소년 상담지원 현황.

하영숙, 염동문 (2013). 중학생이 지각한 사회적 지지가 진로
  성숙도에 미치는 영향: 자기 효능감의 매개효과를 중
  심으로. 청소년 문화포럼, 34, 153-180.

한국교육개발원 (2013). 2013년 교육통계연보.

한국진로교육학회 (2011). 선진 패러다임을 위한 진로교육의
  이론과 실제(제2판). 경기: 교육과학사.

허강선 (2005). 미술활동 집단상담이 고립아동의 자아개념
  및 교우관계에 미치는 효과. 동아대학교 교육대학원
  석사학위논문.

허보영 (2015). 강점기반 진로훈련프로그램이 고등학생의 진
  로결정 자기효능감과 학교적응에 미치는 영향. 영남대
  학교 석사학위논문.

홍세희 (2000). 구조방정식 모형의 적합도 지수 선정기준과
  그 근거. 한국심리학회지: 임상, 19(1), 161-177.

황소영 (2011). 또래관계 형성과정에서의 외톨이유아의 사회
  적 행동변화탐색. 중앙대학교 박사학위논문.

Anderson, E. C. (2004). Strengths-based educating: A
  concrete way to bring out the best in students and
  yourself. Educational Horizon, 83(3), 180-189.

Arias, I., Samios, M., & O'Leary, K. D. (1987). Prevalence
  and correlates of physical aggression during
  courtship. Journal of Interpersonal Violence, 2(1),
  82-90.

Asher, S. R., & Coie, J. D., (Eds.). (1990). Peer rejection in
  childhood. New York: Cambridge University Press
  (translated into Japanese, 1996).

Barnes, H., & Olson, D. H. (1982). Parent-adolescent
  communication, family inventories. Family social
  science, University of Minnesota.

Baron, R. M., & Kenny, D. A. (1986). The moderator-
  mediator variable distinction in social psychological
  research: Conceptual, strategic, and statistical
  considerations. Journal of Personality and Social
  Psychology, 51(6), 1173-1182.

Betz, N. E., & Luzzo, D. A. (1996). Career assessment
  and the career decision-making self-efficacy scale.
  Journal of Career Assessment, 4(4), 413-428.

Casey, W. P., Roderick, T., & Lantieri, L. (1990). The
  Resolving Conflict Creatively Program: 1988-1989
  summary of significant findings. Unpublished
  manuscript, Metis Associates, Inc.

Crosnoe, R., & Elder, G. H. (2004). Family dynamics,
  supportive relationships ,and educational resilience
  during adolescence. Journal of Family Issues, 24(5),
  22-34.

Danielsen, A. G. (2009). School-related social support
  and student perceived life satisfaction. Journal of
  Educational Research, 102(4), 303-318.

Debora, J. L., Gustavo, C., & Marcela, R. (2000). The
  differential relations of parent and peer attachment
  to adolescent adjustment. Journal of Youth and
  Adolescence, 29(1), 45-59.

Dorothy, M., Anna, B. D., & Mara, B. (2001). The quality of
  adolescents 'friendships: Associations with mothers'
  interpersonal relationships, attachments to parents
  an friends, and prosocial behaviors. Journal of
  Adolescence, 25(3), 275-286.

Erikson, E, H. (1980). Identity and the life cycle. New York:
  Norton.

Galassi, J. P., & Akos, P. (2007). Strengths-based school
  counseling: Promoting student development and
  achievement. Routledge.

Ginzberg, E. (1972). Toward a theory of occupational
  choice: A restatement. Vocational Guidance
  Quarterly, 20(3), 2-9.

Girden, E. (1992). ANOVA: Repeated measures. Newbury
  Park, CA: Sage.

Greenberg, M. T., Kusche, C. A., Cook, E. T., & Quamma,
  J. P. (1995). Promoting emotional competence in
  school-aged children: The effects of the PATHS
  curriculum. Development and Psychopathology,
  7(1), 117-136.

Hankin, B. L., Roberts, J., & Gotlib, I. H. (1997). Elevated
  self-standards and emotional distress during
  adolescence: Emotional specificity and gender
  differences. Cognitive Therapy and Research, 21(6),
  663-679.

Hoffman, M. L. (2000). Empathy and moral development:
  Implications for caring and justice. Cambridge
  University Press.

Huebner, E. S. (1994). Preliminary development and

validation of a multidimensional life satisfaction scale for children. *Psychological assessment, 6*(2), 149–158.

Kahneman, D., & Tversky, A. (2000). Experienced utility and objective happiness: A moment-based approach. In D. Kahneman & A. Tversky (Eds.), *Choices, values and frames* (pp. 673–692). New York: Cambridge University Press and the Russell Sage Foundation.

Kline, R. B. (2005). *Principles and practice of structural equation modeling*. New York: The Guilford Press.

Kurdek, L. A., & Krile, D. (1982). A developmental analysis of the relation between peer acceptance and both interpersonal understanding and perceived social self-competence. *Child Development, 53*(6), 1485–1491.

Lawshe, C. H. (1985). Inferences from personnel tests and their validity. *Journal of Applied Psychology, 70*(1), 237–238.

Lent, R. W., Brown, S. D., & Hackett, G. (2002). Social cognitive career theory. *Career Choice and Development, 4*, 255–311.

Locan, J. J., Boss, M. W., & Patsula, P. J. (1982). A study of vocational maturity during adolescence and locus of control. *Journal of Vocational Behavior, 20*(3), 331–342.

Lopez, S. J. (Ed.). (2008). *Positive psychology: Discovering human strengths* (Vol. 1). ABC-CLIO.

Mayer, J. D., & Salovey, P. (1997). What is emotional intelligence? In P. Salovey & D. Sluyter (Eds.), *Emotional development and emotional intelligence: Educational implications* (pp. 3–31). New York: Basic Books.

Moreno, J. L. (1934). *Who shall survive?:* Washington, DC: Nervous and Mental Disease Publishing Company.

Parr, J., & Neimeyer, G. J. (1994). Effects of gender, construct type, occupational information, and career relevance on vocational differentiation. *Journal of Counseling Psychology, 41*(1), 127–133.

Pavlak, M. F. (1981). Student characteristics as predictors of vocational attitude maturity and job satisfaction. *Dissertation Abstracts Int, 39*, 1634–1635.

Rutter, M. (1995). Psychological resilience and protective mechanism. *American Journal of Orthopsychiatry, 57*(1), 66–78.

Schumacker, R. E., & Lomax, R. G. (1996). *A beginners guide to structural equation modeling*. Mahwah, NJ: Lawrence Erlbaum Associates.

Shrout, P. E., & Bolger, N. (2002). Mediation in experimental and non experimental studies: New procedures and recommendations. *Psychological Methods, 7*(4), 422–445.

Starr, J. M. (1981). Adolescents and resistance to schooling: A dialectic. *Youth and Society, 13*(2), 189–227.

Super, D. E. (1957). *The psychology of careers*. New York: Harper & Row.

Sussman, S. (Ed.). (2001). *Handbook of program development in health behavior research and practice*. Thousand Oaks, CA: Sage.

Vanderkooi, I. K., & Handelsman, M. M. (1984). Toward an integration of Jungian and Bowen perspectives on psychotherapy. *Family Therapy, 11*(3), 217–227.

West, S. G., Finch, J. F., & Curran, P. J. (1995). Structural equation model with non-normal variables: Problems and remedies. In R. Hoyle (Ed.), *Structural equation modeling: Concepts, issues and applications* (pp. 56–75). Newbury Park, CA: Sage.

저자 소개

천성문(Cheon Seong-moon)
전 미국 스탠퍼드대학교 연구 및 방문 교수
     서울대학교 초빙객원교수
     (사)한국상담학회 학회장
현 부경대학교 평생교육상담학과 교수(상담심리학 박사)

〈주요 저서〉
행복한 학교를 위한 학교집단상담의 실제(2판, 공저, 학지사, 2013)
상담심리학의 이론과 실제(3판, 공저, 학지사, 2015) 외 다수

〈자격증〉
수련감독전문상담사, 상담심리사 1급, 정신보건임상심리사 외

함경애(Ham Kyoung-ae)
현 경성대학교 교육대학원 겸임교수(상담심리학 박사)
     연세대학교 인간행동연구소 전문연구원
     성동중학교 전문상담교사

〈주요 저서〉
청소년 자살행동 치료프로그램 매뉴얼: 사례 분석 기반 개입(공저, 학지사, 2015)
집단상담: 이론과 실제(공저, 학지사, 2017) 외 다수

〈자격증〉
상담심리사 1급, 전문상담사 1급, 청소년상담사 1급 외

김미옥(Kim Mi-ok)
현 경성대학교 교육학과 교수(상담심리학 박사)
  더온 심리코칭 협동조합 이사
  마음나무심리상담센터 소장

〈주요 저서〉
온맘 재혼가족 부모교육 코칭프로그램(공저, 학지사, 2017)
집단상담: 이론과 실제(공저, 학지사, 2017) 외 다수

〈자격증〉
상담심리사 1급, 진로상담전문가, 부모교육코칭전문가 외

최정아(Choi Jeong-a)
현 경성대학교 교육대학원 외래교수(상담심리학 박사 수료)
  경성대학교 정신건강상담연구소 전임연구원
  더온 심리코칭 협동조합 이사

〈주요 저서〉
부모교육 코칭전략과 실제: 온맘 부모코칭프로그램(공저, 센게이지러닝코리아, 2016)
자기계발과 인생설계(공저, 학지사, 2019) 외 다수

〈자격증〉
전문상담사 2급, 취업진로지도전문가, 교육상담전문가 1급 외

상담심리 전공자를 위한

학위논문 작성의 실제

Writing a Thesis or Dissertation in Counseling Psychology

2018년 4월 20일 1판 1쇄 발행
2023년 9월 20일 1판 4쇄 발행

지은이 • 천성문 · 함경애 · 김미옥 · 최정아

펴낸이 • 김 진 환

펴낸곳 • (주) **학지사**

04031 서울특별시 마포구 양화로 15길 20 마인드월드빌딩 5층

대표전화 • 02) 330-5114   팩스 • 02) 324-2345

등록번호 • 제313-2006-000265호

홈페이지 • http://www.hakjisa.co.kr
인스타그램 • https://www.instagram.com/hakjisabook

ISBN 978-89-997-1534-1 93180

정가 22,000원

출판미디어기업 **학지사**

간호보건의학출판 **학지사메디컬** www.hakjisamd.co.kr
심리검사연구소 **인싸이트** www.inpsyt.co.kr
학술논문서비스 **뉴논문** www.newnonmun.com
원격교육연수원 **카운피아** www.counpia.com